가나·한자·외래어와
일본어교육

조남성 지음

보고사

머리말

한국의 일본어교육에서 일본어 학습자를 위한 교재는 상당히 개발되고 있다. 그러나 이들 학습자를 효과적으로 가르치기 위한 기본 연구서는 그다지 보이지 않는다. 이는 한국의 일본(어) 연구에서 아직 일본어교육의 중요성을 크게 인식하고 있지 않기 때문일 것이다.

이 책은 가나(仮名), 한자(漢字), 외래어(外來語)에 관련된 일본어교육 논문을 모아서 수정, 번역한 것이다.

가나(제1~4장)는 히라가나(平仮名), 가타카나(片仮名)의 자체(字體)에 관한 것으로, 한국인 학습자가 쓴 가나에 대해서 살펴보고, 그 가나에 대해서 일본어 모어화자가 어떻게 생각하고, 일본어 모어화자가 쓴 가나와 어떻게 다른가에 대하여 기술하고 있다.

한자(제5~8장)는 자체(字體), 읽기, 쓰기(한자어)에 관한 것으로, 학습자의 한자 사용과 그에 대한 일본어 모어화자의 반응에 대하여 분석하고 있다. 그리고 학습자의 자유 작문에서의 한자 사용에 대하여 기술하고 있다.

외래어(제9~11장)에서는 한국어와 일본어에서 공통적으로 사용하는 외래어에 대해서 한국어와 일본어의 모어화자가 상대의 외래어를 들었을 때의 이해 정도를 조사했다. 그리고 학습자의 외래어 표기와, 그 외래어에 대한 일본어 모어화자의 반응에 대하여 분석하고 있다.

제12~13장에서는 작문에서의 가나, 한자, 외래어의 표기 오용, 그리고 그와 관련된 일본어교육 논문, 즉 학술지 논문과 학위 논문을 제시했다.

위의 내용은 주로 초급 학습 사항에 관련된 것으로, 그 지도 방법의 개선에 도움이 되었으면 한다. 나아가 가나, 한자, 외래어에 대한 일본어교육 연구에 바탕이 되었으면 하는 바람이다.

조사에 많은 도움을 주신 한·일 양국의 교사와 학생, 편집에 수고하신 이경민 선생님, 출판을 허락하신 김흥국 사장님, 여러분에게 감사드린다.

2009년 2월

조남성

차 례

제1장
부자연스러운 히라가나 자형에 대한
모어화자와 비모어화자의 평가

1. 들어가는 말

일본어 학습은 히라가나 쓰기부터 시작되지만, 히라가나 학습은 비교적 단시간에 끝난다. 학습 시간은 1~2시간 정도로, 그 후는 히라가나 쓰기 연습장 또는 원고용지에 히라가나 쓰기 과제를 주는 것이 현실이다. 그러나 과제에 대한 평가는 대부분 이루어지고 있지 않으며, 그에 따른 체계적인 지도는 보이지 않는다. 이는 상당한 학력이 있는 학습자가 쓴 히라가나에서도 부자연스러운 자형(오용)이 많이 나타나는 것을 보더라도 알 수 있다.[1]

그런데 히라가나 쓰기 오용에 대해 평가할 때, 무엇을 기준으로 해야만 할까? 오용의 인정은 비교적 간단하지만, 평가에는 아직 객관적 기준이 없다.

한국인 일본어 교사는 자기 나름대로 평가 기준을 가지고 있지만, 그것은 아마도 활자상의 히라가나로부터 얻어진 것일 것이다. 물론 이것도 평가 기준의 하나이다. 그러나 언어 전달 입장에서 생각해 본다면, 오용이 목표언어(일본어) 화자에게 어느 정도 허용되는가는 중요한 문제이다. 모어(일본어)화자의 언어적 직관에 의한 판단이 필요한 것이다. 이 판단에 의한 자형의 부자연스러운 정도를 아는 것은, 언어 전달을 중시하는 수업에서의 히라가나 쓰기 지도, 특히 정정·평가에 많은 도움이 되리라 생각한다.

본고는 히라가나 쓰기 오용의 평가에 대한 실험적인 연구이다. 그 일환으로서 한국인 일본어 학습자(이하, K라고 한다.)의 히라가나 쓰기 오용에 대한 일본어 화자(모어화자)(이하, NS라고 한다.)와 한국어 화자(비모어화자)(이하, NNS라고 한다.)의 평가에 대해서 조사하고자 한다.

2. 조사 방법

2.1 조사 참여자

NS는 무작위로 선발한 25명으로 직업, 학력, 연령, 성별은 다양하다.[2] NNS는 한국 대학교에서 일본어를 전공하고 있는 3학년 25명(서울의 2개 대학교, 각각 18, 7명)으로, 모두 장래 일본어 교사를 희망하고 있는 학습자이다(여기서는 일본어 교사로 가정한다.)[3].

2.2 조사 재료

조사 재료는 K[4]의 히라가나 쓰기 과제물(원고용지에 쓰도록 한 것) 중에서, 눈에 띄는 부자연스러운 자형을 문자(46자)별 10개씩 선택한 것이다[5](<자료2>). 과제는 1992~1993년 1학기 중(학습 시간은 16~24시간 정도)에 K(4개 대학교의 학생 352명)에게 주어졌다.

2.3 조사 순서

질문지에는 각각의 문자(46자)를 50음도 순으로, 같은 문자 오용을 10개씩 무작위로 나열했다(<자료2>). 그리고 NS는 1993년 6~8월, NNS는 10월에 조사를 시행했다. NS는 개인 레벨에서[회수율은 89%(25/28명)], NNS는 수업 시간(18명)과 개인 레벨에서(7명)(회수율은 100%) 의뢰했다. 그리고 각각의 히라가나 쓰기 오용에 대해서 자연스러움의 관점에서, 5단계 척도로 판단하도록 하였다. 그 척도는 다음과 같다.

自然な　１　２　３　４　５　きわめて不自然な

5단계 척도에서 척도치 1은 자연스러운, 2, 3, 4는 각각 중간 정도, 척도치 5는 상당히 부자연스러운 자형을 나타낸다.

2.4 분석 방법

평균득점은 척도치 1은 1점, 2는 2점……5는 5점으로 해서 구한다. 따라서 평균득점(최고득점 5점, 최저득점 1점)이 높을수록 엄하게 평가한 것으로, 그 자형이 부자연스러운, 즉 오용의 정도가 심한 것을 나타낸다. 그리고 양 화자의 평균득점에 대한 유의성을 조사하기 위해 t검정을 사용했다.

3. 조사 결과 및 고찰

3.1 히라가나 쓰기 오용 전체에 대한 NS와 NNS의 평가

<표1>은 '히라가나 쓰기 오용 전체에 대한 NS와 NNS의 평가'를 나타내고 있다. <표1>에서 보면, 전체적으로 NS가 NNS보다 관대하게 평가하고 있다. 양 화자의 평가는 1% 수준에서 유의차가 있다. 이는 NS가 NNS보다 일본어 운용력, 즉 일본어 사용상 폭넓은 기준을 갖고 있기 때문일 것이다.

〈표1〉 히라가나 쓰기 오용 전체에 대한 NS와 NNS의 평가

조사 참여자	평균득점 (표준편차)
N S　(25명)	2.86 (.450)
N N S　(25명)	3.22 (.369)

3.2 行별 히라가나 쓰기 오용에 대한 NS와 NNS의 평가

<표2>는 '行별 히라가나 쓰기 오용에 대한 NS와 NNS의 평가'를 나타내고 있다. <표2>에서 보면, NS는 NNS보다 모든 行에서 관대하게 평가하고 있다. わ행은 양 화자의 평균득점 차(0.55)와, 그 순위 차가 가장 크고(4위, あ행과 ん도 같다.), ら행은 양 화자 모두가 가장 엄하게 평가하고 있다.

〈표2〉 行별 히라가나 쓰기 오용에 대한 NS와 NNS의 평가

行	평균득점		순위	
	NS	NNS	NS	NNS
あ	3.00	3.18	3	7
か	2.71	3.03	10	11
さ	2.85	3.19	6	6
た	2.79	3.24	7	5
な	2.63	3.04	11	10
は	2.76	3.13	9	8
ま	2.95	3.25	4	4
や	3.05	3.43	2	2
ら	3.15	3.53	1	1
わ	2.79	3.34	7	3
ん	2.88	3.06	5	9

3.3 문자별 히라가나 쓰기 오용에 대한 NS와 NNS의 평가

<자료1>('히라가나 쓰기 오용에 대한 NS와 NNS의 평가')에서 보면, 문자(46자)별 NS는 NNS보다 대부분 관대하게 평가하고 있고, 그 평균득점의 차(NNS-NS=?)가 큰 것은, の(0.77), し(0.65), ち/は/れ/を(0.63), と(0.62), ね(0.61)(0.61 이상)의 순이다. 반대로 NS가 NNS보다 엄하게 평가하고 있는 것은 え/ふ(-0.16), み(-0.14), う(-0.03), な/そ(-0.01)(0.16 이하)의 순으로, 그 차는 상당히 작은 편이다. 양 화자의 평균득점 순위의 차(NS-NNS=?)가 큰 것은 え(-28), な(-19), ち(17), と/れ(16), か(-15)(15위 이상)의 순이다. 그리고

NS는 り(3.83), ふ(3.56), み(3.52), NNS는 り(3.85), む(3.64), ゆ(3.63), ら(3.58), を(3.57), ろ(3.55), し(3.54)(3.52 이상)의 순으로, 엄하게 평가하고 있다.

3.4 문자별 히라가나 쓰기 오용의 각 유형에 대한 NS와 NNS의 평가

이하, 문자별 히라가나 쓰기 오용의 각 유형(10개)에 대한 양 화자의 평가는, 아래 표의 설명에 따라 기술한다.

「히라가나」(오십음도順)
Ⓐ 양 화자의 평균득점 차가 가장 큰 것과 1.00 이상인 것.
Ⓑ 양 화자의 평균득점 순위의 차가 가장 큰 것.
ⒸNS가 NNS보다 엄하게 평가한 것 중에서 가장 평균득점 차가 큰 것.
ⒹNS가 가장 엄하게 평가한 것과, 4.00 이상인 것.
ⒺNNS가 가장 엄격하게 평가하고 있는 것과, 4.00 이상인 것.
(Ⓓ, Ⓔ의 경우, 가장 엄하게 평가한 것은, <자료1>에서 양 화자의 순위가 모두 ①이다.)
＊아래의 기술에서 Ⓐ~Ⓔ의 다음(우측) 숫자는 문자별 오용의 유형 번호 이다(<자료2>). 그리고 (   )의 숫자는, Ⓐ, Ⓒ는 평균득점 차(NNS-NS=?), Ⓑ는 순위 차(NS-NNS=?), Ⓓ, Ⓔ는 평균득점을 나타낸다.

あ : Ⓐ6(1.12)/7(1.04), Ⓑ4(-4), Ⓒ2(-0.28), Ⓓ8(3.68), Ⓔ7(4.16)
い : Ⓐ4(1.32)/2(1.08), Ⓑ1(-5)/4(5), Ⓒ9(-0.16), Ⓓ1(3.48), Ⓔ2(3.84)
う : Ⓐ3(-1.40), Ⓑ3(-3)/6/10(3), Ⓒ3(-1.40), Ⓓ7(4.68)/9(4.52)/2(4.20), Ⓔ7(4.96)/9(4.64)/2(4.04)
え : Ⓐ1/3(-1.16), Ⓑ2(6), Ⓒ1/3(-1.16), Ⓓ4(4.48), Ⓔ8(4.48)/6(4.04)
お : Ⓐ3(0.96), Ⓑ9(-4), Ⓒ1(-0.84), Ⓓ6(3.92), Ⓔ6(4.64)/3(4.28)

か : Ⓐ4(1.40), Ⓑ7(-2), Ⓒ7(-0.64), Ⓓ6(3.80), Ⓔ4(4.72)/6(4.20)
き : Ⓐ8(0.96), Ⓑ2(-5), Ⓒ9(-0.28), Ⓓ9(4.68), Ⓔ9(4.40)/7(4.12)

く：Ⓐ1(1.36)/2(1.28),　Ⓑ1(3),　Ⓒ6(-0.20),　Ⓓ5(3.60),　Ⓔ2(4.16)

け：Ⓐ5/7(0.96),　Ⓑ10(-5),　Ⓒ10(-0.76),　Ⓓ3(3.60),　Ⓔ4(3.68)

こ：Ⓐ6(0.92),　Ⓑ1(-2)/4(2)/6(2)/10(-2),　Ⓒ10(-0.68),　Ⓓ2(3.76),　Ⓔ4(4.04)

さ：Ⓐ5(1.52),　Ⓑ5(5),　Ⓒ10(-0.32),　Ⓓ10(3.60),　Ⓔ6(4.28)/1(4.24)

し：Ⓐ3(1.12)/4(1.04),　Ⓑ5(-3),　Ⓒ5(-0.30),　Ⓓ4(3.64),　Ⓔ4(4.68)/9(4.24)/3(4.12)

す：Ⓐ9(0.68),　Ⓑ6(-4),　9(4),　Ⓒ6(-0.64),　Ⓓ1(3.52),　Ⓔ1(3.84)

せ：Ⓐ7(1.16),　Ⓑ4(-4)/7(4),　Ⓒ8(-0.04),　Ⓓ10(3.08),　Ⓔ7(3.96)

そ：Ⓐ9(0.84),　Ⓑ1(-5),　Ⓒ7(-0.68),　Ⓓ1/5(4.40)/3(4.16),　Ⓔ6(4.29)/5(4.28)

た：Ⓐ3(0.80),　Ⓑ3(4),　Ⓒ9(-0.36),　Ⓓ1(3.96),　Ⓔ3(4.00)

ち：Ⓐ6(1.00),　Ⓑ6(2),　Ⓒ10(-0.24),　Ⓓ7(3.72),　Ⓔ7(4.67)/3(4.64)/9(4.16)

つ：Ⓐ3/6(1.00),　Ⓑ4(5),　Ⓒ10(-0.20),　Ⓓ1(3.64),　Ⓔ1(4.40)

て：Ⓐ5(1.12),　Ⓑ5(2)/6(-2),　Ⓒ6(-0.20),　Ⓓ3(4.32)/2(4.24),　Ⓔ2(4.64)/
　　3(4.60)/1(4.04)

と：Ⓐ2(1.56)/1(1.52)/6(1.12),　Ⓑ1/2(4),　Ⓒ4(-0.08),　Ⓓ6(3.60),
　　Ⓔ6(4.72)/2(4.32)/1(4.00)

な：Ⓐ7(1.24),　Ⓑ7(6),　Ⓒ5(-0.76),　Ⓓ5(4.64)/8(4.16),　Ⓔ5(3.88)

に：Ⓐ2(1.72),　Ⓑ9(-6),　Ⓒ9(-1.18),　Ⓓ1(4.00),　Ⓔ2(4.56)

ぬ：Ⓐ2(1.16),　Ⓑ8(-4),　Ⓒ4(-0.32),　Ⓓ4(3.76),　Ⓔ3(3.54)

ね：Ⓐ6(1.47)/1/2/4(1.08),　Ⓑ3(-4)/6(4),　Ⓒ3(-0.44),　Ⓓ7(4.04),　Ⓔ2(4.08)

の：Ⓐ6(1.44)/9(1.16)/7(1.08)/10(1.04),　Ⓑ7(3),　Ⓒ없음,　Ⓓ9(2.96),　Ⓔ6/9(4.12)

は：Ⓐ4(1.24)/9(1.00),　Ⓑ4(4),　Ⓒ없음,　Ⓓ1(3.08),　Ⓔ4(3.40)

ひ：Ⓐ3(1.64),　Ⓑ3(6),　Ⓒ없음,　Ⓓ7(3.56),　Ⓔ7(4.20)

ふ：Ⓐ5(-0.52),　Ⓑ5(-3)/10(3),　Ⓒ5(-0.52),　Ⓓ5(4.52)/1(4.44)/4(4,40)/
　　10(4.25)/2(4.08),　Ⓔ10(4.32)/1(4.20)/2(4.04)/5(4.00)

へ：Ⓐ3(1.08),　Ⓑ3(2),　Ⓒ7(-0.12),　Ⓓ1(4.48),　Ⓔ1(4.44)/2(4.00)

ほ：Ⓐ5(1.08),　Ⓑ5(5),　Ⓒ9(-0.28),　Ⓓ10(4.20),　Ⓔ10(4.48)/3(4.12)

ま：Ⓐ4(1.84),　Ⓑ4(5),　Ⓒ9(-0.48),　Ⓓ10(4.20),　Ⓔ6(4.52)/4(4.00)

み：Ⓐ4(-1.76),　Ⓑ4(-7),　Ⓒ4(-1.76),　Ⓓ3(4.56)/5(4.48)/4(4.04),　Ⓔ5(4.56)/7(4.40)/
　　10(4.32)

む : Ⓐ7(1.24), Ⓑ3(-4)/7(4), Ⓒ3(-0.52), Ⓓ2(4.28)/4(4.24), Ⓔ2(4.48)/1(4.40)/
　　4(4.16)/7(4.12)/5(4.04)

め : Ⓐ7(1.24)/4(1.00), Ⓑ10(-5), Ⓒ10(-0.16), Ⓓ1(3.32), Ⓔ1(3.80)

も : Ⓐ2(1.32)/4(1.00), Ⓑ8(-5), Ⓒ8(-0.44), Ⓓ10(3.64), Ⓔ6(4.42)

や : Ⓐ8(1.80), Ⓑ8(3), Ⓒ2(-0.36), Ⓓ4(4.72)/3(4.68)/10(4.20)/2(4.00), Ⓔ3(4.84)/
　　10(4.68)/4(4.60)/8(4.00)

ゆ : Ⓐ6(0.96), Ⓑ3(3), Ⓒ없음, Ⓓ2(3.80), Ⓔ3(4.44)/2(4.24)/1/7(4.20)/10(4.04)

よ : Ⓐ5(2.15)/10(-2.00)/9(1.08)/6/7(1.00), Ⓑ5(6)/10(-6), Ⓒ10(-2.00),
　　Ⓓ4(4.32), Ⓔ7(4.68)/3(4.44)

ら : Ⓐ8(1.56)/2(1.00), Ⓑ8(5), Ⓒ10(-0.33), Ⓓ3(4.21)/1(4.04), Ⓔ3(4.60)/1(4.00)

り : Ⓐ2(0.62), Ⓑ2(3), Ⓒ10(-0.45), Ⓓ9(4.79)/6(4.46)/1(4.42)/3(4.21)/10(4.13)/
　　5(4.04), Ⓔ6(4.52)/9(4.48)/3(4.28)/2(4.20)/1(4.04)

る : Ⓐ7(0.75), Ⓑ1/2(-3)/8(3), Ⓒ2(-0.13), Ⓓ10(3.63), Ⓔ10(4.20)

れ : Ⓐ9(1.30)/4(1.16), Ⓑ7(-5), Ⓒ10(-0.08), Ⓓ3(4.46), Ⓔ3(4.64)/1(4.24)

ろ : Ⓐ9(1.71), Ⓑ9(8), Ⓒ4(-0.91), Ⓓ10(4.29), Ⓔ10(4.64)

わ : Ⓐ2(1.48)/1(1.16), Ⓑ10(-4), Ⓒ10(-0.37), Ⓓ10(3.33), Ⓔ2(4.36)/1(4.16)

を : Ⓐ4(1.50)/5(1.33), Ⓑ4(6), Ⓒ7(-0.08), Ⓓ7(3.92), Ⓔ4(4.25)/2(4.20)/8(4.08)

ん : Ⓐ1(1.44), Ⓑ1(6), Ⓒ7(-0.66), Ⓓ5(4.04), Ⓔ1(4.32)

3.5 히라가나 쓰기 오용의 각 유형에 대한 NS와 NNS의 평가

<자료1>에서 히라가나 쓰기 오용의 각 유형(460자=46자×10)에 대한 양
화자의 평가(10위까지)를 보면, 다음과 같다[아래의 기술에서 문자 다음(우측)
숫자는 문자별 오용의 유형 번호이다<자료2>.].

<1>양 화자의 평균득점 차가 큰 것은 よ5(2.15)/10(-2.00), ま4(1.84), や
8(1.80), み4(-1.76), ろ9(1.71), ひ3(1.64), と2(1.56), ら8(1.56), さ5(1.52), と
1(1.52)의 순이다.

<2>양 화자의 평균득점 순위 차가 큰 것은 ろ9(8), み4(-7), え2(6), な7(6),

に9(-6), ひ3(6), み6(6), よ5(6)/10(-6), を4(6), ん1(6)의 순이다.

<3>NS가 NNS보다 엄하게 평가하고 있는 것은 よ10(-2.00), み4(-1.76), う3(-1.40), に9(-1.18), え1/3(-1.16)/4(-0.92), み3(-0.92), ろ4(-0.91), お1(-0.84)의 순이다

<4>NS가 엄하게 평가하고 있는 것은 り9(4.79), や4(4.72), 3(4.68), う7(4.68), き9(4.68), な5(4.64), み3(4.56), う9(4.52), ふ5(4.52), え(4.48), へ1(4.48)의 순이다.

<5>NNS가 엄하게 평가하고 있는 것은 う7(4.96), や3(4.84), か4(4.72), と6(4.72), や10(4.68), し4(4.68), よ7(4.68), ち7(4.67), う9(4.64), お6(4.64), ち3(4.64), て2(4.64), れ3(4.64), ろ10(4.64)의 순이다.

4. 맺는 말

본고에서는 K의 히라가나 쓰기 오용에 대해, 자연스러움의 관점에서 NS와 NNS의 평가를 조사했다. 그 주된 결과는 다음과 같다.

(1)NS는 NNS보다 전체적으로 히라가나 쓰기 오용을 관대하게 평가하고 있다.

(2)모든 行에서도 NS는 NNS보다 관대하게 평가하고 있다. 그리고 わ행은 양 화자의 평균득점 차와, 그 순위 차가 가장 크고, ら행은 양 화자 모두가 가장 엄하게 평가하고 있다.

(3)문자별 오용에서도 대부분 NS가 NNS보다 관대하게 평가하고 있고, 그 평균득점 차가 큰 것은 の, し, ち, は, れ, を, と, ね(0.61 이상) 등의 순이다. 반대로 엄하게 평가하고 있는 것은 え, ふ, み, う, な, そ(0.16 이하)의 순으로, 그 차는 상당히 작은 편이다. 양 화자의 평균득점 순위 차가 큰 것은 え, な, ち, と, れ, か(15위 이상)의 순이다. 그리고 NS는 り, ふ, み, NNS는 り, む, ゆ, ら, を, ろ, し(3.52 이상)의 순으로 엄하게 평가하고 있다.

(4)오용의 각 유형에 대한 평가는 다음과 같다(10위까지).

①양 화자의 평균득점 차가 큰 것은 よ5/10, ま4, や8, み4, ろ9, ひ3, と2, ら8, さ5, と1(1.52 이상)의 순이다. ②반대로 NS가 NNS보다 엄하게 평가하고 있는 것은 よ10, み4, う3, に9, え1/3/4, み3, ろ4, お1(0.84 이상)의 순이다. ③양 화자의 평균득점 순위의 차가 큰 것은 ろ9, み4, え2, な7, に9, ひ3, み6, よ5/10, を4, ん1(6위 이상)의 순이다. ④NS는 り9, や4/3, う7, き9, な5, み3, う9, ふ5, え4, へ1(4.48 이상)의 순, ⑤NNS는 う7, や3, か4, と6, や10, し4, よ7, ち7, う9, お6, ち3, て2, れ3, ろ10(4.64 이상)의 순으로 엄하게 평가하고 있다.

위 결과에서 NS는 NNS보다 行별, 문자별, 문자별 각 유형의 오용에 대해서, 대부분 관대하게 평가하고 있는 것을 알 수 있다. 이는 교수·학습에서 중요한 의의를 갖는다. 즉 언어 전달을 중시하는 수업에서, 한국인 일본어 교사는 NS처럼 K의 히라가나 쓰기 오용을 지금보다 관대하게 정정·평가하는 것이다.

【주】

1) 加藤彰彦(1989 : 235)의 '資料8'은 300시간 정도 학습한 학습자의 작문에서 히라가나 쓰기 오용을 발췌한 것이다(『講座日本語と日本語教育9 日本語の文字·表記(下)』).
2) 직업은 학생 15, 회사원 10명, 학력은 고(재)졸 5, 단대(短大)졸 5, 대학(재)졸 15명, 평균 연령은 만23(17~46)세, 성별은 남자 5, 여자 20명이다.
3) NNS의 일본어 전공자는 교직 과목을 이수하면 한국의 고등학교에서 일본어를 가르칠 수 있는 자격을 얻는다. 학급에서 30% 정도의 학생이 이수할 수 있는데, 보통 희망자가 많아서 성적순으로 정한다. 성별은 남·여 각각 3·22명이며, 평균 연령은 만22.3세(22~26세)이다.
4) K는 한국의 대학교에서 교양 과목으로 일본어를 배우는 학생이다. 보통 주당 2~3시간, 1년간(32주) 학습한다.
5) 부자연스러운 히라가나 쓰기 자형은 2명(대학교에서의 일본어교육 경력, 각각 2·5년)의 교사가 학습자의 과제물에서 발췌한 것이다.

〈자료1〉 히라가나 쓰기 오용에 대한 NS와 NNS의 평가

		(1)	(2)	(3)	(4)	(5)	(6)	(7)	(8)	(9)	(10)	합계(순위)
あ	NS	3.12 ③	1.96 ⑩	2.00 ⑧	3.20 ②	2.00 ⑧	2.60 ⑦	3.12 ③	3.68 ①	2.84 ⑤	2.80 ⑥	2.73(30)
	NNS	3.96 ②	1.68 ⑩	2.32 ⑧	3.52 ⑥	2.00 ⑨	3.72 ④	4.16 ①	3.92 ③	3.72 ④	2.33 ⑦	3.23(22)
い	NS	3.48 ①	2.76 ⑤	2.36 ⑦	2.36 ⑦	3.36 ②	2.88 ④	3.36 ②	1.52 ⑨	1.32 ⑩	2.40 ⑥	2.58(37)
	NNS	3.42 ⑥	3.84 ①	2.96 ⑦	3.68 ②	3.52 ④	3.54 ③	3.52 ④	1.68 ⑨	1.16 ⑩	2.88 ⑧	3.01(35)
う	NS	2.32 ⑨	4.20 ③	3.08 ⑦	3.36 ⑥	3.84 ④	2.04 ⑩	4.68 ①	3.52 ⑤	4.52 ②	3.04 ⑧	3.46 (4)
	NNS	2.24 ⑨	4.04 ③	1.68 ⑩	2.76 ⑧	3.84 ④	2.80 ⑦	4.96 ①	3.64 ⑥	4.64 ②	3.68 ⑤	3.43(10)
え	NS	2.64 ⑧	2.48 ⑩	2.92 ⑥	4.48 ①	3.04 ⑤	3.28 ④	2.84 ⑦	3.96 ②	3.36 ③	2.56 ⑨	3.16(10)
	NNS	1.48 ⑩	3.04 ④	1.76 ⑨	3.56 ③	2.96 ⑥	4.04 ②	2.68 ⑧	4.48 ①	3.04 ④	2.92 ⑦	3.00(38)
お	NS	2.32 ⑨	3.52 ④	3.32 ⑤	2.56 ⑦	3.72 ③	3.92 ①	2.44 ⑧	1.96 ⑩	3.88 ②	2.84 ⑥	3.05(13)
	NNS	1.48 ⑩	3.76 ③	4.28 ②	2.68 ⑧	3.52 ⑤	4.64 ①	2.80 ⑦	2.16 ⑨	3.36 ⑥	3.68 ④	3.24(20)
か	NS	3.00 ⑤	3.04 ④	2.68 ⑥	3.32 ②	2.40 ⑨	3.80 ①	2.44 ⑧	3.16 ③	2.68 ⑥	1.76 ⑩	2.83(25)
	NNS	2.92 ⑥	3.32 ③	3.08 ⑤	4.72 ①	1.96 ⑧	4.20 ②	1.80 ⑩	3.32 ③	2.60 ⑦	1.88 ⑨	2.98(40)
き	NS	3.04 ⑥	3.24 ③	1.64 ⑩	2.48 ⑧	3.04 ⑥	3.16 ⑤	3.20 ④	2.48 ⑧	4.68 ①	3.52 ②	3.05(13)
	NNS	3.52 ④	3.00 ⑧	1.92 ⑩	2.60 ⑨	3.08 ⑦	3.48 ⑤	4.12 ②	3.44 ⑥	4.40 ①	3.72 ③	3.33(15)
く	NS	1.76 ⑦	2.88 ③	2.16 ④	3.04 ②	3.60 ①	1.72 ⑧	1.28 ⑩	1.68 ⑨	2.00 ⑤	1.92 ⑥	2.20(45)
	NNS	3.12 ④	4.16 ①	2.60 ⑥	3.72 ③	3.84 ②	1.52 ⑨	1.48 ⑩	2.04 ⑧	2.44 ⑦	2.64 ⑤	2.76(45)
け	NS	2.76 ⑥	1.64 ⑩	3.60 ①	3.08 ③	2.16 ⑧	3.00 ④	2.64 ⑦	1.86 ⑨	3.32 ②	2.88 ⑤	2.70(31)
	NNS	2.80 ⑦	2.36 ⑧	3.28 ④	3.68 ①	3.12 ⑥	3.28 ③	3.60 ③	2.20 ⑨	3.64 ②	2.12 ⑩	3.01(35)
こ	NS	3.44 ②	3.76 ①	2.24 ⑧	3.36 ③	2.32 ⑥	2.64 ⑤	2.24 ⑧	2.32 ⑥	3.00 ④	2.24 ⑧	2.76(29)
	NNS	3.44 ④	3.84 ②	2.80 ⑧	4.04 ①	3.08 ⑤	3.56 ③	2.38 ⑨	3.08 ⑤	3.08 ⑤	1.56 ⑩	3.09(30)

さ	NS	3.44 ②	2.64 ⑦	2.16 ⑧	1.96 ⑩	2.08 ⑨	3.44 ②	3.36 ④	2.76 ⑥	3.28 ⑤	3.60 ①	2.87(23)
	NNS	4.24 ②	2.84 ⑧	2.32 ⑩	2.84 ⑧	3.60 ④	4.28 ①	3.76 ③	3.28 ⑥	3.42 ⑤	3.28 ⑥	3.39(12)
し	NS	2.88 ⑥	2.76 ⑧	3.00 ⑤	3.64 ①	2.78 ⑦	2.12 ⑨	3.20 ③	3.20 ③	3.56 ②	1.72 ⑩	2.89(13)
	NNS	3.64 ⑤	3.44 ⑦	4.12 ③	4.68 ①	2.48 ⑩	2.64 ⑧	3.64 ⑤	3.92 ④	4.24 ②	2.60 ⑨	3.54 (7)
す	NS	3.52 ①	2.48 ⑥	2.68 ⑤	3.36 ③	1.88 ⑨	2.76 ④	3.44 ②	2.44 ⑦	1.84 ⑩	2.44 ⑦	2.68(33)
	NNS	3.94 ①	2.88 ④	2.56 ⑤	3.80 ②	2.04 ⑨	2.12 ⑧	3.60 ③	1.84 ⑩	2.52 ⑥	2.21 ⑦	2.75(46)
せ	NS	2.76 ⑥	1.72 ⑨	2.96 ③	3.00 ②	2.96 ③	1.96 ⑧	2.80 ⑤	1.68 ⑩	2.20 ⑦	3.08 ①	2.51(39)
	NNS	3.32 ⑤	2.32 ⑧	3.60 ③	3.04 ⑥	3.36 ④	2.04 ⑨	3.96 ①	1.64 ⑩	3.00 ⑦	3.68 ②	3.00(38)
そ	NS	4.40 ①	3.56 ⑤	4.16 ③	2.44 ⑨	4.40 ①	3.96 ④	2.84 ⑦	1.52 ⑩	3.04 ⑥	2.68 ⑧	3.30 (6)
	NNS	3.76 ⑥	3.84 ⑤	3.92 ③	2.52 ⑦	4.28 ②	4.29 ①	2.16 ⑨	1.84 ⑩	3.88 ④	2.44 ⑧	3.29(17)
た	NS	3.48 ③	3.68 ②	3.20 ⑤	3.96 ①	2.52 ⑧	2.88 ⑥	3.44 ④	2.20 ⑨	2.80 ⑦	1.96 ⑩	3.01(15)
	NNS	3.32 ⑤	3.32 ⑤	4.00 ①	3.64 ③	3.08 ⑦	3.60 ④	3.68 ②	2.72 ⑧	2.44 ⑨	2.32 ⑩	3.21(23)
ち	NS	3.04 ④	2.60 ⑦	3.67 ②	1.44 ⑩	2.96 ⑤	2.56 ⑧	3.72 ①	2.76 ⑥	3.44 ③	2.00 ⑨	2.82(26)
	NNS	3.88 ④	3.08 ⑧	4.64 ②	1.76 ⑨	3.60 ⑤	3.56 ⑥	4.67 ①	3.44 ⑦	4.16 ③	1.76 ⑨	3.45 (9)
つ	NS	3.64 ①	2.88 ③	2.28 ⑨	2.56 ⑧	2.60 ⑥	2.92 ②	2.88 ③	2.60 ⑥	2.80 ⑤	1.32 ⑩	2.65(34)
	NNS	4.40 ①	2.88 ⑥	3.28 ⑤	3.40 ③	2.56 ⑨	3.92 ②	2.80 ⑦	3.32 ④	2.68 ⑧	1.12 ⑩	3.04(33)
て	NS	3.64 ③	4.24 ②	4.32 ①	1.76 ⑨	2.08 ⑧	2.44 ⑦	3.00 ④	2.48 ⑥	2.80 ⑤	1.44 ⑩	2.82(26)
	NNS	4.04 ③	4.64 ①	4.60 ②	2.32 ⑧	3.20 ⑥	2.24 ⑨	3.54 ④	2.48 ⑦	3.52 ⑤	2.00 ⑩	3.26(19)
と	NS	2.48 ⑦	2.76 ⑥	2.92 ④	2.88 ⑤	3.20 ③	3.60 ①	3.40 ②	2.00 ⑧	1.88 ⑨	1.36 ⑩	2.65(34)
	NNS	4.00 ③	4.32 ②	3.56 ⑥	2.80 ⑦	3.84 ⑤	4.72 ①	3.92 ④	2.04 ⑧	1.88 ⑨	1.60 ⑩	3.27(18)

な	NS	2.40 ⑧	3.12 ⑤	2.84 ⑥	3.52 ③	4.64 ①	2.64 ⑦	2.16 ⑩	4.16 ②	3.20 ④	2.36 ⑨	3.10(11)
	NNS	1.96 ⑩	2.52 ⑨	3.00 ⑥	3.44 ③	3.88 ①	2.96 ⑦	3.40 ④	3.84 ②	2.80 ⑧	3.08 ⑤	3.09(30)
に	NS	4.00 ①	2.84 ⑤	1.88 ⑩	3.60 ②	2.84 ⑤	2.00 ⑧	2.72 ⑦	3.16 ④	3.46 ③	1.92 ⑨	2.84(24)
	NNS	3.92 ③	4.56 ①	2.88 ⑥	3.88 ④	3.32 ⑤	2.40 ⑧	2.76 ⑦	3.96 ②	2.28 ⑨	1.96 ⑩	3.19(24)
ぬ	NS	1.88 ⑩	2.16 ⑥	2.83 ②	3.76 ①	2.40 ④	2.80 ③	2.00 ⑧	2.16 ⑥	2.28 ⑤	2.00 ⑧	2.43(41)
	NNS	2.20 ⑧	3.32 ③	3.54 ①	3.44 ②	2.56 ⑥	2.16 ④	2.20 ⑧	2.00 ⑩	2.52 ⑦	2.80 ⑤	2.77(44)
ね	NS	1.88 ⑨	3.00 ③	3.64 ②	2.25 ⑥	2.54 ④	2.13 ⑦	4.04 ①	1.68 ⑩	2.54 ④	2.04 ⑧	2.57(38)
	NNS	2.96 ⑧	4.08 ①	3.20 ⑥	3.33 ⑤	3.48 ④	3.60 ③	3.92 ②	2.24 ⑨	3.08 ⑦	1.96 ⑩	3.18(27)
の	NS	2.16 ⑥	1.64 ⑨	1.28 ⑩	1.92 ⑦	2.28 ⑤	2.68 ②	1.92 ⑦	2.52 ④	2.96 ①	2.56 ③	2.19(46)
	NNS	2.72 ⑦	1.84 ⑩	2.24 ⑧	2.12 ⑨	2.88 ⑥	4.12 ①	3.00 ④	2.92 ⑤	4.12 ①	3.60 ③	2.96(41)
は	NS	3.08 ①	3.04 ②	2.20 ④	2.16 ⑤	1.84 ⑧	2.00 ⑦	2.08 ⑥	2.48 ③	1.84 ⑧	1.60 ⑩	2.23(44)
	NNS	3.20 ③	3.28 ②	3.04 ④	3.40 ①	2.46 ⑧	2.36 ⑨	2.92 ⑤	2.92 ⑤	2.84 ⑦	2.20 ⑩	2.86(43)
ひ	NS	1.96 ⑧	2.36 ④	1.88 ⑨	2.12 ⑥	1.56 ⑩	3.32 ②	3.56 ④	2.36 ④	2.44 ③	2.12 ⑥	2.37(43)
	NNS	2.52 ⑥	3.20 ④	3.52 ③	2.50 ⑧	2.04 ⑩	3.80 ②	1.20 ①	2.52 ⑥	2.80 ⑤	2.36 ⑨	2.95(42)
ふ	NS	4.44 ②	4.08 ⑤	3.28 ⑦	4.40 ③	4.52 ①	2.44 ⑨	3.84 ⑥	3.00 ⑧	1.40 ⑩	4.25 ④	3.56 (2)
	NNS	4.20 ②	4.04 ③	2.88 ⑧	3.96 ⑤	4.00 ④	2.75 ⑨	3.40 ⑥	3.20 ⑦	1.20 ⑩	4.32 ①	3.40(11)
へ	NS	4.48 ①	3.68 ②	2.64 ⑤	2.68 ④	2.48 ⑧	2.52 ⑥	1.76 ⑨	3.24 ③	2.52 ⑥	1.68 ⑩	2.77(28)
	NNS	4.44 ①	4.00 ②	3.72 ③	3.24 ⑤	2.92 ⑧	3.24 ⑤	1.64 ⑩	3.68 ④	3.04 ⑦	1.96 ⑨	3.19(24)
ほ	NS	2.44 ⑦	2.16 ⑨	3.88 ②	3.28 ③	2.04 ⑩	2.64 ⑥	2.28 ⑧	2.68 ⑤	3.28 ③	4.20 ①	2.89(18)
	NNS	2.88 ⑧	2.00 ⑩	4.12 ②	3.64 ③	3.12 ⑤	3.32 ④	3.08 ⑥	2.72 ⑨	3.00 ⑦	4.48 ①	3.24(20)

ま	NS	1.44 ⑩	3.72 ③	3.08 ⑤	2.16 ⑦	2.16 ⑦	3.76 ②	3.08 ⑤	2.16 ⑦	3.60 ④	4.20 ①	2.94(16)
	NNS	1.28 ⑩	3.36 ⑤	3.60 ④	4.00 ②	2.60 ⑧	4.52 ①	3.36 ⑤	2.24 ⑨	3.12 ⑦	3.84 ③	3.19(24)
み	NS	2.72 ⑨	2.83 ⑧	4.56 ①	4.04 ③	4.48 ②	2.68 ⑩	3.80 ⑤	3.00 ⑦	3.20 ⑥	3.84 ④	3.52 (3)
	NNS	2.88 ⑦	2.92 ⑥	3.64 ④	2.28 ⑩	4.56 ①	3.64 ④	4.40 ②	2.56 ⑨	2.60 ⑧	4.32 ③	3.38(13)
む	NS	3.76 ⑤	4.28 ①	3.38 ④	4.24 ②	3.96 ③	1.76 ⑩	2.88 ⑧	2.04 ⑨	3.64 ⑥	3.32 ⑦	3.38 (5)
	NNS	4.40 ②	4.48 ①	3.36 ⑧	4.16 ③	4.04 ⑤	2.20 ⑩	4.12 ④	2.32 ⑨	3.56 ⑦	3.76 ⑥	3.64 (2)
め	NS	3.32 ①	1.64 ⑨	2.60 ③	2.16 ⑦	2.56 ⑤	2.00 ⑧	2.48 ⑥	3.16 ②	1.64 ⑨	2.60 ③	2.42(42)
	NNS	3.80 ①	2.24 ⑨	3.56 ③	3.16 ⑥	3.28 ⑤	2.60 ⑦	3.72 ②	3.38 ④	1.92 ⑩	2.44 ⑧	3.01(35)
も	NS	2.68 ④	2.48 ⑥	2.08 ⑦	1.44 ⑩	2.80 ③	3.52 ②	1.72 ⑨	2.56 ⑤	2.04 ⑧	3.64 ①	2.50(40)
	NNS	2.92 ⑤	3.80 ③	2.68 ⑥	2.44 ⑦	3.20 ④	4.42 ①	2.36 ⑨	2.12 ⑩	2.44 ⑦	3.84 ②	3.02(34)
や	NS	1.96 ⑨	4.00 ④	4.68 ②	4.72 ①	3.40 ⑤	1.44 ⑩	2.08 ⑧	2.20 ⑦	3.16 ⑥	4.20 ③	3.18 (8)
	NNS	2.88 ⑦	3.64 ⑤	4.84 ①	4.60 ③	3.42 ⑥	1.60 ⑩	2.28 ⑨	4.00 ④	2.84 ⑧	4.68 ②	3.48 (8)
ゆ	NS	3.72 ②	3.80 ①	3.56 ④	3.44 ⑥	2.72 ⑧	2.92 ⑦	3.48 ⑤	1.52 ⑩	1.84 ⑨	3.71 ③	3.07(12)
	NNS	4.20 ③	4.24 ②	4.44 ①	3.68 ⑦	3.28 ⑧	3.88 ⑥	4.20 ③	2.04 ⑩	2.28 ⑨	4.04 ⑤	3.63 (3)
よ	NS	2.04 ⑧	2.72 ⑥	3.76 ②	4.32 ①	1.52 ⑩	2.60 ⑦	3.68 ③	1.96 ⑨	2.84 ⑤	3.48 ④	2.89(18)
	NNS	1.96 ⑨	2.44 ⑦	4.44 ②	3.56 ⑥	3.67 ④	3.60 ⑤	4.68 ①	2.04 ⑧	3.92 ③	1.48 ⑩	3.18(27)

		1	2	3	4	5	6	7	8	9	10	합계
ら	NS	40.4 ②	2.96 ⑥	4.21 ①	2.96 ⑥	2.30 ⑨	3.67 ③	2.83 ⑧	2.04 ⑩	3.29 ⑤	3.33 ④	3.17 (3)
	NNS	4.00 ②	3.96 ③	4.60 ①	2.96 ⑨	3.28 ⑦	3.92 ④	2.96 ⑨	3.60 ⑤	3.56 ⑥	3.00 ⑧	3.58 (4)
り	NS	4.42 ③	3.58 ⑦	4.21 ④	3.25 ⑧	4.04 ⑥	4.46 ②	2.46 ⑩	2.92 ⑨	4.76 ①	4.13 ⑤	3.83 (1)
	NNS	4.04 ⑤	4.20 ④	4.28 ③	3.36 ⑨	3.80 ⑥	4.52 ①	2.72 ⑩	3.40 ⑧	4.48 ②	3.68 ⑦	3.85 (1)
る	NS	2.50 ⑦	3.29 ③	3.42 ②	2.46 ⑧	2.79 ⑥	3.04 ⑤	3.21 ④	2.42 ⑨	2.17 ⑩	3.63 ①	2.89(18)
	NNS	2.40 ⑩	3.16 ⑥	3.96 ②	2.80 ⑧	3.36 ⑤	3.60 ④	3.96 ②	3.16 ⑥	2.80 ⑧	4.20 ①	3.34(14)
れ	NS	3.69 ②	2.38 ⑥	4.46 ①	2.04 ⑨	2.58 ③	2.38 ⑥	2.46 ④	2.25 ⑧	2.46 ④	2.00 ⑩	2.70(31)
	NNS	4.24 ②	3.32 ⑤	4.64 ①	3.20 ⑥	3.44 ④	3.04 ⑧	2.56 ⑨	3.20 ⑥	3.76 ③	1.92 ⑩	3.33(15)
ろ	NS	3.13 ⑥	3.00 ⑦	3.54 ④	2.71 ⑧	3.38 ⑤	3.63 ③	2.29 ⑨	3.67 ②	2.25 ⑩	4.29 ①	3.19 (7)
	NNS	3.64 ⑥	3.60 ⑦	3.44 ⑧	1.80 ⑩	3.84 ④	3.65 ⑤	3.00 ⑨	3.92 ③	3.96 ②	4.64 ①	3.55 (6)
わ	NS	3.00 ②	2.88 ④	1.71 ⑩	2.96 ③	2.75 ⑤	2.29 ⑧	2.25 ⑨	2.75 ⑤	2.54 ⑦	3.33 ①	2.65(34)
	NNS	4.16 ②	4.36 ①	1.56 ⑩	3.68 ③	2.92 ⑥	2.92 ⑥	2.52 ⑧	3.56 ④	2.48 ⑨	2.96 ⑤	3.11(29)
を	NS	3.46 ②	3.33 ④	3.00 ⑥	2.75 ⑦	1.83 ⑨	1.83 ⑨	3.92 ①	3.38 ③	3.21 ⑤	2.67 ⑧	2.94(16)
	NNS	3.72 ⑤	4.20 ②	3.56 ⑥	4.25 ①	3.16 ⑧	2.56 ⑩	3.84 ④	4.08 ③	3.52 ⑦	2.84 ⑨	3.57 (5)
ん	NS	2.88 ⑦	2.96 ⑤	1.83 ⑨	2.13 ⑧	4.04 ①	3.04 ④	3.54 ③	2.96 ⑤	1.79 ⑩	3.63 ②	2.88(22)
	NNS	4.32 ①	2.72 ⑧	2.80 ⑥	2.00 ⑩	3.72 ②	3.54 ③	2.88 ⑤	2.76 ⑦	2.64 ⑨	3.20 ④	3.06(32)

* 양 화자의 평균득점 아래의 숫자(①②③…⑩)는 각각의 순위를 나타낸다.
** '합계'의 '순위'는 양 화자 각각의 히라가나 46자에 대한 순위를 나타낸다.

〈자료2〉 히라가나 쓰기 오용

|(1)|(2)|(3)|(4)|(5)|(6)|(7)|(8)|(9)|(10)|

	(1)	(2)	(3)	(4)	(5)	(6)	(7)	(8)	(9)	(10)

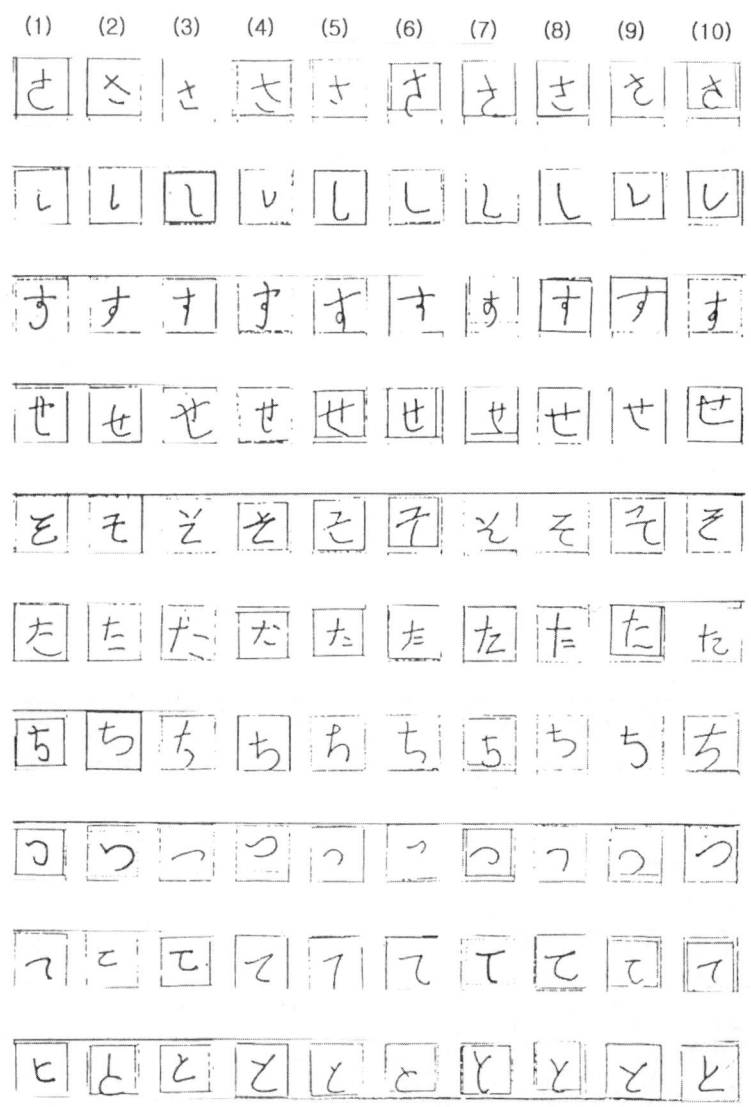

	(1)	(2)	(3)	(4)	(5)	(6)	(7)	(8)	(9)	(10)
	な	な	な	な	な	な	な	な	な	な
	に	に	に	に	に	に	に	に	に	に
	ぬ	ぬ	ぬ	ぬ	ぬ	ぬ	ぬ	ぬ	ぬ	ぬ
	ね	ね	ね	ね	ね	ね	ね	ね	ね	ね
	の	の	の	の	の	の	の	の	の	の
	は	は	は	は	は	は	は	は	は	は
	ひ	ひ	ひ	ひ	ひ	ひ	ひ	ひ	ひ	ひ
	ふ	ふ	ふ	ふ	ふ	ふ	ふ	ふ	ふ	ふ
	へ	へ	へ	へ	へ	へ	へ	へ	へ	へ
	ほ	ほ	ほ	ほ	ほ	ほ	ほ	ほ	ほ	ほ

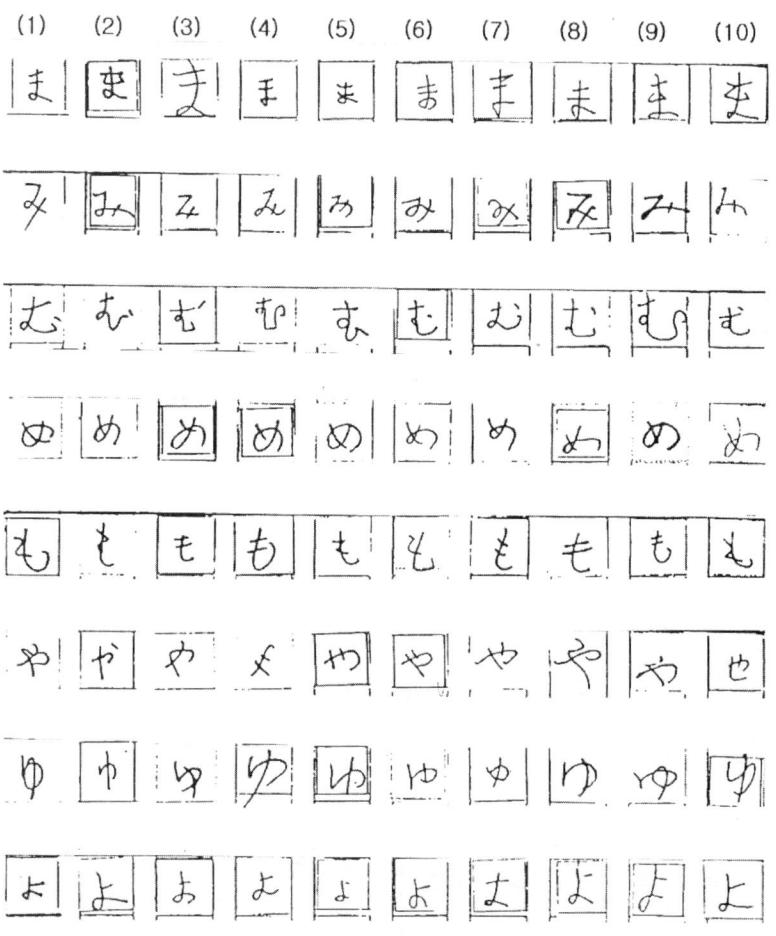

| | (1) | (2) | (3) | (4) | (5) | (6) | (7) | (8) | (9) | (10) |

(1)　(2)　(3)　(4)　(5)　(6)　(7)　(8)　(9)　(10)

제2장
부자연스러운 가타카나 자형에 대한
모어화자와 비모어화자의 평가

1. 들어가는 말

오용 분석에는 외국어 교육에 직접 응용을 지향하는 실천적 측면과, 중간 언어 체계를 해명하려고 하는 학습이론 지향의 이론적 측면이 병존한다. 본 연구는 전자의 입장으로, 오용 원인 규명이 아닌 오용 평가에 그 중점을 둔 다. 오용 평가는 오용의 중요도(重要度)를 찾는 연구로서 오용 정정 등에 객 관적인 자료를 제공한다.

현재 일본어교육에서는 문법·어휘 등의 연구는 많으나, 문자에 대한 관 심은 많지 않다. 또한 행해지고 있는 문자 학습의 경우, 가나 연습장에 의한 쓰기 연습은 많이 이루어지고 있으나 그에 대한 적절한 정정 및 평가는 아직 초보적인 단계에 머물러 있다.

따라서, 본 연구에서는 한국인 일본어 학습자의 가타카나(片仮名) 오자형 (誤字形)의 정정에 대한 객관적인 기준을 찾고자 한다. 가타카나 오자형의 인정(認定)은 비교적 쉬우나, 평가 즉 그 오자형이 어느 정도 부자연스러운 가(중요도)를 판단하기는 어렵다. 특히, 학습자의 목표언어(일본어) 모어화자 보다 비모어화자의 교사에게는 어려울 것이다. 이에 그에 대한 객관적인 평 가의 기준이 더욱 요구된다.

본 연구에서는 구체적으로, 대학교에서 교양 과목으로 일본어를 배우는 학습자의 가타카나 오자형을 수집하여, 그에 대한 일본어 모어화자(일본인 대학생)와 비모어화자(한국인 일본어 전공자)의 자연성에 의한 판단의 차이를 조사한다. 아울러 학습자가 습득하기 어려운 가타카나 문자를 살펴본다.

위의 결과는 한국인 일본어 교사에게 일본어 모어화자의 가타카나 오자형에 대한 객관적인 정정 기준을 제공하며, 아울러 구체적으로 습득하기 어려운 문자를 분명히 할 것이다.

2. 조사 방법

2.1 조사 참여자

일본어 모어화자(이하, NS라고 한다.)는 나고야(名古屋)대학 학생(대학생 19명, 대학원생 10명)으로서, 남·여 각각 12·17명으로 평균 연령은 만22.9세(18~37세)이다. 전공은 다양하나 주로 문과이다.[1]

그리고 일본어 비모어화자(이하, NNS라고 한다.)의 한국인 일본어 전공자는 T대학교 4학년 학생 61명(A반 32명, B반 29명)으로, 이 가운데 학업 성적이 상위자인 32명이다. 남·여 각각 5·27명으로 평균 연령은 만24.1세(21~31세)이다.

2.2 조사 재료

평가의 재료는, 교실 내에서 예고 없이 테스트 (T대는 과제물) 형식으로 가타카나 46자를 쓰도록 해서, 이 가운데 부자연스럽다고 생각되는 가타카나 문자를, 1자당 10개씩 460자를 2명의 한국인 교사가 선택한 것이다. 교사 A·B는 각각 일본어 교사 경력이 11·9년이다. 조사는 1997년 4~5월에 했으며, 참여자는 대학교에서 교양 과목으로 일본어를 선택해서 처음 배우는

1학년 학생(이하, 일본어 학습자라고 한다.)으로 486명(서울의 D대 43명과, 지방의 T대 172명, I대 89명, Y대 182명)이다.

2.3 조사 순서

질문지에는 가타카나 46자의 오자형 460자(1자당 10개를 무작위로)를 50음도 순서로 배열했다. 조사는 NS·NNS 각각 1997년 8·9월에 했다. NS는 개인적으로 부탁했으며, NNS는 수업 시간에 의뢰했다. 회수율은 NS·NNS 각각 96.7·100%이다. 조사는 5단계 평가로서, 그 척도는 다음과 같다.

自然な　　1　2　3　4　5　　きわめて不自然な

2.4 분석 방법

평균득점은 척도치 1은 1점, 2는 2점, ……5는 5점으로 해서 얻었다. 평균득점(최저득점 1점, 최고득점 5점) 즉 중요도가 높을수록 엄한 평가로, 가타카나 자형이 더 부자연스러운 것을 나타낸다.

3. 조사 결과 및 고찰

3.1 일본어 학습자의 가타카나 쓰기의 오답률

<표1>은 '일본어 학습자의 가타카나 쓰기의 오답률'을 나타내고 있다. <표1>의 오답률은 일본어 학습자 314명 (486명에서 T대의 172명을 제외한) 가운데, 50음도의 9행[行](ワ행, ン 제외) 가운데에서 어느 1행도 전부 틀리지 않은 29명의 응답을 대상으로 해서 얻은 것이다. 그런데 여기서 그 대상자가 9.2%(29/314명)에 지나지 않아, 가타카나 문자 습득률은 매우 낮은 것을 알 수 있다.

<표1>에서 보면, 행별은 ワ행(50.0%)이 가장 오답률이 높고, 문자별 (30.0% 이상)은 ワ(55.2), ヲ(44.8), ヌ(37.9), ネ(34.5), レ(31.0), ン(31.0)의 순서로 오답률이 높다. 그리고 ウ, カ, キ, ト, ハ, マ는 오답이 하나도 없어, 비교적 습득하기 쉬운 문자임을 알 수 있다.

〈표1〉 일본어 학습자의 가타카나 쓰기의 오답률

ア행	カ행	サ행	タ행	ナ행	ハ행	マ행	ヤ행	ラ행	ワ행	
ア	カ	サ	タ	ナ	ハ	マ	ヤ	ラ	ワ	ン
6.9	-	13.8	10.3	6.9	-	-	6.9	6.9	55.2	31.0
イ	キ	シ	チ	ニ	ヒ	ミ		リ		
3.4	-	13.8	24.1	3.4	13.8	10.3		6.9		
ウ	ク	ス	ツ	ヌ	フ	ム	ユ	ル		
-	6.9	3.4	13.8	37.9	17.2	13.8	24.1	24.1		
エ	ケ	セ	テ	ネ	ヘ	メ		レ		
3.4	6.9	3.4	24.1	34.5	6.9	20.7		31.0		
オ	コ	ソ	ト	ノ	ホ	モ	ヨ	ロ	ヲ	
3.4	24.1	10.3	-	6.9	3.4	10.3	27.6	13.8	44.8	
행별 합계(%)									( ) : 순위	
3.4 (11)	7.6 (10)	8.9 (8)	14.5 (6)	17.9 (4)	8.3 (9)	11.0 (7)	19.5 (3)	16.5 (5)	50.0 (1)	31.0 (2)

3.2 가타카나 오자형 전체에 대한 중요도

<표2>는 '가타카나 오자형 전체에 대한 중요도'를 나타내고 있다. <표2>에서 보면, NS는 NNS보다 중요도가 낮아 관대하게 평가하고 있다. 이는 NS가 실제 일본인이 쓰고 있고, 허용되고 있는 여러 가지 가타카나 자형에 대한 폭넓은 지식과 경험을 가지고 판단해서, 자연성에 대한 허용도가 높았다. 이와 반대로 NNS는 주로 인쇄물(활자)에 의한 가타카나 자형의 습득으로, 그 자연성의 판단에 허용도가 낮았다고 생각된다. 위의 결과는 趙(1994 : 533)의 히라가나(平仮名) 46자의 오자형(460자 : 1자당 10개)에 대한 평가의 결과 NS(일본어 모어화자인 대학생과 일반인 25명)의 2.86, NNS(일본어 전공자인

한국인 대학생 25명)의 3.22와 같다.

〈표2〉 가타카나 오자형 전체에 대한 중요도

평가자	평균득점
NS　(29명)	2.57
NNS　(32명)	3.28

3.3 가타카나 46자의 오자형에 대한 중요도

<표3>은 '가타카나 46자의 오자형에 대한 중요도'를 나타내고 있다. <표3>에서 보면, 행별에서 NS는 ン, ワ행, カ행의 순서로, NNS는 マ행, カ행, ハ행의 순서로 중요도가 높다. 그리고 ア행, ワ행, ン을 제외한 모든 행에서 NS는 NNS보다 중요도가 낮아 관대히 평가하고 있다. マ행은 NS와 NNS의 중요도 차(0.89)가 가장 커서, 평가의 차이가 큰 것을 알 수 있다.

한편, 46자별에서 NS는 ウ, ア, モ, ク, ヲ, ン(3.00 이상)의 순서로, NNS는 マ, ア, ヒ, サ, ナ, キ (4.00 이상)의 순서로 중요도가 높다. 그리고 11자(ウ, シ, エ, ワ, ヤ, 二, タ, ソ, ン, ヘ, リ의 순서로 전부 1.00 이하, NS>NNS)를 제외한 모든 문자에서 NS는 NNS보다 중요도가 낮아 관대히 평가하고 있다. マ(1.81), ナ(1.79), ハ(1.75), ヒ(1.49), サ(1.42) (1.40 이상, NS<NNS)는 위의 순서로 NS와 NNS의 중요도 차가 커서, 평가의 차이가 큰 것을 알 수 있다.

〈표3〉 가타카나 46자의 오자형에 대한 중요도

평가자	ア행	カ행	サ행	タ행	ナ행	ハ행	マ행	ヤ행	ラ행	ワ행	
	ア	カ	サ	タ	ナ	ハ	マ	ヤ	ラ	ワ	ン
NS	3.43	2.44	2.77	2.74	2.24	1.91	2.66	2.88	2.02	2.99	3.03
NNS	4.34	2.63	4.19	2.56	4.03	3.66	4.47	2.34	3.41	2.16	2.91
	イ	キ	シ	チ	二	ヒ	ミ		リ		
NS	1.59	2.74	2.77	2.26	2.66	2.73	2.96		2.46		
NNS	1.66	4.00	1.81	2.88	2.13	4.22	3.83		2.41		
	ウ	ク	ス	ツ		フ	ム	ユ	ル		

NS	3.46	3.07	2.16	2.92	2.60	2.42	2.32	2.25	2.12	
NNS	2.47	3.84	2.34	3.22	3.19	3.19	3.13	2.91	2.84	
	エ	ケ	セ	テ	ネ	ヘ	メ		レ	
NS	2.80	2.47	2.41	2.90	2.68	2.20	2.17		2.70	
NNS	1.88	3.13	3.59	3.91	2.88	2.13	2.97		3.22	
	オ	コ	ソ	ト	ノ	ホ	モ	ヨ	ロ	ヲ
NS	2.12	2.78	2.81	2.44	1.83	2.70	3.09	2.77	2.01	3.03
NNS	2.69	3.09	2.66	3.09	3.09	2.88	3.25	2.84	2.78	3.16

행별 합계										( ) : 순위
NS	2.68 (4)	2.70 (3)	2.59 (8)	2.65 (5)	2.40 (9)	2.39 (10)	2.64 (6)	2.63 (7)	2.26 (11)	3.01 (2)	3.03 (1)
NNS	2.61 (11)	3.34 (2)	2.92 (7)	3.13 (4)	3.06 (5)	3.22 (3)	3.53 (1)	2.70 (9)	2.93 (6)	2.66 (10)	2.91 (8)

3.4 가타카나 460자의 오자형에 대한 중요도

<표4>는 '가타카나 460자의 오자형에 대한 중요도(NS와 NNS의 평가)'를 나타내고 있다. <표4>의 Ⓐ는 NS와 NNS의 중요도 차가 가장 큰 것으로, Ⓐ의 예는 전부 NS가 NNS보다 중요도가 낮아 관대하게 평가한 것이다. Ⓑ는 NS가 NNS보다 중요도가 높은 것 가운데에서, 가장 차가 큰 것이다. Ⓑ의 예가 없는 21자(실제로는 21자×10개=210자)는 NS가 NNS보다 엄하게 평가하고 있는 것이 한 자도 없는 것이다. Ⓒ, Ⓓ는 각각 NS, NNS 가운데에서 가장 중요도가 높은 것, 즉 가장 엄하게 평가하고 있는 것이다. 이 가운데 26자의 예는, NS와 NNS가 똑같이 가장 엄하게 평가하고 있지만, 중요도에는 차가 있다. 그리고 <표2>에서 알 수 있듯이 전체적으로 NS가 NNS보다 관대히 평가하고 있으나, 가장 엄하게 평가하고 있는 Ⓒ, Ⓓ의 예를 보면, NS가 NNS보다 엄하게 평가하고 있는 예가 19자로 적지 않다.

한편, 460자 전체에서 NS와 NNS의 중요도 차가 가장 큰 것(2.00 이상, NS<NNS)은, ナ의 10(2.13), ミ의 10(2.08), ワ의 3(2.06), ヒ의 9(2.05)이다. 그리고 NS가 NNS보다 중요도가 높은 것 가운데에서, 가장 차가 큰 것(1.00 이상)은 ヤ의 8(1.34), モ의 5(1.09)이다. 또한, 460자 가운데에서 가장 중요도

가 높은 것(4.75 이상)은, NS는 ウ의 6(5.00), ス의 4(4.90), ミ의 5(4.86), ク의 2(4.83), ソ의 6(4.79), マ의 7(4.79), コ의 5(4.76), サ의 10(4.76), ホ의 8(4.76)이고, NNS는 ア의 7(4.91), キ의 5(4.81), ン의 1(4.78)이다.

〈표4〉 가타카나 460자의 오자형에 대한 중요도 (NS와 NNS의 평가)

가타카나	Ⓐ NS와 NNS의 중요도 차가 가장 큰 것. (NS는 NNS보다 전부 중요도가 낮다.) Ⓑ NS가 NNS보다 중요도가 높은 것 가운데에서, 가장 차가 큰 것 (NS-NNS=?). ⓒ NS 가운데에서 가장 중요도가 높은 것. Ⓓ NNS 가운데에서 가장 중요도가 높은 것.			
	Ⓐ	Ⓑ	ⓒ	Ⓓ
ア	10 <1.00>	8 <0.93>	7 <4.72>	7 <4.91>
イ	3 <1.72>	–	5 <2.14>	1 <3.47>
ウ	4 <0.99>	5 <0.84>	6 <5.00>	6 <4.63>
エ	5 <1.41>	10 <0.26>	6 <4.28>	6 <4.25>
オ	9 <1.33>	–	9 <2.48>	9 <3.81>
カ	4 <0.98>	–	7 <4.00>	7 <4.28>
キ	7 <1.24>	–	5 <4.72>	5 <4.81>
ク	4 <1.65>	2 <0.49>	2 <4.83>	1 <4.44>
ケ	5 <1.42>	–	7 <3.59>	7 <4.19>
コ	6 <1.18>	5 <0.48>	5 <4.76>	5 <4.28>
サ	9 <1.66>	2 <0.58>	10 <4.76>	7 <4.38>
シ	3 <0.70>	10 <0.57>	2 <3.76>	6 <3.72>
ス	8 <1.09>	4 <0.52>	4 <4.90>	4 <4.38>
セ	5 <1.66>	6 <0.17>	6 <4.55>	6 <4.38>
ソ	9 <1.67>	6 <0.26>	6 <4.79>	6 <4.53>
タ	4 <1.75>	–	7 <3.97>	6 <4.44>
チ	2 <1.48>	–	1 <3.41>	1 <3.78>
ツ	2 <1.57>	1 <0.41>	6 <4.31>	9 <4.59>
テ	6 <1.13>	4 <0.35>	4 <4.66>	9 <4.34>
ト	10 <1.85>	–	5 <3.34>	5 <4.22>
ナ	10 <2.13>	–	1 <3.69>	1 <4.06>
ニ	5 <1.40>	3 <0.14>	3 <4.14>	2,4 <4.22>
ヌ	3 <1.45>	–	2 <3.52>	2 <3.97>
ネ	5 <0.93>	9 <0.03>	7 <3.83>	7 <4.22>
ノ	9 <1.87>	–	8 <2.52>	8 <3.88>

ハ	9 <1.84>	-	7 <2.31>	10 <3.66>
ヒ	9 <2.05>	5 <0.60>	8 <4.55>	8 <4.41>
フ	4 <1.57>	-	9 <3.45>	2 <4.13>
ヘ	9 <1.94>	-	5 <3.31>	5 <4.38>
ホ	4 <1.51>	10 <0.60>	8 <4.76>	8 <4.44>
マ	8 <1.84>	7 <0.48>	7 <4.79>	6 <4.50>
ミ	10 <2.08>	5 <0.61>	5 <4.86>	1 <4.63>
ム	5 <1.37>	-	1 <3.86>	1 <4.19>
メ	3 <1.59>	-	7 <3.66>	7 <4.22>
モ	10 <1.63>	5 <1.09>	6 <4.69>	6 <4.28>
ヤ	1 <1.79>	8 <1.43>	8 <4.52>	4 <3.69>
ユ	4 <1.47>	5 <0.03>	3 <3.48>	3 <3.66>
ヨ	9 <0.95>	3 <0.43>	3 <4.34>	6 <3.94>
ラ	8 <1.56>	-	9 <3.79>	9 <4.31>
リ	5 <1.38>	6 <0.49>	6 <4.62>	6 <4.13>
ル	1 <1.45>	-	7 <3.86>	7 <4.13>
レ	6 <1.56>	-	1 <3.72>	1 <4.06>
ロ	8 <1.31>	-	10 <2.52>	5 <3.63>
ワ	3 <2.06>	2 <0.57>	2 <4.48>	6 <4.22>
ヲ	10 <0.92>	4 <0.37>	1 <4.62>	1 <4.69>
ン	8 <1.78>	-	6 <4.59>	1 <4.78>

주1) 표의 숫자는 각 문자의 오자형 유형을 나타낸다(<자료1>, <자료2>의 < > 안의 숫자).
 2) < > 안의 숫자에서 Ⓐ,Ⓑ는 양 화자의 차, Ⓒ,Ⓓ는 오자형 종류의 평균득점을 나타낸다.

4. 맺는 말

본고에서는 교양 과목으로 일본어를 배우는 학습자의 가타카나 오자형에 대해서, 자연도의 관점에서 NS와 NNS의 평가를 살펴보았다. 그 주된 결과는 다음과 같다.

(1)일본어 학습자는 46자별에서 ワ와 ヲ, 그리고 행별에서 ワ행의 습득률이 가장 낮았다.

(2)NS는 NNS보다 전체적으로 가타카나 오자형을 관대하게 평가하고 있다.

(3)행별에서 ア행과 ン을 제외한 모든 행에서도 관대하게 평가하고 있다. マ행은 NS와 NNS의 평가 차이가 가장 크다. 46자별에서 11자를 제외한 모든 문자에서 NS는 NNS보다 관대히 평가하고 있다. マ, ナ, ハ, ヒ, サ(1.00 이상)는 위의 순서로 NS와 NNS의 평가의 차이가 크다. 46자별에서 NS는 ウ, ア, モ, ク, ヲ, ン(3.00 이상)의 순서로, NNS는 マ, ア, ヒ, サ, ナ, キ(4.00 이상)의 순서로 엄하게 평가하고 있다.

(4)460자 전체에서 NS와 NNS의 평가 차이가 가장 큰 것(2.00 이상)은, ナ의 10, ミ의 10, ワ의 3, ヒ의 9이다. 그리고 NS가 NNS보다 중요도가 높은 것 가운데에서, 가장 차가 큰 것(1.00 이상)은 ヤ의 8, モ의 5이다. 또한, 460자 가운데에서 가장 중요도가 높은 것(4.75 이상)은, NS는 ス의 4, ミ의 5, ク의 2, ソ의 6, マ의 7, コ의 5, サ의 10, ホ의 8이고, NNS는 ア의 7, キ의 5, ン의 1이다.

위의 결과는 한국인 일본어 교사에게 중요한 시사를 하고 있다. 그것은 가타카나 오자형에 대해서, NS가 NNS보다 중요도가 높게 평가한 것에 대해서 특별한 주의를 요하면서, 전체적으로 NS처럼 관대하게 평가하는 것이다. 그리고 이상적인 자형(가타카나)은 존재하지만 실제 써서 나타내기는 상당히 어려우므로, 460자 각각에 대한 NS의 자연도 관점에 따른 평가의 결과를 제공함으로써, 학습자 스스로 이상적인 자형을 찾게 하는 데에도 그 활용이 가능할 것이다[2].

한편 앞으로는 조사 대상의 예(오자형)에 대한 원인 규명이 필요하겠다. 그러나 그 원인은 교재(의 활자체), 지도 방법, 학습자의 내적 학습 전략 등 여러 가지 요인과 관계가 있어서 많은 조사 연구를 필요로 한다.

【주】

1) 전공 학과별로, 국문학 6명, 국제 개발 또는 협력 5명, 심리학 3명, 교육학 3명, 법학 3명, 사회학 2명, 경제학 2명, 기타 5명이다.
2) 이 경우 교사는 학습자에게 자형을 구성하는 요소(点, 直線, 曲線, 円弧·円状の線,

結び, 跳ね, 払い, 止め)를 고려해서 찾도록 한다. 그리고 이들 요소는 각기 절대적인 기준이 있는 것이 아니고, 어느 정도까지 허용(許用)되는가가 문제일 것이다.

【참고문헌】

1. 小篠敏明(編)(1987), 『英語の誤答分析』, 大修館書店
2. 小林一仁(1977), 「かな「字形」の認識」, 『外国人と日本人3』, 筑波大学文芸・言語学系内 外国人に対する日本語教育プロゼックド, 19-39
3. 趙南星(1994), 「平仮名書きの誤りに対する母語話者と非母語話者の評価」, 『大田産業 大學校論文集』, 第11卷, 第2輯, A篇, 531-542

〈자료1〉 가타카나 460자의 오자형에 대한 중요도

가타카나	평가자	46자별 10개의 오자형에 대한 중요도									〈순위〉
		〈1〉	〈2〉	〈3〉	〈4〉	〈5〉	〈6〉	〈7〉	〈8〉	〈9〉	〈10〉
ア	NS	3.10 (6)	2.31 (10)	4.66 (2)	3.00 (7)	3.93 (4)	2.34 (9)	4.72 (1)	4.31 (3)	2.62 (8)	3.34 (5)
	NNS	3.22 (7)	2.41 (10)	4.53 (2)	3.38 (5)	4.53 (2)	3.03 (8)	4.91 (1)	3.38 (5)	3.03 (8)	4.34 (4)
イ	NS	1.90 (2)	1.66 (3)	1.66 (3)	1.66 (3)	2.14 (1)	1.66 (3)	1.59 (7)	1.14 (9)	1.38 (8)	1.14 (9)
	NNS	3.47 (1)	2.28 (8)	3.38 (2)	2.59 (3)	2.31 (7)	2.47 (5)	2.56 (4)	2.41 (6)	1.69 (9)	1.66 (10)
ウ	NS	3.17 (7)	3.07 (8)	3.66 (5)	1.45 (10)	3.90 (4)	5.00 (1)	3.93 (3)	4.62 (2)	3.55 (6)	2.21 (9)
	NNS	3.22 (7)	3.97 (5)	4.53 (2)	2.44 (10)	3.06 (8)	4.63 (1)	3.31 (6)	4.50 (3)	4.31 (4)	2.47 (9)
エ	NS	2.72 (5)	3.38 (3)	2.10 (9)	4.14 (2)	1.34 (10)	4.28 (1)	3.03 (4)	2.31 (7)	2.52 (6)	2.14 (8)
	NNS	2.94 (5)	3.19 (3)	3.19 (3)	4.22 (2)	2.75 (7)	4.25 (1)	2.81 (6)	2.50 (9)	2.72 (8)	1.88 (10)
オ	NS	2.00 (8)	1.59 (10)	2.14 (6)	2.21 (4)	2.28 (3)	2.41 (2)	2.17 (5)	2.14 (6)	2.48 (1)	1.83 (9)
	NNS	2.59 (8)	2.41 (10)	3.31 (3)	3.22 (4)	3.00 (6)	3.44 (2)	2.59 (8)	3.06 (5)	3.81 (1)	2.69 (7)
カ	NS	2.76 (3)	1.52 (10)	2.48 (6)	2.52 (5)	2.86 (2)	2.72 (4)	4.00 (1)	1.66 (8)	1.66 (8)	2.28 (7)
	NNS	3.56 (3)	2.47 (8)	3.44 (6)	3.50 (5)	3.75 (2)	3.53 (4)	4.28 (1)	2.31 (10)	2.44 (9)	2.63 (7)
キ	NS	1.76 (8)	1.59 (9)	3.41 (2)	2.52 (6)	4.72 (1)	3.38 (3)	1.48 (10)	2.48 (7)	2.79 (5)	3.31 (4)
	NNS	2.84 (8)	2.75 (9)	3.75 (4)	3.47 (6)	4.81 (1)	4.50 (2)	2.72 (10)	3.56 (5)	3.47 (6)	4.00 (3)
ク	NS	4.72 (2)	4.83 (1)	1.93 (9)	1.69 (10)	2.48 (6)	4.52 (3)	2.31 (7)	2.97 (4)	2.31 (7)	2.90 (5)
	NNS	4.44 (1)	4.34 (2)	2.91 (10)	3.34 (8)	3.31 (9)	4.19 (3)	3.63 (6)	3.78 (5)	3.50 (7)	3.84 (4)
ケ	NS	2.79 (4)	3.21 (2)	3.10 (3)	2.38 (5)	1.83 (9)	2.17 (6)	3.59 (1)	1.55 (10)	2.17 (6)	1.86 (8)
	NNS	3.50 (3)	3.38 (5)	3.91 (1)	3.47 (4)	3.25 (6)	3.19 (7)	4.19 (1)	2.84 (9)	2.75 (10)	3.13 (8)
コ	NS	3.52 (3)	2.86 (5)	2.93 (4)	3.62 (2)	4.76 (1)	1.48 (10)	1.52 (9)	1.94 (8)	2.79 (6)	2.31 (7)
	NNS	3.31 (5)	3.16 (6)	3.63 (4)	4.00 (2)	4.28 (1)	2.66 (8)	2.56 (9)	2.47 (10)	3.72 (3)	3.09 (7)

		⟨1⟩	⟨2⟩	⟨3⟩	⟨4⟩	⟨5⟩	⟨6⟩	⟨7⟩	⟨8⟩	⟨9⟩	⟨10⟩
サ	NS	2.59 (4)	4.17 (2)	1.34 (10)	2.17 (7)	1.79 (9)	1.86 (8)	2.90 (5)	3.79 (3)	2.34 (6)	4.76 (1)
	NNS	2.63 (9)	3.59 (5)	1.72 (10)	3.44 (6)	3.25 (8)	3.31 (7)	4.38 (1)	3.81 (4)	4.00 (3)	4.19 (2)
シ	NS	2.76 (4)	3.76 (1)	1.93 (10)	2.10 (9)	2.62 (6)	3.72 (2)	3.41 (3)	2.28 (8)	2.76 (4)	2.38 (7)
	NNS	3.03 (5)	3.63 (3)	2.63 (8)	2.44 (9)	3.03 (5)	3.72 (1)	3.66 (2)	2.97 (7)	3.09 (4)	1.81 (10)
ス	NS	1.41 (9)	3.03 (2)	1.52 (8)	4.90 (1)	1.62 (7)	1.38 (10)	1.86 (5)	2.10 (3)	1.79 (6)	1.97 (4)
	NNS	2.16 (10)	3.44 (2)	2.31 (9)	4.38 (1)	2.47 (6)	2.34 (7)	2.69 (4)	3.19 (3)	2.63 (5)	2.34 (7)
セ	NS	1.90 (7)	1.45 (10)	2.62 (3)	2.48 (4)	1.90 (7)	4.55 (1)	2.38 (5)	1.59 (9)	2.34 (6)	2.90 (2)
	NNS	2.56 (9)	2.06 (10)	3.63 (3)	3.53 (6)	3.56 (5)	4.38 (1)	3.69 (2)	2.72 (8)	3.50 (7)	3.60 (4)
ソ	NS	2.83 (5)	2.69 (6)	3.00 (4)	4.72 (2)	2.00 (7)	4.79 (1)	3.07 (3)	1.52 (10)	1.83 (8)	1.69 (9)
	NNS	3.13 (7)	2.72 (8)	3.81 (3)	4.50 (2)	3.47 (6)	4.53 (1)	3.75 (4)	2.44 (10)	3.50 (5)	2.66 (9)
タ	NS	2.93 (5)	3.90 (2)	2.10 (8)	1.69 (9)	3.03 (4)	3.52 (3)	3.97 (1)	2.41 (6)	1.59 (10)	2.24 (7)
	NNS	3.53 (5)	4.31 (2)	2.72 (8)	3.44 (6)	3.72 (4)	4.44 (1)	4.28 (3)	3.25 (7)	2.19 (10)	2.56 (9)
チ	NS	3.41 (1)	2.21 (5)	1.83 (8)	3.10 (2)	1.66 (9)	1.24 (10)	2.03 (6)	1.93 (7)	2.34 (4)	2.86 (3)
	NNS	3.78 (1)	3.69 (2)	2.34 (9)	3.38 (3)	2.81 (7)	2.28 (10)	2.69 (8)	2.97 (5)	3.06 (4)	2.88 (6)
ツ	NS	4.10 (4)	1.52 (10)	1.93 (8)	4.28 (2)	1.72 (9)	4.31 (1)	2.14 (7)	2.66 (5)	4.24 (3)	2.28 (6)
	NNS	3.69 (4)	3.09 (10)	3.16 (8)	4.09 (2)	3.16 (8)	4.00 (3)	3.47 (6)	3.63 (5)	4.59 (1)	3.22 (7)
テ	NS	3.55 (4)	2.10 (7)	2.07 (9)	4.66 (1)	2.28 (6)	2.34 (5)	2.10 (7)	1.72 (10)	4.14 (2)	4.00 (3)
	NNS	3.91 (3)	2.44 (8)	2.22 (9)	4.31 (2)	3.19 (6)	3.47 (5)	2.72 (7)	2.06 (10)	4.34 (1)	3.91 (3)
ト	NS	2.55 (5)	2.45 (6)	2.59 (4)	3.21 (3)	3.34 (1)	2.45 (6)	3.31 (2)	1.90 (8)	1.38 (9)	1.24 (10)
	NNS	3.47 (6)	3.94 (4)	3.66 (5)	4.09 (3)	4.22 (1)	3.06 (8)	4.13 (2)	2.66 (9)	2.63 (10)	3.09 (7)

		〈1〉	〈2〉	〈3〉	〈4〉	〈5〉	〈6〉	〈7〉	〈8〉	〈9〉	〈10〉
ナ	NS	3.69 (1)	3.10 (2)	1.45 (10)	1.66 (8)	1.93 (5)	1.59 (9)	3.10 (2)	1.83 (7)	2.17 (4)	1.90 (6)
	NNS	4.06 (1)	3.84 (3)	2.13 (10)	2.25 (8)	3.78 (4)	3.44 (6)	3.66 (5)	2.19 (9)	3.34 (7)	4.03 (2)
ニ	NS	3.66 (3)	3.79 (2)	4.14 (1)	3.55 (4)	1.38 (10)	2.21 (6)	2.14 (7)	1.79 (8)	2.41 (5)	1.48 (9)
	NNS	4.00 (3)	4.22 (1)	4.00 (3)	4.22 (1)	2.78 (8)	2.81 (7)	2.97 (5)	2.53 (9)	2.94 (6)	2.13 (10)
ヌ	NS	2.66 (6)	3.52 (1)	2.21 (8)	1.90 (9)	2.76 (4)	3.03 (2)	1.83 (10)	2.31 (7)	3.00 (3)	2.76 (4)
	NNS	3.75 (3)	3.97 (1)	3.66 (4)	3.13 (6)	3.94 (2)	3.13 (8)	2.97 (10)	3.38 (5)	3.09 (9)	3.19 (7)
ネ	NS	2.79 (4)	1.48 (10)	3.59 (3)	1.79 (9)	2.76 (5)	2.10 (7)	3.83 (1)	3.62 (2)	2.69 (6)	2.10 (7)
	NNS	3.25 (5)	2.34 (10)	3.75 (3)	2.66 (8)	3.69 (4)	3.06 (6)	4.22 (1)	3.94 (2)	2.66 (8)	2.88 (7)
ノ	NS	1.59 (7)	2.10 (3)	2.28 (2)	1.38 (9)	1.10 (10)	2.07 (5)	1.55 (8)	2.52 (1)	1.66 (6)	2.10 (3)
	NNS	2.13 (9)	3.56 (3)	3.63 (2)	2.63 (8)	1.81 (10)	3.44 (5)	3.06 (7)	3.88 (1)	3.53 (4)	3.09 (6)
ハ	NS	2.03 (6)	1.48 (9)	2.10 (3)	1.45 (10)	1.69 (8)	2.17 (2)	2.31 (1)	2.07 (4)	1.72 (7)	2.07 (4)
	NNS	3.44 (4)	2.47 (10)	3.13 (7)	2.69 (9)	3.28 (5)	3.25 (6)	3.56 (2)	2.94 (8)	3.56 (2)	3.66 (1)
ヒ	NS	1.59 (9)	1.97 (7)	1.48 (10)	3.66 (3)	3.66 (3)	2.45 (5)	2.24 (6)	4.55 (1)	1.76 (8)	3.93 (2)
	NNS	3.31 (5)	3.31 (5)	2.50 (9)	4.00 (3)	3.06 (7)	2.28 (10)	2.63 (8)	4.41 (1)	3.81 (4)	4.22 (2)
フ	NS	2.83 (3)	3.24 (2)	2.17 (7)	2.21 (6)	2.52 (5)	2.79 (4)	1.55 (9)	1.24 (10)	3.45 (1)	2.17 (7)
	NNS	3.19 (7)	4.13 (1)	3.25 (6)	3.78 (2)	3.53 (3)	3.50 (4)	3.09 (9)	2.75 (10)	3.47 (5)	3.19 (7)
ヘ	NS	1.83 (7)	2.34 (3)	2.79 (2)	2.34 (3)	3.31 (1)	2.31 (5)	1.79 (8)	2.17 (6)	1.34 (10)	1.79 (8)
	NNS	3.00 (8)	3.88 (2)	3.84 (3)	3.53 (4)	4.38 (1)	3.31 (6)	3.41 (5)	3.00 (8)	3.28 (7)	2.13 (10)
ホ	NS	2.41 (4)	4.21 (2)	2.10 (7)	1.62 (10)	2.34 (5)	2.14 (6)	1.97 (8)	4.76 (1)	1.93 (9)	3.48 (3)
	NNS	3.00 (6)	4.44 (1)	3.44 (3)	3.13 (5)	2.78 (8)	3.31 (4)	2.03 (10)	4.44 (1)	2.50 (9)	2.88 (7)

		⟨1⟩	⟨2⟩	⟨3⟩	⟨4⟩	⟨5⟩	⟨6⟩	⟨7⟩	⟨8⟩	⟨9⟩	⟨10⟩
マ	NS	1.28 (10)	1.79 (7)	1.72 (8)	2.21 (5)	2.03 (6)	4.31 (2)	4.79 (1)	1.66 (9)	2.72 (4)	4.07 (3)
	NNS	2.22 (10)	2.66 (9)	3.44 (5)	3.44 (5)	2.72 (8)	4.50 (1)	4.31 (3)	3.50 (4)	3.31 (7)	4.47 (2)
ミ	NS	3.31 (4)	3.00 (5)	4.86 (1)	2.59 (6)	4.86 (1)	2.07 (7)	3.38 (3)	1.79 (10)	1.86 (8)	1.83 (9)
	NNS	4.63 (1)	3.91 (5)	4.41 (2)	3.41 (8)	4.25 (3)	2.81 (10)	4.22 (4)	3.13 (9)	3.59 (7)	3.91 (5)
ム	NS	3.86 (1)	1.79 (8)	1.79 (8)	2.34 (5)	2.41 (4)	2.66 (2)	2.24 (6)	2.17 (7)	1.41 (10)	2.55 (3)
	NNS	4.19 (1)	2.63 (9)	3.03 (6)	3.69 (4)	3.78 (2)	3.75 (3)	2.94 (7)	2.72 (8)	2.63 (9)	3.13 (5)
メ	NS	1.62 (8)	2.48 (2)	2.07 (6)	1.59 (10)	1.62 (8)	2.31 (3)	3.66 (1)	2.00 (7)	2.14 (5)	2.24 (4)
	NNS	3.16 (5)	3.69 (2)	3.66 (3)	2.72 (10)	3.09 (6)	3.59 (4)	4.22 (1)	3.09 (6)	2.91 (9)	2.97 (8)
モ	NS	4.48 (3)	4.38 (4)	4.38 (4)	1.31 (9)	4.62 (2)	4.69 (1)	1.17 (10)	1.69 (7)	2.55 (6)	1.62 (8)
	NNS	3.53 (2)	3.44 (5)	3.50 (4)	2.84 (9)	3.53 (2)	4.28 (1)	2.31 (10)	2.91 (8)	3.00 (7)	3.25 (6)
ヤ	NS	1.62 (10)	4.00 (2)	2.34 (6)	3.55 (3)	2.03 (9)	2.93 (5)	3.55 (3)	4.52 (1)	2.14 (7)	2.10 (8)
	NNS	3.41 (3)	3.03 (7)	3.06 (6)	3.69 (1)	2.38 (9)	3.09 (4)	3.47 (2)	3.09 (4)	3.03 (7)	2.34 (10)
ユ	NS	2.17 (5)	1.66 (10)	3.48 (1)	1.72 (9)	2.69 (2)	1.93 (7)	2.17 (5)	1.83 (8)	2.38 (4)	2.45 (3)
	NNS	2.91 (5)	3.06 (4)	3.66 (1)	3.19 (2)	2.66 (9)	2.06 (10)	3.19 (2)	2.78 (8)	2.81 (7)	2.91 (5)
ヨ	NS	1.59 (10)	3.24 (3)	4.34 (1)	1.83 (9)	2.00 (8)	3.76 (2)	3.24 (3)	2.83 (5)	2.21 (7)	2.62 (6)
	NNS	2.28 (9)	3.81 (3)	3.91 (2)	2.25 (10)	2.81 (8)	3.94 (1)	3.66 (4)	2.88 (6)	3.16 (5)	2.84 (7)

		⟨1⟩	⟨2⟩	⟨3⟩	⟨4⟩	⟨5⟩	⟨6⟩	⟨7⟩	⟨8⟩	⟨9⟩	⟨10⟩
ラ	NS	1.07 (10)	1.90 (5)	3.07 (2)	1.17 (9)	1.48 (8)	2.52 (3)	1.66 (6)	1.66 (6)	3.79 (1)	1.93 (4)
	NNS	2.16 (9)	3.34 (5)	3.59 (2)	1.94 (10)	2.41 (8)	3.59 (2)	3.03 (7)	3.22 (6)	4.31 (1)	3.41 (4)
リ	NS	1.45 (9)	2.07 (6)	2.10 (5)	3.90 (2)	1.34 (10)	4.62 (1)	2.90 (3)	2.86 (4)	1.72 (7)	1.59 (8)
	NNS	2.22 (10)	3.25 (6)	3.34 (3)	4.00 (2)	2.72 (7)	4.13 (1)	3.34 (3)	3.34 (3)	2.53 (8)	2.41 (9)
ル	NS	1.52 (7)	2.86 (2)	2.38 (3)	1.52 (7)	2.10 (5)	2.34 (4)	3.86 (1)	1.28 (10)	1.90 (6)	1.41 (9)
	NNS	2.97 (4)	3.09 (3)	3.16 (2)	2.78 (9)	2.91 (6)	2.81 (8)	4.13 (1)	1.91 (10)	2.94 (5)	2.84 (7)
レ	NS	3.72 (1)	2.45 (6)	3.34 (2)	3.00 (3)	2.90 (5)	1.72 (10)	2.07 (9)	2.45 (6)	3.00 (3)	2.34 (8)
	NNS	4.06 (1)	2.69 (10)	3.63 (4)	3.81 (2)	3.63 (4)	3.28 (7)	3.50 (6)	3.25 (8)	3.81 (2)	3.22 (9)
ロ	NS	1.79 (8)	1.97 (5)	2.03 (4)	1.86 (6)	2.45 (2)	1.66 (9)	2.14 (3)	2.03 (7)	1.62 (10)	2.52 (1)
	NNS	2.97 (5)	3.13 (4)	2.84 (6)	2.66 (8)	3.63 (1)	2.47 (10)	3.38 (2)	3.34 (3)	2.53 (9)	2.78 (7)
ワ	NS	4.03 (4)	4.48 (1)	1.38 (10)	2.21 (6)	3.14 (5)	4.41 (2)	4.34 (3)	2.10 (7)	1.83 (9)	1.97 (8)
	NNS	3.66 (4)	3.91 (3)	3.44 (7)	3.56 (5)	3.50 (6)	4.22 (1)	4.03 (2)	2.75 (8)	2.25 (9)	2.16 (10)
ヲ	NS	4.62 (1)	4.07 (3)	2.24 (6)	4.28 (2)	1.83 (9)	3.10 (4)	3.07 (5)	1.69 (10)	1.86 (8)	2.24 (6)
	NNS	4.69 (1)	4.19 (2)	2.47 (8)	3.91 (3)	2.47 (8)	2.84 (6)	3.25 (4)	2.56 (7)	2.47 (8)	3.16 (5)
ン	NS	4.17 (2)	2.62 (8)	2.72 (6)	2.34 (9)	2.86 (4)	4.59 (1)	2.86 (4)	1.41 (10)	4.07 (3)	2.66 (7)
	NNS	4.78 (1)	3.25 (5)	3.06 (8)	3.41 (4)	3.13 (7)	4.63 (2)	2.88 (10)	3.19 (6)	4.09 (3)	2.91 (9)

* <자료1>, <자료2>의 < > 안의 숫자는 문자별 10개의 오자형의 번호이다.

〈자료2〉 가타카나 460자의 오자형

	<1>	<2>	<3>	<4>	<5>	<6>	<7>	<8>	<9>	<10>
[a]	ヲ	ア	ア	ヲ	ア	ア	ア	ヲ	ア	ア
[i]	イ	イ	イ	イ	イ	イ	イ	イ	イ	イ
[u]	ウ	ク	ウ	ウ	ウ	ラ	ウ	ウ	ウ	ウ
[e]	エ	エ	エ	エ	エ	エ	エ	エ	エ	エ
[o]	オ	オ	オ	オ	オ	オ	オ	オ	オ	オ
[ka]	カ	カ	カ	カ	カ	カ	オ	カ	カ	カ
[ki]	キ	キ	キ	キ	キ	キ	キ	キ	キ	キ
[ku]	ワ	ケ	ク	ワ	ク	ケ	ク	ク	ク	ワ
[ke]	ケ	ケ	ケ	ケ	ケ	ケ	ク	ケ	ケ	ケ
[ko]	コ	コ	コ	コ	コ	コ	コ	コ	コ	コ

[sa]	サ	サ	サ	サ	サ	サ	サ	サ	サ	サ
[shi]	ソ	シ	シ	シ	シ	ツ	シ	シ	シ	シ
[su]	ス	ス	ス	ヌ	ス	ス	ス	ス	ス	ス
[se]	セ	セ	セ	セ	セ	セ	セ	セ	セ	セ
[so]	ソ	ソ	ソ	ソ	ソ	ソ	ソ	ソ	ソ	ソ
[ta]	タ	タ	タ	タ	タ	タ	タ	タ	タ	タ
[chi]	チ	チ	チ	チ	チ	チ	チ	チ	チ	チ
[tsu]	ツ	ツ	ツ	シ	ツ	シ	ツ	ツ	シ	ツ
[te]	テ	テ	テ	チ	テ	テ	テ	テ	テ	テ
[to]	ト	ト	ト	ト	ト	ト	ト	ト	ト	ト

[na] ナ ナ ナ ナ ナ ナ ナ ナ ナ ナ

[ni] ニ ニ ニ ニ ニ ニ ニ ニ ニ

[nu] ヌ ヌ ヌ ヌ ヌ ヌ ヌ ヌ ヌ

[ne] ネ ネ ネ ネ ネ ネ ネ ネ ネ ネ

[no] ノ ノ ノ ノ ノ ノ ノ ノ ノ

[ha] ハ ハ ハ ハ ハ ハ ハ ハ ハ ハ

[hi] ヒ ヒ ヒ ヒ ヒ ヒ ヒ ヒ ヒ ヒ

[fu] フ フ フ フ フ フ フ フ フ フ

[he] ヘ ヘ ヘ ヘ ヘ ヘ ヘ ヘ ヘ ヘ

[ho] ホ ホ ホ ホ ホ ホ ホ ホ ホ ホ

[ma]	マ	マ	マ	マ	マ	マ	マ	マ	マ	マ
[mi]	ミ	ミ	ミ	ミ	ミ	ミ	ミ	ミ	ミ	ミ
[mu]	ム	ム	ム	ム	ム	ム	ム	ム	ム	ム
[me]	メ	メ	メ	メ	メ	メ	メ	メ	メ	メ
[mo]	モ	モ	モ	モ	モ	モ	モ	モ	モ	モ
[ya]	ヤ	ヤ	ヤ	ヤ	ヤ	ヤ	ヤ	ヤ	ヤ	ヤ
[yu]	ユ	ユ	ユ	ユ	ユ	ユ	ユ	ユ	ユ	ユ
[yo]	ヨ	ヨ	ヨ	ヨ	ヨ	ヨ	ヨ	ヨ	ヨ	ヨ

[ra]

[ri]

[ru]

[re]

[ro]

[wa]

[o]

[n]

제3장
한국인 일본어 학습자와 일본어 모어화자가 쓴
히라가나 자형의 비교 분석

1. 들어가는 말

　일본어 학습은 히라가나 쓰기에서 출발한다. 한국인 일본어 교사는 대부분 교과서(일본어 가나 쓰기 및 각종 일본어 교재)의 다양한 활자의 자형(字形)을 기준으로 가르치고 있다. 학습자도 교과서의 다양한 활자의 자형을 보고 배우고 있다. 金(1998)은 한국인 학습자의 부자연스러운 히라가나 자형의 원인에 대하여, 서체(書體)와 필순(筆順)의 관점에서 분석한 결과, 그 원인의 대부분이 교과서의 서체에 기인한다고 보고하고 있다.

　또한, 학습자는 히라가나 쓰기 연습에서 아래 <예1>의 화살표 부분에서 이어 쓰기 여부, <예2>의 화살표 부분에서 올려 쓰기 여부 및 정도 등을 종종 질문한다.

〈예1〉

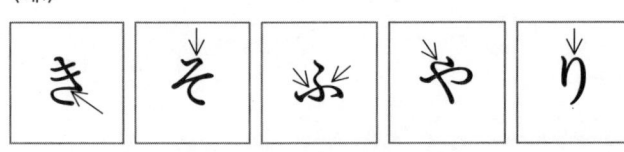

〈예2〉

이에 대한 대답을 교과서의 다양한 활자의 자형이 아닌, 실제 일본인(일본어 모어화자)의 히라가나 쓰기에서 찾고자 한다.

따라서 본고에서는 일본인 대학생과 한국인 일본어 학습자의 히라가나 자형이 어떻게 다른가를 조사한다. 물론 일본인 대학생의 자형이 이상적인 것은 아니나, 실제 일본어 모어화자(일본인)들이 어떻게 쓰고 있는가는, 지도 상에서 하나의 기준이 될 것이다. 趙(1994)는 한국인 일본어 학습자의 부자연스러운 히라가나 자형에 대하여, 자연도 관점에서 일본어 모어화자의 평가를 보고하고 있으나, 실제 일본어 모어화자의 자형과의 비교는 하고 있지 않다.

위의 결과는 활자의 자형에 의거하여 지도하고 있는 한국인 일본어 교사에게, 실제 일본인과 학습자가 쓰고 있는 자형의 차이점을 제공함으로써, 교과서 활자의 자형에 따른 교수·학습의 문제점이 개선되었으면 한다.

2. 조사 방법

히라가나 쓰기 조사는 일본인 대학생과 한국인 일본어 전공자를 대상으로 했다. 전자는 일본 A대학교 학생 24명으로 전공과 학년은 다양하며, 후자는 한국 H대학교에서 일본어를 전공하는 2학년 24명이다. 한국인 학습자는 2학년 2학기말에 써 받았는데, 히라가나 쓰기의 자형이 정착된 것으로 간주한다. 한편 원고지에 써서 받은 모든 히라가나를 한 문자씩 오려서, あいう…순으로 배열하여 분석했다(<자료>).

3. 분석 및 지도에의 제언

여기서는 주로 한국인 일본어 학습자와 일본인 대학생의 히라가나 쓰기 자형의 차이점에 대해서 기술하고, 이를 바탕으로 한 지도상의 제언을 한다. 이하, 설명에 관한 기호, 부호는 다음과 같다.

KJL은 '한국인 일본어 학습자', JNS는 일본어 모어화자로 '일본인 대학생'을 나타낸다. ①②③… 등은 行별 히라가나 자형을 설명하기 위한 사각형 안의 숫자이다. 그리고 [(1)(2)(3) …(24)]처럼 [ ] 안의 ( )의 숫자는 <자료>에서 KJL과 JNS가 쓴 히라가나 문자의 번호이다. 【지도】는 히라가나 쓰기 지도에서의 제언을 나타낸다.

3.1 あ行

(1) あ字

KJL에게는 ①에서 커다란 타원형을 그리고 있지 않은 것[(1)(3)(5)(8)(11)(12)(22)(23)]이 보이나, JNS는 모두 좌우로 커다란 타원형을 그리고 있다.

【지도】 ①에서 커다란 타원형을 그리도록 한다.

(2) い字

KJL에게는 ①과 ②의 간격이 좁은 것이 보이나[(12)(18)(22)(23)], JNS는 모두 일정한 간격을 유지하고 있다.

【지도】 ①과 ②에서 일정한 공간을 형성하도록 한다.

(3) う字

KJL에게는 ②의 끝 부분이 ①을 기준으로 한 일직선상에서 오른쪽에 있는 것[(7)(10)(12)(14)(17)(19)(24)]이 보이나, JNS에서는 모두 같거나 좌측으로 나가 있다[(23) 제외].

【지도】 ②의 끝 부분을 ①을 기준으로 한 일직선상에서 같거나 좌측으로 나오게 쓰도록 한다.

(4) え字

KJL은 사선①의 아래 부분에서 약간만 겹쳐 쓰는데[(7)(8)(12)(13)(17)(20)(24) 이외, 그리고 (21)(22)는 겹쳐 쓰고 있지 않다], JNS는 전부 중앙에 가까운 부분까지 겹쳐 쓰고 있다.

【지도】 사선①의 중앙 부근까지 겹쳐 쓰도록 한다.

(5) お字

KJL에게는 ①을 길게 쓴 것[(7)(14)(19)(23)(24) 이외]이 많이 보이나, JNS는 전부 짧게 쓰고 있다. 그리고 KJL에게는 ②가 점에 가까운 것[(3)(9)(19)(20)(21)(22)(23)(24) 이외]이 많으나, JNS에게는 점이 아닌 긴 사선에 가까운 것[(1)(14)(22) 이외]이 많다. 또한 ③의 둥근 모양이 ④의 둥근 모양보다 작은 것이 일반적으로, KJL에게는 ③의 모양이 상대적으로 큰 것[(1)(2)(5)(8)(9)(12)(15)(21)(22)]이 보이나, JNS에게는 거의 보이지 않는다[(8)(10)(17) 제외]. 한편 KJL에게는 ④가 커다란 타원형을 그리고 있지 않은 것[(1)(2)(3)(5)(8)(9)(15)(16)(22)]이 있으나, JNS에게는 거의 보이지 않는다[(8) 제외].

【지도】 ①은 상대적으로 짧게, ②는 점이 아닌 짧은 사선으로, ③은 작은 원으로, ④는 커다란 타원형으로 쓰도록 한다.

 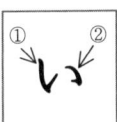   

3.2 か行

(1) か字

KJL은 ①을 우측 상단에 점처럼 쓰고 있으나[(3)(19)(24) 이외], JNS는 모두 우측 상단에서 하단으로 긴 사선처럼 쓰고 있다. 그리고 KJL은 ②의 마지막 부분을 일직선으로 쓰고 있으나[(2)(5)(6)(13)(22)(24) 이외], JNS는 모두 안쪽으로 살짝 올려서 쓰고 있다.

【지도】 ①을 긴 사선으로, ②를 안쪽으로 살짝 올려서 쓰도록 한다.

(2) き字

KJL은 ①(사선)과 ②(타원형)를 이어 쓰는 경우가 많은데[(2)(5)(7)(9)(11)(14)(18)(21)], JNS는 거의 분리해서 쓰고 있다[(8)(13) 제외].

【지도】 ①과 ②를 분리해서 쓰도록 한다.

(3) く字

KJL에게는 ①(위쪽)이 ②(아래쪽)보다 긴 것[(1)(3)(4)(7)(10)(12)(13)(16)(22)]이 많이 보이나, JNS에게는 거의 보이지 않는다[(5)(13)(17) 제외].

【지도】 ①보다 ②의 부분을 길게 쓰도록 한다.

(4) け字

KJL에게는 ①을 일직선으로 쓰고 있는 것이 보이나[(1)(2)(12)(14)(16)(17)(21)], JNS는 거의 안쪽으로 약간 휘어지게 쓰고 있다[(8) 제외]. 또한 ①의 마지막 부분인 ③을 KJL은 일직선으로 쓰고 있으나[(22) 제외], JNS는 안쪽으로 살짝 올려 쓰고 있다[(8)(13) 제외]. 그리고 ①과 ④의 선 길이를 비교하면, KJL은 ①이 ④와 같거나 긴 경우가 있는데[(5)(7)(8)(11)(12)(13)(15)(20)(23)], JNS는 모든 문자에서 ①이 ④보다 짧다. 한편 KJL에게는 ①의 시작이 ②의 위치보다 훨씬 위에서 시작되는 것[(4)(14)(21) 이외]이 많이 보이나, JNS는 모두 낮은 쪽에서 쓰고 있다[(23) 제외].

【지도】 ①을 약간 안쪽으로 휘어지게, ③의 부분을 안쪽으로 살짝 올려 쓰도록 한다. 그리고 ①을 ④보다 짧게 쓰도록 하고, ①의 윗 부분의 위치를 ②의 선상에서 약간 아래부터 쓰기 시작하도록 한다.

(5) こ字

KJL에게는 ①과 ②가 서로 안쪽으로 마주보게 쓰고 있지 않은 것이 보이나[(3)(4)(11)(13)(18)(22)], JNS는 거의 ①과 ② 사이에 둥근 공간을 형성하며 서로 마주보게 쓰고 있다[(15) 제외]. 그리고 KJL과 JNS는 거의 ①보다 ②를 길게 쓰고 있다[KJL(4)(9)(12) 제외].

【지도】 ①과 ② 사이에 둥근 공간을 형성하며 서로 안쪽으로 마주보게 쓰도록 한다.

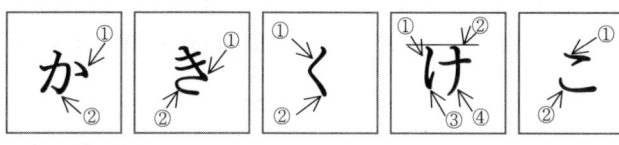

3.3 さ行

(1) さ字

KJL은 ①(사선)과 ②(타원형)를 이어 쓰는 경우가 많은데[(2)(5)(7)(9)(11)(12)(14)(18)(21)], JNS는 거의 분리해서 쓰고 있다[(13) 제외].

【지도】 'き'와 똑같이 ①과 ②를 분리해서 쓰도록 한다.

(2) し字

KJL에게는 ①을 쓸 때, ③의 부분을 너무 안쪽으로 올려 써서 ②의 방향으로 열려 있지 않은 것이 보이나[(2)(8)(9)(10)(11)(22)], JNS는 모두 ②의 쪽을 향하고 있다[(15) 제외].

【지도】 ③의 부분을 너무 안쪽으로 올려 쓰지 않도록 한다.

(3) す字

KJL과 JNS는 ②의 선상에서 중간에 작은 원(③)을 그리고 있는데, 원을 중심으로 KJL은 상하의 선이 일직선이 아니나[(5)(8)(10)(11)(16)(17)(22) (23)], JNS은 모두 일직선을 그리고 있다. 그리고 KJL에게는 ②의 선 전체가 직선 (또는 우측으로 기움)을 그리고 있는 것[(2)(5)(7)(10)(11)(12)(13) (20)(22)]이 보이나, JNS는 모두 ②의 선 전체가 살짝 안쪽(왼쪽)으로 휘어진 느낌이다.

【지도】 ②의 선 중앙의 원 부분의 상하는 일직선으로, 그리고 ②의 선 전체는 살짝 안쪽으로 휘어진 느낌이 들도록 쓰게 한다.

(4) せ字

KJL과 JNS는 모두 ①에서 둥근 모양을 그리고 있는 등 커다란 차이가 보이지 않는다. 단 KJL에게는 거의 ②의 부분을 약간 안쪽으로 올려 쓰고 있는 것이 보이지 않으니[(22)에 보이나 너무 길다], JNS에게는 약간 보인다 [(4)(11)(14)(16)(21)].

【지도】 ②의 부분을 안쪽으로 살짝 올려 쓰게 하는 것도 좋겠다.

(5) そ字

KJL은 ①과 ②를 대부분 분리해서 쓰고 있으나[(3)(5)(6)(15)(18)(23) 이외], JNS는 대부분 이어 쓰고 있다[(3)(6)(8)(9)(12)(17)(20)(23) 제외]. 그리고 KJL 에게는 ③의 선을 중심으로 아래쪽보다 위쪽 부분의 세로 길이가 긴 것 [(7)(9)(10)(11)(12)(22)]이 보이나, JNS는 모두 위쪽보다 아래쪽이 길다. 또한 ④에서 KJL은 좌우로 타원형을 그리고 있는 것이 있으나[(3)(5)(6)(8)(10)(14) (15)(16)(18)(19)(23)], JNS는 거의 상하로 타원형을 그리고 있다[(3)(8) 제외].

【지도】 ①과 ②를 이어서, ③을 중심으로 위쪽보다 아래쪽을 길게, 그리고 아래쪽인 ④를 상하로 타원형을 그리도록 쓰게 한다.

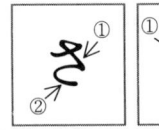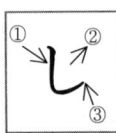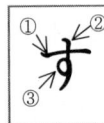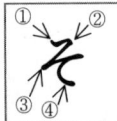

3.4 た行

(1) た字

KJL은 JNS보다 ①을 길게 쓰고 있다. 즉 KJL은 ②④의 위를 완전히 또 는 거의 덮고 있는 것이 많으나[(1)(3)(4)(5)(6)(7)(9)(10)(11)(13)(15)(17)(18)(20) (21)(22)], JNS는 거의 없다[(8) 제외]. 그리고 KJL에게는 ②④가 ③에 너무 근접한 것[(3)(5)(6)(7)(8)(11)(12)(17)(18)(21)]이 보이나, JNS에게는 거의 보이 지 않는다[(8)(15) 제외].

【지도】 ①이 ②④를 덮지 않도록 하며, ②④를 ③에 너무 근접해서 쓰지 않도록 한다.

(2) ち字

KJL에게는 가로①이 세로②보다 긴 것[(1)(11)(17)(18)(20)(21)]이 보이나, JNS는 모두 비슷하거나 ①보다 ②가 길다. 그리고 KJL에게는 ③의 부분에 일정한 공간을 형성하고 있지 않은 것[(1)(16)(18)(19)(21)(22)]이 보이나, JNS는 거의 일정한 공간을 두고 있다[(6)(9)(13) 제외]. 또한 KJL에게는 ④에서 타원형을 그리지 않고 있는 것[(2)(11)(21)(22)]이 약간 보이나, JNS는 모두 나름대로 타원형을 그리고 있다.

【지도】 ①을 ②보다 짧게, ③의 부분에 일정한 공간을 형성하도록, ④를 전체적으로 타원형을 그리도록 쓰게 한다.

(3) つ字

KJL에게는 ①의 부분을 약간 구부러지게 쓰고 있는 것[(3)(5)(21)]이 보이나, JNS에게는 전혀 보이지 않는다.

【지도】 ①의 부분을 평평하게 쓰도록 한다.

(4) て字

①에서 KJL에게는 좌우로 타원형을 그리고 있는 것[(2)(3)(5)(8)(9)(10)(12)(14)(17)(19)(23)]이 많이 보이나, JNS에게는 상하로 타원형을 그리고 있는 것[(3)(6)(8) 제외]이 많이 보인다.

【지도】 ①이 상하로 타원형을 그리도록 쓰게 한다.

(5) と字

KJL에게는 ②의 화살표 부분이 ③보다 더 우측으로 나온 것[(2)(6)(11)(18)(20)(22)]이 보이나, JNS는 거의 같거나 나오고 있지 않다[(22)(23) 제외]. 그리고 ①과 ②의 V자 형에서 JNS는 ①과 ②의 길이가 같거나 ①이 긴데[(16) 제외], KJL에게는 ②가 긴 것[(1)(2)(6)(7)(9)(20)(21)(22)]이 보인다.

【지도】 ②가 ③보다 우측으로 나오지 않도록 한다. 그리고 ①과 ②의 V자
형에서 ②를 ①보다 길게 쓰지 않도록 한다.

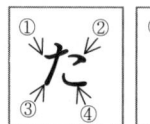 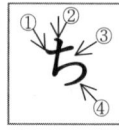   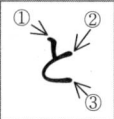

3.5 な行

(1) な字

KJL은 JNS보다 ①을 길게 쓰고 있다. 즉 KJL은 ②④ 전체를 완전히 덮고
있는 것이 많으나[(2)(3)(5)(6)(15)(16)(17)(18)(22)(24)], JNS는 거의 없다[(8) 제
외]. 그리고 KJL에게는 ②를 ④의 화살표 부분을 중심으로 우측에서 쓰고
있지 않은 것[(1)(5)(6)(11)(18)(23)]이 보이나, JNS는 거의 우측에 위치하고
있다[(8)(20) 제외]. 또한 KJL에게는 ②④ 전체가 ③에 너무 근접한 것[(3)(4)(5)
(6)(8)(15)(17)(18)(22)(24)]이 보이나, JNS에게는 거의 보이지 않는다[(8) 제외].

【지도】 ①이 ②④ 전체를 덮지 않도록 하며, ②를 ④의 화살표 부분보다
우측에 쓰게 한다. 그리고 ②④ 전체를 ③에 너무 근접해서 쓰지 않도록 한다.

(2) に字

KJL에게는 ①과 ③이 서로 안쪽으로 마주보게 쓰고 있지 않은 것이 보이
나[(1)(4)(6)(7)(19)(21)(22)], JNS는 모두 ①과 ③ 사이에 둥근 공간을 두며 서
로 마주보게 쓰고 있다. 그리고 KJL은 ②의 부분이 직선으로 되어 있는 것
[(1)(4)(5)(7)(13)(14)(15)(16)(17)(18)(19)(23)]이 많으나, JNS는 거의 안쪽으로
살짝 올려 쓰고 있다[(13) 제외].

【지도】 ①과 ③ 사이에 둥근 공간을 형성하며 서로 안쪽으로 마주보게 쓰
도록 한다. 그리고 ②의 끝 부분을 안쪽으로 살짝 올려 쓰도록 한다.

(3) ぬ字

KJL에게는 ①과 ②의 공간이 같거나, ①이 ②보다 커다란 공간을 형성하는 것[(4)(13)(14)(15)(16)(17)(19)(20)(21)(22)]이 보이나, JNS는 대부분 ①보다 ②에 커다란 공간을 그리고 있다[(3)(6)(11)(15) 제외].

【지도】 ①보다 ②에 커다란 공간이 형성되도록 쓰게 한다.

(4) ね字

KJL은 ①에서 ②의 가로 선이 긴 것[(1)(2)(3)(5)(6)(11)(12)(18)(23)]이 많으나, JNS는 모두 상당히 짧거나, 가로 선을 그리고 있지 않다. 그리고 KJL은 ②와 ④의 사선이 짧은 것[(1)(4)(9)(12)(14)(16)(17)(18)(19)(20)(21)]이 많으나, JNS는 거의 없다[(2)(11)(21) 제외]. 또한 KJL에게는 JNS에게 보이는 'ㅣ'(① ②④의 'ㄱ'모양을 대신한 것)의 모양[(2)(3)(5)(6)(8)(15)(17)(21)]이 없다. 한편, ③에서 KJL은 ③의 윗부분이 ①②보다 낮은 것[(1)(2)(3)(5)(7)(8)(10)(11)(12)(15)(18)]이 많은데, JNS는 모두 높이가 거의 비슷하다[(8)(23) 제외]. 그리고 KJL은 ③에서 커다란 타원형을 그리지 않는 것[(1)(3)(5)(11)(12)(17)(18)(22)]이 많은데, JNS는 거의 그리고 있다[(8)(15) 제외].

【지도】 ①에서 ②의 부분을 짧게, ②와 ④의 사선을 길게 쓰도록 한다. 그리고 ③을 ①②의 높이와 비슷하게 올라오도록 하며, 커다란 타원형을 그리도록 한다. 한편 ①②④의 'ㄱ'모양을 대신하여 'ㅣ' 모양으로도 쓰고 있다는 것을 소개한다.

(5) の字

KJL에게는 ①과 ②의 공간이 같거나 ①이 ②보다 커다란 공간을 형성하는 것[(1)(3)(5)(10)(12)(14)(16)(19)(20)(24)]이 보이나, JNS는 거의 ①보다 ②가 커다란 공간을 형성하고 있다[(3)(8) 제외].

【지도】 ①보다 ②가 커다란 공간을 형성하도록 한다.

 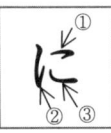 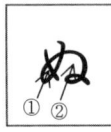 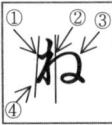 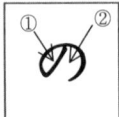

3.6 は行

(1) は字

KJL에서는 ①의 직선에서 ③의 가로 선이 중간 가까이 내려온 것[(1)(2)(5)(11)(14)(18)(19)(23)(24)]이 보이나, JNS에게는 보이지 않는다. 그리고 KJL은 ②의 끝 부분이 모두 직선으로 되어 있으나[(3) 제외], JNS는 대부분 안쪽으로 살짝 올려 쓰고 있다[(5)(8)(11)(14)(23) 이외]. 또한, KJL에게는 JNS에게 없는 ②의 긴 선이 안쪽(오른쪽)으로 휘어진 것[(1)(14)(16)(18)]이 보인다.

【지도】 ①의 직선에서 ③을 중간보다 훨씬 위쪽에 쓰게 하며, ②의 (끝) 부분을 안쪽으로 살짝 올려 쓰도록 한다.

(2) ひ字

KJL은 ①과 ②가 같거나 ①이 ②보다 길거나 하는 것이 많지만[(2)(5)(6)(8)(11)(12)(17)(20)], JNS는 거의 ①보다 ②가 길다[(1)(22) 제외].

【지도】 ①보다 ②를 길게 쓰도록 한다.

(3) ふ字

KJL은 ①이 숫자 '3'('3'을 상하로 길게 하고, 그 중앙에서 아래 부분을 크게 한 것)과 유사한 형태를 취하고 있지 않은 것[(5)(6)(9)(10)(12)(15)(19)(20)(22)(23)]이 많으나, JNS는 대부분 '3'과 유사한 형태를 취하고 있다[(17)(22) 이외]. 그리고 KJL은 ②③④가 일직선상에 있지 않고 ②④가 ③보다 훨씬 위에 있는 것[(3)(5)(6)(14)(15)(16)(23)(24)]이 많으나, JNS는 모두 ②③④가 비교적 일직선상에 있다는 느낌이 든다.

【지도】 '3'을 상하로 길게 하고, 그 중앙에서 아래 부분을 크게 한 것과 유사하게 ①을 쓰게 하고, ②③④를 일직선상에 있도록 한다.

(4) へ字

　KJL은 ①의 부분을 중심으로 우측보다 좌측이 길거나[(3)], 양측의 길이가 같거나[(4)(9)(19)], 좌측과· 우측이 같은 선상(②)에 있는 것[(7)(9)(10)(17)(18)(19)]이 있으나, JNS는 이와 같은 것이 거의 없다[(5)(6)(15) 제외]. ①을 중심으로 좌측보다 우측을 길고, 좌측이 우측보다 위쪽에 위치하고 있다.

　【지도】 ①을 중심으로 좌측보다 우측을 길게 하고, 좌측이 우측보다 위쪽에 위치하도록 한다.

(5) ほ字

　KJL은 ①의 부분이 직선으로 되어 있는 것[(1)(4)(6)(7)(9)(11)(12)(13)(14)(16)(18)(19)(21)(22)]이 많으나, JNS는 거의 안쪽으로 살짝 올려 쓰고 있다[(8)(13)(14) 이외]. 【지도】 'け', 'に', 'は'의 좌측 선처럼 ①의 부분을 안쪽으로 살짝 올려 쓰도록 한다.

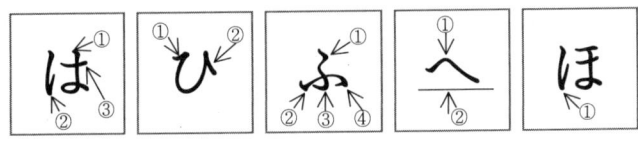

3.7 ま行

(1) ま字

　KJL에게는 ①의 선이 휘어진 것[(2)(3)(4)(6)(7)(10)(11)(13)(16)(24)]이 보이나, JNS는 거의 일직선을 이루고 있다[(2)(20) 제외].

　【지도】 ①을 일직선이 되도록 한다.

(2) み字

　KJL은 일정한 공간(①과 ②의 간격)을 형성하고 있지 않은 것[(3)(4)(6)(8)(9)(11)(15)(18)(22)]이 있으나, JNS는 모두 일정한 공간을 두고 있다. 그리고 KJL은 ④가 ③의 부분보다 아래로 오는 것[(2)(3)(9)(11)(12)(13)(14)(17)(18)

(23)]이 있으나, JNS에게는 거의 보이지 않는다[(12) 제외].

【지도】 ①과 ②에 일정한 공간(간격)을 두며, ④가 ③보다 내려오지 않도록 한다.

(3) む字

KJL에게는 ①의 부분에서 그림처럼 일정한(사각형) 공간을 형성하고 있지 않은 것[(1)(3)(5)(8)(9)(11)(14)(15)(16)(18)(20)(22)]이 보이나, JNS는 거의 일정한 공간을 두고 있다[(13)(15) 제외].

【지도】 ①에 일정한(사각형) 공간을 두며 쓰도록 한다.

(4) め字

KJL에게는 ①에서 ④의 부분에서 타원형의 일부를 그리고 있지 않은 것 [(5)(12)(16)(17)(18)(22)]이 보이나, JNS는 모두 타원형의 일부를 그리고 있다. 그리고 KJL에게는 ②와 ③이 같거나 ②가 ③보다 커다란 공간을 형성하는 것[(2)(5)(8)(14)(17)(18)(20)(22)]이 보이나, JNS는 대부분 ②보다 ③이 커다란 공간을 형성하고 있다[(2)(6)(17) 제외].

【지도】 ①에서 ④의 부분이 전체적으로 타원형을 그리도록 하며, ②보다 ③이 커다란 공간을 형성하도록 한다.

(5) も字

KJL에게는 ①의 부분을 확실히 위로 올려 쓰고 있지 않은 것[(1)(9)(10) (13)(14)(18)(20)(22)(23)]이 있으나, JNS는 거의 올려 쓰고 있다[(7)(18) 제외].

【지도】 ①의 부분을 확실히 올려 쓰도록 한다.

   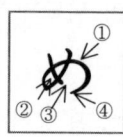 

3.8 や行

(1) や字

KJL에게는 ①③에 비해 ②④의 길이가 상대적으로 짧은 것[(7)(9)(11)(16)(20)(21)]이 보이나, JNS에게는 전혀 보이지 않는다. 그리고 KJL에게는 ⑤의 부분이 안쪽으로 둥글게 쓰지 않는 것[(3)(9)(11)(14)(15)(16)(17)(21)(22)(23)]이 보이나, JNS는 모두 안쪽으로 둥글게 쓰고 있다.

【지도】 ①③과 ②④를 모두 길게, ⑤의 부분을 안쪽으로 둥글게 쓰도록 한다.

(2) ゆ字

KJL은 글자 전체에서 ①의 선을 중심으로 좌우측이 같거나 좌측보다 우측이 넓은 것이 있으나(4)(5)(6)(9)(10)(11)(19)(20)(21)(22)], JNS는 거의 우측보다 좌측이 넓다[(6)(13) 제외]. 그리고 기본적으로 ②의 타원형 중앙에 ①이 직선에 가까운 부자연스러운 문자[(5)(7)(9)(10)(11)(14)(15)(19)(20)(22)(23)]가 보이나, JNS는 모두 우측 안쪽으로 약간 휘어져 있다.

【지도】 ②의 타원형 중앙에 ①이 우측 안쪽으로 약간 휘어진 선을 쓰고, 문자 전체에서 ①의 선이 중앙에서 오른쪽으로 가게 한다.

(3) よ字

KJL에게는 ①의 위치가 ②의 선 중앙에 오거나, 그 아래쪽으로 내려온 것[(1)(3)(5)(7)(12)(15)(16)(18)(19)(24)]이 보이고, 그 길이도 ②에 비해 상대적으로 긴 것[(3)(13)(17)(20)(24) 이외]이 많이 보이나, JNS는 거의 위쪽에 위치하고 있으며[(14)(17)(20) 제외], 그 길이도 짧다[(13) 제외]. 그리고 KJL은 ③의 부분이 아래쪽으로 향하여 끝나지 않는 것[(3)(15)(16)(17)(19)(23)]도 있으나, JNS는 모두 아래쪽을 향하고 있다.

【지도】 ①은 너무 길지 않게 ②의 중앙 위쪽에 오도록 하며, ③의 마지막 부분은 아래쪽을 향하도록 한다.

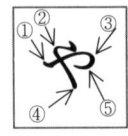  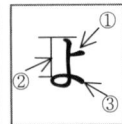

3.9 ら行

(1) ら字

KJL은 ①의 선이 우측에서 좌측으로 쓴 사선, 수직선, 수평선에 가까운 것이 보이나[(1)(2)(5)(6)(10)(16)(18)(20)(21)(22)(23)], JNS는 모두 좌측에서 우측으로 쓴 사선이다. 【지도】 ①의 사선을 좌측에서 우측으로 쓰게 한다.

(2) り字

①과 ④의 길이에서 KJL에게는 ①이 짧지 않으면서[(5)(13)(19)(20)], ②의 선상에서 ④보다 낮게 시작되는 것[(1)(2)(9)(11)(13)(16)(20)(22)(24)]이 보이나, JNS는 ①이 ④보다 상대적으로 짧고 ①과 ④는 같은 선상(②)에서 시작되고 있다[(9)(19)(20) 제외]. 그리고 KJL은 ①과 ④가 서로 안쪽으로 휘어 있지 않은 것[(1)(3)(4)(6)(8)(9)(10)(11)(12)(13)(16)(19)(20)(21)(23)(24)]이 많으나, JNS는 거의 서로 마주보는 형태로 안쪽으로 휘어 있다[(4) 제외]. 또한 KJL은 ③의 끝 부분을 안쪽으로 올려 쓰고 있는 것이 거의 없으나[(5)(12)(15) 이외], JNS는 대부분 올려 쓰고 있다[(4)(9)(13) 이외].

【지도】 ①이 ④보다 짧게, ①과 ④가 같은 선상(②)에서 시작되도록, 그리고 ①과 ④는 서로 마주보는 형태로 안쪽으로 휘게 한다. ③의 끝 부분은 안쪽으로 올려 쓰도록 한다.

(3) る字

KJL에게는 ①의 길이가 ②에 비해서 상대적으로 긴·것이 많이 보이나[(15)(21)(22) 이외], JNS에게는 많이 보이지 않는다[(1)(7)(8)(10)(13)(15)(18)(23) 제외]. 이는 KJL이 ③을 크게 쓰고 있지 않기 때문이기도 하다.

【지도】 ①보다 ③의 타원의 지름이 길게 쓰도록 한다.

(4) れ字

'れ'는 'ね'와 유사하다. KJL에게는 ①②(| |)의 가로 선이 긴 것[(1)(2)(3)
(10)(11)(12)(18)]이 보이나, JNS는 거의 상당히 짧다[(1) 제외]. 그리고 KJL은
②④의 사선이 짧은 것[(1)(4)(6)(8)(14)(16)(18)(19)(20)(22)]이 JNS[(2)(5)(9)(21)]
보다 많다. 또한 KJL에게는 JNS에게 보이는 ' | '(①②④의 'ㄱ' 모양을 그리고
있는 것 대신)의 모양[(2)(5)(6)(8)(13)(15)(17)(21)]이 보이지 않는다. 한편, KJL
은 ③의 윗부분이 ①②보다 낮은 것[(5)(8)(11)(12)(18)]이 보이는데, JNS는 모
두 높이가 거의 비슷하다[(15) 제외]. 그리고 KJL에게는 ⑤에서 커다란 공간을
형성하지 않는 것[(5)(7)(11)(12)(18)(21)(22)(23)(24)]이 보이는데, JNS는 거의
커다란 공간을 형성하고 있다.

【지도】 ①②(| |)의 부분을 짧게, ②④의 사선을 길게 쓰도록 한다. 그리고
③을 ①②의 높이와 비슷하게 올라오도록 하며, ⑤에 일정한 공간이 형성되
도록 한다. 한편 ①②④의 'ㄱ'모양을 대신하여 ' | '모양으로도 쓰고 있다는
것을 소개한다.

(5) ろ字

'ろ'와 'る'는 전체 모양이 유사하다. KJL은 ①의 부분이 ②에 비해서 상대
적으로 긴 것[(7)(14)(17)(19)(22)(23)(24) 이외]이 많이 보이나, JNS에게는 많지
않다[(1)(6)(10)(13)(15)(17)(23)]. 이는 KJL이 ③을 크게 쓰고 있지 않기 때문이
기도 하다. 【지도】 ①보다 ③의 둥근 모양의 지름이 길게 쓰도록 한다.

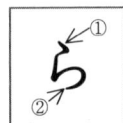 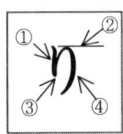 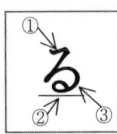 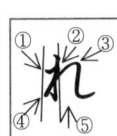 

3.10 わ行과 ん

(1) わ字

'わ'는 'ね', 'れ'와 유사하다. KJL에게는 ①②(ㅣㅣ)의 가로 선이 긴 것[(1)(2)(3)(12)(18)]이 보이나, JNS는 거의 상당히 짧다[(1) 제외]. 그리고 KJL은 ②④의 사선이 짧은 것[(1)(4)(9)(10)(11)(14)(15)(16)(17)(18)(19)(20)(21)(22)]이 많으나, JNS에게는 거의 없다[(7)(21)제외]. 또한 KJL에게는 JNS에게 보이는 'ㅣ'(①②④의 '7' 모양을 그리고 있는 것 대신)의 모양[(2)(3)(5)(6)(8)(13)(15)(21)]이 보이지 않는다.

【지도】①②(ㅣㅣ)의 부분을 짧게, ②④의 사선을 길게 쓰도록 한다. 그리고 ①②④의 '7' 모양을 대신하여 'ㅣ' 모양으로도 쓰고 있다는 것을 소개한다.

(2) を字

KJL에게는 ①의 선이 직선에 가까운 것이나 우측에서 좌측으로 쓴 사선이 아닌 것이 보이나[(5)(7)(12)(14)(19)(20)(22)(24)], JNS에게는 거의 보이지 않는다[(3)(6)(15) 제외]. 그리고 ②에서 KJL[(1)(6)(11)(13)(17)(20)(21)(22)]은 JNS[(2)(8)]보다 상대적으로 긴 것이 많다. 또한 ③④가 X 모양을 그리지 못해 문자 전체가 부자연스러운 것이, KJL에게는 많으나[(1)(2)(3)(4)(5)(6)(9)(14)(16)(17)(18)(19)(23)], JNS에게는 적다[(2)(5)(15)(16)(20)].

【지도】①의 사선을 우측에서 좌측으로, ②의 선을 짧게 쓰도록 한다. 그리고 ③④가 X 모양을 그리게 하여, 문자 전체의 균형을 잡게 한다.

(3) ん字

KJL은 ①의 사선을 중간 가까운 부분까지 다시 겹쳐서 쓰고 있지 않은 것[(2)(4)(9)(10)(11)(12)(14)(16)(18)(19)(20)(22)(23)]이 보이나, JNS는 대부분 중간 가까운 부분까지 다시 겹쳐 쓰고 있다[(2)(7)(11)(23) 이외]. 그리고 KJL에게는 ②에 둥근 공간을 형성하고 있지 않은 것[(3)(4)(7)(8)(9)(12)(14)(16)(22)]이 많으나, JNS에게는 거의 없다[(5)(7)(23) 제외].

【지도】①의 사선을 중간 가까운 부분까지 다시 겹쳐서 쓰도록 하며, ②에

둥근 공간을 형성하도록 한다.

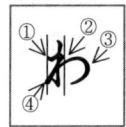 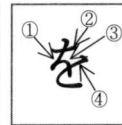 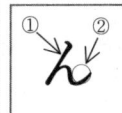

4. 맺는 말

본고에서는 일본인 대학생의 히라가나 자형과 한국인 학습자의 히라가나 자형이 어떻게 다른가를 살펴보았다.

주요 차이점에 의한 지도상의 제언(주의점)을, 다음의 10가지로 크게 나누어 생각하면 다음과 같다.

(1) 타원형을 그림 : あ, お, そ, ち, て, ね, め, や, れ, ん

(2) 일정한 공간을 형성: い, こ, ち, に, ぬ, の, み, む, め, ん

(3) 안쪽으로 올려 쓰기의 유무 : か, け, し, せ, に, は, ほ, も

(4) 선의 길이 : お, か, く, け, そ, た, ち, と, な, ね, ひ, へ, や, よ, り, れ, わ, を

(5) 이어 쓰기와 분리 쓰기 : き, さ, そ, ふ

(6) 선의 종류(곡선, 직선, 사선) : け, す, つ, ね, ま, ゆ, ら, を

(7) 위치(상하, 좌우) : う, け, た, な, ね, は, へ, み, ゆ, よ, り, れ, を

(8) 겹쳐 쓰기 : え, ん

(9) 방향(상하) : よ

(10) 크기 : ふ, る, ろ

끝으로, 위의 제언은 히라가나 쓰기의 절대적인 기준이 아니라, 일부 일본인 대학생을 기준으로 한 것으로, 활자상의 문자만으로 지도하는 문제점을 보완하기 위한, 즉 활자에서 오는 정형화된 문자에 자연성을 보완하기 위한 사항임을 분명히 하고자 한다.

앞으로, 히라가나 쓰기 지도에 있어서는 다양한 활자의 문자 모양도 중요하겠지만, 일본인(일본어 모어화자)들이 직접 쓴 글씨를 많이 보게 하여 스스로 쓰기 기준을 갖도록, 활자의 문자와 함께 제시하여 지도하면 더 효과적이며 흥미로울 것이다.

【참고문헌】

1. 金辰成(1998), 「韓国における日本語文字教育の問題点」, 『日語教育』第15輯, 韓国日本語教育学会, 103-130
2. 趙南星(1994), 「平仮名書きの誤りに対する母語話者と非母語話者の評価」, 『대전산업대학교 논문집』11-2-A, 대전산업대학교, 531-542

	(1)	(2)	(3)	(4)	(5)	(6)	(7)	(8)	(9)	(10)	(11)	(12)
(日)	あ	あ	あ	あ	あ	あ	あ	あ	あ	あ	あ	あ
(韓)	あ	あ	あ	あ	あ	あ	あ	あ	あ	あ	あ	あ
(日)	い	い	い	い	い	い	い	い	い	い	い	い
(韓)	い	い	い	い	い	い	い	い	い	い	い	い
(日)	う	う	う	う	う	う	う	う	う	う	う	う
(韓)	う	う	う	う	う	う	う	う	う	う	う	う
(日)	え	え	え	え	え	え	え	え	え	え	え	え
(韓)	え	え	え	え	え	え	え	え	え	え	え	え
(日)	お	お	お	お	お	お	お	お	お	お	お	お
(韓)	お	お	お	お	お	お	お	お	お	お	お	お
(日)	か	か	か	か	か	か	か	か	か	か	か	か
(韓)	か	か	か	か	か	か	か	か	か	か	か	か

(13) (14) (15) (16) (17) (18) (19) (20) (21) (22) (23) (24)

	(1)	(2)	(3)	(4)	(5)	(6)	(7)	(8)	(9)	(10)	(11)	(12)
(日)	き	き	き	き	き	き	き	き	き	き	き	き
(韓)	き	き	き	き	き	き	き	き	き	き	き	き
(日)	く	く	く	く	く	く	く	く	く	く	く	く
(韓)	く	く	く	く	く	く	く	く	く	く	く	く
(日)	け	け	け	け	け	け	け	け	け	け	け	け
(韓)	け	け	け	け	け	け	け	け	け	け	け	け
(日)	こ	こ	こ	こ	こ	こ	こ	こ	こ	こ	こ	こ
(韓)	こ	こ	こ	こ	こ	こ	こ	こ	こ	こ	こ	こ
(日)	さ	さ	さ	さ	さ	さ	さ	さ	さ	さ	さ	さ
(韓)	さ	さ	さ	さ	さ	さ	さ	さ	さ	さ	さ	さ
(日)	し	し	し	し	し	し	し	し	し	し	し	し
(韓)	し	し	し	し	し	し	し	し	し	し	し	し
(日)	す	す	す	す	す	す	す	す	す	す	す	す
(韓)	す	す	す	す	す	す	す	す	す	す	す	す

き き さ き き き き き き き き き
き き き き き き き き き き き き

く く く く く く く く く く く く
く く く く く く く く く く く く

け け け け け け け け け け け け
け け け け け け け け け け け け

こ こ こ こ こ こ こ こ こ こ こ こ
こ こ こ こ こ こ こ こ こ こ こ こ

さ さ さ さ さ さ さ さ さ さ さ さ
さ さ さ さ さ さ さ さ さ × さ さ

し し し し し し し し し し し し
し し し し し し し し し し し し

す す す す す す す す す す す す
す す す す す す す す す す ち す

	(1)	(2)	(3)	(4)	(5)	(6)	(7)	(8)	(9)	(10)	(11)	(12)
(日)	せ	せ	せ	せ	せ	せ	せ	せ	せ	せ	せ	せ
(韓)	せ	せ	せ	せ	せ	せ	せ	せ	せ	せ	せ	せ
(日)	そ	そ	そ	そ	そ	そ	そ	そ	そ	そ	そ	そ
(韓)	そ	そ	そ	そ	そ	そ	そ	そ	そ	そ	そ	そ
(日)	た	た	た	た	た	た	た	た	た	た	た	た
(韓)	た	た	た	た	た	た	た	た	た	た	た	た
(日)	ち	ち	ち	ち	ち	ち	ち	ち	ち	ち	ち	ち
(韓)	ち	ち	ち	ち	ち	ち	ち	ち	ち	ち	ち	ち
(日)	つ	つ	つ	つ	つ	つ	つ	つ	つ	つ	つ	つ
(韓)	つ	つ	つ	つ	つ	つ	つ	つ	つ	つ	つ	つ
(日)	て	て	て	て	て	て	て	て	て	て	て	て
(韓)	て	て	て	て	て	て	て	て	て	て	て	て
(日)	と	と	と	と	と	と	と	と	と	と	と	と
(韓)	と	と	と	と	と	と	と	と	と	と	と	と

せ せ や せ せ せ せ せ せ せ や せ
せ せ せ せ せ せ せ せ せ せ せ せ

そ そ そ そ そ そ そ そ そ そ そ そ
そ そ そ そ そ そ そ そ そ そ そ そ

た た た た た た た た た た た た
た た た た た た た た た た た た

ち ち ち ち ち ち ち ち ち ち ち ち
ち ち ち ち ち ち ち ち ち ち ち ち

つ つ つ つ つ つ つ つ つ つ つ つ
つ つ つ つ つ つ つ つ つ つ つ つ

て て て て て て て て て て て て
て て て て て て て て て て て て

と と と と と と と と と と と と
と と と と と と と と と と と と

	(1)	(2)	(3)	(4)	(5)	(6)	(7)	(8)	(9)	(10)	(11)	(12)
(日)	な	な	な	な	な	な	な	な	な	な	な	な
(韓)	な	な	な	な	な	な	な	な	な	な	な	な
(日)	に	に	に	に	に	に	に	た	に	に	に	に
(韓)	に	に	に	に	に	に	に	に	に	に	に	に
(日)	ぬ	ぬ	ぬ	ぬ	ぬ	ぬ	ぬ	ね	ぬ	ぬ	ぬ	ぬ
(韓)	ぬ	ぬ	ぬ	ぬ	ぬ	ぬ	ぬ	ぬ	ぬ	ぬ	ぬ	ぬ
(日)	ね	ね	ね	ね	ね	ね	ね	ね	ね	ね	ね	ね
(韓)	ね	ね	ね	ね	ね	ね	ね	ね	ね	ね	ね	ね
(日)	の	の	の	の	の	の	の	の	の	の	の	の
(韓)	の	の	の	の	の	の	の	の	の	の	の	の
(日)	は	は	は	は	は	は	は	は	は	は	は	は
(韓)	は	は	は	は	は	は	は	は	は	は	は	は
(日)	ひ	ひ	ひ	ひ	ひ	ひ	ひ	ひ	ひ	ひ	ひ	ひ
(韓)	ひ	ひ	ひ	ひ	ひ	ひ	ひ	ひ	ひ	ひ	ひ	ひ

な な な な な な な な な な な な
な な な な な 友 な な な な な 友

に に に に に に に に に に に に
に に に に に に に に に に に に

ぬ ぬ ぬ ぬ ぬ ぬ ぬ ね ぬ ぬ ぬ ぬ
ぬ ぬ ぬ ぬ ぬ ぬ ぬ ぬ ぬ ぬ ぬ ぬ

ね ね ね ね ね ね ね ね ね ね ね ね
ね ね ね ね ね ね ね ね ね ね ね ね

の の の の の の の の の の の の
の の の の の の の の の の の の

は は は は は は は は は は は は
は は は は は は は は は は は は

ひ ひ ひ ひ ひ ひ ひ ひ ひ ひ ひ ひ
ひ ひ ひ ひ ひ ひ ひ ひ ひ ひ ひ ひ

	(1)	(2)	(3)	(4)	(5)	(6)	(7)	(8)	(9)	(10)	(11)	(12)
(日)	ふ	ふ	ふ	ふ	ふ	ふ	ふ	ふ	ふ	ふ	ふ	ふ
(韓)	ふ	ふ	ふ	ふ	ふ	ふ	ふ	ふ	ふ	ふ	ふ	ふ
(日)	へ	へ	へ	へ	へ	へ	へ	へ	へ	へ	へ	へ
(韓)	へ	へ	へ	へ	へ	へ	へ	へ	へ	へ	へ	へ
(日)	ほ	ほ	ほ	ほ	ほ	ほ	ほ	ほ	ほ	ほ	ほ	ほ
(韓)	ほ	ほ	ほ	ほ	ほ	ほ	ほ	ほ	ほ	ほ	ほ	ほ
(日)	ま	ま	ま	ま	ま	ま	ま	ま	ま	ま	ま	ま
(韓)	ま	ま	ま	ま	ま	ま	ま	ま	ま	ま	ま	ま
(日)	み	み	み	み	み	み	み	み	み	み	み	み
(韓)	み	み	み	み	み	み	み	み	み	み	み	み
(日)	む	む	む	む	む	む	む	む	む	む	む	む
(韓)	む	む	む	む	む	む	む	む	む	む	む	む
(日)	め	め	め	め	め	め	め	め	め	め	め	め
(韓)	め	め	め	め	め	め	め	め	め	め	め	め

(13)	(14)	(15)	(16)	(17)	(18)	(19)	(20)	(21)	(22)	(23)	(24)
ふ	ふ	ふ	ふ	ふ	ふ	ふ	ふ	ふ	ふ	ふ	ふ
ふ	ふ	ふ	ふ	ふ	ふ	ふ	ふ	ふ	ふ	ふ	ふ
へ	へ	へ	へ	へ	へ	へ	へ	へ	へ	へ	へ
へ	へ	へ	へ	へ	へ	へ	へ	へ	へ	へ	へ
ほ	ほ	ほ	ほ	ほ	ほ	ほ	ほ	ほ	ほ	ほ	ほ
ほ	ほ	ほ	ほ	ほ	ほ	ほ	ほ	ほ	ほ	ほ	ほ
ま	ま	ま	ま	ま	ま	ま	ま	ま	ま	ま	ま
ま	ま	ま	ま	ま	ま	ま	ま	ま	ま	ま	ま
み	み	み	み	み	み	み	み	み	み	み	み
み	み	み	み	み	み	み	み	み	み	み	み
む	む	む	む	む	む	む	む	む	む	む	む
む	む	む	む	む	む	む	む	む	む	む	む
め	め	め	め	め	め	め	め	め	め	め	め
め	め	め	め	め	め	め	め	め	め	め	め

	(1)	(2)	(3)	(4)	(5)	(6)	(7)	(8)	(9)	(10)	(11)	(12)
(日)	も	も	も	も	モ	も	も	も	も	も	も	も
(韓)	も	も	も	も	も	も	も	も	も	も	も	も
(日)	や	や	や	や	や	や	や	や	や	や	や	や
(韓)	や	や	や	や	や	や	や	や	や	や	や	や
(日)	ゆ	ゆ	ゆ	ゆ	ゆ	ゆ	ゆ	ゆ	ゆ	ゆ	ゆ	ゆ
(韓)	ゆ	ゆ	ゆ	ゆ	ゆ	ゆ	ゆ	ゆ	ゆ	ゆ	ゆ	ゆ
(日)	よ	よ	よ	よ	よ	よ	よ	よ	よ	よ	よ	よ
(韓)	よ	よ	よ	よ	よ	よ	よ	よ	よ	よ	よ	よ
(日)	ら	ら	ら	ら	ら	ら	ら	ら	ら	ら	ら	ら
(韓)	ら	ら	ら	ら	ら	ら	ら	ら	ら	ら	ら	ら
(日)	リ	リ	リ	リ	リ	リ	リ	リ	リ	リ	リ	リ
(韓)	リ	リ	リ	リ	リ	リ	リ	リ	リ	リ	リ	リ
(日)	る	る	る	る	る	る	る	る	る	る	る	る
(韓)	る	る	る	る	る	る	る	る	る	る	る	る

	(1)	(2)	(3)	(4)	(5)	(6)	(7)	(8)	(9)	(10)	(11)	(12)
(日)	れ	れ	れ	れ	れ	れ	れ	れ	れ	れ	れ	れ
(韓)	れ	れ	れ	れ	れ	れ	れ	れ	れ	れ	れ	ね
(日)	ろ	ろ	ろ	ろ	ろ	ろ	ろ	ろ	ろ	ろ	ろ	ろ
(韓)	ろ	ろ	ろ	ろ	ろ	ろ	ろ	ろ	ろ	ろ	ろ	ろ
(日)	わ	わ	わ	わ	わ	わ	わ	わ	わ	わ	わ	わ
(韓)	わ	わ	わ	わ	わ	わ	わ	わ	わ	わ	わ	わ
(日)	を	を	を	を	を	を	を	を	を	を	を	を
(韓)	を	を	を	を	を	を	を	を	を	を	を	を
(日)	ん	ん	ん	ん	ん	ん	ん	ん	ん	ん	ん	ん
(韓)	ん	ん	ん	ん	ん	ん	ん	ん	ん	ん	ん	ん

れ れ れ れ れ れ れ れ れ れ れ れ
れ れ れ れ れ れ れ れ れ れ れ れ

ろ ろ ろ ろ ろ ろ ろ ろ ろ ろ ろ ろ
ろ ろ ろ ろ ろ ろ ろ ろ ろ ろ ろ ろ

わ わ わ わ わ わ わ わ わ わ わ わ
わ わ わ わ わ わ わ わ わ わ わ わ

を を を を を を を を を を を を
を を を を を を を を を を を を

ん ん ん ん ん ん ん ん ん ん ん ん
ん ん ん ん ん ん ん ん ん ん ん ん

제4장
한국인 일본어 학습자와 일본어 모어화자가 쓴
가타카나 자형의 비교 분석

1. 들어가는 말

본 연구의 목적은 한국인 일본어 학습자와 일본어 모어화자가 쓴 가타카나 자형(字形)이 어떻게 다른가를 조사하는 데 있다. 즉 각종 교재 활자의 자형을 중심으로 이루어지는[1] 가타카나 문자의 쓰기 지도에, 객관적인 기준의 하나로 일본어 모어화자의 자연스러운 자형을 제시하고자 한다. 이는 일본어 비모어화자인 한국인 일본어 교사에게 부자연스러운 자형의 정정 등의 쓰기 지도에 도움이 되리라 생각된다.

실제 학습자는 ウ, ネ, ラ(<예1>)의 화살표 부분의 길이(선, 점)와 방향 그리고 아래 선과의 이어짐의 여부, オ, カ, ホ(<예2>)의 화살표 부분의 올려쓰기 여부 및 정도, ク, タ, ワ(<예3>)의 화살표 부분이 위로 나옴의 여부 및 정도 등의 질문을 종종 한다. 그리고 エ/ユ, ク/ワ, コ/ユ, シ/ツ, ス/ヌ, ソ/ン, テ/ラ 등은 선의 길이, 방향 등이 잘못 되면 다른 문자로 인식되므로 쓰기 지도에 주의를 요한다.

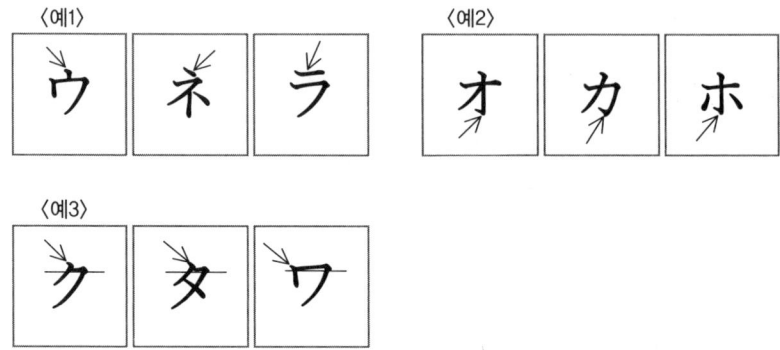

〈예1〉 ウ ネ ラ 〈예2〉 オ カ ホ

〈예3〉 ク タ ワ

한국인 일본어 학습자의 가나 쓰기 자형에 대한 연구는 히라가나(趙, 1994), 가타카나(趙, 1998) 쓰기 오자형(誤字形)에 대한 일본어 모어화자와 일본어 비모어화자의 평가에 대한 연구와, 趙(2005)의 '한국인 일본어 학습자와 일본어 모어화자가 쓴 히라가나 자형의 비교 분석'이 있다. 본 연구는 이들 가나 자형에 대한 일련의 연구의 하나이다.

2. 조사 방법

가타카나 쓰기 조사는 한국인 일본어 학습자와 일본인 대학생을 대상으로 했다. 전자는 한국 H대학교에서 일본어를 전공하는 2학년 학생 30명이며, 후자는 일본 K대학교 학생 30명으로 전공과 학년은 다양하다. 한국인 학습자는 2학년 2학기말에 과제로 써 받았는데, 가타카나 쓰기의 자형은 1학년 1학기초에 학습하므로, 이들 자형이 정착된 것으로 간주한다. 한편 원고지에 쓴 가타카나 문자는 모두 오려서 アイウ…순으로 배열하여 분석했다(<자료>).

3. 분석 및 지도에의 제언

여기서는 주로 한국인 일본어 학습자와 일본인 대학생의 가타카나 쓰기 자형의 차이점에 대해서 기술하고, 이를 바탕으로 한국인 일본어 학습자를 고려한 지도상의 제언을 하고자 한다. 이하, 설명에 관한 기호, 부호는 다음과 같다.

KJL은 '한국인 일본어 학습자', JNS는 일본인 대학생으로 '일본어 모어화자'를 나타낸다. ①②③…은 문자별 가타카나 자형을 설명하기 위한 사각형 안의 숫자이다. 그리고 (1)(2)(3)… 숫자는 <자료>에서 KJL과 JNS가 쓴 가타카나 문자의 일련번호이다. 【지도】는 가타카나 쓰기 지도의 제언을 나타낸다. 이들 제언은 가타카나 쓰기의 이상적인 기준이 아니라, 일본어 모어화자에게 자연스럽게 판단되는 범위, 즉 가타카나 자형 허용도의 한 기준이 될 것이다.

3.1 ア行

(1)ア字

KJL에게는 ①이 ③보다 짧거나 같은 것이 보이나[(1)(3)(4)(15)(16)(18)(20)(23)(24)(27)], JNS는 (5) 이외 모두 길다. 그리고 KJL은 ②의 부분이 둥근 것이 약간 보이나[(9)(13)(20)(25)], JNS에게는 적지 않게 보인다[(4)(5)(6)(11)(12)(13)(14)(17)(18)(19)(22)(23)(29)]. 또한 ③과 ⑤의 선이 이어지는 부분(④)에서, KJL은 분리된 것이 적으나[(3)(5)(7)(12)(13)(21)], JNS는 많다[(3)(6)(8)(10)(11)(13)(14)(15)(21)(23)(25)(27)(28)(30)].

【지도】①을 ③보다 길게 쓰도록 한다. 그리고 ②의 부분이 약간 둥글거나, ④의 부분이 분리되어도 되겠다.

(2) イ字

KJL에게는 ①이 ②보다 짧은 것이 많이 보이나[(1)(6)(9)(11)(14)(15)(16)(17)

(18)(19)(22)(25)(26)(27)(28)], JNS는 적다[(6)(12)(23)(25)].

【지도】 ①을 ②보다 길게 쓰도록 한다.

(3) ウ字

KJL에게는 ①과 ②의 가로 선이 분리된 것이 적으나[(12)(20)], JNS에게는 많이 보인다[(6)(8)(10)(12)(15)(21)(22)(23)(25)(26)(27)(29)(30)]. 그리고 KJL과 JNS는 ①이 대부분 상하 직선이나, 상하 직선이 아닌 것은 KJL[(6)(7)(10)(12)(20)]보다 JNS[(6)(8)(10)(13)(14)(15)(21)(22)(25)(29)]가 많다.

【지도】 ①과 ②는 분리되어도 좋으며, ①은 반드시 상하 직선이 아니어도 되겠다.

(4) エ字

KJL은 상(①)하(③)의 선이 가운데 선(②)을 중심으로 잘 대칭되는 것이 많으나, JNS는 아래의 선(③)이 ②를 중심으로 좌측보다 우측이 긴 것이, KJL보다 많다. KJL은 (2)(8)(13)(14)(16)(17)(19)(20)(21)(22)(25)(27)(30)의 13자, JNS는 (1)(2)(4)(5)(6)(7)(11)(12)(13)(14)(15)(17)(18)(19)(20)(21)(22)(23)(24)(25)(26)(27)(29)(30)의 24자이다.

【지도】 ③의 선은 ②를 중심으로 좌측보다 우측이 약간 길어도 되겠다.

(5) オ字

KJL은 대부분 ③을 ①과 ②의 교차점에서 쓰기 시작하는데[(13)(17) 이외], JNS는 대부분 그렇지 않다[(6)(7)(9) 이외]. 그리고 KJL은 대부분 ②의 선 마지막 부분(④)을 살짝 올려 쓰고 있는데[(2)(9)(10)(11)(13)(17)(25)(27) 이외], JNS는 대부분 올려 쓰고 있지 않다[(2)(4)(6)(7)(9)(15)(18)(20)(24)(25) 이외]. 또한 KJL은 ②의 선 윗부분(⑤)이 ①의 가로 선 우측(⑥)보다 긴 것이 많으나[(1)(3)(4)(7)(12)(13)(14)(15)(17)(18)(20)(22)(23)(24)(25)(27)(28)], JNS는 적다[(1)(23)(25)].

【지도】 ③을 ①과 ②의 교차점에서 반드시 써야 되는 것은 아니며, ④의 부분도 반드시 올려 쓰지 않아도 되겠다. 또한 ②의 선 윗부분(⑤)을 너무

나오지 않게 쓰도록 한다.

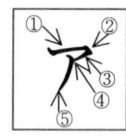   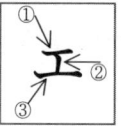 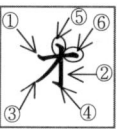

3.2 カ行

(1) カ字

KJL은 ①의 부분에 거의 각이 있으나[(5)(8)(13)(25) 이외], JNS는 절반 정도 각이 있다[(2)(6)(8)(9)(10)(12)(16)(19)(20)(21)(24)(25)(26)(27)(28)(30)]. 그리고 ②의 부분은 KJL과 JNS는 똑같이 2/3 정도가 안쪽으로 살짝 올려 쓰고 있다.

【지도】 ①의 부분에 반드시 각이 있어야 되는 것은 아니며, ②를 안쪽으로 살짝 올려서 쓰도록 한다.

(2) キ字

KJL은 ② 선의 위(①의 선 위)와 아래(③의 선 아래) 부분이 같거나[(9)(11) (15)], 윗부분이 긴 것이 보이나[(7)(8)(10)(21)(23)], JNS는 같은 것이 있으나 [(8)(28)], 그 나머지는 모두 아래 부분이 길다.

【지도】 ② 선의 위(①의 선 위)보다 아래(③의 선 아래) 부분을 길게 쓰도록 한다.

(3) ク字

KJL은 ①의 화살표 부분이 대부분 수평선 위로 나온 것이 많으나[(1)(2) (5)(6)(7)(8)(9)(10)(11)(12)(13)(14)(16)(17)(18)(20)(23)(25)(28)], JNS는 거의 없는 편이다[(3)(18)(19)].

【지도】 ①의 화살표 부분이 위로 나오지 않도록, 즉 높이가 같도록 한다.

(4) ケ字

KJL에게는 ①이 ②보다 긴 것이 매우 적지만[(13)(23)(24)(25) 이외], JNS 에게는 적지 않게 보인다[(1)(2)(4)(7)(8)(11)(13)(16)(19)(21)(26)(27)(28)(29)]. 그

리고 KJL과 JNS는 똑같이 ③을 ①②보다 전부 길게 쓰고 있다[KJL (8), JNS (28) 제외].

【지도】①을 ②보다 약간 길게 쓰게 해도 좋겠다.

(5) コ字

KJL은 ①의 부분에 모두 각이 있으나, JNS에게는 각이 없는 것도 보인다 [(3)(4)(5)(7)(13)(14)(17)(21)(23)(27)].

【지도】①의 부분에 반드시 각이 있어야 되는 것은 아니다.

3.3 サ行

(1) サ字

KJL은 ①의 선이 안쪽으로 많이 휘어진 것이 적으나[(10)(19)(20)(25)(29) (30)], JNS에게는 많이 보인다[(2)(3)(4)(5)(6)(9)(13)(14)(15)(17)(18)(19)(20)(24) (25)(26)(28)(29)].

【지도】①을 좀더 안쪽으로 휘어지게 해도 좋겠다.

(2) シ字

KJL은 ①②를 모두 좌측 위에서 우측 아래로 쓰고 있으나, JNS는 그 반대이거나[(1)(5)(6)(12)(21)(24)], 수평선에 가까운 것이 적지 않다[(2)(3)(4)(8) (10)(13)(15)(16)(17)(18)(19)(22)(25)]. 그리고 KJL에게는 ①②가 작은 점에 가까운 것이 보이나[(6)(7)(8)(9)(10)(15)(22)(27)(29)], JNS에게는 (16)(17)(23) 이외는 없다.

【지도】①②의 선이 좌측 위에서 우측 아래로 너무 경사 지지 않아도 되겠다. 그리고 ①②를 작은 점이 되지 않도록 크게(길게) 쓴다.

(3) ス字

KJL은 ①과 ②의 끝 부분이 일치하거나[(1)(2)(4)(5)(6)(7)(9)(10)(11)(12)(14)
(15)(16)(18)(19)(21)(24)(25)(26)(27)], ①이 좀더 좌측으로 나온 것[(29)(30)]이
많으나, JNS는 그와 반대로 ②가 좀더 좌측으로 나온 것이 많다[(2)(3)(5)(6)
(7)(8)(9)(12)(13)(14)(15)(17)(18)(19)(24)(25)(29)].

【지도】 ①보다 ②의 선 끝 부분이 좀더 좌측으로 나오게 한다.

(4) セ字

KJL은 ①에서 각이 없는 것이 적으나[(8)(9)(13)(25)], JNS는 적지 않게 보
인다[(2)(3)(4)(13)(14)(15)(16)(17)(18)(20)(22)(27)(29)].

【지도】 ①의 부분에 반드시 각이 있어야 되는 것은 아니다.

(5) ソ字

KJL은 JNS보다 ②의 부분이 ①의 선을 넘어간 것이 약간 많다. KJL은
(14)(15)(20)(22)(24)(27)(30)의 7자, JNS는 (19)의 1자이다.

【지도】 ②가 ①의 선을 넘지 않게 쓰도록 한다.

    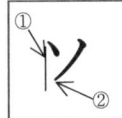

3.4 タ行

(1) タ字

KJL은 ①의 부분이 명확히 위로 나온 것이 보이나[(5)(6)(7)(12)(13)(14)
(17)(19)(20)(23)(25)], JNS에게는 (19)(24) 이외 보이지 않는다.

【지도】 ①의 부분이 위로 나오지 않게, 즉 높이가 같도록 한다.

(2) チ字

KJL은 ①과 ③의 선이 만나는 부분(②)이 떨어진 것이 적으나[(2)(11)(12)

(13)(16)(27)], JNS는 많은 편이다[(3)(6)(8)(9)(10)(11)(12)(14)(15)(18)(19)(20)(21)(22)(23)(27)(29)(30)].

【지도】 ②의 부분이 떨어져도 되겠다.

(3) ツ字

KJL에게는 ①②가 작은 점에 가까운 것이 적지 않게 보이나[(6)(7)(8)(9)(13)(14)(15)(17)(18)(22)(23)(24)(25)(27)(28)], JNS에게는 약간 보인다[(4)(6)(12)(24)(25)(26)].

【지도】 ①②를 작은 점이 되지 않도록 크게(길게) 쓰는 편이 좋겠다.

(4) テ字

KJL에게는 ①의 선이 아래쪽으로 휘어진 것이 없으나, JNS에게는 적지 않게 보인다[(3)(5)(12)(13)(14)(15)(17)(18)(20)(22)(23)(24)]. 반대로 KJL에게는 위쪽으로 휘어진 것이 조금 보이나[(2)(4)(10)(12)(14)(17)(21)(26)], JNS에게는 (11)(19) 이외 보이지 않는다.

【지도】 ①의 선이 수평이거나, 약간 아래쪽으로 휘어져도 되겠다.

(5) ト字

KJL은 거의 ②(수평선 아래)를 ①(수평선 위)보다 길게 쓰고 있고[(2)(27)(28) 이외], JNS는 일부가 길게 쓰고 있다[(3)(4)(8)(10)(11)(16)(20)(21)(25)(26)(28)]. 그리고 KJL은 ③을 거의 아래쪽으로 쓰고 있으나[(2) 이외], JNS는 수평을 이루고 있는 것이 적지 않게 보인다[(2)(4)(6)(11)(12)(13)(16)(20)(22)(28)(29)].

【지도】 ②가 반드시 ①보다 길지 않아도 되겠다. 그리고 ③도 반드시 아래쪽으로 향하지 않아도 되겠다.

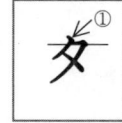    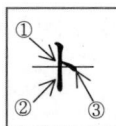

3.5 ナ行

(1) ナ字

KJL은 ①과 ②의 선 길이가 거의 같은 것이 JNS보다 많다. KJL은 (1)(8)(9)(11)(12)(16)(27)(29)의 8자, JNS는 없다.

【지도】 ①보다 ②의 선을 상대적으로 좀더 길게 쓰는 것이 좋겠다.

(2) 二字

KJL보다 JNS가 ①②의 선을 모두 아래쪽으로 휘어지게 쓴 것이 많다. KJL은 (27)의 1자, JNS는 (1)(2)(3)(5)(12)(14)(17)(21)의 8자이다.

【지도】 ②의 선을 반드시 나란히 수평으로 쓰지 않아도 되겠다.

(3) ヌ字

KJL에게는 ①에 비해 상대적으로 ②의 선이 짧은 것이 적지 않다[(4)(11)(14)(16)(20)(21)(24)(25)(26)(27)(29)]. JNS는 거의 상대적으로 ①보다 ②를 길게 쓰고 있다[(5)(15) 이외].

【지도】 ②를 좀더 길게 쓰도록 한다.

(4) ネ字

KJL에게는 ②의 선이 거의 수평에 가까운 것이 없으나, JNS에게는 약간 보인다[(1)(9)(19)(22)(23)(24)(26)(27)]. 그리고 KJL은 ②가 아래 선(①)과 분리된 것이 1/3 정도이나 [(1)(2)(7)(8)(10)(13)(15)(20)(21)(28)(30)], JNS는 대부분 떨어져 있다[(3)(7)(15)(17)(18) 이외].

【지도】 ②를 좀더 기울게 써도 되겠다. 그리고 ①의 선과 떨어져 쓰게 한다.

(5) ノ字

KJL은 모두 좌측으로 기울게 쓰고 있는데, JNS는 상대적으로 그다지 기울지 않은 것이 적지 않게 보인다[(3)(13)(14)(21)(22)(23)(24)(25)(26)(27)(30)].

【지도】 너무 좌측으로 기울게 쓰지 않아도 되겠다.

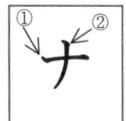 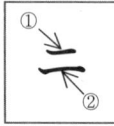  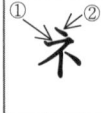 

3.6 ハ行

(1) ハ字

KJL과 JNS는 대부분 ①을 ②보다 길게 쓰고 있으나, KJL은 ①보다 ②의 선이 긴 것이 JNS보다 많다. KJL은 (5)(9)(11)(12)(14)(22)(25)의 7자, JNS 는 (24)(30)의 2자이다.

【지도】 ①을 ②보다 길게 쓰는 것이 좋겠다.

(2) ヒ字

KJL에게는 ①의 선이 화살표 ②의 지점 가까이 접해 있는 것이 보이는데 [(1)(2)(22)(23)(24)(25)(27)(30)], JNS는 거의 없다[(12) 이외]. 그리고 KJL은 ① 의 선이 수평이 아니고 우측 위를 향하고 있는 것이 JNS보다 많다. KJL은 (1)(2)(5)(7)(8)(10)(11)(13)(14)(15)(16)(17)(18)(20)(22)(23)(24)(25)(26) (27)(29)(30)의 22자, JNS는 (2)(4)(5)(6)(7)(8)(11)(12)(18)(20)의 10자이다.

【지도】 ①의 선이 너무 아래쪽으로 내려오지 않게 하며, 약간만 우측 위를 향하게 해도 되겠다.

(3) フ字

KJL은 ①의 부분이 둥근 것이 JNS보다 적다. KJL은 (3)(5)(12)(15)(16) (24)(25)의 7자, JNS는 (1)(4)(8)(11)(12)(13)(14)(15)(17)(18)(21)(22)(23)(27) 의 14자이다.

【지도】 ①의 부분에 반드시 각이 있어야 되는 것은 아니다.

(4) ヘ字

KJL에게는 ①이 ②보다 긴 것이 있으나[(15)(24)(27)]. JNS는 전혀 없다.

【지도】 ①보다 ②를 길게 쓰도록 한다.

(5) ホ字

KJL은 모두 ①과 ③을 ' / \ '처럼 좌우가 잘 대칭되게 쓰고 있으나[(12)(13) 이외], JNS는 반드시 그렇지 않다[(6)(7)(13)(21)(22)(23)(26)(30)]. 그리고 KJL 은 ②를 안쪽으로 살짝 올려 쓰고 있는 것이 절반 정도이나[(1)(4)(5)(6)(7) (8)(10)(13)(14)(16)(18)(20)(24)(25)(28)(30)], JNS는 매우 적다[(2)(4)(15)].

【지도】 ①과 ③이 반드시 대칭이 되어야 하는 것은 아니며, ②를 안쪽으로 살짝 올려서 쓰지 않아도 되겠다.

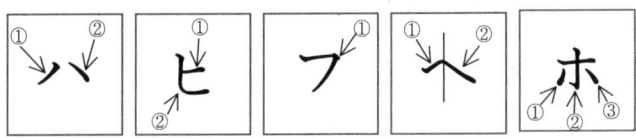

3.7 マ行

(1) マ字

KJL에게는 ①이 ②의 선보다 짧은 것이, JNS보다 많이 보인다. KJL은 (1)(3)(11)(13)(14)(15)(21)(24)(25)(27)(28)의 11자, JNS는 (5)(6)(14)(20)의 4자이다. 그리고 KJL은 ②보다 ③이 길거나 같은 것이 적으나[(3)(7)(11)(28) (29)], JNS는 상당히 많다[(3)(5)(6)(7)(8)(10)(11)(14)(15)(17)(18)(19)(20)(22)(23) (24)(27)(28)(29)(30)]. 또한 KJL은 ④의 부분에 모두 각이 있으나, JNS는 약간 둥근 것이 보인다[(4)(14)(15)(17)(18)(22)(27)].

【지도】 ①을 ②보다 길게, ③을 ②보다 긴 듯이 써도 좋겠다. 그리고 ④의 부분을 반드시 각이 지도록 하지 않는다.

(2) ミ字

KJL은 ①②보다 ③의 선이 긴 것이, JNS보다 적다. KJL은 (12)(14)(17) (19)(22)(23)(25)(27)의 8자, JNS는 (2)(4)(6)(7)(8)(12)(13)(17)(18)(19)(22) (23)(24)(26)(27)(29)(30)의 17자이다.

【지도】 ①②보다 ③의 선을 길게 쓰는 것이 좋겠다.

(3) ム字

KJL은 ③이 ①②의 선보다 상대적으로 긴 것이 적으나[(4)(7)(23)(27)], JNS는 대부분 길다[(7)(10)(12)(16)(21)(25)(28) 이외].

【지도】 ③의 선을 좀더 길게 쓰도록 한다.

(4) メ字

KJL은 ①보다 ②가 상대적으로 짧은 것이 적지 않으나[(1)(3)(4)(5)(6)(7)(8)(9)(10)(19)(20)(21)(23)], JNS는 모두 긴 편이다[(15)(16) 이외].

【지도】 ②를 좀더 길게 쓰도록 한다.

(5) モ字

KJL과 JNS는 대부분 ②를 ①보다 길게 쓰고 있다. 그러나 KJL은 ①과 ②의 길이가 비슷한 것이 (3)(9)(23)(24)의 4자이고, JNS는 ①이 ②보다 길거나 같은 것이 (1)(2)(6)(7)(11)(21)(24)(28)의 8자이다. 그리고 KJL과 JNS는 ③의 부분을 수직선 넘어 (②의 선보다 우측으로) 길게 쓴 것이 많다. KJL은 (1)(2)(7)(9)(11)(12)(13)(14)(16)(17)(18)(20)(22)(23)(25)(26)(27)(28)(29)의 19자, JNS는 (5)(8)(20)(30) 이외의 26자이다.

【지도】 ①보다 ②를 길게 쓰는 것이 좋겠다. 그리고 ③의 부분을 좀더 길게 써도 좋겠다.

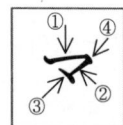 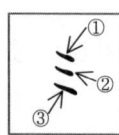 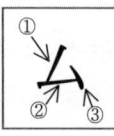  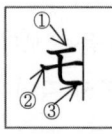

3.8 ヤ行

(1) ヤ字

KJL은 ①(가로 선)보다 ②(세로 선)가 긴 것이, JNS보다 적다. KJL은 (5)

(7)(12)(14)(19)(24)(26)(28)의 8자이고, JNS는 (1)(2)(3)(5)(8)(11)(13)(15)(16)(17)(20)(21)(22)(23)(25)(26)(27)(28)(29)(30)의 20자이다.

【지도】 ①(가로 선)보다 ②(세로 선)를 길게 쓰도록 한다.

(2) ユ字

KJL은 ①보다 ②의 가로 선이 긴 것(2배 정도)이, JNS보다 적다. KJL은 (2)(5)(13)(15)(18)(24)(28)의 7자, JNS는 (2)(3)(4)(5)(8)(11)(12)(15)(17)(20)(24)(27)의 12자이다.

【지도】 ①보다 ②의 가로 선을 좀더 길게 써도 좋겠다.

(3) ヨ字

KJL은 ①의 화살표 부분이 둥근 것이 거의 없으나[(12)(16) 이외], JNS에게는 조금 보인다[(3)(5)(13)(15)(17)(23)(27)(30)].

【지도】 ①의 부분을 반드시 각이 지게 쓰지 않아도 되겠다.

3.9 ラ行

(1) ラ字

KJL에게는 ①(가로 선)이 ②(세로 선)보다 긴 것이 보이나[(1)(6)(11)(12)(16)(17)(24)(25)(29)(30)], JNS는 거의 없다[(9)(12)(22)(23) 이외].

【지도】 가로 선(①)보다 세로 선(②)을 길게 쓰는 것이 좋겠다.

(2) リ字

KJL에게는 ①이 ②보다 상대적으로 짧은 것(1/2 이하)이 적게 보이나[(4)(6)(16)(24)(27)(30)], JNS는 적지 않게 보인다[(2)(4)(5)(7)(8)(9)(11)(12)(13)(15)(16)(17)(20)(21)(22)(24)(25)(27)]. 그리고 KJL은 ①과 ②의 선 아래 부분이 접

근해서 ③의 간격이 좁은 것이 (24) 이외 없으나, JNS에게는 적지 않게 보인다[(1)(2)(3)(4)(5)(10)(14)(17)(18)(20)(26)(28)].

【지도】 ①보다 ②를 좀더 길게 써도 좋겠다. 그리고 ①과 ②가 평행선이 되지 않고 아래 부분을 서로 안쪽으로 휘어지게 쓰게 해도 되겠다.

(3) ル字

KJL은 ①의 화살표 부분이 둥근 것이 JNS보다 적다. KJL은 (8)(16)(20)(21)(25)의 5자, JNS는 (1)(3)(6)(10)(14)(18)(20)(23)(26)(27)(30)의 11자이다. 그리고 KJL은 ② 부분의 각이 좁은 것(45도 이하)이 JNS보다 약간 많다. KJL은 (2)(6)(10)(12)(13)(14)(16)(18)(19)(23)(26)(28)(30)의 13자, JNS는 (5)(12)(17)(18)(19)(29)(30)의 7자이다.

【지도】 ①의 부분이 반드시 각이 지지 않아도 되겠다. 또한 ② 부분의 각이 너무 좁지 않게 쓰도록 한다.

(4) レ字

KJL은 ① 부분의 각이 좁은 것(45도 이하)이, JNS보다 약간 많다. 이는 'ル'와 유사한 것으로, KJL은 (2)(4)(7)(12)(13)(14)(16)(17)(20)(23)(25)(26)(28)(30)의 14자, JNS는 (3)(5)(15)(16)(17)(19)(30)의 7자이다.

【지도】 ① 부분의 각이 너무 좁지 않게 쓰도록 한다.

(5) ロ字

KJL과 JNS는 가로(①)가 긴 직사각형과 세로(②)가 긴 직사각형의 비율이 거의 같아서 차이가 없다. 후자의 경우 KJL은 (2)(3)(4)(5)(6)(10)(11)(13)(16)(18)(19)(20)(22)(26)(28)의 15자, JNS는 (1)(2)(3)(8)(11)(14)(16)(17)(21)(22)(25)(26)(27)(30)의 14자이다.

【지도】 가로가 긴 직사각형이나 세로가 긴 직사각형이나 커다란 차이가 없다.

 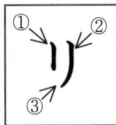   

3.10 ワ行과 ン字

(1) ワ字

KJL에게는 ①의 부분이 위로 나온 것이 보이나, JNS보다는 적다. KJL은 (4)(8)(10)(13)(19)(27)(30)의 7자, JNS는 (1)(2)(3)(4)(6)(8)(9)(11)(12)(13)(15)(18)(21)(22)(24)(26)(27)(29)의 18자이다. 그리고 KJL은 ②(세로 선)가 안쪽으로 기운 것이 보이나, JNS보다는 적다. KJL은 (3)(5)(11)(15)(19)(20)의 6자, JNS는 (2)(4)(5)(6)(7)(9)(10)(11)(13)(14)(15)(16)(17)(18)(20)(22)(24)(25)(29)의 19자이다. 또한 KJL은 ④의 선이 ③의 수직선에 가깝게 쓴 것이 보이나, JNS보다는 적다. KJL은 (8)(10)(14)(19)(27)의 5자, JNS는 (5)(7)(8)(9)(13)(15)(16)(17)(18)(24)(29)의 11자이다.

【지도】 ① 부분의 높이가 약간 높아도 되겠다. 그리고 세로 선(②)을 조금 안쪽으로 쓰게 한다. 또한 ④의 선을 ③의 수직선에 가깝게 써도 되겠다.

(2) ヲ字

KJL은 ③이 ①의 선보다 좌측으로 더 나온 것이 보이나, JNS보다는 적다. KJL은 (2)(8)(10)(11)(18)(20)(28)(29)(30)의 9자, JNS는 (1)(2)(5)(7)(8)(11)(13)(14)(15)(17)(20)(24)(26)(30)의 14자이다. 그리고 KJL은 ②의 부분이 둥근 것이 (6)(9)의 2자이나, JNS는 (3)(4)(7)(13)(17)(22)(23)(29)의 8자로 조금 많다.

【지도】 ③이 ①보다 조금 좌측으로 나와도 되겠다. 그리고 ②의 부분이 반드시 각이 지도록 하지 않아도 되겠다.

(3) ン字

KJL은 ①의 점이 모두 우측 아래로 향하고 있으나, JNS는 반드시 그렇지 않다[(2)(3)(5)(6)(15)(19)(21)(22)(24)]. 그리고 KJL은 ②의 부분에 약간 삐침이 있는 것이, JNS보다 많다. KJL은 (3)(4)(7)(10)(13)(18)(19)(22)(23)(28)(30)의 11자, JNS는 (6)(10)(19)(30)의 4자이다.

【지도】①의 점이 반드시 우측 아래로 향하지 않아도 되겠다. 그리고 ②의 부분에 약간의 삐침이 없어도 되겠다.

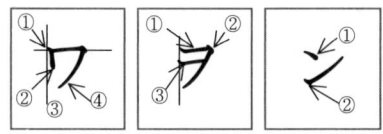

4. 맺는 말

본고에서는 한국인 일본어 학습자와 일본어 모어화자인 일본인 대학생이 쓴 가타카나 자형의 차이를 살펴보았다. 이는 일반적인 가타카나 쓰기의 기준과는 상관없이 양자의 차이점에 중점을 두고 기술한 것이다. 그 주요한 차이점에 의한 지도상의 제언(주의점)을, 다음의 12가지로 나누어 생각하면 다음과 같다.

(1) 선의 길이 : ア, イ, エ, キ, ケ, ト, ナ, ヌ, ハ, ヘ, マ, ミ, ム, メ, モ, ヤ, ユ, ラ, リ, ロ

(2) 각의 유무 : ア, カ, コ, セ, フ, マ, ヨ, ル, ヲ

(3) 방향(상하) : ウ, シ, ト, ニ, ネ, ノ, ヒ, ワ, ン

(4) 올려 쓰기의 유무 : オ, カ, ホ, ン

(5) 이어 쓰기와 분리 쓰기 : ア, ウ, チ, ネ

(6) 사선의 길이 : ス, ソ, ワ, ヲ

(7) 위치(상하, 좌우) : オ, ヒ, ホ

(8) 높이 : ク, タ, ワ

(9) 휘어짐의 정도 : サ, テ, リ

(10) 점의 크기 : シ, ツ

(11) 일정한 공간을 형성 : ル, レ

(12) 선의 종류(곡선, 직선) : ニ

끝으로 한국인 일본어 학습자를 고려한 위의 제언은, 활자상의 가타카나 자형 교육에 일본어 모어화자의 자연스러운 자형의 일면을 제공하는 데 그 목적이 있다. 다양한 활자의 자형과 일본어 모어화자의 자형을 함께 제시하여, 스스로 자연스러운 가타카나 자형을 습득하도록 하는 것이 중요하겠다.

【주】

1) 金(1998)은 문자 지도의 문제점으로, 부자연스러운 문자의 원인을 교과서의 서체에 기인한다고 지적하고 있다.

【참고문헌】

1. 趙南星(2005),「한국인 일본어 학습자와 일본어 모어화자가 쓴 히라가나 자형의 비교 분석」,『동북아 문화연구』제9집, 동북아시아 문화학회, 81-104

2. 金辰成(1998),「韓国における日本語文字教育の問題点」,『日語教育』第15輯, 韓國日本語教育學會, 103-130

3. 趙南星(1998),「가타카나 誤字形에 대한 평가」,『大田産業大學校 論文集』第15巻 B編, 大田産業大學校, 59-76

4. _____(1994),「平仮名書きの誤りに対する母語話者と非母語話者の評価」,『大田産業大學校 論文集』11-2-A, 大田産業大學校, 531-542

	(1)	(2)	(3)	(4)	(5)	(6)	(7)	(8)	(9)	(10)	(11)	(12)	(13)	(14)	(15)
KJL	ア	ア	ア	ア	ア	ア	ア	ア	ヲ	ア	ア	ア	ア	ア	ア
JNS	ア	ア	ア	ア	ア	ア	ア	ア	ア	ア	ア	ヲ	ア	ア	ア
KJL	イ	イ	イ	イ	イ	イ	イ	イ	イ	イ	イ	イ	イ	イ	イ
JNS	イ	イ	イ	イ	イ	イ	イ	イ	イ	イ	イ	イ	イ	イ	イ
KJL	ウ	ウ	ウ	ウ	ウ	ウ	ウ	ウ	ウ	ウ	ウ	ウ	ウ	ウ	ウ
JNS	ウ	ウ	ウ	ウ	ウ	ウ	ウ	ウ	ウ	ウ	ウ	ウ	ウ	ウ	ウ
KJL	エ	エ	エ	エ	エ	エ	エ	エ	エ	エ	エ	エ	エ	エ	エ
JNS	エ	エ	エ	エ	エ	エ	エ	エ	エ	エ	エ	エ	エ	エ	エ
KJL	オ	オ	オ	オ	オ	オ	オ	オ	オ	オ	オ	オ	オ	オ	オ
JNS	オ	オ	オ	オ	オ	オ	オ	オ	オ	オ	オ	オ	オ	オ	オ
KJL	カ	カ	カ	カ	カ	カ	カ	カ	カ	カ	カ	カ	カ	カ	カ
JNS	カ	カ	カ	カ	カ	カ	カ	カ	カ	カ	カ	カ	カ	カ	カ
KJL	キ	キ	キ	キ	キ	キ	キ	キ	キ	キ	キ	キ	キ	キ	キ
JNS	キ	キ	キ	キ	キ	キ	キ	キ	キ	キ	キ	キ	キ	キ	キ
KJL	ク	ク	ク	ク	ク	ク	ク	ク	ク	ク	ク	ク	ク	ク	ク
JNS	ク	ク	ク	ク	ク	ク	ク	ク	ク	ク	ク	ク	ク	ク	ク
KJL	ケ	ケ	ケ	ケ	ケ	ケ	ケ	ケ	ケ	ケ	ケ	ケ	ケ	ケ	ケ
JNS	ケ	ケ	ケ	ケ	ケ	ケ	ケ	ケ	ケ	ケ	ケ	ケ	ケ	ケ	ケ
KJL	コ	コ	コ	コ	コ	コ	コ	コ	コ	コ	コ	コ	コ	コ	コ
JNS	コ	コ	コ	コ	コ	コ	コ	コ	コ	コ	コ	コ	コ	コ	コ

(16)	(17)	(18)	(19)	(20)	(21)	(22)	(23)	(24)	(25)	(26)	(27)	(28)	(29)	(30)

	(1)	(2)	(3)	(4)	(5)	(6)	(7)	(8)	(9)	(10)	(11)	(12)	(13)	(14)	(15)
KJL	サ	サ	サ	サ	サ	サ	サ	サ	サ	サ	サ	サ	サ	サ	サ
JNS	サ	サ	サ	サ	サ	サ	サ	サ	サ	サ	サ	サ	サ	サ	サ
KJL	シ	シ	シ	シ	シ	シ	シ	シ	シ	シ	シ	シ	シ	シ	シ
JNS	シ	シ	シ	シ	シ	シ	シ	シ	シ	シ	シ	シ	シ	シ	シ
KJL	ス	ス	ス	ス	ス	ス	ス	ス	ス	ス	ス	ス	ス	ス	ス
JNS	ス	ス	ス	ス	ス	ス	ス	ス	ス	ス	ス	ス	ス	ス	ス
KJL	セ	セ	セ	セ	セ	セ	セ	セ	セ	セ	セ	セ	セ	セ	セ
JNS	セ	セ	セ	セ	セ	セ	セ	セ	セ	セ	セ	セ	セ	セ	セ
KJL	ソ	ソ	ソ	ソ	ソ	ソ	ソ	ソ	ソ	ソ	ソ	ソ	ソ	ソ	ソ
JNS	ソ	ソ	ソ	ソ	ソ	ソ	ソ	ソ	ソ	ソ	ソ	ソ	ソ	ソ	ソ
KJL	タ	タ	タ	タ	タ	タ	タ	タ	タ	タ	タ	タ	タ	タ	タ
JNS	タ	タ	タ	タ	タ	タ	タ	タ	タ	タ	タ	タ	タ	タ	タ
KJL	チ	チ	チ	チ	チ	チ	チ	チ	チ	チ	チ	チ	チ	チ	チ
JNS	チ	チ	チ	チ	チ	チ	チ	チ	チ	チ	チ	チ	チ	チ	チ
KJL	ツ	ツ	ツ	ツ	ツ	ツ	ツ	ツ	ツ	ツ	ツ	ツ	ツ	ツ	ツ
JNS	ツ	ツ	ツ	ツ	ツ	ツ	ツ	ツ	ツ	ツ	ツ	ツ	ツ	ツ	ツ
KJL	テ	テ	テ	テ	テ	テ	テ	テ	テ	テ	テ	テ	テ	テ	テ
JNS	テ	テ	テ	テ	テ	テ	テ	テ	テ	テ	テ	テ	テ	テ	テ
KJL	ト	ト	ト	ト	ト	ト	ト	ト	ト	ト	ト	ト	ト	ト	ト
JNS	ト	ト	ト	ト	ト	ト	ト	ト	ト	ト	ト	ト	ト	ト	ト

サ	サ	サ	サ	サ	サ	サ	サ	サ	サ	サ	サ	サ	サ	サ
サ	サ	サ	サ	サ	サ	サ	サ	サ	サ	サ	サ	サ	サ	サ
シ	シ	シ	シ	シ	シ	シ	シ	シ	シ	シ	シ	シ	シ	シ
シ	シ	シ	シ	シ	シ	シ	シ	シ	シ	ン	シ	シ	シ	シ
ス	ス	ス	ス	ス	ス	ス	ス	ス	ス	ス	ス	ス	ス	ス
ス	ス	ス	ス	ス	ス	ス	ス	ス	ス	ス	ス	ス	ス	ス
セ	セ	セ	セ	セ	セ	セ	セ	セ	セ	セ	セ	セ	セ	セ
セ	セ	セ	セ	セ	セ	セ	セ	セ	セ	セ	セ	セ	セ	セ
ソ	ソ	ソ	ソ	ソ	ソ	ソ	ソ	ソ	ソ	ソ	ソ	ソ	ソ	ン
ソ	ソ	ソ	ソ	ソ	ソ	ソ	ソ	ソ	ソ	ソ	ソ	ソ	ソ	ソ
タ	タ	タ	タ	タ	タ	タ	タ	タ	タ	タ	タ	タ	タ	タ
タ	タ	タ	タ	タ	タ	タ	タ	タ	タ	タ	タ	タ	タ	タ
チ	チ	チ	チ	チ	チ	チ	チ	チ	チ	チ	チ	チ	チ	チ
チ	チ	チ	チ	チ	チ	チ	チ	チ	チ	チ	チ	チ	チ	チ
ッ	ッ	ッ	ッ	ッ	ッ	ッ	ッ	ッ	ッ	ッ	ッ	シ	シ	シ
ッ	ッ	ッ	ツ	ッ	ッ	ツ	ッ	ッ	ッ	ッ	ッ	ッ	ッ	ッ
テ	テ	テ	テ	テ	テ	テ	テ	テ	テ	テ	テ	テ	テ	テ
テ	テ	テ	テ	テ	テ	テ	テ	テ	テ	テ	テ	テ	テ	テ
ト	ト	ト	ト	ト	ト	ト	ト	ト	ト	ト	ト	ト	ト	ト
ト	ト	ト	ト	ト	ト	ト	ト	ト	ト	ト	ト	ト	ト	ト

	(1)	(2)	(3)	(4)	(5)	(6)	(7)	(8)	(9)	(10)	(11)	(12)	(13)	(14)	(15)
KJL	ナ	ナ	ナ	ナ	ナ	ナ	ナ	ナ	ナ	ナ	ナ	ナ	ナ	ナ	ナ
JNS	ナ	ナ	ナ	ナ	ナ	ナ	ナ	ナ	ナ	ナ	ナ	ナ	ナ	ナ	ナ
KJL	ニ	ニ	ニ	ニ	ニ	ニ	ニ	ニ	ニ	ニ	ニ	ニ	ニ	ニ	ニ
JNS	ニ	ニ	ニ	ニ	ニ	ニ	ニ	ニ	ニ	ニ	ニ	ニ	ニ	ニ	ニ
KJL	ヌ	ヌ	ヌ	ヌ	ヌ	ヌ	ヌ	ヌ	ヌ	ヌ	ヌ	ヌ	ヌ	ヌ	ヌ
JNS	ヌ	ヌ	ヌ	ヌ	ヌ	ヌ	ヌ	ヌ	ヌ	ヌ	ヌ	ヌ	ヌ	ヌ	ヌ
KJL	ネ	ネ	ネ	ネ	ネ	ネ	ネ	ネ	ネ	ネ	ネ	ネ	ネ	ネ	ネ
JNS	ネ	ネ	ネ	ネ	ネ	ネ	ネ	ネ	ネ	ネ	ネ	ネ	ネ	ネ	ネ
KJL	ノ	ノ	ノ	ノ	ノ	ノ	ノ	ノ	ノ	ノ	ノ	ノ	ノ	ノ	ノ
JNS	ノ	ノ	ノ	ノ	ノ	ノ	ノ	ノ	ノ	ノ	ノ	ノ	ノ	ノ	ノ
KJL	ハ	ハ	ハ	ハ	ハ	ハ	ハ	ハ	ハ	ハ	ハ	ハ	ハ	ハ	ハ
JNS	ハ	ハ	ハ	ハ	ハ	ハ	ハ	ハ	ハ	ハ	ハ	ハ	ハ	ハ	ハ
KJL	ヒ	ヒ	ヒ	ヒ	ヒ	ヒ	ヒ	ヒ	ヒ	ヒ	ヒ	ヒ	ヒ	ヒ	ヒ
JNS	ヒ	ヒ	ヒ	ヒ	ヒ	ヒ	ヒ	ヒ	ヒ	ヒ	ヒ	ヒ	ヒ	ヒ	ヒ
KJL	フ	フ	フ	フ	フ	フ	フ	フ	フ	フ	フ	フ	フ	フ	フ
JNS	フ	フ	フ	フ	フ	フ	フ	フ	フ	フ	フ	フ	フ	フ	フ
KJL	ヘ	ヘ	ヘ	ヘ	ヘ	ヘ	ヘ	ヘ	ヘ	ヘ	ヘ	ヘ	ヘ	ヘ	ヘ
JNS	ヘ	ヘ	ヘ	ヘ	ヘ	ヘ	ヘ	ヘ	ヘ	ヘ	ヘ	ヘ	ヘ	ヘ	ヘ
KJL	ホ	ホ	ホ	ホ	ホ	ホ	ホ	ホ	ホ	ホ	ホ	ホ	ホ	ホ	ホ
JNS	ホ	ホ	ホ	ホ	ホ	ホ	ホ	ホ	ホ	ホ	ホ	ホ	ホ	ホ	ホ

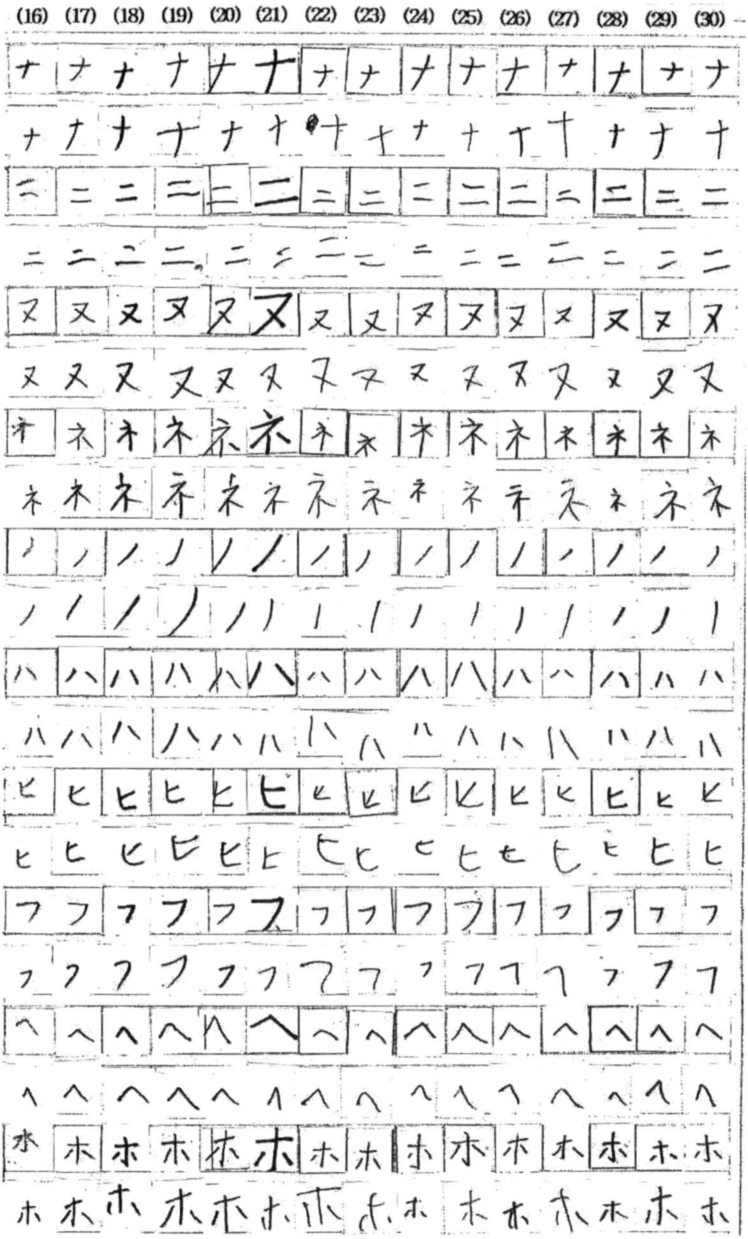
(16) (17) (18) (19) (20) (21) (22) (23) (24) (25) (26) (27) (28) (29) (30)

	(1)	(2)	(3)	(4)	(5)	(6)	(7)	(8)	(9)	(10)	(11)	(12)	(13)	(14)	(15)
KJL	ラ	ラ	ラ	ラ	ラ	ラ	ラ	ラ	ラ	ラ	ラ	ラ	ラ	ラ	ラ
JNS	ラ	ラ	ラ	ラ	ラ	ラ	ラ	ラ	ラ	ラ	ラ	ラ	ラ	ラ	ラ
KJL	ミ	ミ	ミ	ミ	ミ	ミ	ミ	ミ	ミ	ミ	ミ	ミ	ミ	ミ	ミ
JNS	ミ	ミ	ミ	ミ	ミ	ミ	ミ	ミ	ミ	ミ	ミ	ミ	ミ	ミ	ミ
KJL	ム	ム	ム	ム	ム	ム	ム	ム	ム	ム	ム	ム	ム	ム	ム
JNS	ム	ム	ム	ム	ム	ム	ム	ム	ム	ム	ム	ム	ム	ム	ム
KJL	メ	メ	メ	メ	メ	メ	メ	メ	メ	メ	メ	メ	メ	メ	メ
JNS	メ	メ	メ	メ	メ	メ	メ	メ	メ	メ	メ	メ	メ	メ	メ
KJL	モ	モ	モ	モ	モ	モ	モ	モ	モ	モ	モ	モ	モ	モ	モ
JNS	モ	モ	モ	モ	モ	モ	モ	モ	モ	モ	モ	モ	モ	モ	モ
KJL	ヤ	ヤ	ヤ	ヤ	ヤ	ヤ	ヤ	ヤ	ヤ	ヤ	ヤ	ヤ	ヤ	ヤ	ヤ
JNS	ヤ	ヤ	ヤ	ヤ	ヤ	ヤ	ヤ	ヤ	ヤ	ヤ	ヤ	ヤ	ヤ	ヤ	ヤ
KJL	ユ	ユ	ユ	ユ	ユ	ユ	ユ	ユ	ユ	ユ	ユ	ユ	ユ	ユ	ユ
JNS	ユ	ユ	ユ	ユ	ユ	ユ	ユ	ユ	ユ	ユ	ユ	ユ	ユ	ユ	ユ
KJL	ヨ	ヨ	ヨ	ヨ	ヨ	ヨ	ヨ	ヨ	ヨ	ヨ	ヨ	ヨ	ヨ	ヨ	ヨ
JNS	ヨ	ヨ	ヨ	ヨ	ヨ	ヨ	ヨ	ヨ	ヨ	ヨ	ヨ	ヨ	ヨ	ヨ	ヨ

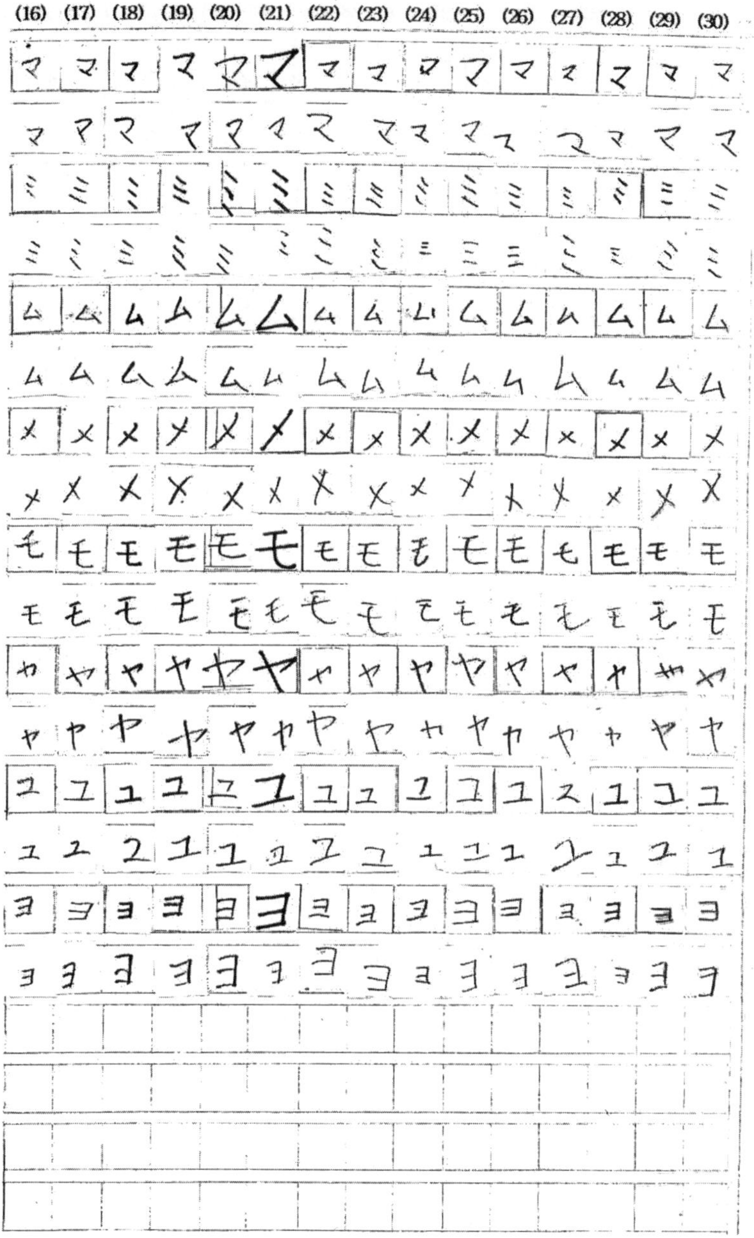
(16) (17) (18) (19) (20) (21) (22) (23) (24) (25) (26) (27) (28) (29) (30)

	(1)	(2)	(3)	(4)	(5)	(6)	(7)	(8)	(9)	(10)	(11)	(12)	(13)	(14)	(15)
KJL	ラ	ラ	ラ	ラ	ラ	ラ	ラ	ラ	ラ	ラ	ラ	ラ	ラ	ラ	ラ
JNS	ラ	ラ	ラ	ラ	ラ	ラ	ラ	ラ	ラ	ラ	ラ	ラ	ラ	ラ	ラ
KJL	リ	リ	リ	リ	リ	リ	リ	リ	リ	リ	リ	リ	リ	リ	リ
JNS	リ	リ	リ	リ	リ	リ	リ	リ	リ	リ	リ	リ	リ	リ	リ
KJL	ル	ル	ル	ル	ル	ル	ル	ル	ル	ル	ル	ル	ル	ル	ル
JNS	ル	ル	ル	ル	ル	ル	ル	ル	ル	ル	ル	ル	ル	ル	ル
KJL	レ	レ	レ	レ	レ	レ	レ	レ	レ	レ	レ	レ	レ	レ	レ
JNS	レ	レ	レ	レ	レ	レ	レ	レ	レ	レ	レ	レ	レ	レ	レ
KJL	ロ	ロ	ロ	ロ	ロ	ロ	ロ	ロ	ロ	ロ	ロ	ロ	ロ	ロ	ロ
JNS	ロ	ロ	ロ	ロ	ロ	ロ	ロ	ロ	ロ	ロ	ロ	ロ	ロ	ロ	ロ
KJL	ワ	ワ	ワ	ワ	ワ	ワ	ワ	ワ	ワ	ワ	ワ	ワ	ワ	ワ	ワ
JNS	ワ	ワ	ワ	ワ	ワ	ワ	ワ	ワ	ワ	ワ	ワ	ワ	ワ	ワ	ワ
KJL	ヲ	ヲ	ヲ	ヲ	ヲ	ヲ	ヲ	ヲ	ヲ	ヲ	ヲ	ヲ	ヲ	ヲ	ヲ
JNS	ヲ	ヲ	ヲ	ヲ	ヲ	ヲ	ヲ	ヲ	ヲ	ヲ	ヲ	ヲ	ヲ	ヲ	ヲ
KJL	ン	ン	ン	ン	ン	ン	ン	ン	ン	ン	ン	ン	ン	ン	ン
JNS	ン	ン	ン	ン	ン	ン	ン	ン	ン	ン	ン	ン	ン	ン	ン

제5장
한자 오자체에 대한 일본어 모어화자의 평가

1. 들어가는 말

본고에서는 한국인 학습자가 일본어 작문 연습에서 종종 쓰고 있는, 한국어의 한자[1])에 대한 일본어 모어화자의 반응을 조사하려고 한다. 즉, 한국인 학습자가 일본어 학습에서 의식 또는 무의식 중에 사용하고 있는 한국어의 한자(현행 일본어의 한자 字體로는 쓰이지 않는 것[舊字體]으로, 여기서는 이것을 誤字體라고 한다.)를 어떻게 정정·평가해야 할까. 이에 대한 객관적인 기준을 얻기 위하여 일본어 모어화자의 언어적 직관에 의한 판정을 구하고자 한다.

한국인 교사에게는 일본어 작문 지도에서 한자 오자체를 일일이 정정해야 하는지 어떤지, 만약 정정한다면 어떤 기준으로 해야 하는지, 지도상 어려움의 하나이다. 즉 일본어 비모어화자인 한국인 일본어 교사는 한자 오자체에 대한 의미를 거의 100% 이해하지만, 그것이 일본어의 한자로서 어느 정도 자연스러운가를 일본어 모어화자와 똑같이 예측하기는 어려운 문제일 것이다. 이에 보다 객관적인 기준을 얻기 위하여, 한국인 일본어 교사의 한자 오자체에 대한 자연도의 판정도 조사하여, 양 화자의 판정 차이를 살펴본다. 따라서 본고에서는 구체적으로 다음의 사항을 조사한다.

(1)한자 오자체에 대한 이해도와 자연도 관점에서의 일본어 모어화자의 평가.

(2)한자 오자체에 대한 자연도 관점에서의 한국인 일본어 교사의 평가.

(3)한자 오자체 종류별 양 화자 평가의 차이.

2. 조사 방법

2.1 조사 참여자

일본어 모어화자(이하, JNS라고 한다.)는 일본인 히로시마(広島)대학(원)생 문과(文科)의 30명(20대의 남자 13명, 여자 17명)이다. 한국인 일본어 교사(이하, KJT라고 한다.)는 대학(교)에서 주로 교양 또는 숙련 과목으로서의 일본어를 가르치고 있는 교사 28명(30~40대의 남자 3명, 여자 25명)으로, 일본어교육 경력은 평균 7.6년(2년~17년)이다.

2.2 조사 재료

조사 재료는 임의의 한자 오자체 58자(<표3>, <부록>)로, 『当用漢字字体表』(1949) 「備考, (三)の例」를 참조해서 오자체를 분류했다.(<표4>)

2.3 조사 순서

조사 시기는 JNS가 1998년 11~12월, KJT가 1999년 9~10월이었다. 실제 조사에서는 짧은 문장[주로, 文化庁(1973)의 『外国人のための漢字辞典』의 예문]에 오자체 한자를 넣어 이해도와 자연도의 관점에서 5단계 척도로 판정하도록 했다. 평가의 기준 및 척도는 아래와 같다(<자료>).

<理解度>		
1：理解できる	2：やや理解できない	3：かなり理解できない
4：非常に理解できない	5：全く理解できない	
<自然度>		
1：自然である	2：やや自然ではない	3：かなり自然ではない
4：非常に自然ではない	5：全く自然ではない	

2.4 분석 방법

5단계 척도에서 척도치 1, 2 … 5는 각각 1점, 2점 … 5점으로 해서 평균득점을 얻었다. 평균득점이 높을수록 한자 오자체가 엄하게 평가된 것, 즉 중요도가 있는 것으로, 보다 이해하기 어렵고, 부자연스러운 것을 나타낸다.

3. 조사 결과 및 고찰

3.1 한자 오자체의 중요도에 대한 태도

<표1>은 '한자 오자체 평가에서의 척도치 사용수'를 나타내고 있다. <표1>에서 보면, JNS 30명과 KJT 27명 중에서, 척도치 1개를 사용한 사람은 이해도에서 JNS의 한 사람밖에 없다. 이는 이해도에 있어서 모든 한자 오자체는 단지 똑같은 오자체에 지나지 않는다는 태도이나, 대다수의 JNS와 KJT는 척도치 3개 이상(JNS는 이해도에서 90%, 자연도에서 100%이고, KJT는 자연도에서 96.4%)을 사용하여, 한자 오자체는 모두 동등(equality)한 것이 아니고, 중요도(gravity)가 존재한다는 것을 나타내고 있다. 즉 이해의 정도와 자연스러움의 정도가 상대적으로 다르다는 것이다.

〈표1〉 한자 오자체 평가에서의 척도치 사용수

평가자	JNS(30명)										KJT(28명)				
평가의 기준	이해도					자연도					자연도				
척도치 사용수(개)	1	2	3	4	5	1	2	3	4	5	1	2	3	4	5
인원수(명) (%)	1 3.3	2 6.7	3 10.0	7 23.3	17 56.7	– –	– –	2 6.7	7 23.3	21 70.0	– –	1 3.6	6 21.4	8 28.6	13 46.4

3.2 JNS와 KJT의 전체적인 평가

<표2>는 'JNS와 KJT의 전체적인 평가'를 나타내고 있다. <표2>에서 보

면, 전체적으로 JNS는 한국인 일본어 학습자의 한자 오자체의 평가에서, 약간 이해하기 어렵고 좀 부자연스럽다고 평가했다. 또한 KJT도 약간 부자연스럽게 평가했다. 그러나 JNS는 KJT보다 더 부자연스럽다고 평가하고 있다[2].

위의 결과는 KJT에게 중요한 시사를 주고 있다. 즉 KJT는 JNS의 평가에 따라서 이해도와 자연도의 관점에서 한자 오자체를 현행보다 약간 엄하게 평가할 것이 요구된다.

〈표2〉 JNS와 KJT의 전체적인 평가

평가자	JNS(30명)		KJT(28명)
평가의 기준	이해도	자연도	자연도
평균득점	2.05	2.85	2.51

3.3 문제별 JNS와 KJT의 평가

〈표3〉은 '문제별 JNS와 KJT의 평균득점'을 나타내고 있다. 〈표3〉에서 보면, JNS는 문제별 한자 오자체의 평가에서, 이해도의 관점에서 문55(臺), 29(晝), 47(醫), 52(譯), 23(竝), 46(與), 51(對), 33(圖), 50(轉)(3.00 이상) 등의 순서로, 자연도의 관점에서 문29(晝), 55(臺), 46(與), 23(竝), 33(圖), 47(醫)(4.00 이상) 등의 순서로 엄하게 평가하고 있다. 자연도에서 엄하게 평가된 것은 이해도에서도 엄하게 평가된 것을 알 수 있다.

그리고 대부분의 문제는 이해도보다 자연도에서 엄하게 평가되었는데, 그 중에서 이해도와 자연도 평가의 차이가 큰 것(1.00 이상)은 문43(縣), 44(蟲), 15(歷), 28(兒), 1(半), 27(檢), 13(靑), 16(敎), 42(藝), 21(步), 12(拔), 19(黃), 10(拜), 48(條), 29(晝) 등이다. 한편 그와 반대로 자연도보다 이해도에서 엄하게 평가한 것은 문24(卑), 9(講), 11(全)이 있는데, 그 차이는 0.1 이하로 커다란 차이를 보이고 있지 않다.

KJT는 자연도의 관점에서 3.50 이상은 없고, 3.00 이상인 것을 보면, 문50(轉), 33(圖), 56(辨), 57(體), 29(晝), 55(臺), 46(與), 41(應), 53(會), 58(萬),

30(學), 51(對) 등의 순서로 엄하게 평가하고 있다.

그리고 자연도에서 JNS는 KJT보다 대부분 엄하게 평가했는데, 그 차이
가 큰 것(1.00 이상)은 문23(竝), 13(靑), 28(兒), 37(卽), 29(晝), 47(醫), 52(譯)
등이다. 그와 반대로 KJT가 JNS보다 엄하게 평가한 것은 14개(24%)인데,
문2(兼, 0.63), 30(學, 0.67)을 제외하고는 전부 0.5 이하로 커다란 차이를 보이
고 있지 않다.

<표3> 문제별 JNS와 KJT의 평균득점

번호	문제		JNS		KJT
			이해도(순위)	자연도(순위)	자연도(순위)
1	半	半	1.43 (45)	2.67 (34)	2.89 (18)
2	兼	兼	1.40 (49)	2.17 (46)	2.79 (26)
3	暖	暖	1.33 (55)	1.80 (52)	1.39 (58)
4	羽	羽	1.47 (44)	2.40 (42)	2.11 (42)
5	肩	肩	1.33 (55)	2.00 (48)	1.79 (49)
6	週	週	1.37 (51)	1.37 (54)	1.57 (55)
7	契	契	1.30 (58)	1.33 (55)	1.64 (51)
8	急	急	1.37 (51)	1.97 (49)	1.43 (57)
9	講	講	1.37 (51)	1.33 (55)	1.46 (56)
10	拜	拝	1.93 (25)	3.00 (26)	3.00 (12)
11	全	全	1.33 (55)	1.30 (57)	1.61 (53)
12	拔	抜	1.67 (33)	2.77 (32)	2.46 (35)
13	靑	青	1.57 (39)	2.80 (31)	1.68 (50)
14	包	包	1.43 (45)	1.83 (51)	1.96 (45)
15	歷	歴	1.60 (38)	3.03 (25)	2.50 (33)
16	敎	教	1.67 (33)	2.87 (30)	2.04 (43)
17	運	運	1.53 (41)	2.17 (46)	1.82 (48)
18	者	者	1.53 (41)	2.23 (45)	1.61 (53)
19	黃	黄	1.40 (49)	2.50 (39)	2.04 (43)
20	朗	朗	1.41 (48)	1.63 (53)	1.93 (46)
21	步	歩	1.43 (45)	2.57 (37)	1.63 (52)
22	黑	黒	1.63 (36)	2.57 (37)	2.32 (36)
23	竝	並	3.20 (5)	4.07 (4)	2.82 (23)

24	卑	卑	1.37 (51)	1.27 (58)	1.85 (47)
25	每	毎	1.50 (43)	2.27 (44)	2.22 (39)
26	惡	悪	1.63 (36)	2.50 (39)	2.75 (27)
27	檢	検	1.83 (29)	3.07 (24)	2.63 (32)
28	兒	児	2.21 (20)	3.55 (15)	2.50 (33)
29	晝	昼	3.27 (2)	4.30 (1)	3.30 (5)
30	學	学	1.67 (33)	2.37 (43)	3.04 (11)
31	當	当	2.73 (14)	3.70 (12)	2.93 (16)
32	權	権	2.20 (21)	3.10 (23)	2.89 (18)
33	圖	図	3.10 (8)	4.07 (4)	3.39 (2)
34	社	社	1.87 (27)	2.73 (33)	2.25 (38)
35	單	単	2.33 (17)	3.30 (19)	2.75 (27)
36	狀	状	2.07 (23)	3.00 (26)	2.82 (23)
37	卽	即	2.47 (16)	3.23 (20)	2.18 (41)
38	默	黙	2.13 (22)	2.97 (29)	2.86 (20)
39	峯	峰	1.57 (39)	1.97 (49)	2.19 (40)
40	勳	勲	1.77 (32)	2.43 (41)	2.31 (37)
41	應	応	2.50 (15)	3.20 (22)	3.07 (8)
42	藝	芸	1.83 (29)	3.00 (26)	2.93 (16)
43	縣	県	1.93 (25)	3.40 (17)	2.75 (27)
44	蟲	虫	1.97 (24)	3.43 (16)	2.68 (30)
45	價	価	2.87 (12)	3.77 (10)	2.96 (14)
46	與	与	3.17 (6)	4.10 (3)	3.11 (7)
47	醫	医	3.23 (3)	4.00 (6)	2.96 (14)
48	條	条	2.27 (19)	3.31 (18)	2.86 (20)
49	廣	広	1.87 (27)	2.59 (36)	2.86 (20)
50	轉	転	3.07 (9)	3.97 (7)	3.46 (1)
51	對	対	3.13 (7)	3.67 (13)	3.00 (12)
52	譯	訳	3.23 (3)	3.83 (8)	2.82 (23)
53	會	会	2.30 (18)	3.21 (21)	3.07 (8)
54	辭	辞	2.83 (13)	3.60 (14)	2.64 (31)
55	臺	台	3.73 (1)	4.17 (2)	3.21 (6)
56	辨	弁	2.93 (11)	3.73 (11)	3.36 (3)
57	體	体	2.97 (10)	3.80 (9)	3.32 (4)
58	萬	万	1.80 (31)	2.62 (35)	3.07 (8)

순위를 살펴보면, JNS에서 이해도와 자연도가 커다란 차이(10위 이상)를 보이는 것은, 문19(黃), 30(學), 39(峯) 등이다. 그리고 자연도에서 JNS와 KJT가 커다란 차이(20위 이상)를 보이는 것은, 문58(萬), 30(學), 37(卽), 2(兼) 등이다.

3.4 오자체의 종류별 평가

<표4>는 '오자체의 종류별 평가'를 나타내고 있다. <표4>에서 보면, JNS 는 오자체의 종류별 평가에서, 이해도의 관점에서는 종류 H,G,E>F,D,C> A,B의 순서로, 자연도의 관점에서 종류G,H,E>C,F,D,A>B의 순서로 엄 하게 평가하고 있다.

그리고 이해도와 자연도의 평가 차이가 가장 큰 것은 종류 G[3.53(자연 도)-2.47(이해도)=1.06]이다. KJT는 자연도의 관점에서 종류H,G,E>F,A,C, D>B의 순서로 엄하게 평가하고 있다. 이는 JNS의 3그룹으로 나눈 순서와 내용이 같은 것으로, 과학적인 발견은 아니지만, JNS와 KJT에 의한 한자 오자체의 자연도 관점에서의 평가는 중요도는 다르지만 중요도의 계층 (hierarchy)은 어느 정도 일치한다고 할 수 있겠다.

한편 자연도에서 JNS는 KJT보다 종류B를 제외한 모든 종류에서 엄하게 평가했으며, 그 차이가 가장 큰 것은 종류G[3.53(JNS)-2.92(KJT)=0.61]이다.

〈표4〉 오자체의 종류별 평가

오자체의 종류	문제 번호(문제수)	평가자 (순위)		
		JNS		KJT
		이해도	자연도	자연도
A : 점획의 방향이 바뀐 예	문1~5 (5문) 半 兼 暖 羽 肩	1.39 (7)	2.20 (7)	2.19 (5)
B : 획의 길이가 바뀐 예	문6~9 (4문) 週 契 急 講	1.35 (8)	1.50 (8)	1.53 (8)
C : 같은 계통의 글자로, 또는 유사의 형태로, 약간의 차이가 통일된 예	문10~16 (7문) 拜 全 拔 青 包 歷 教	1.60 (6)	2.51 (4)	2.18 (6)

D : 일점일획이 증감하고, 또는 획이 병합·분리된 예	문17~25 (9문) 運 者 黄 朗 步 黑 竝 卑 毎	1.68 (5)	2.36 (6)	2.03 (7)
E : 전체로서 쓰기 쉽게 된 예	문26~37 (12문) 惡 檢 兒 畵 學 當 權 圖 社 單 狀 郎	2.28 (3) .	3.24 (3)	2.79 (3)
F : 조립이 바뀐 예	문38~40 (3문) 默 峯 勳	1.82 (4)	2.46 (5)	2.45 (4)
G : 부분적으로 생략된 예	문41~48 (8문) 應 藝 縣 蟲 價 與 醫 條	2.47 (2)	3.53 (1)	2.92 (2)
H : 부분적으로 다른 형태로 바뀐 예	문49~58 (10문) 廣 轉 對 譯 會 辭 臺 辨 體 萬	2.79 (1)	3.52 (2)	3.08 (1)

4. 맺는 말

본고에서는 한국인 일본어 학습자에 나타나는 한자 오자체의 정정·평가에 대한 객관적인 기준을 얻기 위하여, 일본어 모어화자의 언어적 직관에 의한 평가 및 한국인 일본어 교사의 평가를 살펴보았다. 그 주요한 결과는 다음과 같다.

(1)대다수의 JNS와 KJT는 척도치 3개 이상을 사용하여, 한자 오자체는 모두 동등한 것이 아니고, 중요도가 존재한다는 것을 나타내고 있다.

(2)JNS는 한국인 일본어 학습자의 한자 오자체에 대한 평가에서, 약간 이해하기 어렵고 좀 부자연스럽다고 평가했다. 또한 KJT도 약간 부자연스럽게 평가했다. 그러나 JNS는 KJT보다 더 부자연스럽다고 평가하고 있다. 따라서 KJT는 JNS의 평가에 따라서 이해도와 자연도의 관점에서 한자 오자체를 현행보다 약간 엄하게 평가할 것이 요구된다.

(3)JNS는 문제별 한자 오자체의 평가에서, 대부분 이해도보다 자연도에서 엄하게 평가했는데, 그 중에서 평가의 차이가 큰 것은 문43(縣), 44(蟲),

15(歷) 등이다. 그리고 자연도에서 JNS는 KJT보다 대부분 엄하게 평가했는데, 그 차이가 큰 것은 문23(竝), 13(靑), 28(兒) 등이다. 한편 JNS는 이해도에서 문55(臺), 29(晝), 47(醫), 52(譯), 자연도에서 문29(晝), 55(臺), 46(輿), KJT는 자연도에서 문50(轉), 33(圖), 56(辨) 등을 가장 엄하게 평가하였다.

(4)JNS는 오자체의 종류별 평가에서, 이해도의 관점에서는 종류H,G,E>F,D,C>A,B의 순서로, 자연도의 관점에서 종류G,H,E>C,F,D,A>B의 순서로 엄하게 평가하고 있다. KJT는 자연도의 관점에서 종류H,G,E>F,A,C,D>B의 순서로 엄하게 평가하고 있다. 따라서 중요도는 다르지만 중요도의 계층은 어느 정도 일치하는 것을 알 수 있다.

끝으로 이상의 결과에서, 한국인 교사는 한국인 학습자의 일본어 작문 지도에서, 한자 오자체를 3단계[①(종류E,G,H), ②(A,C,D,F), ③(B)의 순서]로, 현행보다 이해도와 자연도의 관점에서 좀더 엄하게 평가할 것이 요구된다.

【주】

1) 이에 해당하는 일본어의 한자어는, 『当用漢字字体表』(内閣告示第 1号, 1949.4.28) 「備考」의 (三)의 例를 참조.
2) 일반적으로 오용의 평가에서 교사는 가르치는 입장에서 비교사보다 엄하게 평가하고, 모어화자는 비모어화자보다 관대한 평가가 예상되나, 여기서 JNS가 KJT보다 엄하게 평가한 것은 한자 오자체가 대부분 학습자의 모어 간섭에 의한 것이기 때문이다.

【참고문헌】

1. 大蔵省印刷局(1981), 『常用漢字表』
2. 林大(1974), 「当用漢字字体表の問題点」, 『覆刻文化庁国語シリーズVI 漢字』, 教育出版株式会社, 255-364
3. 文化庁(1973), 『外国人のための漢字辞典』
4. Elena McCretton and Nigel Rider(1993), "Error Gravity and Error Hierarchies", IRAL, August, 177-188

この調査は、韓国人日本語学習者の漢字の誤字体（**太字**）に対する、日本語母語話者の理解度と自然度の判定を調べるためのものである。例にならって、最もよく当てはまる数字に〇印をつけてください。全部で58問あります。記入もれのないように注意して、1つ1つの問題全部に答えてください。

職業:　　　　　　　 ／ 学歴: 高(在)卒 大学(在)卒 ／ 年齢: 満　　歳 ／ 性別: 男・女

<理解度>
1：理解できる　　　　　2：やや理解できない　　　3：かなり理解できない
4：非常に理解できない　5：全く理解できない

<自然度>
1：自然である　　　　　2：やや自然ではない　　　3：かなり自然ではない
4：非常に自然ではない　5：全く自然ではない

番号	問題	理解度	自然度
例	わが**國**。	1 2 3 4 5	1 2 3 4 5
1	橋の**半**ばまで来る。	1 2 3 4 5	1 2 3 4 5
2	用事を**兼**ねて、あそびに来ました。	1 2 3 4 5	1 2 3 4 5
3	ことしの冬は**暖**かい。	1 2 3 4 5	1 2 3 4 5
4	**羽**をひろげて飛ぶ。	1 2 3 4 5	1 2 3 4 5
5	さむい時にはショールを**肩**にかけている。	1 2 3 4 5	1 2 3 4 5
6	できあがりに2**週**間かかる。	1 2 3 4 5	1 2 3 4 5
7	**契**約に違反する。	1 2 3 4 5	1 2 3 4 5
8	**急**に雨がふり出した。	1 2 3 4 5	1 2 3 4 5
9	大学で**講**義をきく。	1 2 3 4 5	1 2 3 4 5
10	御本をちょっと**拝**見させてください。	1 2 3 4 5	1 2 3 4 5
11	費用は、**全**部で2万圓になる。	1 2 3 4 5	1 2 3 4 5
12	名まえが**抜**けている。	1 2 3 4 5	1 2 3 4 5
13	空が**青**い。	1 2 3 4 5	1 2 3 4 5
14	新聞紙で**包**む。	1 2 3 4 5	1 2 3 4 5
15	**歴**史にのこる事件。	1 2 3 4 5	1 2 3 4 5
16	**教**育をうける。	1 2 3 4 5	1 2 3 4 5
17	にもつをえきに**運**ぶ。	1 2 3 4 5	1 2 3 4 5
18	あの人はえらい**学**者になった。	1 2 3 4 5	1 2 3 4 5
19	月は**黄**色く見える。	1 2 3 4 5	1 2 3 4 5
20	文を**朗読**するのがすきだ。	1 2 3 4 5	1 2 3 4 5
21	あちらこちら**歩**きまわる。	1 2 3 4 5	1 2 3 4 5
22	海へ行って、すっかり**黒**くなった。	1 2 3 4 5	1 2 3 4 5
23	2つの議案を**竝**立して審議する。	1 2 3 4 5	1 2 3 4 5

24	卑怯なまねをする。	1 2 3 4 5	1 2 3 4 5
25	毎日がたのしい。	1 2 3 4 5	1 2 3 4 5
26	わたしが惡かった。	1 2 3 4 5	1 2 3 4 5
27	異状がないかどうかを檢査する。	1 2 3 4 5	1 2 3 4 5
28	兒童教育に一生をささげる。	1 2 3 4 5	1 2 3 4 5
29	晝食は、外でとる。	1 2 3 4 5	1 2 3 4 5
30	よく學び、よくあそぶ。	1 2 3 4 5	1 2 3 4 5
31	原書は、當日、受付に出してください。	1 2 3 4 5	1 2 3 4 5
32	あの人は大きな權力をもっている。	1 2 3 4 5	1 2 3 4 5
33	地圖を見ながら自動車をうんてんする。	1 2 3 4 5	1 2 3 4 5
34	学校を卒業して社会に出る。	1 2 3 4 5	1 2 3 4 5
35	單純な考え。	1 2 3 4 5	1 2 3 4 5
36	健康狀態を調べる。	1 2 3 4 5	1 2 3 4 5
37	3尺、卽ち約90センチ。	1 2 3 4 5	1 2 3 4 5
38	沈默をまもる。	1 2 3 4 5	1 2 3 4 5
39	富士の峯。	1 2 3 4 5	1 2 3 4 5
40	文化勳章。	1 2 3 4 5	1 2 3 4 5
41	科学を日常生活に應用する。	1 2 3 4 5	1 2 3 4 5
42	藝術家になる。	1 2 3 4 5	1 2 3 4 5
43	縣立静岡高等学校。	1 2 3 4 5	1 2 3 4 5
44	蟲歯が3本ある。	1 2 3 4 5	1 2 3 4 5
45	かねの價値があがる。	1 2 3 4 5	1 2 3 4 5
46	大臣たちは、国政に關與する人々である。	1 2 3 4 5	1 2 3 4 5
47	急病で、醫師を呼ぶ。	1 2 3 4 5	1 2 3 4 5
48	むずかしい條件をつけられた。	1 2 3 4 5	1 2 3 4 5
49	庭が廣い。	1 2 3 4 5	1 2 3 4 5
50	まりが轉がっていった。	1 2 3 4 5	1 2 3 4 5
51	原書と訳書とを對照する。	1 2 3 4 5	1 2 3 4 5
52	英語を日本語に譯す。	1 2 3 4 5	1 2 3 4 5
53	友だちに會う。	1 2 3 4 5	1 2 3 4 5
54	病気のために辭職した。	1 2 3 4 5	1 2 3 4 5
55	国際連合を舞臺に活躍する。	1 2 3 4 5	1 2 3 4 5
56	質問の点について辨明する。	1 2 3 4 5	1 2 3 4 5
57	あの人は體が大きい。	1 2 3 4 5	1 2 3 4 5
58	萬一事故があったら、すぐに知らせなさい。	1 2 3 4 5	1 2 3 4 5

<ご協力ありがとうございました。>

제6장

한국인 일본어 학습자의 한자 읽기 오용 분석과 평가

1. 들어가는 말

본고의 목적은 일본어교육의 오용 분석[1]에서 비교적 소홀히 다루어 왔던 오용 평가, 즉 오용 중요도(error gravity)를 구하는 데 있다.

한국인 일본어 교사에게는 일본어(모어)화자의 언어적 직관의 도움이 없어도 한자 읽기 오용의 인정(identification) 및 정정(correction)은 비교적 쉽다. 그러나 오용 평가(evaluation)는 객관적 기준이 없어, 교사 자신의 주관적 기준으로 이루어지고 있다. 따라서 일본어 모어화자의 언어적 직관에 따른 판단이 요구되고 있다. 그것이 언어 전달상의 영향을 고려한 판단일 경우에는 더욱더 필요하다.

평가 재료는 한국인 일본어 학습자에 의한 한자 읽기(読み方)의 오답(오용)이다. 오용 중요도의 판단은 비모어화자 교사(한국인 일본어 교사)보다는 목표언어의 언어적 직관을 가진 학습자의 실제 커뮤니케이션 상대인 일본어 모어화자(대학생)가 더 신뢰성이 있을 것이다. 그러나 일본어 모어화자의 제요인(대학생의 경우는 전공)에 따라 판단의 차이가 예상된다. 중요도 판단 기준은 이해도(comprehensibility)로서 언어 전달상의 영향을 고려했다. 구체적으로 다음의 5개 사항을 살펴본다.

(1) 한자 읽기의 오용[유형과 빈도수(오용률)에 따른 난이도].

(2) 일본어 모어화자에 의한 오용의 인정과 중요도.

(3) 참여자 요인에 따른 오용의 중요도.

(4) 빈도수에 따른 오용의 중요도.

(5) 오용의 범주별 중요도.

2. 오용 평가

2.1 오용 분석과 오용 평가

오용 분석에는 크게 나누어 중간언어(interlanguage) 체계를 해명하려고 하는 학습이론 지향과 언어교육에의 직접 응용을 지향하는 실천적 방향이 있다. 전자의 이론적 측면은 오용 분석을 이용해서, 제2언어 학습의 개별적 특징, (제2) 언어습득의 보편성을 구하는 방향이다. 후자의 실천적 측면은 교재 작성, 교정 코스, 교수법의 체크 등에 오용 분석을 이용하는 방향이다[2]. 오용의 중요도를 구하는 오용 평가는 후자의 입장으로, 그 성과는 특히 '어느 오용을 우선해서 고칠까?'에 답하는 곤란점의 계층화에 커다란 역할이 기대되고 있다(<그림1>).

학습 곤란점의 우선 순위 결정에는 오용의 빈도도 있지만, 일정한 데이터 (자유 작문 등)에서 오용 수집은 오용 회피(error avoidance)의 문제가 있어, 학습 곤란점을 정확히 예측하기가 어렵다. 그리고 무엇보다도 모든 오용은 동등(equality)하다고 볼 염려가 있다. 그러나 교사에게는 빈도의 측면은 분명히 간과할 수 없는 점이다.

2.2 오용 평가

오용 평가는 학습 목표에 따라 어떠한 오용을, 어떠한 기준으로, 누가 판단하는가가 중요한 문제가 될 것이다. 본고에서는 언어 전달(문자 언어에 의

한 커뮤니케이션) 능력 양성을 학습 목표로 한다. 즉, 언어적 정확성보다 의미 전달을 우선한다.

평가 대상의 오용은 학습한 사항을 틀린 것에 한한다. 학습하지 않은 사항을 사용해 틀린 것은 실제 오용이라고 할 수 없기 때문이다. 또한 체계적인 오용을 대상으로 하며, 그것은 가장 빈도수가 높은 오용이 될 것이다. 빈도가 낮을수록 개인적인 실수일 염려가 많다.

평가 기준[3]은 전달상의 이해 정도를 고려했다. 실제 커뮤니케이션이 이루어지는 가장 중요한 요인은, 전달자의 의도를 정확히 파악(이해)하는 데 있을 것이다.

평가 참여자[4]는 목표언어 모어화자로, 실제 커뮤니케이션 상대의 하나인 학습자와 같은 세대의 대학생이다. 그리고 평가 참여자의 요인에 따라 다른 결과가 예상되어, 참여자인 대학생의 전공을 구분했다.

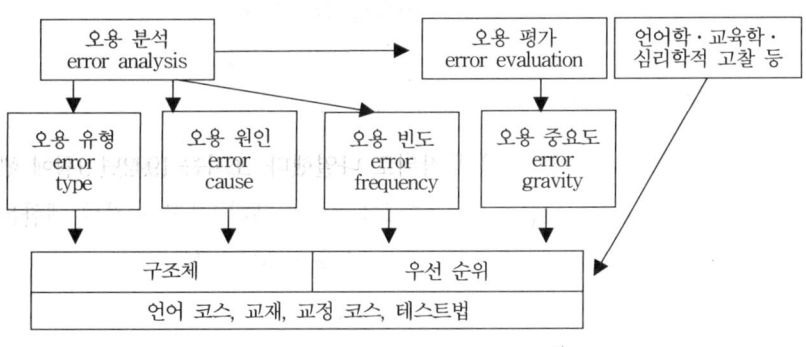

〈그림1〉 오용 분석과 오용 평가[5]

3. 조사 방법

3.1 조사 I : 한국인 일본어 학습자의 한자 읽기 오용

조사 I 에서는 한국인 일본어 학습자의 한자 읽기 오용의 유형과 빈도수

(오용률)에 따른 난이도를 조사한다. 그 일반적인(빈도수가 높은) 오용은 평가 재료로 사용하고, 오용의 빈도수에 따른 난이도는 실제 언어 전달상의 중요도와의 차이를 조사하기 위해서이다.

3.1.1 조사 참여자

한국인 일본어 학습자는 모대학교의 일어일문학과 60명(2, 3학년 각각 26, 34명)이다. 일본어 숙련 분야 과목의 학습 시간은 2, 3학년이 각각 약 380, 610시간이다.

3.1.2 조사 재료

한국의 고등학교에서 사용되고 있는 제2외국어의 일본어 교과서(상·하의 8종) (3년간 약 216시간의 수업량)에서 무작위로 선택한 한자어 187개다(<표2>). 따라서 참여자에게는 학습한 어휘로 간주한다.

3.1.3 조사 순서

질문지에는 한자어 187개를 무작위로 나열했다. 조사는 1992년 9월에 했으며, 전원 교실에서 기입(한자어 187개의 読み方)했다. 조사 시간의 제한은 없었으나 약 25~30분이 소요되었다. 회수율은 100%이다.

3.1.4 분석 방법

오용의 유형은 학년별로 2명 이상의 것만 나타냈으며(<표2>의 문1~83), 2명 미만의 것은 2, 3학년 전체의 오용률만 나타냈다.(<표2>의 문84~179). 오용률에 따른 난이도의 순위는 오용과 무답을 포함했다. 이는 시간의 제한이 없었던 조사로, 무답은 '정답을 알지 못해 응답할 수 없었던 것'으로 간주했기 때문이다. 조사II의 평가 재료로 한 것은 2, 3학년 전체(60명)에서 5명 이상의 오용이 나타난 한자어 57개(<표2>의 문1~83 가운데 *, **표의 오용)다.

그 가운데 50개(*표)는 문제별로 가장 빈도수가 높은 것이고, 나머지 7개(**표)는 두 번째로 빈도수가 높은 것이다. 학년별 정·오용률은 유형을 제시한 문1~83을 대상으로 했다(<표1>).

3.2 조사Ⅱ : 한국인 일본어 학습자의 한자 읽기 오용에 대한 일본어 모어화자의 평가

조사Ⅱ에서는 한국인 일본어 학습자의 한자 읽기 오용에 대한 일본어 모어화자의 오용 인정과, 참여자 요인, 오용 빈도수, 그리고 오용 종류에 따른 범주별 상대적 중요도를 구한다. 오용의 인정은 모든 일본어 모어화자가 학습자가 의도한 것을 바르게 인정한다고는 할 수 없기 때문이고, 오용의 중요도는 전달 중시의 수업에서 한자 읽기 오용의 객관적인 평가의 기준을 구하기 위해서이다.

3.2.1 조사 참여자

일본어 모어화자[6]는 대학생 52명(남, 여 각각 22, 30명)이다. 그 가운데 21명은 쓰쿠바(筑波)대학 대학생으로 전공은 언어 이외(주로, 국제관계)다(이하, NS라고 한다.). 나머지 31명은 시즈오카(静岡)대학에서 국어(일본어) 교육을 전공하는 교육학부 4학년 학생이다(이하, NSJ라고 한다.). 전원 한국어 학습 경험은 없다.

3.2.2 조사 재료

평가의 재료는 2, 3학년 전체(60명)에서 5명 이상의 57개다. 오용의 57개(<표2>의 *, **표)는 각각 文化庁(1983)의 『外国人のための基本語用例辞典』 용례의 문장[7]에 넣어서 나타냈다(<표3>).

3.2.3 조사 순서

질문지에는 오용의 한자어 57개가 포함된 57개의 문장(일본어)을 무작위로 나열했다. 조사는 1992년 11~12월에 했다. NSJ는 전원 교실에서 기입했으며, NS는 각 개인에게 의뢰해서 직접 또는 우송해 받았다. 회수율은 93%이다. 조사 시간의 제한은 두지 않았다. 그리고 일본어 모어화자가 어떻게 오용을 인정하고 평가하는지 알기 위해 올바른 형태[정용(정답) : 학습자가 의도한 것]을 쓰도록 했다. 판단 기준은 이해의 정도를 기준으로 했다. 척도는 5단계 척도로서 다음과 같다.

1 : 극히 경미한 오용   2 : 경미한 오용   3 : 조금 중대한 오용
4 : 상당히 중대한 오용   5 : 가장 중대한 오용

오용의 올바른 형을 유추할 수 없을 경우에는 X표를, 오용이라고 제시한 것이 바르다고 생각될 경우에는 ○표를 하도록 했다.(<자료>)

3.2.4 분석 방법

5단계 척도에서 척도치 1은 1점, 2는 2점 … 5는 5점으로 해서 평균득점을 얻었다. 평균득점(최저득점 1점, 최고득점 5점)이 높을수록 엄격한 평가로 상대적 중요도(의사 전달의 이해를 방해하는 정도)가 있는 것을 나타낸다. 그리고 평균득점 산출시 X표와 ○표의 것은 5점으로 처리했다. 왜냐하면, 결과적으로 커뮤니케이션이 이루어졌다고는 할 수 없는 가장 중대한 오용이기 때문이다. 참여자 요인과 오용 빈도수에 따른 오용 평가의 비교는 t검증을 실시하였다.

4. 조사 결과 및 고찰

4.1 조사 I에 대해서

4.1.1 학습 수준별 정·오답률

<표1>은 '학습 수준별 정·오답률'을 나타내고 있다. <표1>에서 보면, 학습 수준이 높은(학습 시간이 많은) 3학년이 정답률이 높고, 무답도 적다. 실제 시간의 제한이 없었던 조사로, 무답을 오답으로 간주해도 상관없을 것이다.

〈표1〉 학습 수준별 정·오답률

학습 수준(학년)	2학년(26명)	3학년(34명)	전체(60명)
정답 (%)	59.7	85.4	74.3
오답[무답]	40.3[6.8]	14.6[1.0]	15.7[3.5]

주) 정·오용률은 <표2>의 문1~83에서 구했다. 오답에는 무답이 포함되어 있다.

4.1.2 오용의 유형과 난이도

<표2>('오용의 유형과 난이도')는 한국인 일본어 학습자의 한자 읽기 오용의 유형과 빈도수(오용률)에 따른 난이도를 나타내고 있다. 오용을 유형별로 기술하면 (문제별 가장 빈도수가 높은 것 가운데), 특히 탁음과 장음의 오용이 두드러진다(<표6>). 문제별 2, 3학년 전체의 오용 유형수(1명 이상의 것을 포함해서 10개)가 특히 많은 것은 문3, 10, 6, 17, 19, 23, 7, 35, 2, 4, 15, 24 순이다. <표2>의 문제 번호는 2, 3학년 전체의 오용률에 따른 난이도의 순위와 같다. 학년별 비교에서 오용률 차이가 특히 큰 것(50% 이상)은 문2, 15, 16, 24, 10, 23, 26, 27, 37, 8, 22 순이다. 2, 3학년 전체 오용률이 특히 큰 것(50% 이상)은 문1, 2, 3, 4, 5, 6 순이다.

<표2> 오용의 유형과 난이도

번호	문제[한자어] 정답[読み方]	오용의 유형 및 학년별 인원수			오용률 [%] (난이도의 순위)		
		오용의 유형〈개수〉	2학년 26명	3학년 34명	2학년	3학년	2,3학년 전체
1 (43)	技術 (ぎじゅつ)	정답	3	13	88.5 (2)	61.8 (1)	73.3 (1)
		*きじゅつ	17	21			
		ぎしゅつ	2	–			
		きしゅつ	2	–			
		기타　〈5〉	2	–			
2 (11) (2)	基礎 (きそ)	정답	–	26	100 (1)	23.5 (15)	56.7 (2)
		*きしょ	8	1			
		**きそく	3	2			
		きしょう	3	1			
		きそう	3	1			
		기타	4	2			
		무답　〈10〉	5	1			
3 (46)	輸出 (ゆしゅつ)	정답	7	20	73.1 (8)	41.2 (3)	55.0 (3)
		*ゆうしゅつ	2	9			
		にゅしゅつ	2	–			
		てんしゅつ	2	–			
		にゅうしゅっつ	2	–			
		기타	5	5			
		무답　〈14〉	6	–			
4 (37) (1)	競技 (きょうぎ)	정답	7	21	73.1 (8)	38.2 (4)	53.3 (4)
		*きょうき	5	6			
		**けいき	3	2			
		기타	5	4			
		무답　〈10〉	6	1			
5 (25) (36)	重要 (じゅうよう)	정답	6	23	76.9 (5)	32.4 (8)	51.7 (5)
		*ちゅうりょう	11	8			
		**じゅよう	5	1			
		기타　〈8〉	4	2			
6 (3)	都合 (つごう)	정답	9	21	65.4 (11)	38.2 (4)	50.0 (6)
		*とかい	3	8			
		くあい	3	–			
		とあい	2	1			
		どかい	2	1			
		기타	5	3			
		무답　〈12〉	2	–			

	漢字	답안					
7 (50) (19)	鉄道 (てつどう)	정답 *てつど **てっとう てっどう 기타 무답　　　　<11>	10 6 2 - 3 5	21 1 4 2 6 -	61.5 (14)	38.2 (4)	48.3 (7)
8 (8)	努力 (どりょく)	정답 *のうりょく のりょく どうりょく とりょく 기타 무답　　　　<6>	6 10 3 3 2 1 1	26 3 1 1 2 1 -	76.9 (5)	23.5 (15)	46.7 (8)
9 (57)	夕方 (ゆうがた)	정답 *ゆうかた 기타　　　　<4>	8 16 2	24 9 1	69.2 (10)	29.4 (10)	46.7 (8)
10 (6)	名刺 (めいし)	정답 *めいさつ めいげき 기타 무답　　　　<13>	6 2 2 11 5	27 3 - - 4	76.9 (5)	20.6 (18)	45.0 (10)
11 (42)	代表 (だいひょう)	정답 *たいひょう 기타　　　　<3>	11 14 1	22 11 1	57.7 (21)	35.3 (7)	45.0 (10)
12 (53)	玄関 (げんかん)	정답 *けんかん 기타 무답　　　　<3>	14 9 2 1	19 14 - 1	46.2 (28)	44.1 (2)	45.0 (10)
13 (56)	遠慮 (えんりょ)	정답 *えんりょう えんろう 기타 무답　　　　<5>	10 5 2 2 7	25 5 - 1 3	61.5 (14)	26.5 (12)	41.7 (13)
14 (15)	計算 (けいさん)	정답 *かいさん けいざん かいざん 기타 무답　　　　<4>	12 5 3 2 1 3	23 9 1 1 - -	53.8 (22)	32.4 (8)	41.7 (13)
15	丁寧 (ていねい)	정답 ていれい ていねん 기타 무답　　　　<10>	5 2 2 7 10	31 2 - 1 -	80.8 (3)	8.8 (42)	40.0 (15)

16	義務	정답		5	31	80.8	8.8	40.0
(16)	(ぎむ)	*いむ		17	2	(3)	(42)	(15)
		きむ		2	1			
		기타		1	-			
		무답	<3>	1	-			
17	苦労	정답		10	29	61.5	14.7	35.0
	(くろう)	のうりょく		2	-	(14)	(27)	(17)
		にがて		2	-			
		ろうどう		-	2			
		기타		8	1			
		무답	<12>	4	2			
18	広告	정답		15	24	42.3	29.4	35.0
	(こうこく)	*こうこう		3	4	(30)	(10)	(17)
(4)		**こうごう		3	2			
		くうこう		3	-			
		こうこ		-	3			
		기타		1	-			
		무답	<5>	1	1			
19	留守	정답		12	28	53.8	17.6	33.3
	(るす)	りゅうす		3	-	(22)	(23)	(19)
		るず		-	2			
		기타		7	3			
		무답	<12>	4	1			
20	様子	정답		9	31	65.4	8.8	33.3
	(ようす)	*ようし		8	2	(11)	(42)	(19)
(22)		ようこ		3	-			
		기타		2	-			
		무답	<4>	4	1			
21	趣味	정답		16	25	38.5	26.5	31.7
	(しゅみ)	*しゅうみ		9	8	(38)	(12)	(21)
(55)		기타	<3>	1	1			
22	掃除	정답		10	31	61.5	8.8	31.7
	(そうじ)	기타		3	-	(14)	(42)	(21)
		무답	<3>	13	3			
23	規則	정답		10	32	61.5	5.9	30.0
	(きそく)	기타		10	2	(14)	(64)	(23)
		무답	<12>	6	-			
24	幸福	정답		9	33	65.4	2.9	30.0
	(こうふく)	기타		10	-	(11)	(74)	(23)
		무답	<10>	7	1			
25	実験	정답		15	27	42.3	20.6	30.0
	(じっけん)	*しっけん		5	-	(30)	(18)	(23)
(38)		**じつげん		-	5			
(20)		しつけん		3	-			
		기타	<8>	3	2			

26	感謝	정답		10	32	61.5	5.9	30.0
(24)	(かんしゃ)	*かんさ		4	2	(14)	(64)	(23)
(13)		**かんし		6	–			
		기타		4	–			
		무답	<6>	2	–			
27	性質	정답		10	32	61.5	5.9	30.0
	(せいしつ)	*せいじつ		13	–	(14)	(64)	(23)
(9)		기타		2	1			
		무답	<4>	1	1			
28	期待	정답		12	31	53.8	8.8	28.3
	(きたい)	*きだい		10	2	(22)	(42)	(28)
(52)		기타		3	1			
		무답	<5>	1	–			
29	成績	정답		13	31	50.0	8.8	26.7
	(せいせき)	せいてき		2	2	(26)	(42)	(29)
		기타		7	1			
		무답	<9>	2	–			
30	適當	정답		15	29	42.3	14.7	26.7
	(てきとう)	*てつどう		2	3	(30)	(27)	(29)
(7)		てきどう		2	–			
		ほんとう		2	–			
		기타		4	1			
		무답	<8>	1	1			
31	牛乳	정답		18	26	30.8	23.5	26.7
	(ぎゅうにゅう)	*きゅうにゅう		5	5	(52)	(15)	(29)
(47)		기타	<6>	3	3			
32	世話	정답		13	31	50.0	8.8	26.7
	(せわ)	*せいわ		8	3	(26)	(42)	(29)
(40)		기타		2	–			
		무답	<3>	3	–			
33	散歩	정답		16	28	38.5	17.6	26.7
	(さんぽ)	*さんぽう		8	6	(38)	(23)	(29)
(54)		기타	<3>	2	–			
34	材料	정답		18	27	30.8	20.6	25.0
	(ざいりょう)	*さいりょう		4	3	(52)	(18)	(34)
(33)		ざいりょ		–	3			
		기타	<7>	4	1			
35	弁当	정답		21	25	19.2	26.5	23.3
	(べんとう)	べんと		–	2	(62)	(12)	(35)
		へんどう		–	2			
		기타		5	4			
		무답	<11>	–	1			

36	貿易	정답		15	31	42.3	8.8	23.3
	(ぼうえき)	ぼえき		2	–	(30)	(42)	(35)
		ほうえき		–	2			
		기타		5	1			
		무답	<8>	4	–			
37	発達	정답		12	34	53.8	0.0	23.3
	(はったつ)	はつたつ		2	–	(22)	(82)	(35)
		はつたち		2	–			
		기타		6	–			
		무답	<8>	4	–			
38	商業	정답		16	30	38.5	11.8	23.3
	(しょうぎょう)	さんぎょう		2	2	(38)	(36)	(35)
		そうぎょう		2	2			
		기타		4	–			
		무답	<6>	2	–			
39	外国	정답		15	31	42.3	8.8	23.3
	(がいこく)	*かいこく		8	1	(30)	(42)	(35)
		がいごく		2	2			
		기타	<3>	1	–			
40	地図	정답		17	30	34.6	11.8	21.7
	(ちず)	すど		3	–	(45)	(33)	(40)
		ちぢ		2	–			
		기타		4	3			
		무답	<8>	–	1			
41	結構	정답		16	31	38.5	8.8	21.7
	(けっこう)	けっせい		2	–	(38)	(42)	(40)
		기타		5	3			
		무답	<8>	3	–			
42	産業	정답		15	32	42.3	5.6	21.7
	(さんぎょう)	さんきょう		3	–	(30)	(64)	(40)
		せんぎょう		2	–			
		기타		5	2			
		무답	<8>	1	–			
43	平和	정답		14	33	46.2	2.9	21.7
	(へいわ)	*へいか		6	–	(28)	(74)	(40)
(10)		기타		5	1			
		무답	<7>	1	–			
44	大丈夫	정답		17	30	34.6	11.8	21.7
	(だいじょうぶ)	*たいじょうぶ		3	3	(45)	(33)	(40)
(48)		기타		5	1			
		무답	<6>	1	–			
45	生徒	정답		18	29	30.8	14.7	21.7
	(せいと)	*せいど		5	3	(52)	(27)	(40)
(29)		기타		2	2			
		무답	<4>	1	–			

46	砂糖 (さとう)	정답 기타 무답　　　　⟨3⟩	16 2 8	31 1 2	38.5 (38)	8.8 (42)	21.7 (40)
47	建設 (けんせつ)	정답 げんせつ 기타 무답　　　　⟨8⟩	15 2 .7 2	33 1 - 2	42.3 (30)	2.9 (74)	20.0 (47)
48	切符 (きっぷ)	정답 せつだい 기타 무답　　　　⟨7⟩	17 2 4 3	31 - 2 1	34.6 (45)	8.8 (42)	20.0 (47)
49 (21)	健康 (けんこう)	정답 *げんこう 기타 무답　　　　⟨5⟩	15 6 4 1	33 1 - -	42.3 (30)	2.9 (74)	20.0 (47)
50 (17)	返事 (へんじ)	정답 *はんじ 기타 무답　　　　⟨4⟩	17 5 3 1	31 1 2 -	34.6 (45)	8.8 (41)	20.0 (47)
51 (51)	大切 (たいせつ)	정답 *だいせつ 기타　　　　⟨2⟩	21 4 1	27 7 -	19.2 (62)	20.6 (18)	20.0 (47)
52 (18)	空気 (くうき)	정답 *こうき くうぎ 기타　　　　⟨4⟩	17 5 2 2	32 - 2 -	34.6 (45)	5.9 (64)	18.3 (52)
53 (44)	学校 (がっこう)	정답 *がくこう かっこう 기타　　　　⟨4⟩	19 3 2 2	30 3 1 -	26.9 (55)	11.8 (36)	18.3 (52)
54 (34)	客 (きゃく)	정답 *ぎゃく 기타　　　　⟨3⟩	22 2 2	27 7 -	15.4 (69)	20.6 (18)	18.3 (52)
55 (32)	銀行 (ぎんこう)	정답 *きんこう 기타　　　　⟨3⟩	16 8 2	33 1 -	38.5 (18)	2.9 (74)	18.3 (52)
56	経験 (けいけん)	정답 けいげん さいけん 기타　　　　⟨7⟩	17 2 2 5	33 1 - -	34.6 (45)	2.9 (74)	16.7 (56)
57	希望 (きぼう)	정답 ひぼう 기타 무답　　　　⟨6⟩	16 3 5 2	34 - - -	38.5 (38)	0.0 (82)	16.7 (56)

58	運動場 (うんどうじょう)	정답 うんどうちょう うんどうじょ 기타　　　　<6>	22 1 1 2	28 2 2 2	15.4 (69)	17.6 (23)	16.7 (56)
59 (28)	方法 (ほうほう)	정답 *ほうぼう 기타　　　　<5>	17 5 4	33 1 –	34.6 (45)	2.9 (74)	16.7 (56)
60	完全 (かんぜん) ‘	정답 がんぜん あんぜん 기타 무답　　　　<4>	20 2 2 1 1	30 1 1 1 –	23.1 (58)	11.8 (33)	16.7 (56)
61 (23)	時代 (じだい)	정답 *じたい 기타　　　　<3>	19 6 1	31 2 1	26.9 (55)	8.8 (42)	16.7 (56)
62	階段 (かいだん)	정답 かいたん がいだん 기타 무답　　　　<6>	22 – – 3 1	69 2 2 1 –	15.4 (69)	14.7 (27)	15.0 (62)
63 (35)	原因 (げんいん)	정답 *けんいん 기타 무답　　　　<4>	20 3 2 1	31 2 1 –	23.1 (58)	8.8 (42)	15.0 (62)
64 (41)	食堂 (しょくどう)	정답 *しょくとう 기타　　　　<3>	22 2 2	29 5 –	15.4 (69)	14.7 (27)	15.5 (62)
65	迷惑 (めいわく)	정답 기타 무답　　　　<2>	19 1 6	32 1 1	26.9 (55)	5.9 (64)	15.0 (62)
66 (26)	自由 (じゆう)	정답 *じゆ　　　　<1>	21 5	30 4	19.2 (62)	11.8 (33)	15.0 (62)
67 (39)	人形 (にんぎょう)	정답 *にんきょう にんぎょ 기타　　　　<3>	23 2 – 1	29 3 2 3	11.5 (78)	14.7 (27)	13.3 (67)
68	兄弟 (きょうだい)	정답 きょうたい 기타　　　　<5>	22 3 1	30 1 3	15.4 (69)	11.8 (33)	13.3 (67)
69	習慣 (しゅうかん)	정답 しゅかん 기타 무답　　　　<4>	22 2 1 1	30 2 2 –	15.4 (69)	11.8 (33)	13.3 (67)

70	学生 (がくせい)	정답	21	31	19.2 (62)	8.8 (42)	13.3 (67)
		かくせい	3	1			
		がっせい	1	2			
		기타　　　　〈3〉	1	–			
71	注意 (ちゅうい)	정답	20	32	23.1 (58)	5.9 (64)	13.3 (67)
		じゅうい	2	1			
		ちゅい	2	1			
		じゅい　　　〈3〉	2	–			
72 (5)	社会 (しゃかい)	정답	24	28	7.7 (83)	17.6 (23)	13.3 (67)
		*かいしゃ　〈1〉	2	6			
73 (45)	生活 (せいかつ)	정답	22	30	15.4 (69)	11.8 (33)	13.3 (67)
		*せいがつ　〈1〉	4	4			
74	教育 (きょういく)	정답	22	31	15.4 (69)	8.8 (42)	11.7 (74)
		きょいく	–	3			
		기타	3	–			
		무답　　　　〈4〉	1	–			
75	自然 (しぜん)	정답	22	31	15.4 (69)	8.8 (42)	11.7 (74)
		じぜん	2	1			
		じせん	2	–			
		기타　　　　〈4〉	–	2			
76	工場 (こうじょう)	정답	20	33	23.1 (58)	2.9 (74)	11.7 (74)
		こうしょう	2	1			
		こうちょう	2	–			
		こうじょ　　〈3〉	2	–			
77 (27)	部分 (ぶぶん)	정답	21	32	19.2 (62)	5.9 (64)	11.7 (74)
		*ふぶん	3	2			
		기타　　　　〈3〉	2	–			
78 (30)	電気 (でんき)	정답	21	32	19.2 (62)	5.9 (64)	11.7 (74)
		*てんき	4	2			
		기타　　　　〈2〉	1	–			
79 (14)	主人 (しゅじん)	정답	21	32	19.2 (62)	5.9 (64)	11.7 (74)
		*しゅうじん	4	2			
		기타　　　　〈2〉	1	–			
80	相談 (そうだん)	정답	23	31	11.5 (78)	8.8 (42)	10.0 (80)
		しょうだん	3	–			
		기타　　　　〈4〉	–	3			
81	菓子 (かし)	정답	23	31	11.5 (78)	8.8 (42)	10.0 (80)
		(お)こし	–	2			
		ぼうし	2	–			
		무답　　　　〈2〉	1	1			
82	簡単 (かんたん)	정답	23	31	11.5 (78)	8.8 (42)	10.0 (80)
		かんだん	2	2			
		기타	1	–			
		무답　　　　〈2〉	–	1			

83 (31)	元気 (げんき)	정답 *げんき　　　　<1>	23 3	31 3	11.5 (78)	8.8 (42)	10.0 (80)
84 ~ 179	地下鉄, 午前, 午後, 卒業, 交通, 天気, 記念, 機械, 図書館, 旅行 (10)				8.3 (84)		
	農業, 意見, 音楽, 反対, 関係, 訪問, 発見, 勉強, 記録, 去 年, 誕生日, 科学, 工業, 帽子, 運転, 席 (16)				6.7 (94)		
	両親, 安全, 地理, 結婚, 辞書, 試験, 病気, 目的, 別, 人間 (10)				5.0 (110)		
	鉛筆, 公園, 区別, 国民, 最近, 教室, 半分, 映画, 放送, 命 令, 会社, 郵便, 雑誌, 経済, 自分, 利用, 紹介, 問題 (18)				3.3 (120)		
	有名, 用事, 出発, 写真, 必要, 野菜, 残念, 料理, 結果, 心 配, 今度, 普通, 新聞, 季節, 約束, 洋服, 電話, 文化, 質問, 先礼, 世界, 熱心, 便利, 家庭, 駅, 肉 (26)				1.7 (138)		
	案内, 意味, 先生, 電車, 食事, 変化, 時間, 親切, 病院, 飛行 機, 円, 説明, 気, 字, 医者, 家族 (16)				0.0 (164)		

주1) '번호'에서 ( )의 숫자는 <표3>에서의 번호이다.
　2) *표는 문제별 오용의 빈도수가 가장 높은 것이고, **표는 두 번째로 높은 것을 나타낸다. *, **표는
　　2, 3학년 전체 60명 가운데 전부 5명 이상의 것으로, 조사Ⅱ에서 평가의 대상으로 한 것이다.
　3) 오용의 유형은 학년별 2명 이상의 것을 나타냈다. 문84~179는 유형별 1명의 것으로, 전체(60명)에서
　　5명 이하가 틀린 것을 나타낸다.
　4) < > 안의 숫자는 오용 유형의 개수를 나타낸다. 유형의 개수는 표시한 유형과 '기타' (유형이 같은
　　것도 있음)의 숫자를 합해서 구한 것이다.

4.2 조사Ⅱ에 대해서

4.2.1 오용의 인정

<표3>은 '오용의 인정…'을 나타내고 있다. <표3>에서 보면, NS와 NSJ의 인정률은 각각 91.23, 91.28%로 거의 같다. 비인정률이 특히 높은 것(50% 이상)은 NS, NSJ 각각 문2, 3, 1, 문1, 4, 2 순이다. 오용의 바른 형태를 유추할 수 없는 ×표의 비율이 특히 높은 것(약 30% 이상)은, NS, NSJ 각각 문1, 3, 4, 문1, 4, 2, 11 순이다. 오용의 인정 유형수가 2개 이상인 것은 문1, 3, 4, 6, 7, 31 순이다.

4.2.2 오용의 중요도에 대한 태도

오용의 중요도에 대한 태도에서 참여자 일본어 모어화자(52명)는, 5단계

척도 가운데 42명은 척도치 5개를 전부 이용하고 있었으며, 10명은 4개(8명은 척도치 5, 2명은 척도치 1의 사용을 피하고 있었다.)를 이용하고 있었다. 모든 오용은 동등하지 않고 중요도가 있다는 것을 잘 나타내고 있다.

<표3> 오용의 인정과 중요도

번호	문장(__부분은 한자어 読み方의 오용)	인정유형 (첫번째 정답)	NS 21명	NSJ 31명	평균득점[중요도] (순위) 비인정률(%)		
					NS	NSJ	전체
1 (4)	けいきをする人は9時までに集まってください。	競技	2	2	4.95 (1) 90.5	4.94 (1) 93.5	4.94 (1) 92.3
		会議	–	6			
		稽古	3	2			
		検査	1	–			
		決起	1	–			
		劇	1	–			
		参加	–	1			
		待機	–	1			
		X	13	19			
2 (2)	まだやっときそくができたばかりです。	基礎	1	9	4.90 (2) 95.2	4.77 (2) 71.0	4.83 (2) 80.8
		規則	5	2			
		○	15	11			
		X	1	9			
3 (6)	家庭のとかいで会社をやめました。	都合	10	18	4.62 (3) 52.4	4.40 (4) 41.9	4.49 (3) 46.2
		崩壊	1	5			
		事情	1	–			
		倒壊	1	–			
		誤解	–	1			
		図合	–	1			
		X	8	5			
		무답	–	1			
4 (18)	どんないい物でも、こうこうしなければ売れません。	広告	13	8	4.05 (5) 38.1	4.60 (3) 74.2	4.29 (4) 59.6
		広報	–	1			
		工未	–	1			
		宣伝	–	1			
		X	8	19			
		무답	–	1			
5 (72)	学校を卒業してかいしゃに出る。	社会	18	30	3.81 (9) 14.3	4.00 (5) 3.2	3.92 (5) 7.7
		○	3	1			

6 (10)	「初めまして、山田でございます。どうぞよろしく。」と言いながらめいさつを出しました。	名刺 埃拶 名礼 名紙 X	15 – 2 1 3	21 8 2 – –	4.00 (6) 28.6	3.81 (6) 32.3	3.88 (6) 30.8
7 (30)	私たち4人かぞくにてつどうな大きさの家がほしいのです。	適当 鉄道 的当 X	19 1 – 1	27 – 1 3	3.90 (7) 9.5	3.74 (7) 12.9	3.81 (7) 11.5
8 (8)	彼はいつものうりょくしていたので、今度の試験もよくできた。	努力 勉強 X	17 1 3	31 – –	4.10 (4) 19.0	3.55 (10) 0.0	3.77 (8) 1.9
9 (27)	あの人はおとなしいせいじつの人だ。どんなことがあっても決しておこらない。	性質 性格 ○ X	12 1 7 1	19 2 6 4	3.76 (11) 42.9	3.71 (8) 38.7	3.73 (9) 40.4
10 (43)	家庭のへいかをみだす。	平和 平安 X	19 1 1	28 – 3	3.86 (8) 9.5	3.48 (11) 9.7	3.63 (10) 9.6
11 (2)	たてものは、きしょがたいせつだ。	基礎 場所 X 무답	15 2 3 1	19 3 9 	3.35 (17) 28.6	3.68 (9) 38.7	3.55 (11) 34.6
12 (18)	新聞の貸間のこうごうを見てすぐ行きましたが、もう決まっていました。	広告 	20 1	31 –	3.71 (13) 4.8	3.32 (12) 0.0	3.48 (12) 1.9
13 (23)	神へのかんしをわすれてはならない。	感謝 感心 X	19 1 1	31 – –	3.81 (9) 9.5	3.03 (15) 0.0	3.35 (13) 3.8
14 (79)	このかし屋はしゅうじんひとりで作ったり売ったりしている。	主人 X	21 1	30 1	3.76 (11) 0.0	3.03 (15) 3.2	3.33 (14) 1.9
15 (14)	コンピューターにかければどんな大きいかいさんでもすぐできる。	計算 概算 X	20 1 –	30 – 1	3.29 (19) 4.8	3.19 (13) 3.2	3.23 (15) 3.8
16 (16)	国民は税金をおさめるいむがある。	義務 무답	21 –	30 1	3.38 (16) 0.0	3.03 (15) 3.2	3.18 (16) 1.9
17 (50)	名まえをよんだらはんじをしなさい。	返事 反心	21 –	30 1	3.33 (18) 0.0	3.06 (14) 3.2	3.17 (17) 1.9

18 (52)	人間は<u>こうき</u>をすって生きています。	空気	21	31	3.52 (15) 0.0	2.93 (20) 0.0	3.12 (18) 0.0
19 (7)	都会では<u>てっとう</u>を利用して、つとめに行く人が多いです。	鉄道	21	31	3.19 (21) 0.0	3.00 (18) 0.0	3.08 (19) 0.0
20 (25)	<u>じっけん</u>の結果、その理論が正しいことが、証明された。	実験	21	31	3.29 (19) 0.0	2.90 (21) 0.0	3.06 (20) 0.0
21 (49)	<u>げんこう</u>が何よりたいせつです。	健康 原稿	19 2	31 –	3.57 (14) 9.5	2.61 (23) 0.0	3.00 (21) 3.8
22 (20)	私は東京へ来たばかりですから、東京の<u>ようし</u>がまだよくわかりません。	様子 要所 X	20 1 –	26 1 4	2.76 (27) 4.8	2.97 (19) 16.1	2.88 (22) 11.5
23 (61)	<u>じだい</u>によって習慣がかわります。	時代 状況	21 –	30 1	2.86 (24) 0.0	2.81 (22) 3.2	2.84 (23) 1.9
24 (26)	この<u>かんさ</u>の気持ちはことばにあらわせないほどだ。	感謝 歓喜 X	18 1 2	30 – 1	2.95 (22) 14.3	2.52 (28) 3.2	2.69 (24) 7.7
25 (5)	これは、現代の社会における<u>ちゅうよう</u>な問題である。	重要 重用	20 1	31 –	2.75 (30) 4.8	2.57 (27) 0.0	2.69 (24) 1.9
26 (66)	彼は、<u>じゆ</u>をもとめて旅に出た。	自由 X	21 –	30 1	2.81 (26) 0.0	2.58 (25) 3.2	2.67 (26) 1.9
27 (77)	このいすは、あしの<u>ふぶん</u>が鉄でできている。	部分	21	31	2.76 (27) 0.0	2.58 (25) 0.0	2.65 (27) 0.0
28 (59)	あなたはしおを作る<u>ほうぼう</u>を知っていますか。	方法	21	31	2.95 (22) 0.0	2.42 (30) 0.0	2.63 (28) 0.0
29 (45)	この子はよく勉強する。よい<u>せいど</u>だ。	生徒	21	31	2.71 (31) 0.0	2.48 (29) 0.0	2.58 (29) 0.0
30 (78)	まだあのへやには<u>てんき</u>がついている。	電気	21	31	2.76 (27) 0.0	2.42 (30) 0.0	2.56 (30) 0.0
31 (83)	あのさかなやさんはいつも<u>げんき</u>がよい。	元気 景気 気嫌	21 – –	26 4 1	2.43 (35) 0.0	2.61 (23) 16.1	2.54 (31) 9.6

No.	문장	정답					
32 (55)	お金を<u>きんこう</u>にあずけた。	銀行 金庫	19 2	30 1	2.85 (25) 6.5	2.32 (32) 3.2	2.53 (32) 5.8
33 (34)	料理の<u>さいりょう</u>にするやさいを買う。	材料	21	31	2.48 (32) 0.0	2.23 (34) 0.0	2.33 (33) 0.0
34 (54)	きょうはお<u>ぎゃく</u>が3人来ました。	客	21	31	2.48 (32) 0.0	2.13 (41) 0.0	2.27 (34) 0.0
35 (63)	どうしてこんなになったのか、その<u>けんいん</u>がわからない。	原因	21	31	2.38 (36) 0.0	2.19 (36) 0.0	2.27 (34) 0.0
36 (5)	彼は、その会社にとって、<u>じゅよう</u>な人物である。	重要 主要	20 1	31 –	2.38 (36) 4.8	2.19 (36) 0.0	2.27 (34) 1.9
37 (4)	体操の<u>きょうき</u>は午前10時に始まります。	競技 競争	20 1	31 –	2.48 (32) 4.8	2.10 (42) 0.0	2.25 (37) 1.9
38 (25)	化学の<u>しっけん</u>をする。	実験 実感 무답	21 – –	29 1 1	2.10 (42) 0.0	2.30 (33) 6.5	2.22 (38) 3.8
39 (67)	あの女の子は<u>にんきょう</u>をだいている。	人形	21	31	2.19 (40) 0.0	2.20 (35) 0.0	2.15 (39) 0.0
40 (32)	この子どもは<u>せいわ</u>をする人がいない。	世話	21	31	2.24 (38) 0.0	2.03 (44) 0.0	2.12 (40) 0.0
41 (64)	食事は<u>しょくとう</u>に用意してあります。	食堂 食卓	21 –	30 1	1.95 (45) 0.0	2.19 (36) 3.2	2.10 (41) 1.9
42 (11)	トランジスターラジオは日本製品の<u>たいひょう</u>だ。	代表 X 무답	21 – –	29 1 1	2.14 (41) 0.0	2.03 (44) 6.5	2.08 (42) 3.8
43 (1)	日本は船をつくる<u>きじょつ</u>が進んでいる。	技術	21	31	2.24 (38) 0.0	1.67 (49) 0.0	2.08 (42) 0.0
44 (53)	<u>がくこう</u>は午前9時に始まって、午後3時におわります。	学校	21	31	1.76 (50) 0.0	2.19 (36) 0.0	2.02 (44) 0.0
45 (73)	サラリーが安いので<u>せいがつ</u>が苦しい。	生活	21	31	2.05 (44) 0.0	1.94 (50) 0.0	1.98 (45) 0.0

番号	文	正答					
46 (3)	日本のカメラやトランジスターラジオなどは、世界のいろいろな国にゆうしゅつされている。	輸出	21	31	1.95 (45) 0.0	2.00 (47) 0.0	1.98 (45) 0.0
47 (31)	朝、駅できゅうにゅうをのむ人が多くなった。	牛乳	21	31	1.90 (47) 0.0	2.00 (47) 0.0	1.96 (47) 0.0
48 (44)	この家は地震があってもたいじょうぶなようにくふうがしてある。	大丈夫 大丈部 X	19 1 1	31 – –	1.57 (55) 9.5	2.16 (44) 0.0	1.92 (48) 3.8
49 (39)	わたしはまだかいこくへ行ったことがない。	外国 韓国	21 –	30 1	1.71 (53) 0.0	2.03 (44) 3.2	1.90 (49) 1.9
50 (7)	この村にはまだてつどが通じていません。	鉄道	21	31	1.76 (50) 0.0	2.07 (43) 0.0	1.87 (50) 0.0
51 (51)	着る物と食べる物と住む所は、わたくしたちにとっては、だいせつなものです。	大切	21	31	1.81 (48) 0.0	1.84 (51) 0.0	1.83 (51) 0.0
52 (28)	みなさんがりっぱな人になられることをきだいします。	期待	21	31	1.81 (48) 0.0	1.81 (53) 0.0	1.81 (52) 0.0
53 (12)	けんかんをあけて「こんにちは。」と声をかけました。	玄関	21	31	2.10 (42) 0.0	1.67 (55) 0.0	1.81 (52) 0.0
54 (33)	父はさんぽうにでかけました。	散歩	21	31	1.76 (50) 0.0	1.84 (51) 0.0	1.81 (52) 0.0
55 (21)	わたしのしゅうみは映画を見ることです。	趣味	21	31	1.52 (56) 0.0	1.81 (53) 0.0	1.69 (55) 0.0
56 (13)	あなたとわたしとは友だちなのだから、えんりょうをしないでください。	遠慮 ○	20 1	30 1	1.67 (54) 4.8	1.55 (56) 3.2	1.60 (56) 3.8
57 (9)	ゆうかたになったので、子どもたちはみんな家に帰った。	夕方	21	31	1.50 (57) 0.0	1.42 (57) 0.0	1.45 (57) 0.0

주1) '번호'에서 ( )의 숫자는 <표2>에서의 번호이다.
 2) ○표는 오용이 정용(正用)이라고 판정한 것이다.
 3) X표는 오용의 바른 형태(정답 : 학습자가 의도한 것)를 전혀 유추할 수 없는 것을 나타낸다.
 4) '순위'는 오용의 중요도에 따른 것이다.
 5) 문2, 9의 ○표는 문맥상 정답이 될 수 있으나, 학습자의 표현 의도와 달라 오용으로 된다.

4.2.3 참여자 요인에 따른 오용의 중요도

<표4>는 '참여자 요인에 따른 오용의 중요도'를 나타내고 있다. <표4>에서 보면, NS, NSJ의 평균득점은 각각 2.82, 2.66으로 전자가 약간 엄하게 평가하고 있으나 유의차는 없다.

〈표4〉 참여자 요인에 따른 오용의 중요도

참여자 (NS, NSJ)	대학생(언어 전공 이외) 〈21명〉	대학생[국어(일본어) 교육] 〈31명〉
평균득점 (표준편차)	2.82 (.545)	2.66 (.512)

4.2.4 빈도수(오용률)에 따른 오용의 중요도

<표5>는 '빈도수(오용률)에 따른 오용의 중요도'를 나타내고 있다. <표5>에서 보면, 가장 빈도수가 높은 것(50문)과 두 번째로 빈도수가 높은 것(7문 : <표3>의 문1, 2, 12, 13, 19, 20, 36)의 비교에서, 평균 득점이 NS는 각각 2.75, 3.74, NSJ는 2.57, 3.45로, 양 참여자는 각기 1% 수준에서 유의차를 보이고 있다.

이 결과는 한국인 일본어 교사에게 교수상 중요한 시사를 내포하고 있다. 즉 문제별 가장 빈도수가 높은 것은 보다 관대하게 평가하는 것이다. <표3>의 문제 번호는 문제별 참여자 전체 오용의 중요도 순위와 같다.

〈표5〉 빈도수(오용률)에 따른 오용의 중요도

참여자	평균득점(표준편차)	
	문제별 빈도수가 가장 높은 오용	문제별 빈도수가 두 번째로 높은 오용
NS	2.75(.809)	3.74(.859)
NSJ	2.57(.757)	3.45(.945)

그리고 학습자 전체 오용의 난이도(<표2>)와 일본어 모어화자의 평가에 따른 오용의 중요도(<표3>)의 순위를 비교하면, 개략적으로 보아 상관이 없

는 것을 알 수 있다.

4.2.5 오용의 범주별 중요도

오용의 범주별 중요도 결정은 오용을 어떠한 기준으로 나누는가가 중요하다. 여기서는 언어적인 오용의 원인 및 학습 환경보다 교수 학습상의 편의를 고려하여, 표기상 틀린 개수, 내용, 위치로 나누었다. 우선 내용의 틀린 개수가 1개 경우는 모음(母音), 자음(子音), 탁음(濁音), 요음(拗音), 촉음(促音), 장음(長音)(撥音은 예가 없음) 등이며, 그 하위 분류로 어두, 어중, 어말로 나누었다. 그리고 앞의 6개 요인 가운데 2개, 3개 이상이 포함된 것 등 8종류로 나누었다(<표6>).

<표6>은 '오용의 범주별 중요도'를 나타내고 있다. <표6>(전체의 평균득점)에서는 다음과 같은 것을 개략적으로 알 수 있다. (1)내용의 틀린 개수는 3개 이상>2개>1개, (2)1개 가운데 내용에 따라서는 모음(母音)>요음(拗音)>탁음(濁音)>발음(撥音)>장음(長音)>촉음(促音), (3)위치에 따라서는 모음은 어두>어말, 자음은 어말>어두, 탁음은 어중>어말>어두, 장음은 어중>어말 순으로 중요도가 있다. 이는 범주별 문제수가 적어서 결코 절대적이라고 말할 수 없다. 그러나 여기서 주목하고 싶은 점은 틀린 개수와 내용에서는 趙(1992 : 186~188)[9]의 외래어 표기의 오용 평가의 결과와 일치하고 있는 점이다.

〈표6〉 오용의 범주별 중요도

오용의 범주		오용 (숫자는 〈표3〉의 번호)	평균득점		
			NS	NSJ	전체
틀린 곳이 1개					
母音	어두	대체 : 10, 15, 17, 18	3.50	3.17	3.29
	어말	대체 : 22	2.76	2.92	2.88
		합계	3.35	3.13	3.21
子音	어두	탈락 : 16	3.38	3.03	3.18
	어말	탈락 : 4	4.05	4.60	4.29
		합계	3.72	3.82	3.74

			2.69	2.23	2.42
濁音	어두	대체 : 21, 51	2.69	2.23	2.42
		탈락 : 27, 30, 31, 32, 33, 35, 38, 42, 43, 47, 48, 49, 53	2.26	2.19	2.22
		합계	2.32	2.20	2.25
	어중	대체 : 9, 28, 34, 45, 52	2.61	2.40	2.48
		탈락 : 23, 39, 41, 57	2.13	2.16	2.13
		합계	2.39	2.29	2.33
	어말	대체 : 29	2.71	2.48	2.58
		탈락 : 37	2.48	2.10	2.25
		합계	2.60	2.29	2.42
		합계	2.36	2.26	2.29
拗音	어말	대체 : 11, 24, 25	3.02	2.92	2.98
促音	어중	대체 : 44	1.76	2.19	2.02
長音	어중	삽입 : 14, 40, 46, 55	2.37	2.22	2.28
		탈락 : 36	2.38	2.19	2.27
		합계	2.37	2.21	2.28
	어말	삽입 : 54, 56	1.72	1.70	1.71
		탈락 : 26, 50	2.29	2.33	2.27
		합계	2.00	2.01	1.99
		합계	2.21	2.12	2.15
		합계	2.41	2.33	2.46
틀린 곳이 2개					
2, 8, 12, 13, 20			3.96	3.51	3.70
틀린 곳이 3개 이상					
1, 3, 5, 6, 7, 19			4.08	3.98	4.02

5. 맺는 말

본 연구의 결과는 한국인 일본어 교사에게 전달 중시의 교수상 중요한 시사를 내포하고 있다. 그것은 한자 읽기 오용 평가에서 일본어 모어화자의 언어적 직관에 의한 기준을 이용할 수 있다는 것이다. 즉, (1)문제별로 빈도 수가 가장 높은 오용은 다른 오용보다 관대하게, (2)틀린 곳이 많을수록 엄하게, (3)내용별로 자음(子音), 모음(母音), 요음(拗音), 탁음(濁音), 장음(長音), 촉음(促音) 순으로 엄하게 평가하는 것이다.

끝으로 본고는 단편적인 한자 읽기 오용을 서면(문장 언어)에서 평가했으나, 참가자의 사회적 요인별(성별, 연령, 직업 등), 구술(음성 언어)의 여러 종류(특히 사회적 요인에 따라 변화가 예상되는 경어)의 오용에 대한 평가가 금후의 과제로 예상된다.

〈자료〉

◇この調査は、韓国人日本語学習者による漢字の読み方の誤りの重大さに関する、日本語話者の判定を調べようとするものです。まずはあなた自身について教えてください。

学校		専攻		学年	年	年齢	滿 歳	性別	男・女
韓国語の学習歴		ある(どこで:		どのくらい:				)・ない	

◇1から57までの文を一通り読んだ上で、

① 各々の文の＿＿を引いた誤りの、正しい形を全部□の中に漢字で書いてください。

② そして、各々の文の誤りの重大さ(理解の度合いを基準にした場合)に関して、自分の考えを1～5の中の一つに○印を付けて示してください。

[ただし、誤りの正しい形が全く分からない(類推できない)場合は□の中に×印を、各々の文のを引いた所が誤りでない場合は□の中に○印を付けて示してください。(この場合は、重大さに関する判定は必要ありません)]。

1：ごくささいな誤り　　　2：ささいな誤り　　　　3：やや重大な誤り
4：かなり重大な誤り　　　5：非常に重大な誤り

	文(＿＿＿＿＿を引いた所は漢字の読み方の誤り)	正しい形 (漢字で)	誤りの重大さ (理解の度合いを 基準にした場合)
1	日本は船をつくる<u>きじゅつ</u>が進んでいる。		1 2 3 4 5
2	たてものは、<u>きしょ</u>がたいせつだ。		1 2 3 4 5
3	日本のカメラやトランジスターラジオなどは、世界のいろいろな国に<u>ゆうしゅつ</u>されている。		1 2 3 4 5
4	体操の<u>きょうき</u>は午前10時に始まります。		1 2 3 4 5

5	これは、現代の社会における<u>ちゅうよう</u>な問題である。		1 2 3 4 5
6	家庭の<u>とかい</u>で会社をやめました。		1 2 3 4 5
7	<u>ゆうかた</u>になったので、子どもたちはみんな家に帰った。		1 2 3 4 5
8	彼はいつも<u>のうりょく</u>していたので、今度の試験もよくできた。		1 2 3 4 5
9	トランジスターラジオは日本製品の<u>たいひょう</u>だ。		1 2 3 4 5
10	<u>けんかん</u>をあけて「こんにちは。」と声をかけました。		1 2 3 4 5
11	「初めまして、山田でございます。どうぞよろしく。」と言いながら<u>めいさつ</u>を出しました。		1 2 3 4 5
12	あなたとわたしとは友だちなのだから、<u>えんりょう</u>をしないでください。		1 2 3 4 5
13	コンピューターにかければどんな大きい<u>かいさん</u>でもすぐできる。		1 2 3 4 5
14	国民は税金をおさめる<u>いむ</u>がある。		1 2 3 4 5
15	どんないい物でも、<u>こうこう</u>しなければ売れません。		1 2 3 4 5
16	この村にはまだ<u>てつど</u>が通じていません。		1 2 3 4 5
17	私は東京へ来たばかりですから、東京の<u>ようし</u>がまだよくわかりません。		1 2 3 4 5
18	わたしの<u>しゅみ</u>は映画を見ることです。		1 2 3 4 5
19	あの人はおとなしい<u>せいじつ</u>の人だ。どんなことがあっても決しておこらない。		1 2 3 4 5
20	この<u>かんさ</u>の気持ちはことばにあらわせないほどだ。		1 2 3 4 5
21	化学の<u>しっけん</u>をする。		1 2 3 4 5
22	この子どもは<u>せいわ</u>をする人がいない。		1 2 3 4 5
23	父は<u>さんぽう</u>にでかけました。		1 2 3 4 5
24	朝、駅で<u>きゅうにゅう</u>をのむ人が多くなった。		1 2 3 4 5
25	私たち4人かぞくに<u>てつどう</u>な大きさの家がほしいのです。		1 2 3 4 5
26	料理の<u>さいりょう</u>にするやさいを買う。		1 2 3 4 5
27	皆さんがりっぱな人になられることを<u>きだい</u>します。		1 2 3 4 5
28	わたしはまだ、<u>かいこく</u>へ行ったことがない。		1 2 3 4 5
29	この家は地震があっても<u>たいじょうぶ</u>なようにくふうがしてある。		1 2 3 4 5
30	家庭の<u>へいか</u>をみだす。		1 2 3 4 5
38	お金を<u>きんこう</u>にあずけた。		1 2 3 4 5
39	あなたはしおを作る<u>ほうぼう</u>を知っていますか。		1 2 3 4 5

40	彼は、<u>じゆ</u>をもとめて旅に出た。	1 2 3 4 5
41	どうしてこんなになったのか、その<u>けんいん</u>がわからない。	1 2 3 4 5
42	食事は<u>しょくとう</u>に用意してあります。	1 2 3 4 5
43	あの女の子は<u>にんきょう</u>をだいている。	1 2 3 4 5
44	サラリーが安いので<u>せいがつ</u>が苦しい。	1 2 3 4 5
45	<u>じたい</u>によって習慣がかわります。	1 2 3 4 5
46	まだあのへやには<u>てんき</u>がついている。	1 2 3 4 5
47	このかし屋は<u>しゅうじん</u>ひとりで作ったり、売ったりしている。	1 2 3 4 5
48	このいすは、あしの<u>ふぶん</u>が鉄でできている。	1 2 3 4 5
49	あのさかなやさんはいつも<u>けんき</u>がよい。	1 2 3 4 5
50	まだやっと<u>きそく</u>ができたばかりです。	1 2 3 4 5
51	<u>けいき</u>をする人は9時までに集まってください。	1 2 3 4 5
52	彼は、この会社にとって、<u>じゅ</u>ような人物である。	1 2 3 4 5
53	新聞の貸間の<u>こうごう</u>を見ですぐ行きましたが、もう決まっていました。	1 2 3 4 5
54	都会では<u>てっとう</u>を利用して、つとめに行く人が多いです。	1 2 3 4 5
55	神への<u>かんし</u>をわすれてはならない。	1 2 3 4 5
56	<u>じつげん</u>の結果、その理論が正しいことが、証明された。	1 2 3 4 5
57	学校を卒業して<u>かいしゃ</u>に出る。	1 2 3 4 5
31	<u>げんこう</u>が何よりたいせつです。	1 2 3 4 5
32	着る物と食べる物と住む所は、わたくしたちにとっては、<u>だいせつ</u>なものです。	1 2 3 4 5
33	名まえをよんだら<u>はんじ</u>をしなさい。	1 2 3 4 5
34	この子はよく勉強する。よい<u>せいどだ</u>。	1 2 3 4 5
35	人間は<u>こうき</u>をすって生きています。	1 2 3 4 5
36	<u>がくこう</u>は午前9時に始まって、午後3におわります。	1 2 3 4 5
37	きょうは<u>おぎゃく</u>が3人来ました。	1 2 3 4 5

<ご協力ありがとうございました。>

【주】

1) 일본어교육에서는 오용의 발견, 그 분류와 원인 해명, 그 응용으로서 교수법에의 피드백과, 일본어 그 자체의 구조를 분명히 하는 데 주된 목적을 두고 있다. (渋谷勝己(1988),「中間言語研究の現状」,『日本語教育』64号, 176-187).

2) 小篠敏明(編)(1983 : 11, 186)의 『英語の誤答分析』(大修館書店). 그리고 小篠는 오용
분석의 실천적 응용에 대해 자세히 설명하고 있다(pp.152-182).

3) Ludwig, Jeannette M.(1982 : 275)은 언어 사용(use) 목적은 의사 전달에 있으며, 이해도
(comprehensibility)란 '대화의 상대가 서면 또는 구술에서 전달 내용을 이해하는 정도'
라 하며, 이해도를 평가의 기준으로 한 5편의 논문을 개관하고 있다.("Native-Speaker
Judgments of Second-Language Learners' Efforts at Communication : A Review",
Modern Language Journal, 66, 3, Autumn. 274-283).

4) Vann, Roberta, J., Daisy E. Meyer, and Frederick O.Lorenz(1984)는 참여자(영어 모어
화자)의 학문 분야에 주목해 유의차(0.67) 있는 결과를 얻었다. ①사회과학, 교육, 인문>
②생물과학, 농학>③물리, 수학, 공학 순으로 관대히 평가하고 있다.("Error Gravity : A
Study of Faculty Opinion of ESL Errors", *TESOL Quarterly*, 18, 3, Sep., 427-440)
그리고 조남성(1991)은 일본어 모어화자인 대학생을 학문 분야별로 나누어 유의차(0.5)
있는 결과를 얻고 있다. 문과>이과>일본어 전공자 순으로 관대히 평가하고 있다. (「韓国
人の日本語学習者の誤りの評価－日本語話者と韓国語話者による誤りの重み付け
－」, 『日本語と日本文学』 15号, 筑波大学国語国文学会, 19-30).

5) Johansson, Stig(1975 : 17) *Papers in Contrastive Linguistics and Language Testing*.
Lund : CWK Gleerup.

6) 일본어 모어화자의 내역은 다음과 같다.

참여자	인원수	성별(남·여)	평균 연령(만)	직업(대학생)	전공
NS	21명	16·5명	21.8세	2.5학년(13명) 대학원 (8명)	국제관계(政, 經, 法)
NSJ	31명	6·25명	22.9세	4학년	(초등) 국어교육

7) 이 사전의 용례는 해당 단어의 의미나 용법이 잘 이해되는 것부터 차례로 나열되어
있다. 인용한 문장은 각각 해당 단어의 맨 처음(또는 두 번째) 열거한 용례다.

8) 주4)의 조(1991)에서 일본어 전공자는 이과, 문과의 학생보다 엄하게 평가하고 있으나,
본고의 국어(일본어) 전공자는 약간 관대히 평가하고 있다. 전자는 외국인에게 일본어
를 가르치기 위한 전공자이며, 후자는 일본인에게 국어로서의 일본어를 가르치기 위한
전공자다. 이는 전공(또는, 평가의 재료)의 요인에 따른 차이인지 어떤지, 금후 흥미로
운 과제의 하나다.

9) 趙南星(1992)의 「韓国人日本語学習者による外来表記の誤り-日本語話者による評
価を中心として-」(『日本語教育』 78号, 178-190)에서는 외래어 표기 오용의 평가에
서, 내용별로 母音>濁音>撥音>長音>促音 순으로, 내용의 틀린 개수가 많을수록 엄
하게 평가하고 있다.

제7장
한국인 일본어 학습자의 한자 쓰기 오용 분석과 평가

1. 들어가는 말

한국인 일본어 교사에게 한자 지도는 새로운 문제점의 하나이다. 왜냐하면 한자를 쓸 수 없는 학습자는 계속 증가하고[1], 일본어교육에서 한자 지도가 그다지 중요시되고 있지 않기 때문이다[2]. 게다가 한자 지도법은 거의 새롭게 개발되고 있지 않다.

본고에서는 한자(어) 지도법을 개발하는 일환으로서, 한국인 일본어 학습자가 한국어를 일본어로 번역할 때 나타나는 한자 오용을 분석하고, 그 오용에 대한 일본어 모어화자와 한국어 모어화자의 평가를 조사한다[3]. 구체적으로 다음의 사항을 조사한다.

(1) 학습 수준별 정·오답률.

(2) 학습 수준별 오용 유형과 난이도.

(3) 학습 수준별 오용의 표층적 원인.

(4) 일본어 모어화자와 한국어 모어화자에 의한 오용의 인정(認定).

(5) 일본어 모어화자와 한국어 모어화자에 의한 오용의 이해도.

위 결과는 한국인 일본어 교사에게 학습자의 한자 쓰기의 학습 정도 및 과정, 일본어 모어화자의 언어적 직관에 의한 오용 평가의 기준을 제공한다. 이는 한자 쓰기 지도 방략의 개선, 특히 전달을 중시하는 수업에서의 오용 정정, 평가에 도움이 될 것이다[4].

2. 조사 방법

2.1 조사 I : 한국인 일본어 학습자의 한자 쓰기 오용

2.1.1 조사 참여자

한국인 일본어 학습자는 D대학교의 일어일문학과 83명[2, 3, 4학년 각각 29(남자 10, 여자 19), 34(9, 25), 20(6, 14)명]이다. 일본어 학습 시간은 2, 3, 4학년, 각각 약 160, 320, 384시간으로[5], 그 학습 시간에 따라서 4, 3, 2학년 순으로 학습 수준이 높다고 간주한다. 고등학교에서의 일본어 학습 경험은 거의 없다[6].

2.1.2 조사 재료

한국 고교의 일본어 교육과정에 제시되었던 기본 어휘(754개)에 포함되어 있는 62개의 한자어를 재료로 했다. 이는 조사 참여자에게는 모두 학습한 내용이다.

2.1.3 조사 순서

질문지에는 각각의 문장[7](한국어)에 62개 한자어(<표2>)를 무작위로 나열했다. 조사는 1992년 5~6월에 실시했다. 참여자에게는 교실에서 기입하도록 했고, 시간엔 제한이 없었다. 그리고 각각의 문장에서 지정한 62개(한국어)를 일본어(한자)로 번역하도록 했다.

2.1.4 분석 방법

오용에는 의미가 다른 한자를 사용한 것 이외에, 자형이 틀린 것[8]도 포함시켰다. 도중에 쓰다가 만 것은 무답으로 하고, 그 판정이 애매한 것[9]은 오용으로 간주했다. <표2>의 난이도 순위에는 오답에 무답을 포함시켰다. 왜 냐하면 시간 제한을 두지 않았기 때문에, 무답은 몰라서(어려워서) 대답하지 못한 것으로 간주했기 때문이다. 그리고 오용 유형은 학습 수준별로 2인 이 상의 것과, 일본어와 한국어의 대조 분석에서 대응하는 것[10](<표2>에서 -표) 만 나타냈다.

2.2 조사Ⅱ : 한국인 일본어 학습자의 한자 쓰기 오용에 대한 일본어 모어화자와 한국어 모어화자에 의한 평가

2.2.1 조사 참여자

일본어 모어화자는 29명으로, 성별, 연령, 직업, 학력 등이 다양하다[11]. 전 원 한국어 학습 경험 및 한국인과 일본어로 대화한 적은 없다 (이하, J로 나타 낸다.). 한국어 모어화자는 한국 고등학교 또는 대학교에서 일본어를 가르치 는 교사 20명이다[12](이하, K로 나타낸다.).

2.2.2 조사 재료

조사Ⅰ에서 각각의 오용(62개) 중에서 가장 빈도가 높은 것[2, 3, 4학년(83 명) 합해서]을 대상으로 했다. 그것은 오용 유형에서 1명인 것[13]을 제외한 58 개이다(<표8>).

2.2.3 조사 순서

질문지에는 각각의 문장(일본어)에 58개(오용)를 무작위로 나열했다. 조사는 1992년 10~11월에 실시했다. 그리고 각 개인에게 직접 또는 우편으로 의뢰했 다. 회수율은 J, K 각각 100, 83%이다. 조사에서는 다음과 같이 지시했다.

1에서 58까지의 문장을 대충 읽은 다음, ①각각의 문장에 __이 그어진 오용의 바른 형태를 전부 □ 안에 써 주세요. ②그리고 각 문장의 오용에 대한 이해 정도를 0%,

25%, 50%, 75%, 100% 중 하나에 ○표로 나타내 주세요. (단, 오용의 바른 형태를 전혀 모를(유추할 수 없을)경우는 □ 안에 ×표를, 각 문장에 __이 그어진 곳이 오용이 아닐 경우는 □ 안에 ○표를 해 주세요.)

그리고 양 화자가 어떻게 인정하고, 판정했는지 알 수 있도록 바른 형태를 쓰도록 했다[4]. 이해도의 5단계 척도는 다음과 같다.

まったく理解できない 0% 25% 50% 75% 100% 完全に理解できる

2.2.4 분석 방법

이해도는 척도치의 백분율을 더해서 얻은 것으로, 백분율이 높을수록 이해할 수 있는 것, 낮을수록 이해하기 어렵다는 것을 나타낸다(최저 0%, 최고 100%). 오용을 이해할 수 없는 정도를 '오용의 중요도'라고 한다. 따라서 오용이 이해 안 될수록, 그 오용에 중요도가 있다(엄하게 평가하고 있다)는 것을 나타낸다. <표8>에서의 정답은 학습자가 의도했다고 생각되는 것과 일치한 것이다. 비인정률은 오답과 무답을 합쳐서 판단했다(<표6>). 그것은 시간에 제한을 두지 않았기 때문에 몰라서 인정할 수 없었다고 간주했기 때문이다. 이해도는 인정할 수 없었던 것 및 무답을 포함한 것(<표10>)과, 정답(<표12>)으로 대별하여 고찰했다(<표8>). 이는 바르게 인정한 것이 100% 이해한 것이라고 말할 수 없기 때문이다.

3. 조사 결과 및 고찰

3.1 조사 I 에 대해서

3.1.1 학습 수준별 정·오답률

<표1>은 '학습 수준별 정·오답률'을 나타내고 있다. <표1>에서 보면, 정

답률은 학습 수준이 가장 높은 4학년이 가장 낮고, 3, 2학년 순으로 높다. 그리고 기본 어휘로 한 한자 쓰기 테스트에서 학습자 전체의 정답률이 약 47.7%인 것은, 그 지도의 문제점을 잘 나타내고 있다고 말할 수 있다. 오답률에서 무답률은 4, 3, 2학년 순으로 높다[15].

〈표1〉 학습 수준별 정·오답률

학습 수준	2학년(29명)	3학년(34명)	4학년(20명)	전체(83명)
정답(%)	45.9	51.0	44.5	47.7
오답(무답)	54.1(16.9)	49.0(17.1)	55.5(27.2)	52.3(19.5)

3.1.2 학습 수준별 오용 유형과 난이도

〈표2〉는 '문제별 오용 유형과 난이도'를 나타내고 있다. 〈표2〉에서 오용률에 따른 학습 수준별 난이도 순위(10위까지)를 보면, 문1, 2, 3, 4, 5, 6, 7(이 것은 전체 난이도 순위와 같다)이 3개 학년에 나타나, 학습 수준별 오용의 난이도는 상당히 일치하고 있다고 생각된다. 문9는 모든 학습 수준에서 오용 유형 개수가 가장 많다[16].

〈표2〉 문제별 오용의 유형과 난이도

번호	문제의 문장 (하선 부분만 일본어 한자로 번역하도록 했다.)	정답과 오용의 유형		학습 수준별 인원수			난위도 순위(오답률 %)			
				2학년 29명	3학년 34명	4학년 20명	2학년	3학년	4학년	학년 전체
1 (41)	중학교 <u>학생</u>을 가르치고 있습니다.	+	生徒	–	–	1	1	1	5	1
		-*	学生	29	34	19	100	100	95.0	98.8
2 (16)	어느 대학에서 어떤 공부를 하면 좋은가 아버지에게 <u>의논</u>하다.	+	相談	1	3	–	3	3	1	2
		-*	議論	7	13	7	96.6	91.2	100	95.2
			義論	15	5	4				
			儀論	2	5	2				
			論議	–	4	1				
			意論	2	–	3				
			기타/무답	1/1	4/-	2/1				

번호	문항	기호	표기							
3 (57)	이 과자는 <u>설탕</u>처럼 달다.	+	砂糖	3	1	1	10 / 90.0	2 / 97.1	5 / 95.0	3 / 94.0
		−	雪糖	−	−	−				
		*	砂唐	2	5	3				
			甘物	2	−	−				
			기타/무답	3/19	6/22	2/14				
4	<u>봉투</u> 겉에는 수신 인명을 쓰고 우표를 붙입니다.	+	封筒	−	3	2	1 / 100	3 / 91.2	9 / 90.0	3 / 94.0
		−	封套	−	−	−				
			기타/무답	1/28	5/26	1/17				
5 (5)	아버지는 <u>내후년</u> 85세로 정년입니다.	+	再来年	−	3	−	10 / 90.0	3 / 91.2	1 / 100	5 / 92.8
		−*	来後年	11	5	4				
			来来年	2	7	3				
			来明年	−	−	3				
			来年	2	2	−				
		+	二年後	3	−	−				
			明年	−	2	−				
			기타/무답	3/8	9/6	3/7				
6 (24)	당신은 어떤 <u>일</u>로 여기에 왔습니까?	+	用事	1	6	1	3 / 96.6	9 / 82.4	5 / 95.0	6 / 90.4
		−*	事	8	13	7				
			仕事	7	4	1				
			仕事	10	3	3				
			用務	−	−	3				
			任事	1	2	−				
			物	2	−	−				
			기타/무답	−/−	4/2	2/3				
7 (22)	<u>지갑</u>에 돈을 넣다.	+	財布	3	5		10 / 90.0	6 / 85.3	1 / 100	6 / 90.4
		−	紙匣	1	−	−				
		*	指布	2	−	−				
			袋	2	−	−				
			기타/무답	−/21	5/24	3/17				
8 (12)	무엇이든지 <u>사양</u> 말고 요구하시오.	+	遠慮	4	5	3	14 / 86.2	6 / 85.3	12 / 85.0	8 / 85.5
		−*	辞讓	−	−	1				
			기타/무답	6/19	6/23	3/13				
9 (2)	<u>접수처</u>는 어디입니까?	+	受付	6	5	1	17 / 79.3	6 / 85.3	5 / 95.0	8 / 85.5
		−	接受處	1	−	1				
		*	接手所	4	3	−				
			授受所	−	3	1				
			部受所	2	−	−				
			窓戶口	2	−	−				
			受付所	−	2	−				
			受取所	−	2	−				
			기타/무답	7/7	10/9	5/12				
10 (1)	내 여동생 <u>내외</u>는 교토에 살고 있다.	+	夫婦	2	8	5	7 / 93.1	12 / 76.5	17 / 75.0	10 / 81.9
		−*	内外	26	23	12				
			기타/무답	−/1	2/1	2/1				

11 (20)	손가락 상처는 좀처럼 낫지 않는다.	+	傷	7	7	2	20	11	9	11
		−	傷處	−	−	−	75.9	79.4	90.0	80.7
		*	復	5	−	1				
			傷跡	−	2	−				
			기타/무답	2/15	12/13	4/13				
12 (39)	추워서 감기에 걸렸습니다.	+	風邪	2	11	3	7	17	12	11
		−	感気	2	−	−	93.1	67.6	85.0	80.7
		*	風	17	7	9				
			邪風	1	3	−				
			風阞	−	3	−				
			기타/무답	−/7	5/5	−/8				
13 (13)	일기예보를 말씀드리겠습니다.	+	天気	3	8	6	10	12	22	13
		−	日気	3	5	−	90.0	76.5	70.0	79.5
		*	日記	23	21	10				
			기타/무답	−	−	2/2				
14 (6)	요즈음은 남자라도 반지를 끼는 사람이 드물지 않다.	+	指輪	1	13	4	3	20	16	14
		−	半指	−	−	−	96.6	61.8	80.0	78.3
		*	指	4	−	3				
			기타/무답	3/21	4/17	1/12				
15 (46)	저 할아버지는 손자가 여섯 명 있습니다.	+	孫	6	8	5	17	12	17	15
		−*	孫子	10	2	6	79.3	76.5	75.0	77.1
			係	1	2	1				
			子	2	2	1				
			기타/무답	6/4	8/12	1/6				
16 (48)	변호사에게 상의하다.	+	相談	4	13	6	14	20	22	16
		−*	相議	7	8	6	86.2	61.8	70.0	72.3
			相義	9	6	2				
			相意	5	−	3				
			相儀	1	4	1				
			기타/무답	3/−	3/−	1/1				
17 (51)	이 건물에는 넓은 복도가 있다.	+	廊下	15	8	−	33	12	1	16
		−	複道	−	−	−	48.3	76.5	100	72.3
		*	郎下	−	4	5				
			即下	3	2	−				
			郞下	4	5	−				
			底下	2	−	−				
			기타/무답	4/1	5/10	2/13				
18 (47)	그의 부친은 우체국에 근무하고 있습니다.	+	郵便局	14	9	2	28	16	9	18
		−	郵遞局	−	−	−	51.7	73.5	90.0	69.9
		*	垂便局	1	2	1				
			郢便局	3	−	1				
			郵更局	−	2	−				
			陲便局	2	−	−				
			기타/무답	6/3	−/21	5/11				

19 (33)	호수를 보트로 한 바퀴 돌았습니다.	+	湖	1	19	6	3 96.6	33 44.1	22 70.0	19 68.7
		-*	湖水	3	3	2				
			水海	-	2	-				
			池	3	-	2				
			기타/무답	3/19	6/4	1/9				
20 (15)	너무 피곤해서 말할 기운도 없었다.	+	元気	-	6	1	16 82.8	29 47.1	22 70.0	20 66.3
		-*	気運	7	4	5				
			気力	3	11	3				
		+	気	12	6	3				
			力	1	1	2				
		+	気連	2	-	1				
			気雲	2	-	1				
			気軍	-	2	-				
			気分	-	2	2				
			기타/무답	1/1	1/1	2/-				
21 (38)	나는 교토까지의 표를 샀다.	+	切符	10	13	5	25 65.5	20 61.8	17 75.0	20 66.3
		-	票	-	1	-				
		*	切付	-	3	2				
			切府	-	4	1				
			切手	2	2	1				
			切部	-	-	2				
			切表	-	2	1				
			기타/무답	7/10	6/3	2/6				
22 (9)	남에게 폐를 끼치는 일을 해서는 안 된다.	+	迷惑	20	6	3	44 31.0	9 82.4	12 85.0	22 65.1
		-	弊	-	-	-				
		*	世話	-	2	3				
			迷或	-	3	-				
			迷感	-	2	-				
			기타/무답	3/6	5/16	1/13				
23 (14)	생일은 언제입니까?	+	誕生日	7	16	6	20 75.9	27 52.9	22 70.0	22 65.1
		-*	生日	14	4	5				
			誕生日	4	3	5				
			誕進日	-	2	1				
			進日	-	2	-				
			誕生	-	2	-				
			기타/무답	3/1	3/2	2/1				
24 (11)	그 처녀는 다나카 군의 애인이다.	+	恋人	2	20	11	7 93.1	34 41.2	17 75.0	24 60.2
		-*	愛人	27	10	8				
			変人	-	3	1				
			기타/무답	-	1/-	-				
25 (25)	나는 이 연구에 평생을 바칠 생각입니다.	+	一生	9	12	13	23 69.0	18 64.7	41 35.0	25 59.0
		-*	平生	18	20	4				
			기타/무답	-/2	2/-	2/1				

번호	문장		한자							
26 (56)	선생님이 칠판에 글씨를 씁니다.	+	黑板	6	18	11	17 79.3	29 47.1	36 45.0	26 57.8
		-	漆板	-	-	-				
		*	墨板	-	2	1				
			기타/무답	2/21	5/9	2/6				
27 (31)	내일이라면 형편이 좋겠는데.	+	具合	8	7	3	23 69.0	29 47.1	31 50.0	27 55.4
		-	形便	-	-	-				
		*	場合	5	4	1				
		+	都合	1	11	7				
			具合	4	-	-				
			始末	-	2	-				
			기타/무답	3/8	6/4	2/7				
28	갈색 장갑을 끼고 있는 사람이 나의 아버지입니다.	+	手袋	21	15	3	47 27.6	24 55.9	12 85.0	28 53.0
		-	掌匣	-	-	-				
			기타/무답	5/3	5/14	2/15				
29 (30)	답장을 내다.	+	返事	12	20	7	26 58.6	34 41.2	27 65.0	28 53.0
		-	答狀	-	-	-				
		*	返紙	4	2	1				
			反事	-	2	2				
			기타/무답	8/5	3/7	6/6				
30 (50)	공장 굴뚝에서 검은 연기가 나오고 있습니다.	+	煙	14	22	7	28 51.7	28 54.5	27 65.0	30 48.2
		-	煙気	1	1	-				
		*	烟	3	-	-				
			기타/무답	6/5	5/6	2/11				
31 (40)	남의 장점을 인정하다.	+	長所	21	12	10	47 27.6	18 64.7	31 50.0	30 48.2
		-*	長点	6	10	2				
			張所	-	-	2				
			長占	-	3	-				
			張点	-	2	2				
			기타/무답	1/1	4/3	-/4				
32 (19)	시끄러워서 일을 할 수 없다.	+	仕事	14	17	13	28 51.7	28 50.0	41 35.0	32 47.0
		-	事	6	4	2				
		*	仕事	7	7	1				
			任事	2	3	2				
			기타/무답	-	1/2	-/2				
33 (45)	배는 아무 항구도 들리지 않고. 곧장 요코하마로 향했습니다.	+	港	20	14	10	44 31.0	23 58.8	31 50.0	32 47.0
		-*	港口	3	3	-				
			巻	-	2	-				
			기타/무답	4/2	4/11	4/6				
34 (58)	책상 앞에 앉아서 공부하시오.	+	机	22	18	5	51 24.1	29 47.1	17 75.0	34 45.8
		-	冊上	-	1	-				
		*	枫	3	2	-				
			기타/무답	2/2	4/9	1/14				

번호	문장									
35 (21)	사 온 판자로 나무 상자를 만들다.	+	板	13	25	9	27 55.1	48 26.5	30 55.0	35 43.4
		-*	板子	2	1	-				
			坂	-	-	2				
			仮子	2	-	-				
			기타/무답	1/11	4/4	-/9				
36 (49)	의미 모르는 말을 사전에서 찾았습니다.	+	辞書	6	3	8	51 24.1	24 55.9	41 35.0	36 39.8
		+	辞典	16	12	5				
		-*	事典	-	3	1				
			辞典	1	12	1				
			기타/무답	3/3	9/5	4/1				
37 (8)	국민학교 일학년입니다.	+	小学校	8	24	19	22 72.0	44 29.4	55 5.0	37 38.6
		-*	国民学校	21	7	1				
			기타/무답	-/-	3/-	-/-				
38 (53)	이 상자의 뚜껑은 어디에 있습니까?	+	箱	20	21	10	44 31.0	36 38.2	31 50.0	37 38.6
		-*	箱子	3	1	-				
			相子	1	2	-				
			기타/무답	2/3	1/9	-/10				
39 (36)	지난주에 이 책을 샀습니다.	+	先週	21	24	7	47 27.6	44 29.4	27 65.0	37 38.6
		-	前週	-	2	1				
		*	去週	4	1	2				
			기타/무답	2/2	2/5	1/9				
40 (17)	창문을 열어 주세요.	+	窓	18	23	12	36 38.0	42 32.4	39 40.0	40 36.1
		-*	窓門	6	1	-				
			忩	3	-	1				
			窓	-	2					
			기타/무답	2/-	5/3	4/3				
41 (4)	우리 집은 식구가 많다.	+	家族	16	21	17	35 44.8	36 38.2	56 15.0	41 34.9
		-*	食口	10	3	1				
			家族	-	3	-				
			기타/무답	1/2	5/2	-/2				
42 (28)	지급은 다음 달까지입니다.	+	来月	16	22	16	35 44.8	39 35.3	53 20.0	41 34.9
		-	次月	2	5	-				
			明月	3	2	4				
		*	来月	-	3	-				
			기타/무답	1/7	2/-	-				
43 (54)	여동생은 매일 밤 반드시 일기를 쓰는 습관이 있습니다.	+	妹	19	24	11	39 34.5	44 29.4	36 45.0	41 34.9
		-	女同生	-	-	-				
		*	妹	2	4	-				
			姉	3	2	1				
			女弟	-	-	3				
			기타/무답	2/3	4/-	1/4				

번호	문항	부호	한자						
44 (18)	방을 청소하다.	+	部屋	21	21	13	47	36	41	44
		-	房	-	1	-	27.6	38.2	35.0	33.7
		*	屋	3	6	3				
			部室	3	-	1				
			屋部	-	2	-				
			기타/무답	2/-	3/1	-/3				
45	10엥짜리 우표를 5장 샀다.	+	切手	19	22	14	39	39	47	44
		-	郵票	-	-	-	34.5	35.3	30.0	33.7
			기타/무답	3/7	7/5	-/6				
46 (27)	술 상대를 하다.	+	相手	15	27	14	33	52	47	46
		-*	相対	5	2	3	48.3	20.6	30.0	32.5
			相代	5	2	1				
			相付	2	-	-				
			기타/무답	-/2	-/3	1/1				
47 (23)	강에는 다리가 두 개 놓여 있다.	+	川	18	27	11	37	52	36	46
		-*	江	7	6	8	37.9	20.6	45.0	32.5
			州	2	-	-				
			기타/무답	2/-	1/-	1/-				
48 (55)	자기 일은 자기가 하세요.	+	自分	19	26	13	39	49	41	48
		-*	自己	6	3	4	34.5	23.5	35.0	30.1
			自身	-	4	-				
			各各	2	-	-				
			기타/무답	2/-	1/-	2/1				
49 (35)	대학에서 의학 공부를 할 생각입니다.	+	勉強	27	22	10	58	39	31	49
		-	工夫	-	-	-	6.9	35.3	50.0	28.9
		*	逸強	-	7	2				
			勉强	-	-	3				
			기타/무답	1/1	1/4	3/2				
50 (28)	가난으로 고생하다.	+	苦労	19	28	12	39	55	39	49
		-*	苦生	6	1	2	34.5	17.6	40.0	28.9
			労生	2	-	-				
			기타/무답	2/-	1/4	1/5				
51 (3)	남편을 잃다.	+	夫	10	15	16	28	55	57	51
		+	主人	4	13	2	51.7	17.6	10.0	27.7
		-*	男便	3	-	-				
			父	-	2	-				
			기타/무답	1/11	2/2	2/-				
52 (29)	내일은 휴일입니다.	+	明日	16	30	15	35	58	50	52
		-*	来日	10	3	5	44.8	11.8	25.0	26.5
			기타/무답	1/2	1/-	-/-				
53 (44)	일본의 시골은 경치가 좋다.	+	景色	25	23	13	56	42	41	52
		-	景致	-	1	-	13.8	32.4	35.0	26.5
		*	景色	2	-	-				
			기타/무답	2/-	3/7	1/6				

번호	문장		漢字							
54	교토의 명소를 구경했습니다.	+	見物	24	26	11	55	50	35	52
		-	求景	-	-	-	17.2	23.5	45.0	26.5
			기타/무답	-/5	3/5	2/7				
55	일어를 배우다.	+	日本語	18	29	15	37	57	50	55
(34)		-*	日語	11	5	5	37.9	14.7	25.0	25.3
56	물건만 좋다면 가	+	品物	10	24	9	39	61	47	56
	격이 비싸도 삽니	-*	物件	3	-	-	34.5	7.8	30.0	24.1
(7)	다.	+	物	9	6	5				
			荷物	2	-	-				
			기타/무답	4/1	4/-	1/5				
57	나에게 동생이 셋	+	弟	22	24	18	53	44	57	57
	있습니다.	-	同生	-	-	-	24.1	29.4	10.0	22.9
(43)		*	第	1	3	-				
			기타/무답	2/4	3/4	1/1				
58	편지를 쓰다.	+	手紙	26	25	16	57	48	52	58
		-	便紙	-	-	-	10.3	26.5	20.0	19.3
(42)		*	手紙	-	-	3				
			手紙	2	-	1				
			기타/무답	1/-	7/2	-/-				
59	오늘 저녁 반찬으	+	魚	23	30	15	54	58	50	59
	로 생선을 먹었다.	-	生鮮	-	-	-	20.7	11.8	25.0	18.1
(52)		*	漁	3	3	-				
			기타/무답	3/-	-/1	1/4				
60	공원을 산책하다.	+	散歩	27	27	14	58	52	47	59
		-	散策	-	-	-	6.9	20.6	30.0	18.1
(37)		*	山歩	-	-	2				
			기타/무답	-/2	1/6	1/3				
61	너의 경우는 예외	+	場合	27	26	16	58	50	53	61
	다.	-	境遇	-	-	-	6.9	23.5	20.0	16.9
(10)		*	都合	-	2	-				
			기타/무답	-/2	1/5	2/2				
62	도서관에는 책이	+	本	27	31	18	58	60	57	62
	많이 있다.	-*	冊	-	1	1	6.9	8.8	10.0	8.4
(32)			書	2	-	-				
			기타/무답	-/-	2/-	1/-				

주1) '번호'에서 문4, 28, 45, 54를 제외한 번호 아래 있는 ( )의 숫자는 <표8>에서의 번호이다.

2) 오용의 유형은 학년별로 2명 이상인 것, 대조 분석에서 오용이라고 예상되는 것(-표)만을 제시했다.

3) +표는 정답, *표는 조사Ⅱ에서 대상으로 한 것이다.

4) '기타'는 오용의 유형별로 1명이 대답한 것이다.

5) '기타'는 오용의 유형이 전혀 다르기 때문에 그대로 유형 개수가 된다. 따라서 학년별로 각각의 오용 유형 개수는 표에 제시한 유형 개수와 '기타'의 개수를 합한 것이다

3.1.3 학습 수준별 오용의 표층적 원인

3.1.3.1 학습 수준별 모어의 간섭

<표3>은 '학습 수준별 모어의 간섭률'을 나타내고 있다. 여기에서 모어(한국어)의 간섭이란 '일본어와 한국어의 대조 분석에서 대응하는 것(<표2>에서 -표)을 사용한 것'을 나타낸다. <표3>에서 알 수 있듯이, 모어의 간섭률은 학습 수준이 가장 낮은 2학년이 가장 높다. 문1은 모든 학습 수준에서 모어의 간섭률이 가장 높다. 모어의 간섭률이 0%인 것[17]도 상당히 있다(<표2>).

〈표3〉 학습 수준별 모어의 간섭률

학습 수준[학년]	2학년(29명)	3학년(34명)	4학년(20명)	전체(83명)
모어의 간섭(%)	41.6	30.2	35.1	35.6

주) 간섭률은 <표2>에서의 오답(무답 제외)에서 얻은 것이다.

3.1.3.2 학습 수준별 오용의 표층적 원인

오용(<표2>에서 문제별로 가장 빈도수가 높은 것)의 표층적 원인은 '한국어(모어) 간섭에 의한 오용'과 '한국어 간섭 이외(일본어 내)의 오용'으로 크게 나뉜다. <표4>는 '학습 수준별 오용의 표층적 원인의 비율'을 나타내고 있다. <표4>에서 보면, 모든 학습 수준에서 '한국어 간섭에 의한 오용'의 비율은 '한국어 간섭 이외의 오용'보다 높다.

〈표4〉 학습 수준별 오용의 표층적 원인의 비율

학습 수준[학년]	2학년(29명)	3학년(34명)	4학년(20명)	전체(83명)
한국어 간섭에 의한 오용 (%)	82.4	76.6	76.3	78.4
한국어 간섭 이외의 오용	17.6	23.4	23.7	21.6

주) <표5>에서의 '기타'는 전체에서 0.01%로 <표4>에는 제시되어 있지 않다.

<표5>는 '오용의 표층적 원인의 내역'을 나타내고 있다. <표5>에서 보면, '한국어 간섭에 의한 오용'에서는 '한국어 음을 그대로 한자(한국어)로 고친

것'이, '한국어 간섭 이외의 오용'에서는 '정답과 유사한 [한자의 일부(부수 등)를 변형, 생략, 첨가한] 것'이 가장 많다.

〈표5〉 오용의 표층적인 원인의 내역

오용의 표층적인 원인		문제 번호(〈표2〉)
한국어 간섭에 의한 오용	한국어 음을 그대로 한자(한국어)로 고친 것.	1, 2, 5, 8, 10, 15, 16, 19, 20, 23, 24, 25, 31, 33, 35, 37, 38, 40, 41, 46, 47, 48, 50, 51, 52, 55, 56, 62
	한국어 음을 그대로 한자(한국어 음은 같지만 의미는 다른 것)로 고친 것.	13, 36
	한국어 의미에 해당하는 한자를 이용한 것.	6, 39, 42
한국어 간섭 이외 일본어 내의 오용	정답과 유사한 [한자 일부(부수 등)를 변형, 생략, 첨가한] 것.	3, 7, 11, 17, 18, 21, 26, 30, 32, 34, 43, 49, 53, 57, 58, 59
	도중에 쓰다 만 것.	12, 14, 44
	정답과 음은 같지만 의미는 다른 것.	29, 60
	일본어(한자)의 의미를 알 수 없는 것.	22, 27, 61
기타		9

주) 문4, 28, 45, 54는 오용의 유형이 한 사람 만의 것이므로 제외했다.

3.2 조사Ⅱ에 대해서

3.2.1 일본어 모어화자와 한국어 모어화자에 의한 오용의 인정

〈표6〉은 '일본어 모어화자와 한국어 모어화자에 의한 오용의 인정·비인정률'을 나타내고 있다. 이것은 양 화자가 학습자가 의도했다고 생각되는 것을 어느 정도 추측해 고쳤는가를 나타내는 것이다. 〈표6〉에서 인정률을 보면, J는 K보다 낮다.

〈표6〉 일본어 모어화자와 한국어 모어화자에 의한 오용의 인정·비인정률

	일본어 모어화자	한국어 모어화자
인정률 (%)	74.1	83.1
비인정률	25.9	16.9

<표7>은 '일본어 모어화자와 한국어 모어화자에 의한 오용의 인정률 분포'를 나타내고 있다. <표7>에서 보면, 양 화자의 오용의 인정률은 75.0 이상~100% 범위 내에서 가장 많이 분포하고 있다. K는 0.0~50.0% 미만의 범위에서 전혀 분포하지 않고, 75.0 이상~100%의 범위에서 89.7%가 분포하고 있다.

〈표7〉 일본어 모어화자와 한국어 모어화자에 의한 오용의 인정률 분포

인정률(%)	0.0~25.0 미만	25.0~50.0	50.0~75.0	75.0 이상~100
일본어 모어화자	5.2	3.4	13.8	77.6
한국어 모어화자	-	-	10.3	89.7

<표8>은 '문제별 오용의 인정과 이해도'를 나타내고 있다. <표8>에서 문제별 비인정률 순위(10위까지)를 보면, J는 문2, 3, 1, 4, 7, 5, 9, 19, 8, 10, K는 문19, 24, 42, 15, 16, 6, 9, 3, 27, 2의 순이다. 문2, 3, 9, 19는 양 화자에게 나타나고 있지만, 순위에 차이가 있다.

〈표8〉 문제별 오용의 인정과 이해도

번호	문제(아래 선의 부분은 오용) (+표는 정답)	오용의 인정		J 28명	K 20명	순위(이해도) 이해도(전체) 이해도(정답) J	K
1 (10)	わたしの妹<u>内外</u>は京都に住んでいる。	+	夫婦	4	17	1	13
			家族	3	-	0.9	71.3
			夫妻	-	2	6.3	83.8
			以外	2	-		
			達	1	-		
			X	18	-		
			무답	-	1		
2 (9)	<u>接手所</u>はどこですか。	+	受付	1	16	1	15
			御手洗	6	-	0.9	72.4
			便所	3	-	25.0	85.9
			接待所	-	2		
			接受	-	1		
			洗面所	1	-		
			待合室	1	-		
			応接間	1	-		

			X	14	–		
			무답	1	1		
3 (15)	<u>男便</u>をうしなう。	+	夫	1	15	3	34
			主人	–	5	8.9	89.5
			男手	2	–	25.0	94.6
			童貞	2	–		
			気力	1	–		
			X	22	–		
4 (41)	私の家は<u>食口</u>が多い。	+	家族	8	19	3	38
			人数	3	–	8.9	91.7
			食費	2	–	31.3	97.1
			食通	1	–		
			食プチ	1	–		
			非常用食料	1	–		
			○	1	–		
			X	11	1		
5 (5)	父は<u>来後年</u>65歳で定年です。	+	再来年	15	18	5	28
			来年	9	–	25.9	85.5
			昨年	–	1	48.3	95.6
			明後年	–	1		
			去来年	1	–		
			X	3	–		
6 (14)	近ごろは男でも<u>指</u>をするひとがめずらしくない。	+	指輪	22	14	6	1
			指丸	–	1	27.8	50.0
			指指シ	–	1	50.0	75.0
			家事	1	–		
			○	–	2		
			X	5	1		
			무답	–	1		
7 (56)	<u>物件</u>さえよければねだんが高くても買います。	+	品物	4	10	7	16
		+	物	5	7	29.5	76.4
			条件	2	–	82.5	91.7
			品質	1	1		
			件	1	–		
		+	モノ	1	–		
			○	12	1		
			X	1	1		
			무답	1	1		
8 (37)	<u>国民学校</u>の一年生です。	+	小学校	17	20	8	56
			○	3	–	34.0	100
			X	8	–	50.0	100

9	人に<u>世話</u>をかけるようなことをしては	+	迷惑	14	14	9	8
	いけない。	+	面倒	1	1	35.2	63.8
(22)			手数	1	–	64.3	91.7
			水	1	–		
			○	10	5		
			X	1	–		
10	君の<u>都合</u>は例外だ。	+	場合	17	17	10	7
			○	8	3	35.7	61.1
(61)			X	3	–	58.8	73.3
11	その娘は田中君の<u>愛人</u>だ。	+	恋人	21	18	11	33
			友人	3	–	41.1	88.8
(24)			○	4	2	54.8	98.6
12	なんでも<u>辞譲</u>せずに要求しなさい。	+	遠慮	19	16	11	10
			譲歩	3	–	41.1	69.7
(8)			辞退	2	–	57.9	88.3
			断り	–	1		
			○	–	1		
			X	4	–		
			무답	–	2		
13	<u>日記</u>予報を申し上げます。	+	天気	23	19	13	45
			○	–	1	44.4	94.7
(13)			X	5	–	54.5	100
14	<u>生日</u>はいつですか。	+	誕生日	18	19	14	41
			生年月日	9	–	44.6	93.1
(23)			才誕生	–	1	69.4	98.5
			X	1	–		
15	疲れ過ぎて話す<u>気運</u>もなかった。	+	元気	1	2	15	5
		+	気力	24	5	49.1	56.3
(20)		+	力	–	6	55.0	86.5
			気	1	5		
			気持	2	–		
			気分	–	1		
			무답	–	1		
16	どの大學でどんな勉強をしたらいいか	+	相談	23	13	16	3
	、父に<u>議論</u>する。		論議	–	2	50.5	55.0
(2)			○	1	3	61.4	84.6
			X	4	1		
			무답	–	1		
17	<u>窓門</u>あけてください。	+	窓	19	20	17	56
			正門	2	–	50.9	100
(40)			玄関	1	–	73.7	100
			ドア	1	–		
			X	5	–		

18 (44)	<u>屋</u>を掃除する。	+	部屋 家 屋上 屋根	21 5 1 1	16 3 – 1	17 50.9 67.9	11 71.1 90.0
19 (32)	やかましくて<u>仕事</u>ができない。	+	仕事 勉強 作業 ○ ×	15 2 1 9 1	11 – – 9 –	17 50.9 95.0	3 55.0 100
20 (11)	ゆびの<u>復</u>はなかなかなおらない。	+	傷 腹 怪我 骨 × 무답	22 2 – 1 3 –	16 – 1 – 2 1	20 52.7 67.0	11 71.1 90.0
21 (35)	買ってきた<u>板子</u>で、木のはこをつくりました。	+	板 椅子 板切 板紙 材木 組立セット ×	21 – 2 – 1 1 3	17 2 – 1 – – –	20 52.7 70.2	13 71.3 95.0
22 (7)	<u>指布</u>にお金を入れる。	+	財布 小錢イレ ×	25 1 2	19 – 1	22 53.6 57.0	24 83.3 88.2
23 (47)	<u>江</u>にははしが二つかかっている。	+	川 河 河口 入江 ○	22 4 1 1 –	19 – – – 1	22 53.6 68.2	36 90.3 95.6
24 (6)	あなたはどんな<u>事</u>でここへきましたか。	+ + + +	用事 仕事 用 用件 訳 件 ○ × 무답	20 – – 2 1 1 3 1 –	10 4 2 – – – 3 – 1	24 56.3 68.5	2 52.6 90.9
25 (25)	私はこの研究に<u>平生</u>をささげるつもりです。	+ +	一生 生涯 무답	27 1 –	19 – 1	25 57.1 57.1	30 86.8 91.6

No.		+					
26 (42)	支払いは<u>明月</u>までです。	+	来月 明日 ○	22 5 1	20 – –	25 57.1 72.7	42 93.8 93.8
27 (46)	酒の<u>相対</u>をする。	+	相手 応対 ヤリトリ 対酌 節対 飲ミクラベ X 무답	23 1 – – 1 1 2 –	15 1 1 1 – – 1 1	27 58.9 71.7	9 64.5 87.5
28 (50)	貧乏で<u>苦生</u>する。	+	苦労 苦学 ○ X 무답	26 1 – 1 –	18 – 1 – 1	28 60.7 65.4	30 86.8 97.1
29 (52)	<u>来日</u>は休みです。	+	明日 昨日 翌日 来週 X	23 – 1 1 3	19 1 – – –	29 61.1 70.5	49 95.0 100
			+				
30 (29)	<u>返紙</u>を出す。	+	返事 返信 答案用紙	25 2 1	20 – –	30 61.6 69.0	52 97.4 97.4
31 (27)	明日から<u>場合</u>がよろしいですが。	+	都合 天気 具合 무답	26 1 1 –	19 – – 1	30 61.6 69.2	29 86.3 90.8
32 (62)	図書館には<u>冊</u>がたくさんあります。	+	本	28	20	32 63.4 63.8	56 100 100
33 (19)	<u>湖水</u>をボートでひとまわりした。	+	湖 湖面 ○ X 무답	24 1 2 1 –	18 – 1 – 1	33 63.9 77.2	20 80.6 96.9
34 (55)	<u>日語</u>を習う。	+	日本語 ○	27 1	19 1	34 64.8 67.3	45 94.7 100
35 (49)	大学で医学の<u>逸強</u>をするつもりです。	+	勉強 X 무답	25 1 2	20 – –	35 65.2 76.0	39 92.1 92.1

No.	문장	+/−	답	n1	n2	%1	%2
36 (39)	<u>去週</u>、この本を買いました。	+	先週	25	19	36	48
			来週	3	–	66.1	94.7
			前週	–	1	74.0	100
37 (60)	公園を<u>山歩</u>する。	+	散歩	28	19	36	34
			○	–	1	66.1	89.5
						66.1	94.4
38 (21)	わたしは京都までの<u>切付</u>を買った。	+	切符	25	18	38	23
			切荇	1	–	66.7	82.9
			○	3	2	78.1	92.4
39 (12)	さむいので、<u>風</u>をひきました。	+	風邪	27	18	39	18
			人	1	–	67.0	77.5
			○	–	2	69.4	96.9
40 (31)	人の<u>長点</u>を認める。	+	長所	27	18	40	27
			○	1	1	68.8	84.2
			무답	–	1	71.3	94.1
41 (1)	中学校の<u>学生</u>に教えています。	+	生徒	22	20	41	53
			○	6	–	69.6	97.5
						88.6	97.4
42 (58)	<u>手紙</u>を書く。	+	手紙	23	12	42	6
			悪口	1	–	71.4	57.9
			○	4	8	87.0	100
43 (57)	わたしには<u>第</u>が3人おります。	+	弟	27	17	42	9
			兄弟	–	1	71.4	77.6
			○	–	1	74.1	98.3
			X	1	1		
44 (53)	日本のいなかは<u>景色</u>がいい。	+	景色	25	17	44	24
			気色	–	1	72.3	83.3
			空気	1	–	81.0	100
			○	2	2		
45 (33)	船はどこの<u>港口</u>にもよらないでまっすぐ横浜に向かいました。	+	港	28	19	45	37
			○	–	1	74.1	90.8
						74.1	95.8
46 (15)	あのおじいさんは<u>孫子</u>が6人います。	+	孫	25	20	45	51
			X	3	–	74.1	97.1
						87.0	97.1
47 (18)	彼の父親は<u>垂便局</u>につとめています。	+	郵便局	27	20	47	44
			垂便局	1	–	75.9	94.4
						78.7	94.7
48 (16)	弁護士に<u>相議</u>する。	+	相談	28	18	47	22
			協議	–	1	75.9	82.5
			X	–	1	75.9	91.7

49 (36)	意味のわからないことばを事典で調べました。	+	辞書	7	14	47	42
		+	辞典	18	5	75.9	93.8
			事書	1	1	85.0	98.7
			○	2	-		
50 (30)	工場のえんとつから黒い煙が出てる。			28	19	50	21
		+	煙	-	1	76.8	81.6
			灯			76.8	86.1
51 (17)	このたてものにはひろい郎下がある。	+	廊下	26	20	51	32
			部屋	1	-	78.6	88.2
			X	1	-	84.6	88.2
52 (59)	今日の夕方のおかずに漁を食べた。	+	魚	28	20	52	50
						79.5	95.8
						79.5	95.8
53 (38)	この箱子のふたはどこにありますか。	+	箱	27	20	52	54
			菓子	1	-	79.5	98.6
						82.4	98.6
54 (43)	妹は毎晩必ず日記を書く習慣があります。	+	妹	15	17	52	24
			私	1	-	79.5	83.3
			○	9	2	88.3	100
			X	3	-		
			무답	-	1		
55 (48)	自己のことは自分でしなさい。	+	自分	27	20	55	39
			무답	1	-	80.4	92.1
						83.3	92.1
56 (26)	先生が墨板に字を書きます。	+	黒板	28	20	56	45
						83.0	94.7
						83.0	94.7
57 (3)	このおかしは砂唐のようにあまい。	+	砂糖	27	18	57	17
			砂	-	1	83.9	76.5
			砂唐	1	-	87.0	86.7
			○	-	1		
58 (34)	杌に向かって勉強しなさい。	+	机	28	20	58	55
						84.3	98.7
						84.3	98.7

주1) '번호'에서 ( )의 숫자는 <표2>에서의 번호이다.
　2) 표의 가장 우측에 있는 '순위(이해도)'는 아래의 '이해도(전체)'에 의한 순위, '이해도(전체)'는 전체에서의 이해도, '이해도(정답)'는 정답만 대상으로 한 이해도이다.
　3) ○, X표에 대해서는 '2.2.3 조사 순서'의 지시문을 참조.

<표9>는 '일본어 모어화자와 한국어 모어화자에 의한 오용의 비인정 내역'을 나타내고 있다. <표9>에서 보면, 오용의 바른 형태를 전혀 모를 경우의 X표에서 양 화자의 차는 매우 크다.

〈표9〉 일본어 모어화자와 한국어 모어화자에 의한 오용의 비인정 내역

비인정 내역	다양한 오용의 유형	○	X	무답
일본어 모어화자 (%)	52.5	18.2	28.2	1.1
한국어 모어화자	61.4	26.2	4.3	8.1

주) ○, X표에 대해서는 '2.2.3 조사 순서'의 지시문을 참조.

3.2.2 일본어 모어화자와 한국어 모어화자에 의한 오용의 이해도

3.2.2.1 일본어 모어화자와 한국어 모어화자의 평가 관점

J는 한국어 학습 경험도 거의 없고, 한국인과 일본어로 대화한 경험도 없다. 따라서 J는 한국인 일본어 학습자 오용을 문제 문장의 의미만을 단서로 평가할 것이다. 그러나 K는 자신의 학습 경험, 교사 경험이 있기 때문에, 무엇을 틀렸는지(오용의 바른 형태)를 대부분 알 수 있을 것이다[18].

3.2.2.2 일본어 모어화자와 한국어 모어화자에 의한 오용의 이해도

오용의 이해도는 바르게 인정한 것이 100% 이해된 것이라고 할 수 없기 때문에, 인정하지 못한 것 및 무답을 포함한 것(<표10>)과, 정답(<표12>)으로 나누어 생각했다.

<표10>은 '일본어 모어화자와 한국어 모어화자 의한 오용의 이해도'를 나타내고 있다. <표10>에서 보면, 오용의 이해도는 J가 K보다 낮아서, 보다 중요도가 있다고 평가하고 있다[19].

〈표10〉 일본어 모어화자와 한국어 모어화자에 의한 오용의 이해도

	일본어 모어화자	한국어 모어화자
이해도(%)	53.2	77.6

<표11>은 '일본어 모어화자와 한국어 모어화자에 의한 오용의 이해도 분포'를 나타내고 있다. <표11>에서 보면, J는 50.0~75.0%, K는 75.0 이상~100%의 범위에서 분포율이 가장 높다. K는 0.0~50.0% 미만의 범위에서는 전혀 분포하고 있지 않다.

〈표11〉 일본어 모어화자와 한국어 모어화자에 의한 오용의 이해도 분포

이해도(%)	0.0~25.0 미만	25.0~50.0	50.0~75.0	75.0 이상~100
일본어 모어화자(%)	6.9	19.0	51.7	22.4
한국어 모어화자	-	-	25.9	74.1

<표8>은 문제별 오용의 이해도를 나타내고 있다. <표8>에서 문제별 이해도의 순위(10위까지)를 보면, J는 문1, 2, 3, 4, 5, 6, 7, 8, 9, 10, K는 문6, 24, 16, 19, 15, 42, 10, 9, 27, 12의 순이다. 문6, 9, 10만이 양 화자에게 나타나고, 양 화자의 이해도 순위는 상당히 차이가 있다.

<표12>는 '정답에서의 일본어 모어화자와 한국어 모어화자에 의한 오용의 이해도'를 나타내고 있다. <표12>에서 보면, 정답(<표8>에서의 +표)만의 이해도는 <표10>과 마찬가지로 J가 K보다 상당히 낮아서, 보다 중요도가 있다고 평가하고 있다.

〈표12〉 정답에서의 일본어 모어화자와 한국어 모어화자에 의한 오용의 이해도

	일본어 모어화자	한국어 모어화자
이해도(%)	69.3	93.7

<표13>은 '정답에서의 일본어 모어화자와 한국어 모어화자에 의한 오용

의 이해도를 구할 때의 척도치 분석'을 나타내고 있다. <표13>에서 보면, 양 화자의 차이는 척도치 100%에서 가장 크다. 그리고 K는 척도치 100%의 사용률이 78.9%에 달하고 있다.

〈표13〉 정답에서의 일본어 모어화자와 한국어 모어화자에 의한 오용의 이해도를 구할 때의 척도치 분석

척도치	0%	25%	50%	75%	100%	무답
일본어 모어화자 (%)	1.9	12.3	18.3	32.4	34.4	0.8
한국어 모어화자	0.3	1.5	3.6	8.9	78.9	6.8

3.2.2.3 일본어 모어화자와 한국어 모어화자에 의한 오용의 중요도

오용의 중요도('2.2.4 분석 방법')에서는 오용을 어떤 기준으로 나누는가가 중요하다. 여기서는 J의 언어적 직관에서 오용 평가 기준을 구하기 때문에, 언어 전달을 수신자인 J의 입장에서 크게 3개로 나누어 생각한다. 그것은 'A : 오용이 일본어에서 사용되고 있는 것', 'B : 오용이 일본어에서 사용되고 있지 않은 것', 'C : 오용이 형태에 의한(자형이 틀린) 것'이다. A, B는 의미상의 문제, C는 자형의 문제이다.

<표14>는 '오용의 범주별 이해도'를 나타내고 있다. <표14>에서 보면, J에서 A, B는 C보다 이해도가 낮다(보다 중요도가 있다). K에서 B는 가장 이해도가 높다. 정답만의 이해도에서도 동일하다. 양 화자의 차이는 B에 대한 이해도에서 가장 크다. 즉 J가 가장 엄하게, K가 가장 관대하게 평가하고 있다.

이상의 결과는 한국인 일본어 교사에게 교수상 중요한 시사를 주고 있다. 그것은 J처럼 B, A, C의 순으로(자형보다 의미상의 것을) 보다 엄하게 평가하는 것이다.

<표14> 오용의 범주별 이해도

오용의 범주	문제 번호	이해도	
		일본어 모어화자	한국어 모어화자
A : 오용이 일본어에서 사용되 고 있는 것.	1, 6, 7, 9, 10, 11, 12, 13, 15, 16, 24, 25, 27, 29, 31, 33, 41, 45, 49, 55	50.7 (64.6)	76.4 (90.8)
B : 오용이 일본어에서 사용되 고 있지 않은 것.	2, 3, 4, 5, 8, 14, 17, 18, 21, 23, 26, 28, 32, 34, 36, 40, 46, 48, 53	49.6 (62.5)	89.4 (96.0)
C : 오용이 형태에 의한(자형 이 틀린) 것.	19, 20, 22, 30, 35, 37, 38, 39, 42, 43, 44, 47, 50, 51, 52, 54, 56, 57, 58	70.5 (78.0)	83.2 (94.4)

주) 이해도에서 ( ) 안의 숫자는 정답(<표8>)에 의한 것이다.

4. 맺는 말

본고에서는 한자(어) 지도법을 개발하는 일환으로서, 한국인 일본어 학습자가 한국어를 일본어로 번역할 때의 한자(어) 오용을 분석해서, 그 오용에 대한 일본어 모어화자와 한국어 모어화자의 평가를 조사했다. 그 주요한 결과는 다음과 같다.

(1) 학습 수준(학년)과 한자 쓰기 테스트 정답률은 비례하지 않는다. 학습 수준이 높을수록 일본어 한자 능력이 높다고 할 수 없다. 학년별로 체계적인 한자 지도가 필요하다.

(2) 오용의 난이도는 학년별로 상당히 일치하고 있다. 난이도가 높은 것에 대한 중점적인 지도가 필요하다.

(3) 학습 수준에 관계없이 한국어 간섭에 의한 오용의 비율이 높다. 특히 '한국어 음을 그대로 한자(한국어)로 고친 것'이 가장 높다. 일본어와 한국어를 대조하면서 지도하는 것이 필요하다.

(4) 오용의 인정률과 이해도에서 일본어 모어화자는 한국어 모자화자보다 전체적으로 낮다. 일본어 모어화자처럼 보다 엄하게 평가하는 것이 요구된다. 그리고 '오용이 일본어에서 사용되고 있지 않은 것', '오용이 일본어에

서 사용되고 있는 것', '오용이 형태에 의한(자형이 틀린) 것'의 순으로 보다 엄하게 평가하는 것이 한국인 일본어 교사에게 요구된다.

【주】

1) 한국의 韓國語文敎育硏究會(1992 : 242-247)의 「第2回大學生漢字實力評價」(74, 75 合倂號『語文硏究』20, 第2, 3號)에서는 중·고등학교의 한문교육용한자 1,800자 중에서 기본적인 1,000자에 대해서, 1505명(주로, 대학 1학년)에게 다양한 문제 유형으로 평가했다(1992년 3~4월). 그 결과는 평균 54.25점[최고 100점(만점), 최저 8점]으로, 중·고등학교에서의 한자, 한문 교육의 문제점을 잘 나타내고 있다. [1990년의 「第1回 大學生漢字實力評價」에서는 평균 75.98점이었다. (『語文硏究』67號, 語文會報 創刊 號, 1990)]

2) 韓國大學敎育協議會(1991, 17-18)의 『일어일문관련학과 교육프로그램개발연구』에서는 14개교의 일본어 과목에 대해 개관하고 있다. 그러나 '한자'를 하나의 과목으로 개설하고 있는 대학교는 한 곳도 없다.

3) 오용 분석과 오용 평가에 대해서는 Johansson(1975 : 17)의 *Papers in Contrastive Linguistics and Language Testing*(Lund : CWK Gleerup)을 참조.

4) 오용 분석의 언어 교육에의 응용(오용 정정, 교재, 실러버스 개발 등)에 대해서는 小篠 敏明(編)(1983 : 152-182)의 『英語の誤答分析』를 참조.

5) 학습 내역

( ) : 주당 시간수

	1학년	2학년	3학년	4학년
1학기(16주)	독해(3)	독해(3) 회화(2) 작문(3)	회화(2)	회화(2)
2학기(16주)	독해(3)	회화(2) 작문(3)	회화(2)	회화(2)

위의 과목은 전공과목 이외의 일본어 과목이다. 이 밖에 선택과목['한문'(3)]도 있기 때문에 학습자별로 학습 시간은 다소 차이가 있다. '문법' 과목은 한자 지도와 거의 관계가 없기 때문에 제외했다. 그리고 조사는 5~6월에 했기 때문에('2.1.3 조사 순서'), 실제 1학기의 학습 시간은 8주가 된다.

6) 한국 고등학생은 제2외국어로 일본어를 선택하고 있다(216시간 : 주 2시간, 3년간). 그리고 고등학교(문과)에서는 '한문'을 배우고 있지만(108시간 : 주 1시간, 3년간), 주로 한문 독해가 중심이다.

7) 문제의 문장은 대부분 文化庁(1988)의 『外国人のための基本語用例辞典』과 大阪外国語大学朝鮮語研究室編(1988)의 『朝鮮語大辞典(上·下)』에서의 예문이다.

8) <표2>에서 문3, 11, 17, 18, 21, 29, 30, 32, 34, 43, 49, 53, 57, 58, 59이다.

9) <표2>에서 문12, 14, 44이다.

10) 주로 張奭鎭 외(1988 : 88-100)의『韓日語對照分析』과 石原六三・青山秀夫(1985 : 150-155)의『朝鮮語の学習』…… 등을 참조했다.

11) 성별로는 남자 20, 여자 9명, 연령별로는 약 28.3세(15~76세), 직업별로는 대학생 14, 공무원 9, 회사원 6명, 학력별로는 대학원(재) 4, 대(재)졸 19, 고졸 6명 등이다.

12) 한국어 모어화자(교사) 내역

	교사의 평균 경력	남여	평균 연령	학력
고등학교	6.5(0.5~10.5)년	6·6명	31(24~44)세	대학원 7명, 대학교 5명
대학교	4.3(0.5~10.5)년	4·4명	38(30~59)세	대학원 8명

13) <표2>에서 문4, 28, 45, 54이다.

14) 모어화자라도 오용 인정은 일정하지 않다(<표8>). [趙南星(1992 : 189)의「韓国人日本語学習者による外来語表記の誤り-日本語話者による評価を中心として-」(『日本語教育』78号, 178-190)의 주11)을 참조.]

15) '한자' 과목이 없기 때문에[주2)], 현실적으로 체계적인 한자 지도가 이루어지지 않고 있다. 그리고 일본어 과목[주5)] 수업에서 한자 지도가 예상되지만, 그 내용은 교사(의 지도법 등)에 따라서 다르므로 예상할 수 없다. 따라서 일본어 과목의 수업 시간 수(학년)와 한자 능력이 정비례한다고 할 수는 없다.

16) 학습 수준별로 오용 유형 개수에 의한 순위(10위까지)를 보면, 2학년은 문9, 18, 29, 15, 21, 30, 16, 17, 5, 8, 3학년은 문9, 5, 11, 21, 15, 36, 2, 6, 12, 17, 4학년은 문9, 2, 18, 21, 29, 5, 6, 36, 11, 20 순이다.

17) <표2>에서 문3, 4, 11, 14, 17, 18, 22, 26, 27, 28, 29, 43, 45, 49, 54, 57, 58, 59, 60, 61이다.

18) Davies(1983 : 306)는 오용 평가에서 모어화자와 비모어화자, 교사와 비교사의 관점의 차이에 대해서 상세하게 기술하고 있다.(Error Evalution : The Importance of Viewpoint, *ELT Journal*, 37, 4, Oct., 304-311).

19) 영어교육의 경우, 일반적으로 모어화자보다 비모어화자가, 또 비교사보다 교사가 엄하게 평가한다고 보고하고 있다[趙南星(1992 : 189)의 주13)을 참조][주14)]. 그러나 일본어교육의 경우 趙南星(1991 : 19-30)의「韓国人の日本語学習者の誤りの評価—日本語話者と韓国語話者による誤りの重み付け」(『日本語と日本文学』15号, 19-30)에서는 '모어(일본어)화자 : 교사', '비모어(한국어)화자 : 교사', '일본어 화자 : 비교사'의 순으로 엄하게 평가하고 있다. 그리고 모든 일본어 모어화자는 한국어 모어화자보다 '표기(음운)', '어휘(한자)', '문법', '어휘[和語(고유 일본어)]' 중에서, '어휘(한자)'를 가장 엄하게 평가하고 있다.

제8장

한국인 일본어 학습자가 자유 작문에서 사용한 한자

1. 들어가는 말

본고에서는 한국인 일본어 학습자가 자유 작문에서 사용한 한자에 대해서 조사한다. 이는 앞으로의 작문 교육에서 어떤 한자를 우선적으로 지도해야 할 것인가에 대한, 객관적인 자료 제공에 그 목적을 두고 있다.

한국의 일본어교육에서 한자 학습의 중요성은 새롭게 인식되고 있지만, 한자 교육에 대한 연구는 많이 이루어지고 있지 않다. 특히 한자 쓰기 지도는 대개 교사의 주관에 따라서 『日本語能力試驗出題基準』에서 제시한 한자, 『常用漢字表』 등을 참고로 하여 이루어지고 있다. 이는 객관적 자료로 일본어 학습자의 작문 교육에서 한자 지도에 많은 도움이 되리라 생각된다. 그러나 작문이라는 구체적인 상황에서 다용되는 한자를 우선적으로 가르치는 데에는 미흡하다. 이들은 작문 이외 여러 상황을 고려하여 선정한 것이기 때문이다.[1]

따라서 본고에서는 구체적으로 다음의 사항을 조사한다.

(1) 한국인 일본어 학습자가 자유 작문에서 사용한 한자.

(2) 학습 수준별 자유 작문에서 사용한 한자.

(3) 자유 작문의 한자와 일본어능력시험의 한자.

(4) 자유 작문의 한자와 고등학교 일본어 교과서의 표기용 한자[2].

위의 결과는 자유 작문에서 사용된 한자의 빈도와 그 속성을 분명히 할 것이며, 자유 작문에서의 한자 지도, 한자 쓰기 테스트 및 교재 개발 등의 응용에 그 의의를 두고 싶다.

2. 일본어교육에서의 한자

일본어교육의 입장에서 한국인 일본어 학습자는 실제 한자 문화권에 속해 있다고 보기는 어렵다. 한자 문화권과 비한자 문화권의 중간에 위치하고 있다고 판단된다. 학습자는 중학교, 고등학교의 '한문' 과목의 수업에서 한자를 배우고 있으나, 일상생활에서의 한자 사용이나 한글과 혼용하여 표기를 위한 것이 아니라, 한문 독해 능력의 신장이 목적인 것이다. 표현보다는 이해에 주안점을 두고 있다.

'한자를 안 배우고 일본어를 배울 수는 없나요?'라고 하는 어느 학습자의 질문은, 한자 학습의 어려운 일면을 잘 대변하고 있다. 일본어 한자의 학습은 읽기에서 음과 훈의 문제가 있으며, 한자 자체도 다른 것이 있다. 또한 한자 어휘가 다르며, 동일 한자 어휘의 경우에도 의미가 다른 것이 많다. 그러나 무엇보다도 한국인 일본어 학습자에게 문제가 되는 것은, 우리말에서는 문장 속에서 한자를 함께 쓰지 않아도 되지만, 일본어의 경우에는 한자를 병기하지 않으면 안 된다는 것이다. 작문에 있어서 습득한 문형과 단어를 이용해서 쓰는 것이 기본이지만, 그 경우 한자를 사용하지 않으면 완성된 문장이라고 할 수 없음은 두말할 나위가 없다.

3. 조사 방법

한자 조사에서 사용한 자유 작문은, 필자가 2002년에 8개 대학교에서 일본어를 전공하고 있는 3, 4학년 각각 100명과 12개 대학원에서 주로 일본어 (교육)를 전공하고 있는 100명을 대상으로 조사한 것으로, 600~800자 정도의 300편(300명)이다.

그리고 조사 대상의 한자는 300편의 작문에서 30회 이상 사용된 것(<표 5>)을 연구의 대상으로 한다. 이는 작문 내용에 따라 한 작문에서 일정한 어휘의 등장으로 여러 번 사용한 한자가 있기 때문이고, 가능한 한 빈도수가 높은 것을 찾아내어, 우선적으로 교육 현장에서 활용하는 지도의 효율성을 생각했기 때문이다. 개별 한자는 310자로 전체 사용수는 37,532자이다. 학습 수준은 연구의 편의상 3학년, 4학년, 대학원생을 각각 중급, 상급, 초상급으로 한다. 한편, 조사 결과는 학습 수준별로 <표5>에 정리했다.

4. 조사 결과 및 분석

4.1 일본어 학습자가 자유 작문에서 사용한 한자

<표1>은 '일본어 학습자가 자유 작문에서 사용한 한자'를 나타내고 있다. <표1>에서 알 수 있듯이, 작문 전체에서 사용한 한자의 개별 자수는 중급, 상급, 초상급 순서로 많으나, 그 차이는 미미하다. 그리고 작문(300편)에서 30회 이상 사용한 개별 한자(310자)의 전체 사용 자수의 비율은 중·상급보다 초상급이 낮다.

〈표1〉 일본어 학습자가 자유 작문에서 사용한 한자

	학습 수준			자(%)
	중급(3학년)	상급(4학년)	초상급(대학원)	합계
작문 전체에서 사용한 한자	14,313	14,889	17,554	46,756
30회 이상 사용한 한자 (개별 한자 310자)	1,689(81.7)	12,259(82.3)	13,584(77.4)	37,532(80.3)
30개 미만 사용한 한자	2,624(18.3)	2,630(17.7)	3,970(22.6)	9,224(19.7)

주) 작문에서 사용한 문자(모든 부호를 포함하며, 띄어쓰기 및 줄 바꿈에 따른 빈칸 등을 무시)는 개략적으로, 3학년 55,000자, 4학년 56,000자, 대학원 62,500자이다. 따라서 모든 문자와 대비한 한자 사용 비율은 3학년 26.0%(14313/55,000자), 4학년 26.6%(14,889/56,000자), 대학원 28.1%(17,554/62,500자)이다.

<표2>는 '한자의 사용 빈도에 따른 3분류'를 나타내고 있다. <표2>에서 알 수 있듯이, 다용된(30회 이상) 한자(310자)는, 사용 횟수와 개별 한자 개수를 고려하여 크게 3단계로 구분할 수 있다. 즉 90회 이상의 106자, 90회 미만~45회 이상의 108자, 45회 미만~30회 이상의 96자이다. 그리고 가장 많이 사용한 한자를 보면(<표5>에서 1~39번), 日, 私, 人, 本(1000회 이상), 国, 思, 生, 時, 一, 行, 学, 大, 見(500회 이상), 語, 間, 韓, 年, 分, 今, 自, 中, 言(300회 이상) 会, 事, 話, 友, 気, 強, 出, 食, 持, 心, 勉, 家, 感, 達, 何, 的, 校(200회 이상) 등이다.

〈표2〉 한자의 사용 빈도에 따른 3분류

작문 전체(300편)에서 30회 이상 사용한 개별 한자 310자		
90회 이상	90회 미만~45회 이상	45회 미만~30회 이상
(〈표5〉에서) 1~106번 (106자)	107~214번 (108자)	215~310번 (96자)
日私人本国思生時一行学大見語間韓年分今自中言会事話友気強出食持心勉家感達何的校遠好活考入子後物多方変前知力番化性文手目来業女画二合所先聞通外作彼月理新旅高度切味映上代初親最当実教習仕薬小全部場関結夢同経体春過現	少供族違近立動世要料社音始特問開意色地道面発主愛書長電母者山帰内期験休援婚院不緒冬然他努良男週題海十美残朝重下名流金交情使命読車早白表法在明界三卒民身必観着公機受若葉無安風用運終住進解歌病乗信苦取準飲向頃每英記酒步	買真相待忘東笑姿職花送放別望配約決有以起次備回去楽水遊留由京識短果専両我店介員昔悪選係品張格難市能光点熱四科単節辛互組夜広正説足神原付億定空顔覚姉夏建声利直希興願天寺北想才念役曜屋降計答誰軍

주) 30회 미만~20회 이상 사용한 한자(114자) : 背試育田政血幸慣産象傳展滞秋趣個未返位得像圍口等悲飛常統深様雨印庭際州差探館急隊都比夕與訳接應犬景服数字紙集寝季類木普夫消駅研五園遠引敵戦転調種程加古門僕写守精座治似客頭飯砂容優元異認害型帰離共断到練暮宿式野歴連済質痛便形素簡

한편 이들 한자(310자)는 日本(550회), 韓国(303), 日本語(271), 勉強(225), 自分(190), 日本人(174), 大学(172), 生活(170), 時間(164), 学校(136), 旅行(124), 映画(114), 一番(110), 学生(108), 文化(108), 韓国人(102), 仕事(92), 子供(81), 家族(79), 年生(76), 先生(67), 思い出(67), 一緒(65), 時代(63), 本当(61), 結婚(59), 電話(58), 努力(57), 卒業(54), 世界(53), 人間(49), 大切(49), 食

ベ物(49), 気持ち(48), 今日(44), 一度(44), 問題(44), 音楽(43), 言葉(42), 方法(42), 社会(40), 親切(40), 最近(40), 人生(39), 女性(39), 料理(37), 必要(37), 英語(37), 関心(35), 関係(35), 毎日(35), 準備(35), 高校(33), 全部(32), 希望(32), 曜日(30) 등의 어휘(한자 2자 이상 포함, 30회 이상)에서 많이 보인다. 활용어 (한자 1자 포함)에서는, 思う(611회), 行く(316), 言う(213), 持つ(177), 考える (175), 好きだ(175), 多い(151), 知る(130), 食べる(123), 会う(111), 話す(107), 聞く(101) 등의 어휘(100회 이상)에서 많이 보인다.

4.2 학습 수준별, 자유 작문에서 사용한 한자

<표3>은 '학습 수준별, 자유 작문에서 사용한 한자'를 나타내고 있다. <표3>에서 보면, 중·상급보다 초상급이 많이 사용하고 있다. 중급과 상급 은 커다란 차이가 보이지 않는다. 그리고 이들은 사용 빈도 20회를 기준으로 2단계로 크게 나눌 수가 있다. 100회 이상 사용한 한자도 중·상급보다 초상 급이 많은데, '1.日, 2.私, 3.人, 4.本, 5.国, 6.思, 7.生, 8.時, 9.一, 10.行, 11.学, 12.大, 13.見, 15.間, 17.年, 19.今'(16자)은 모든 학습 수준에서 공통적으로 나 타나고, '16.韓'은 중·상급, '18.分, 14.語'는 상·초상급, 그리고 '30.食, 26.友, 25.話'는 중급, '28.強, 33.勉'은 상급, '20.自, 21.中, 22.言, 24.事, 23.会, 27.気, 35.感, 34.家, 29.出'은 초상급에서 나타나고 있다. 한편 모든 학습 수준에서, 100회 미만 50회 이상에서 공통적으로 나타나는 한자(28자)는, 16.韓, 18.分, 20.自, 21.中, 22.言, 23.会, 24.事, 25.話, 26.友, 27.気, 28.強, 29.出, 30.食, 31. 持, 32.心, 33.勉, 34.家, 36.達, 37.何, 38.的, 39.校, 40.遠, 41.好, 42.活, 43.考, 44.入, 46.後, 47.物 등이다.(한자의 번호는 <표5>)

4.3 자유 작문의 한자와 일본어능력시험의 한자

<표4>는 '자유 작문의 한자와 일본어능력시험의 한자'를 나타내고 있다. <표4>에서 보면, 자유 작문에서 사용한 한자(310자)는, 『日本語能力試験出

題基準』에서 급수별로 제시한 한자를 기준으로 나누어 보면, 4급 60자, 3급 114자, 2급 127자, 1급 8자, 기타 1자이다. 4, 3급이 각각 100자, 300자 정도인 것을 생각하면, 자유 작문에서 다용한 한자는 60%(60/100자), 58%(174/300자) 가 각각 4, 3급에 해당한다. 그리고 사용 횟수를 기준으로 보면, 500회 이상의 한자는 13자인데 11자는 4급이고, 2자(2.私, 6.思)는 3급에 해당한다. 100 회 이상에서는 4급 37자, 3급 36자 이외, 2급 19자(35.感, 36.達, 38.的, 40.遠, 41.好, 42.活, 50.変, 54.番, 55.化, 56.性, 65.合, 66.所, 72.彼, 79.対, 85.初, 87.最, 88.当, 89.実, 93.薬), 기타 1자(16.韓) 등이다.

4.4 자유 작문의 한자와 고등학교 일본어 교과서의 표기용 한자

<표5>는 '자유 작문에서의 한자 사용 빈도와 … 고등학교 일본어 교과서 표기용 한자'를 나타내고 있다. <표5>에서 보면, 자유 작문의 310자와 고등 학교 일본어 교과서 표기용 한자 733자와 비교하면, 자유 작문에서는 25자 이외는 모두 사용하고 있다. 즉 자유 작문에서는 사용하고 있으나 표기용 한자에는 없는 25자는 16.韓, 21.中, 82.映, 110.違, 146.緒, 158.残, 166.情, 182.身, 199.解, 206.準, 209.頃, 219.忘, 222.姿, 223.職, 236.備, 246.職, 249.専, 251.我, 260.張, 261.格, 262.難, 264.能, 273.互, 295.興, 309.誰 등이다.

〈표3〉 학습 수준별, 자유 작문에서 사용한 한자

학습 수준	사용 빈도별 한자(학습 수준별, 10회 이상 사용한 개별 한자)					
	100회 이상	50~100회	40~50회	30~40회	20~30회	10~20회 미만
중급 〈299자〉	日人私本 国思行一 韓時見生 学大今食 年間友話 (20자)	中持好会 言気出達 語分画心 事多自作 強映校入 的高番活 考旅後家 物料手化 何対遠勉	変彼感来 方切外代 文二合所 月女知海 性前子新 通聞 (22자)	親最開小 力電度上 目近違場 初道母先 実少 (18자)	流緒音族 全交薬経 動同当辛 冬問要信 過部地題 楽意放休 飲週業美 体主現酒 世発歌使	長特努品名介始験 必然若背秋他無姉 書読下男紹重春界 説有祖準朱車社関 面立忘不備職愛軍 帝格身解夕明運遊 相早両互単成命敵 買金送三決十卒葉 由種類僕情良型願

중급 〈299자〉		理味 (38자)			着仕色供機笑水終白結残民帰 (49자)	習乗悪記受取滞真配約住夜次留去件漫法印塩億悲観元店院病伝待試回昔飛興答表夢向別果想歳趣父田嬉質館歩毎内者英公個空風服客都集市足加誕北以隊慣怖影血期煙響科役材菜簡 (152자)
상급 〈306자〉	日本私人国思行時一生学大語見年韓今間分強勉 (21자)	自中友遠食言出知話心会達前の業校物気何文習事好番持入感子活外家考化手二後変方目旅 (40자)	先聞女通度合初多良性力所来立彼新薬 (17자)	切親当春色理上代部社面味最同作全関特月少動内対期援 (25자)	実音発休験始仕夢世山白違観経体地名頃場要帰高過現開意映冬供近道他週残院歩員曜金命表買店小主長電情界卒着若住東姿画 (59자)	族間緒然車早終待者努男美無進病毎酒書海重三公乗飲相職送次短成真配約回識科専悪張誰結不下交法歌向別以祖両選直寺計婚朝流読明必去遊由京点答産隊題十使機葉取準記市原興夫優母在安風用苦起品光四互夏利降難際遠門到英解放有備付我寝景犬駅飯便野形守福鉄輩念役団像息普与 (144자)
초상급 〈359자〉	日人私生本学思時大一分見語間自行国中年言事今会気感家出 (27자)	心話持何強活子力的友勉教校考韓方遠性目後変来業入先結達月夢食仕前女所物多婚 (37자)	新実合通聞上化度供関者現好理体文彼当手高対小経過族書朝 (28자)	二愛在最味全山切場不十番初春世長院代親部要始問援望薬同主身映画意安外近社母期男 (39자)	作内法用少立特然努力声天降苦習違重成帰花希動地面説明政他題欄民公発金使表葉英係音道美命車早進姿	旅色緒病記京熱週界機乗忘決返字料開電休冬名流住準毎別以留商広神定探訳交真東昔選未庭治害無観短光張夜足付声天降様等差数戦府待笑配約頃有備去識点空姉建深比接季常象若信歩回市説億夏利才滞急園研済障

						解能覚育 残必取受 正北卒向 果四原顔 我存 (66자)	運歌相念送次楽願 寺想屋血転座砂席 走着職由介格単役 田伝位雨口集木五 展式翻島認呼丘終 遊計難個館遠加精 異負嘯統嫌和婦側 勢示賢応可離程幸 余囲 (162자)

주1) 표의 한자(20회 이상)는 사용 횟수가 많은 순서로 나열한 것이다.
　　2) 학습 수준별 전체 사용 한자 개수(10회 이상 총수)는 중급 11,405자, 상급 12,175자, 초상급 13,485자 등이다.

〈표4〉 자유 작문의 한자와 일본어능력시험의 한자

	『日本語能力試驗出題基準』에서 제시한 수준별 한자				
	4급 (100자)	3급 (300자)	2급 (1,000자)	1급 (2,000자)	기타
자유 작문의 310자	日人本国生 時一行学大 見語間年分 今中話友気 出食何校入 子後前来女 二先聞外月 高上小書長 電母山休男 十下名金命 読車白三毎 東水四天北 (60자)	私思自言会 勉家考物多 手目業画通 度切味映代 場同体春少 世料社音始 色地道発主 不冬週服海 明界着安風 歌病飲英歩 送別有以起 員悪品夜広 夏建曜屋計 (114자)	感達の遠好活変番化性 合所彼対初最当実薬全 部関結夢経過現供違要 面愛内期婚緒然他努良 美残流交情成表法在卒 民身必観機受若葉無進 解乗信苦取準向頃記酒 相忘笑職望配約決次 備回遊留祖由識短果専 両介昔選格格難市能光 点熱科単辛互紹説神原 付定顔覚声利直希願寺 想才念役降誰軍 (127자)	援公姿我 張節億興 (8자)	韓 (1자)

주)『日本語能力試驗出題基準』(1994 : 8~9)에 실제 제시되어 있는 한자는 4급 80자, 3급 245자이다.

<표5> 자유 작문에서의 한자 사용 빈도와 일본어능력시험 한자, 고등학교 일본어 교과서 표기용 한자

번호	한자	학습 수준			합계	능력시험	표기용
		3학년	4학년	대학원			
1	日	455	560	412	1427	4	○
2	私	434	446	403	1283	3	○
3	人	447	359	405	1211	4	○
4	本	364	462	318	1144	4	○
5	国	333	284	157	774	4	○
6	思	243	258	250	751	3	○
7	生	162	203	342	707	4	○
8	時	203	208	236	647	4	○
9	一	211	205	224	640	4	○
10	行	211	219	160	590	4	○
11	学	141	195	251	587	4	○
12	大	136	174	229	539	4	○
13	見	184	168	178	530	4	○
14	語	80	172	178	430	4	○
15	間	113	143	174	430	4	○
16	韓	206	147	68	421	-	-
17	年	117	151	139	407	4	○
18	分	79	138	186	403	4	○
19	今	129	144	121	394	4	○
20	自	74	84	167	325	3	○
21	中	99	80	143	322	4	○
22	言	86	76	138	300	3	○
23	会	87	73	121	281	3	○
24	事	76	61	134	271	3	○
25	話	100	74	95	269	4	○
26	友	112	80	75	267	4	○
27	気	85	64	116	265	4	○
28	強	68	112	85	265	3	○
29	出	85	75	101	261	4	○
30	食	119	78	54	251	4	○
31	持	97	58	94	249	3	○
32	心	76	74	97	247	3	○
33	勉	53	100	74	227	3	○
34	家	57	55	109	221	3	○
35	感	49	57	114	220	2	○
36	達	84	69	57	210	2	○
37	何	53	63	93	209	4	○
38	的	65	67	76	208	2	○
39	校	67	65	70	202	4	○
40	遠	53	79	67	199	2	○
41	好	94	60	43	197	2	○
42	活	59	56	82	197	2	○
43	考	59	55	70	184	3	○
44	入	66	58	58	182	4	○
45	子	42	57	80	179	4	○
46	後	58	53	64	175	3	○
47	物	57	65	50	172	3	○
48	多	75	44	50	169	3	○
49	方	48	51	68	167	3	○
50	変	49	53	61	163	2	○
51	前	42	68	52	162	4	○
52	知	43	75	44	162	3	○
53	力	37	42	77	156	3	○
54	番	61	59	35	155	2	○
55	化	55	54	46	155	3	○
56	性	43	43	67	153	2	○
57	文	46	63	42	151	3	○
58	手	55	54	41	150	4	○
59	目	34	51	65	150	3	○
60	来	48	41	59	148	4	○
61	業	23	66	59	148	3	○
62	女	44	48	51	143	4	○
63	画	79	29	31	139	3	○
64	二	45	54	39	138	4	○
65	合	45	45	48	138	2	○
66	所	45	42	51	138	3	○
67	先	30	49	58	137	4	○
68	聞	40	49	47	136	4	○
69	通	41	47	48	136	3	○
70	外	47	56	30	133	4	○
71	作	71	32	29	132	3	○
72	彼	49	40	42	131	2	○
73	月	44	31	55	130	4	○

74	理	52	35	43	130	3	○	114	世	22	27	35	84	3	○
75	新	41	40	49	130	3	○	115	要	26	24	33	83	2	○
76	旅	59	51	19	129	3	○	116	料	57	9	17	83	3	○
77	高	64	23	41	128	4	○	117	社	16	34	30	80	3	○
78	度	36	46	46	128	3	○	118	音	28	29	22	79	3	○
79	対	53	30	41	124	2	○	119	始	18	28	33	79	3	○
80	切	47	39	36	122	3	○	120	特	19	32	28	79	3	○
81	味	52	33	37	122	3	○	121	問	26	19	33	78	3	○
82	映	68	22	31	121	3	-	122	開	38	23	17	78	3	○
83	上	34	35	47	116	4	○	123	意	24	23	31	78	3	○
84	代	47	35	34	116	3	○	124	色	21	37	19	77	3	○
85	初	33	45	35	113	2	○	125	地	25	25	26	76	3	○
86	親	38	39	33	110	3	○	126	道	32	22	22	76	3	○
87	最	38	33	38	109	2	○	127	面	16	34	26	76	3	○
88	当	27	39	42	108	2	○	128	発	22	29	24	75	3	○
89	実	30	29	49	108	2	○	129	主	23	20	32	75	3	○
90	教	9	22	73	104	3	○	130	愛	16	20	39	75	2	○
91	習	13	63	27	103	3	○	131	書	17	17	40	74	4	○
92	仕	21	27	53	101	3	○	132	長	19	20	35	74	4	○
93	薬	28	40	32	100	2	○	133	電	36	20	17	73	4	○
94	小	37	20	41	98	4	○	134	母	31	12	30	73	3	○
95	全	28	32	37	97	2	○	135	者	10	18	45	73	3	○
96	部	25	35	33	93	2	○	136	山	9	27	37	73	4	○
97	場	33	24	36	93	3	○	137	帰	20	24	27	71	3	○
98	関	16	32	45	93	2	○	138	内	10	31	29	70	2	○
99	結	20	15	58	93	2	○	139	期	10	30	30	70	2	○
100	夢	11	27	55	93	2	○	140	験	18	29	23	70	3	○
101	同	28	33	32	93	3	○	141	休	23	29	17	69	4	○
102	経	27	25	41	93	2	○	142	援	6	30	33	69	1	○
103	体	23	25	43	91	3	○	143	婚	4	14	50	68	2	○
104	春	17	38	35	90	3	○	144	院	11	21	35	67	3	○
105	過	26	23	41	90	2	○	145	不	16	15	36	67	3	○
106	現	23	23	44	90	2	○	146	緒	29	19	19	67	2	-
107	少	30	31	28	89	3	○	147	冬	26	22	17	65	3	○
108	供	21	22	46	89	2	○	148	然	18	19	28	65	2	○
109	族	28	19	40	87	3	○	149	他	18	22	25	65	2	○
110	違	34	26	27	87	2	-	150	努	19	18	28	65	2	○
111	近	34	22	30	86	3	○	151	良	14	44	7	65	2	○
112	立	16	41	28	85	3	○	152	男	17	18	30	65	4	○
113	動	27	31	26	84	3	○	153	週	23	22	18	63	3	○

154	題	25	13	25	63	3	○	194	用	9	12	29	50	3	○
155	海	43	17	3	63	3	○	195	運	15	22	12	49	3	○
156	十	14	13	36	63	4	○	196	終	20	19	10	49	3	○
157	美	23	18	22	63	2	○	197	住	12	20	17	49	3	○
158	残	20	22	21	63	2	-	198	進	9	18	22	49	2	○
159	朝	7	14	40	61	3	○	199	解	16	11	22	49	2	-
160	重	17	17	27	61	3	○	200	歌	21	15	12	48	3	○
161	下	17	15	28	60	4	○	201	病	11	18	19	48	3	○
162	名	18	25	17	60	4	○	202	乗	13	17	18	48	2	○
163	流	29	14	17	60	2	○	203	信	26	9	13	48	2	○
164	金	14	21	24	59	4	○	204	苦	8	12	28	48	2	○
165	交	28	15	16	59	2	○	205	取	13	13	21	47	2	○
166	情	14	20	25	59	2	-	206	準	17	13	17	47	2	-
167	使	21	13	24	58	3	○	207	飲	23	17	6	46	3	○
168	成	15	16	27	58	2	○	208	向	11	15	20	46	2	○
169	命	15	21	22	58	4	○	209	頃	9	25	12	46	2	-
170	読	17	14	26	57	4	○	210	毎	10	18	17	45	4	○
171	車	16	19	22	57	4	○	211	英	10	11	24	45	3	○
172	早	15	19	22	56	3	○	212	記	13	13	19	45	2	○
173	白	20	27	9	56	4	○	213	酒	23	18	4	45	2	○
174	表	11	21	24	56	2	○	214	歩	10	22	13	45	3	○
175	法	12	15	29	56	2	○	215	買	14	21	9	44	3	○
176	在	5	12	39	56	2	○	216	真	12	16	16	44	3	○
177	明	15	14	26	55	3	○	217	相	15	17	12	44	2	○
178	界	17	20	18	55	3	○	218	待	11	19	14	44	3	○
179	三	14	17	23	54	4	○	219	忘	16	10	18	44	2	-
180	卒	14	20	20	54	2	○	220	東	8	20	16	44	4	○
181	民	20	9	25	54	2	○	221	笑	21	9	14	44	2	○
182	身	16	6	32	54	2	-	222	姿	2	20	22	44	1	○
183	必	18	14	21	53	2	○	223	職	16	17	11	44	2	-
184	観	12	26	15	53	2	○	224	花	6	10	27	43	3	○
185	着	21	20	11	52	3	○	225	送	14	17	12	43	3	○
186	公	10	17	25	52		○	226	放	24	11	8	43	2	○
187	機	21	13	18	52	2	○	227	別	11	15	17	43	3	○
188	受	13	18	21	52	2	○	228	望	3	7	33	43	2	○
189	若	18	20	13	51	2	○	229	配	12	16	14	42	2	○
190	葉	14	13	24	51	2	○	230	約	12	16	14	42	2	○
191	無	18	18	15	51	2	○	231	決	14	10	18	42	2	○
192	安	7	12	31	50	3	○	232	有	17	11	14	42	3	○
193	風	10	12	28	50	3	○	233	以	10	15	17	42	3	○

234	起	6	12	23	41	3	○
235	次	12	17	12	41	2	○
236	備	16	11	14	41	2	-
237	回	11	16	13	40	2	○
238	去	12	14	14	40	3	○
239	楽	24	3	12	39	3	○
240	水	20	10	9	39	4	○
241	遊	15	14	10	39	2	○
242	留	12	10	17	39	2	○
243	祖	17	15	7	39	2	○
244	由	14	14	11	39	2	○
245	京	6	14	19	39	3	○
226	識	9	16	14	39	2	-
247	短	6	17	15	38	2	○
248	果	11	7	20	38	2	○
249	専	6	16	16	38	2	○
250	両	15	15	8	38	2	○
251	我	7	11	20	38	1	-
252	店	11	21	5	37	3	○
253	介	18	8	11	37	2	○
254	員	6	22	9	37	3	○
255	昔	11	10	16	37	2	○
256	悪	13	16	8	37	3	○
257	選	6	15	16	37	2	○
258	係	4	10	23	37	2	○
259	品	19	12	6	37	3	○
260	張	6	16	15	37	1	-
261	格	16	10	11	37	2	-
262	難	8	19	10	37	2	-
263	市	10	13	13	36	2	○
264	能	7	7	22	36	2	-
265	光	9	12	15	36	2	○
266	点	8	14	14	36	2	○
267	熱	7	9	19	35	2	○
268	四	3	12	20	35	4	○
269	科	10	16	9	35	2	○
270	単	15	9	11	35	2	○
271	節	8	10	17	35	1	○
272	辛	27	4	4	35	2	○
273	互	15	12	8	35	2	-
274	紹	17	8	9	34	2	○
275	夜	12	7	15	34	3	○
276	広	9	8	17	34	3	○
277	正	9	4	21	34	3	○
278	説	17	4	13	34	2	○
279	足	10	9	15	34	3	○
280	神	8	9	17	34	2	○
281	原	1	13	20	34	2	○
282	付	8	11	15	34	2	○
283	億	12	9	13	34	1	○
284	定	8	8	17	33	2	○
285	空	10	9	14	33	3	○
286	顔	6	7	20	33	2	○
287	覚	4	7	22	33	2	○
288	姉	18	1	14	33	3	○
289	夏	7	12	13	32	2	○
290	建	9	9	14	32	3	○
291	声	8	9	15	32	2	○
292	利	7	12	13	32	2	○
293	直	9	15	8	32	2	○
294	希	2	3	27	32	2	○
295	興	11	13	8	32	1	-
296	願	13	6	12	31	2	○
297	天	6	10	15	31	4	○
298	寺	4	15	12	31	2	○
299	北	10	0	21	31	4	○
300	想	11	8	12	31	2	○
301	才	8	10	13	31	2	○
302	念	9	10	12	31	2	○
303	役	10	10	11	31	2	○
304	曜	4	22	4	30	3	○
305	屋	8	10	12	30	3	○
306	降	3	12	15	30	3	○
307	計	5	15	10	30	3	○
308	答	11	14	5	30	3	○
309	誰	5	16	9	30	2	-
310	軍	16	10	4	30	2	○

5. 맺는 말

본고에서는 한국인 일본어 학습자의 자유 작문에 나타난 한자에 대해서 조사했다. 그 주요한 결과는 다음과 같다.

(1) 한국인 일본어 학습자가 자유 작문에서 사용한 한자 : 작문(300편)에서 개별 한자(30회 이상 사용한 310자)의 전체 사용 자수의 비율은 대학 3, 4학년 보다 대학원 쪽이 낮다. 그리고 日, 私, 人, 本, 国, 思, 生, 時, 一, 行, 学, 大, 見, 語, 間, 韓, 年, 分, 今, 自, 中, 言(300회 이상) 등의 사용 빈도가 높다. 한편, 이들 한자(310자)는 思う, 日本, 行く, 韓国, 日本語, 勉強, 言う, 自分, 持つ, 考える, 好きだ, 日本人, 大学, 生活, 時間, 多い, 学校, 知る, 旅行, 食べる, 映画, 会う, 一番, 学生, 文化, 話す, 韓国人, 聞く(100회 이상) 등의 어휘에서 많이 쓰인다.

(2) 학습 수준별, 자유 작문에서 사용한 한자(학습 수준별 10회 이상 사용한 개별 한자) : 대학 3, 4학년보다 대학원 학습자가 많이 사용하고 있다. 3학년 과 4학년은 커다란 차이가 없다.

(3) 자유 작문의 한자와 일본어 능력시험의 한자 : 자유 작문에서 사용한 한자(310자)는 『日本語能力試験出題基準』에서 급수별로 제시한 한자를 기 준으로 나누어 보면, 4급 60자, 3급 114자, 2급 127자, 1급 8자, 기타 1자이다. 3, 4급의 한자는 약 60%를 사용하고 있다.

(4) 자유 작문의 한자와 고등학교 일본어 교과서 표기용 한자 : 자유 작문 의 310자와 고등학교 일본어 교과서 표기용 한자 733자와 비교하면, 자유 작문에서는 사용하고 있으나 표기용 한자에 없는 것은 25자이다.

끝으로, 본 연구는 작문을 지도하는 일본어 교사에게 무엇보다도 중요한 시사를 주고 있다. 즉 작문 수업의 한자 지도에서, 자유 작문의 한자 사용 빈도에 따라 우선적으로 가르치는 것이다. 앞으로는 보다 많고 다양한 학습 자 표현(작문)을 대상으로 한자의 사용 빈도를 조사하고 싶다.

【주】

1) 『日本語能力試驗出題基準』에서는 일본어 학습자를 위하여 『常用漢字表』(1945자) 내에서, 4급 100자, 3급 300자, 2급 1000자, 1급 2000자를 제시하고 있다. 3, 4급의 한자는 널리 사용되는 초급용 일본어 교과서(4권)를 자료로 해서 빈도수가 높은 한자를 선정하고 있다. 자세한 선정 기준 내역은 『日本語能力試驗出題基準』(3, 4급은 pp.5-6, 1, 2급은 pp.39-41)을 참조. 그리고 『常用漢字表』는 일반의 사회 생활에서 현대 국어를 써서 나타내기 위한 한자 사용을 목표로 정한 것이다.

2) 제7차 교육과정 고등학교 일본어 교과서에서 사용을 제시하고 있는 한자는 733자[교육부(1997)의 『외국어과 교육 과정(Ⅱ)』(pp.279-282)]이나, 이들에 대한 난이도 구분이나 교과서 Ⅰ·Ⅱ에서의 사용 구분 등 아무런 언급이 없다.

【참고문헌】

1. 교육부(1997), 『외국어과 교육 과정(Ⅱ) 별책 【14】』
2. 国際交流基金(1994), 『日本語能力試驗出題基準』 凡人社
3. 大蔵省印刷局(1981), 『常用漢字表』

제9장

일본어의 외래어에 대한 한국어 모어화자의 이해도와 한국어의 외래어에 대한 일본어 모어화자의 이해도(Ⅰ)

1. 들어가는 말

현재 한·일 양국에서 사용되고 있는 외래어는, 대부분 서로 대응되고 있지만, 그 어원은 반드시 같지 않으며, 한국어와 일본어의 각각의 음운체계 등의 영향으로 원어의 발음과는 상당한 거리가 있다. 또한 한국인 일본어 학습자는 일본식(일본어의 음운체계 영향)의 외래어를 습득해야 하므로, 교수·학습에 적지 않은 어려움이 있다. 특히 교수에서는 언어 전달의 효과를 고려한, 외래어 오용(일본어 외래어에 한국어 외래어의 대용)에 대한 지도(정정·평가)의 객관적인 기준이 없어서, 이에 대한 연구가 요구된다.

따라서 본 연구에서는, 일본어의 외래어에 대한 한국어 모어화자의 이해도와, 그에 대응하는 한국어의 외래어에 대한 일본어 모어화자의 이해도를 조사하려고 한다. 이는 일본어를 매개로 한 언어 전달[서면(쓰는 이와 읽는 이)의 연구(趙, 1992)와는 다르게, 말하는 이와 듣는 이의 관계]상에서 일본어의 외래어 사용에 대한 문제점을 분명히 할 것이다. 즉 어떤 외래어가 의미 전달에 장애를 주고, 그 장애는 어느 정도이며, 어떤 내용으로 잘못 이해되는가 등이다.

2. 조사 방법

2.1 조사 참여자

한국어 모어화자는 125명(131명에서 응답률이 20%도 안 되는 사람, 즉 도중에 응답을 포기한 6명을 제외한 인원수)으로, T대학교 일본어과 학생으로 1학년 46명, 2학년 27명, 3학년 27명, 4학년 25명이다. 이 중에서 1학년 학생은 학부제 학생으로 일본어 학습 시간이 주당 2시간 또는 4시간(학습 기간 8주)으로 총16시간 또는 32시간이다. 이에 1학년은 학습 시간이 적어 일본어 학습이 없는 것으로 간주한다. 또한, 4학년, 3학년, 2학년의 순서로 학습 정도가 높다고 간주한다. 그리고 참여자는 한자(과목 개설)와 같이 따로 외래어 어휘에 대한 특별한 학습 경험은 없다. 한편 일본어 모어화자는 일본 고등학교 학생 40명이다.

2.2 조사 재료

조사의 외래어는 일본어의 (기초)어휘 중에서, 한·일 양국어의 외래어가 서로 대응하는 약 280개의 어휘 중에서, 논문 작성 및 조사 시간의 제약 등에 의해 무작위로 선정한 143개를 대상으로 한다. 이 280개의 외래어는 国立国語研究所(1984)의 '日本語教育のための基本語彙調査', 国際交流基金(1994)의 '日本語能力試験出題基準' 4級語彙, 国立国語研究所(1982) '日本語教育基本語彙七種比較対照表'의 표제어 등을 중심으로, 일본어 학습에 우선적으로 필요하다고 생각되는 것을 임의로 선택해서, 이 일본어 외래어에 대응하는 한국어 외래어가 있는 것을 선정한 것이다. 그리고 조사 테이프 작성은, 한국어 외래어는 한국인 30세 정도의 여성, 일본어 외래어는 일본인 30세 정도의 여성을 대상으로 녹음했다. 녹음 내역은 아래의 어휘 순서로 한 개의 어휘를 2회 연속으로 녹음했으며, 그 길이는 약 30분 정도이다. 한편 조사 대상의 143개의 외래어는 아래와 같다.(아래의 어휘에서 '[한] → 한국어,

[일] → 일본어'를 나타내고, ( )는 어원 표시로 '(네)→네덜란드어, (독) → 독일어, (이) → 이탈리아어, (프) → 프랑스어, (포) → 포르투갈어, (러) → 러시아어, (그) → 그리스어, 표시가 없는 것 → 영어' 등을 나타낸다.)

한국어	일본어	어원
1.아이스크림	アイスクリーム	ice cream
2.컬러	カラー	color
3.슈퍼마켓	スーパー	supermarket
4.테이블	テーブル	table
5.핸들	ハンドル	handle
6.마이너스	マイナス	minus
7.아이디어	アイデア	idea
8.글라스	ガラス	[한]glass, [일]glas(네)
9.수프	スープ	soup
10.테이프리코더	テープレコーダー	tape recorder
11.피아노	ピアノ	[한]piano, [일]piano(이)
12.마스크	マスク	mask
13.아이론	アイロン	iron
14.코드	コード	cord
15.스커트	スカート	skirt
16.테마	テーマ	[한]thema(라), [일]Thema(독)
17.비어	ビール	[한]beer, [일]bier(네)
18.나이프	ナイフ	knife
19.액세서	アクセサリー	accessory
20.캘린더	カレンダー	calendar
21.스키	スキー	ski
22.텍스트	テキスト	text
23.피크닉	ピクニック	picnic
24.머플러	マフラー	muffler
25.악센트	アクセント	accent
26.기타	ギター	guitar
27.스케이트	スケート	skate
28.디자인	デザイン	design
29.비스킷	ビスケット	biscuit
30.마요네즈	マヨネーズ	mayonnaise(프)
31.아시아	アジア	Asia
32.캐비지	キャベツ	cabbage

33.스케줄	スケジュール	schedule
34.테스트	テスト	test
35.피스톨	ピストル	[한]pistol, [일]pistool(네)
36.맨션	マンション	mansion
37.아나운서	アナウンサー	announcer
38.그리스도	キリスト	[한]christ, [일]christo(포)
39.스타	スター	star
40.테니스	テニス	tennis
41.비타민	ビタミン	vitamin(독)
42.미싱	ミシン	sewing machine
43.아파트	アパート	apartment house
44.킬로	キロ	[한]kilo(그), [일]kilo(프)
45.스타트	スタート	start
46.디파트먼트스토어	デパート	department store
47.비닐	ビニール	vinyl
48.미스	ミス	miss
49.마이크	マイク	microphone
50.퀴즈	クイズ	quiz
51.스타일	スタイル	style
52.텔레비전	テレビ	television
53.빌딩	ビル	building
54.미스 프린트	ミスプリント	misprint
55.아프리카	アフリカ	Africa
56.클래식	クラシック	classic
57.스테이지	ステージ	stage
58.텐트	テント	tent
59.러시아워	ラッシュアワー	rush hour
60.밀리	ミリ	[한]milli, [일]milli(프)
61.아마추어	アマチュア	amateur
62.클래스	クラス	class
63.스테레오	ステレオ	stereo
64.덴뿌라	テンプラ	tempora(포)
65.핀	ピン	pin
66.밀크	ミルク	milk
67.아메리카	アメリカ	America
68.클럽	クラブ	club
69.스토브	ストーブ	stove
70.템포	テンポ	[한]tempo, [일]tempo(이)
71.핑크	ピンク	pink

72.무드	ムード	mood
73.아라비아	アラビア	Arabia
74.그래프	グラフ	graph
75.스톱	ストップ	stop
76.도어	ドア	door
77.파스너	ファスナー	fastener
78.미터	メーター	meta
79.알카리	アルカリ	[한]alkali, [일]alkali(네)
80.그램	グラム	[한]gram, [일]gramme(프)
81.스트라이크	ストライキ	strike
82.커피	コーヒー	[한]coffee, [일]koffie(네)
83.팬	ファン	fan
84.미터	メートル	meter
85.알코올	アルコール	[한]alcohol, [일]alcohol(네)
86.클리닝	クリーニング	cleaning
87.스피커	スピーカー	speaker
88.토일렛	トイレ	toilet
89.필름	フィルム	film
90.메뉴	メニュー	menu
91.아르바이트	アルバイト	Arbeit(독)
92.크림	クリーム	cream
93.스피치	スピーチ	speech
94.톱	トップ	top
95.붐	ブーム	boom
96.메모	メモ	memorandum
97.앨범	アルバム	album
98.그린	グリーン	green
99.스피드	スピード	speed
100.토마토	トマト	tomato
101.풀	プール	pool
102.멜로디	メロディー	melody
103.알루미늄	アルミ	aluminium
104.크리스마스	クリスマス	Christmas
105.스푼	スプーン	spoon
106.드라이브	ドライブ	drive
107.프라이팬	フライパン	[한]frypan, [일]fryingpan
108.멤버	メンバー	member
109.안테나	アンテナ	antenna
110.그룹	グループ	group

111.스페인	スペイン	Spain
112.트럭	トラック	truck
113.플러스	プラス	plus
114.모터	モーター	moter
115.라디오	ラジオ	radio
116.케이크	ケーキ	cake
117.스웨터	セーター	sweater
118.드라마	ドラマ	drama
119.플라스틱	プラスチック	plastic
120.모던	モダン	modern
121.이태리	イタリア	Italy
122.게임	ゲーム	game
123.즈봉	ズボン	jupon(프)
124.트럼프	トランプ	trump
125.플랫폼	プラットホーム	platform
126.유머	ユーモア	humor
127.이미지	イメージ	image
128.코스	コース	course
129.스마트	スマート	smart
130.달러	ドル	dollar
131.플랜	プラン	plan
132.컵	コップ	[한]cup, [일]kop(네)
133.이라크	イラク	Iraq
134.코치	コーチ	coach
135.슬라이드	スライド	slide
136.톤	トン	ton
137.프랑스	フランス	France
138.잉크	インク	ink
139.코트	コート	court
140.슬리퍼	スリッパ	slipper
141.터널	トンネル	tunnel
142.프린트	プリント	print
143.라켓	ラケット	racket

2.3 조사 순서

조사는 청취 테스트 방법으로, 각각의 외래어를 2회 연속으로 듣고 그 외래어의 의미를 쓰도록 했으며, 발음 그대로 옮겨 쓰지 않도록 했다.

2.4 분석 방법

일본어의 외래어에 대한 한국어 모어화자의 이해도 조사에서, 청취 내역 즉 응답의 유형에서 로마자와 가나 표기의 것은 바른 이해(<표2>의 +표) 또는 기타에 해당되어 <표2>의 응답 유형에는 나타나 있지 않다. 그리고, 일본어 외래어에 해당하는 한국어의 어휘(응답)가 유사 어휘의 경우(예를 들면, '36.マンション'에서 '맨션' 이외 '아파트')는 바른 이해로 간주했다. 또한 일본어 음 그대로 적은 것은 잘못 이해한 것(예를 들면, '5.ハンドル'의 '핸들'이 아닌 '한도루')으로 했으나, 일본어 음이 한국어에서 쓰이는 것(예를 들면, '52.テレビ'의 '텔레비전'이 아닌 '테레비' 또는 '텔레비')은 바르게 이해한 것으로 했다.

한편, 한국어의 외래어에 대한 일본어 모어화자의 이해도 조사에서, 청취 내역 즉 응답 유형에서 약간의 표기 차이가 나는 것(예를 들면, '87.スピーカー'의 'スピーカ', '126.ユーモア'의 'ユウモア' 등)은 바르게 이해하지 못한 것으로 간주했다. 이는 실제 해당 외래어의 의미를 안다고 생각되나, 그 판단이 애매하며, 지시 사항으로서 외래어의 음을 적지 말고 그 의미를 적도록 지시했기 때문이다.

3. 조사 결과 및 고찰

3.1 일본어의 외래어에 대한 한국어 모어화자의 이해도

<표1>은 일본어의 외래어에 대한 한국어 모어화자 즉 '일본어 학습 정도에 따른 이해도'를 나타내고 있다. <표1>에서 보면, 일본어 학습이 없는 1학년의 경우 54.8%로, 일본어 외래어의 학습이 없어도 어느 정도 이해가 가능한 것을 나타낸다. 그리고 학년이 올라감에 따라 외래어의 이해도가 높아지는 것을 잘 나타내고 있다(<그림1>).

<表1> 일본어 학습 정도에 따른 이해도

학년	1학년	2학년	3학년	4학년
이해도(%)	54.7	71.5	80.3	87.7

주) 이해도는 <표2>의 +표, ?표의 것.

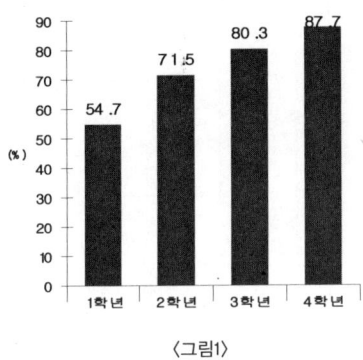

<그림1>

    <표2>는 '일본어 외래어에 대한 한국어 모어화자의 청취 내역'을 나타내고 있다. <표2>에서 보면, 일본어의 학습 유(2, 3, 4학년)무(1학년)에 관계없이, (A)일본어의 외래어가 한국어 모어화자에게 거의 이해되는 것(100/125명, 80% 이상)은 아래의 68개(47.6%)이다.

1.アイスクリーム 6.マイナス 11. ピアノ 12.マスク 16.テーマ 18.ナイフ 19.アクセサリー 20.カレンダー 21.スキー 23.ピクニック 24.マフラー 25.アクセント 26.ギター 27.スケート 28.デザイン 29.ビスケット 30.マヨネーズ 33.スケジュール 34.テスト 36.マンション 37.アナウンサー 40.テニス 41.ビタミン 42.ミシン 43.アパート 45.スタート 47.ビニール 48.ミス 49.マイク 51.スタイル 52.テレビ 55.アフリカ 57.ステージ 61.アマチュア 63.ステレオ 67.アメリカ 69.ストーブ 73.アラビア 76.ドア 80.グラム 82.コーヒー 87.スピーカー 88.トイレ 90.メニュー 91.アルバイト 93.スピーチ 96.メモ 99.スピード 100.トマト 102.メロディー 104.クリスマス 105.スプーン 109.アンテナ 111.スペイン 114.モーター 115.ラジオ 118.ドラマ 121.イタリア 122.ゲーム 127.イメージ 128.コース 133.イラク 134.コーチ 135.スライド 137.フランス 138.インク 140.スリッパ 143.ラケット

〈표2〉 일본어 외래어에 대한 한국어 모어화자의 청취 내역

번호	청취 내역	1학년 46명	2학년 27명	3학년 27명	4학년 25명	합계 125명
1	1.아이스크림	46	27	27	25	125
2	? 1.칼라	22	9	13	8	52
	2.칼라, 옷깃, 카라	9	12	8	5	34
	+3.색, 컬러	2	-	3	8	13
	4.카레	2	3	-	-	5
	5.칼	2	-	-	1	3
	6.(자동)차, 카	1	-	-	2	3
	7.空, から	-	-	2	-	2
	기타	-	3	-	-	3
	무답	8	-	1	1	10
3	+1.슈퍼(마켓)	1	25	27	24	77
	2.슬리퍼	31	2	-	-	33
	3.숟가락	2	-	-	-	2
	4.수박	2	-	-	-	2
	기타	2	-	-	1	3
	무답	8	-	-	-	8
4	+1.테이블, 탁자	10	27	27	25	89
	2.밸브	2	-	-	-	2
	3.테이프	2	-	-	-	2
	4.대접	2	-	-	-	2
	기타	2	-	-	-	2
	무답	28	-	-	-	28
5	+1.핸들	2	2	8	15	27
	2.핫도그	2	4	-	-	6
	3.칸도루, 간도르	-	-	4	-	4
	4.한도루, 한도르	-	2	1	-	3
	5.선반	-	-	3	-	3
	6.양초, 캔들	-	-	3	-	3
	7.도드래	-	-	2	-	2
	8.한글	-	-	-	2	2
	기타	1	2	2	-	5
	무답	41	17	4	8	70
6	+1.마이너스	31	19	25	18	93
	+2.빼기	8	7	2	6	23
	무답	7	1	-	1	9
7	+1.아이디어	31	13	26	19	89
	+2.생각	1	3	-	3	7
	무답	14	11	1	3	29
8	+1.유리	-	9	16	14	39
	+2.(유리)컵, 유리잔	-	4	3	4	11
	+3.글라스	2	-	2	1	5
	4.클라스	-	2	1	-	3
	5.클래스	-	1	1	1	3
	6.가라스, 카라스	-	-	1	1	2
	기타	4	1	1	1	7
	무답	40	10	2	3	55
9	+1.수프, 스프	16	25	27	24	92
	+2.국물	-	1	-	1	2
	기타	4	1	-	-	5
	무답	26	-	-	-	26
10	+1.테이프레코드, 테이프레코더	9	14	22	17	62
	? 2.카세트, 카셋트	1	6	2	5	14
	? 3.카세트테이프	2	4	1	-	7
	기타	-	1	-	2	3
	무답	34	2	2	1	39
11	+1.피아노	45	27	27	25	124
	무답	1				1
12	+1.마스크	45	23	25	22	115
	2.끝	-	2	-	-	2
	+3.가면	-	1	-	1	2
	+4.얼굴(생김새)	-	1	-	1	2
	기타	1	-	1	-	2
	무답	-	-	1	1	2
13	+1.다리미, 아이론	16	12	12	14	54
	2.나일론, 나이론	16	11	6	4	37
	3.철, 아이언	5	-	-	3	8
	4.아이러니	-	-	4	1	5
	기타	-	1	-	1	2
	무답	9	3	5	2	19
14	+1.코드	15	19	23	23	80
	2.코트	-	2	1	2	5
	기타	1	1	-	-	2
	무답	30	5	3	-	38
15	+1.스커트, 치마	9	22	21	24	76
	2.스카프	13	4	6	1	24
	3.스케이트	3	1	-	-	4
	기타	6	-	-	-	6
	무답	15	-	-	-	15

1 6	+1.테마	22	19	23	10	74
	+2.주제	-	8	4	12	24
	+3.제목	-	-	-	3	3
	기타	4	-	-	-	4
	무답	20	-	-	-	20
1 7	+1.맥주	10	26	25	21	82
	2.빌딩	1	1	2	4	8
	3.거울	6	-	-	-	6
	기타	4	-	-	-	4
	무답	25	-	-	-	25
1 8	+1.나이프	30	14	19	10	73
	+2.칼	5	9	7	15	36
	3.나이트	2	-	-	-	2
	기타	4	-	-	-	4
	무답	5	4	1	-	10
1 9	+1.액세서리, 악세사리	46	24	27	24	121
	+2.장신구	-	3	-	-	3
	기타	-	-	-	1	1
2 0	+1.달력	17	22	17	21	77
	+2.캘린더, 카렌다, 카렌더	26	4	10	4	44
	기타	1	-	-	-	1
	무답	2	1	-	-	3
2 1	+1.스키	46	26	18	25	115
	기타	-	-	1	-	1
	무답	-	1	8	-	9
2 2	+1.교과서	-	1	2	11	14
	+2.텍스트	1	-	6	3	10
	3.테키스토, 테끼스토, 데기스토, 데기스토	-	3	7	-	10
	4.테스트	-	-	1	3	4
	5.책,교재	-	-	1	3	4
	6.전기난로 [스토브]	-	3	-	-	3
	7.케익(가게)	-	-	2	-	2
	기타	2	2	1	-	5
	무답	43	18	7	5	73
2 3	+1.피크닉	32	9	14	9	64
	+2.소풍	11	10	10	14	45
	기타	-	1	2	1	4
	무답	3	7	1	1	12
2 4	? 1.마후라	38	8	13	10	69
	2.스카프	3	10	1	8	22
	+3.머플러	3	2	10	6	21
	+4.목도리	1	7	3	1	12
	무답	1	-	-	-	1

2 5	+1.악센트, 액센트, 엑센트	44	18	25	25	112
	+2.강세, 억양, 강약	-	8	1	-	9
	기타	-	1	-	-	1
	무답	2	-	1	-	3
2 6	+1.기타	41	26	26	25	118
	무답	5	1	1	-	7
2 7	+1.스케이트, 스케이토	29	27	24	25	105
	2.스케일	1	-	1	-	2
	기타	2	-	1	-	3
	무답	14	-	1	-	15
2 8	+1.디자인	40	27	27	25	119
	기타	1	-	-	-	1
	무답	5	-	-	-	5
2 9	+1.비스킷, 비스켓	45	21	27	23	116
	2.디스켓	1	5	-	1	7
	? 3.과자	-	1	-	1	2
3 0	+1.마요네즈	46	27	27	25	125
3 1	+1.아시아	18	14	26	24	82
	2.아지트	-	2	-	-	2
	3.아지야	-	2	-	-	2
	무답	28	9	1	1	39
3 2	+1.양배추	9	2	13	15	39
	+2.캐비지	2	4	4	1	11
	3.샤베트	-	1	2	-	3
	4.당근	-	-	1	2	3
	5.케비넷	2	-	-	-	2
	6.캠브리즈	1	-	1	-	2
	7.카펫트	-	1	-	1	2
	기타	2	2	-	1	5
	무답	30	17	6	5	58
3 3	+1.스케줄, 스케줄	43	24	27	21	115
	+2.계획	-	2	-	3	5
	기타	1	1	-	-	2
	무답	2	-	-	1	3
3 4	+1.테스트	35	10	19	12	76
	+2.시험	1	17	8	13	39
	기타	3	-	-	-	3
	무답	7	-	-	-	7
3 5	+1.피스톨	2	6	7	11	26
	2.비스토르, 비스토루, 비스또루, 비스토로	2	2	11	4	19
	3.주사기	-	3	-	-	3
	+4.권총	-	1	-	1	2
	5.피스톤	-	-	-	2	2
	기타	3	2	1	1	7
	무답	39	13	8	6	66

36	+1.맨션, 맨숀	26	24	25	23	98
	? 2.아파트	1	1	1	2	5
	기타	19	2	1	-	22
37	+1.아나운서	33	25	25	22	105
	기타	2	1	-	-	3
	무답	11	1	2	3	17
38	+1.그리스도, 크리스트	3	10	21	16	50
	+2.기독교(인)	-	1	2	9	12
	기타	1	-	-	-	1
	무답	42	16	4	-	62
39	+1.스타	37	11	16	16	80
	+2.별	1	3	3	1	8
	3.스톱, 멈춤, 정지	7	10	4	7	28
	4.스타트, 시작	1	2	-	-	3
	기타	-	1	-	1	2
	무답	-	-	4	-	4
40	+1.테니스	46	26	27	25	124
	기타	-	1	-	-	1
41	+1.비타민	45	27	27	24	123
	무답	1	-	-	1	2
42	+1.미싱	40	16	23	15	94
	+2.재봉틀	3	5	3	8	19
	3.바느질	-	2	-	1	3
	기타	2	1	1	-	4
	무답	1	3	-	1	5
43	+1.아파트	44	27	27	25	123
	무답	2	-	-	-	2
44	+1.킬로	4	5	10	8	27
	+2.킬로그램	6	2	3	7	18
	+3.킬로미터	1	2	1	8	15
	4.노랑	-	2	3	-	5
	5.기록	-	1	1	-	2
	기타	1	1	1	-	3
	무답	34	14	8	2	58
45	+1.스타트	35	7	20	12	74
	+2.출발, 시작	6	17	7	12	42
	기타	-	-	-	1	3
	무답	5	1	-	-	6
46	+1.백화점	24	22	20	22	88
	2.데파트, 테파트, 디파트, 대파트	6	3	4	2	15
	3.아파트	1	2	2	1	6
	+4.데파트먼트	4	-	-	-	4
	기타	-	-	1	-	1
	무답	11	-	-	-	11
47	+1.비닐	43	22	26	24	115
	2.(비닐)봉지	-	3	-	1	4
	기타	-	-	1	-	1
	무답	3	2	-	-	5

48	+1.미스	9	13	13	15	50
	+2.실수, 잘못	24	5	12	8	49
	+3.미스(미혼녀)	1	1	-	2	4
	4.미술	1	1	-	-	2
	5.니스	1	1	-	-	2
	기타	2	-	1	-	3
	무답	8	6	1	-	15
49	+1.마이크	42	20	24	24	110
	기타	-	1	2	1	4
	무답	4	6	1	-	11
50	+1.퀴즈	5	11	11	20	47
	2.크이즈, 쿠이즈, 크리즈	-	3	5	-	8
	3.그리스	1	-	-	-	1
	기타	2	1	-	3	6
	무답	38	12	11	2	63
51	+1.스타일	44	24	27	25	120
	+2.모양, 모습	-	3	-	-	3
	무답	2	-	-	-	2
52	+1.텔레비전, 텔레비젼	37	27	26	23	113
	? 2.테레비, 텔레비	4	-	1	-	5
	무답	5	-	-	2	7
53	+1.빌딩	-	17	18	17	52
	2.맥주	24	4	4	7	39
	? 3.건물	1	2	2	1	6
	4.비루, 비르, 바루	2	2	2	-	6
	5.거울	2	-	-	-	2
	기타	1	-	-	-	1
	무답	16	2	1	-	19
54	+1.미스 프린트[프린터]	25	21	24	22	92
	2.오타	1	1	-	2	4
	3.프린트	-	2	1	-	3
	4.잘못된 곳[점]	-	1	1	-	2
	기타	2	2	1	1	6
	무답	18	-	-	-	18
55	+1.아프리카	44	25	27	25	121
	기타	1	-	-	-	1
	무답	1	2	-	-	3
56	+1.클래식	17	14	24	17	72
	2.클랙슨, 크락션, 경적	1	3	1	3	8
	3.글라스, 유리잔, 컵	4	1	-	-	5
	4.클립, 동아리	-	2	-	-	2
	기타	1	1	1	1	4
	무답	23	6	1	4	34
57	+1.스테이지	29	9	13	3	54
	+2.무대	11	15	13	22	61
	기타	1	2	1	-	4
	무답	5	1	-	-	6

58	1.도시락	31	8	8	4	51
	+2.텐트, 천막	2	7	8	16	33
	3.페인트	-	2	1	2	5
	4.벤또, 펜또, 팬또	3	-	2	-	5
	5.펜	2	-	-	-	2
	기타	1	-	2	-	3
	무답	7	10	6	3	26
59	+1.러시아워	8	13	14	22	57
	2.러시아	4	-	1	-	5
	3.러시아우어	-	1	2	-	3
	?4.러쉬아워	1	-	1	-	2
	기타	-	2	3	-	5
	무답	33	11	6	3	53
60	+1.밀리(미터), 미리	4	3	11	16	34
	2.미팅	2	1	2	-	5
	3.미디	3	6	1	2	12
	4.미니	3	-	-	1	4
	5.미터	-	-	-	2	2
	기타	-	1	2	1	4
	무답	34	16	11	3	64
61	+1.아마추어, 아마츄어	42	27	27	24	120
	기타	-	-	-	1	1
	무답	4	-	-	-	4
62	+1.클래스	13	5	11	6	35
	+2.학급, 반	1	15	9	9	34
	3.글라스, 유리, 유리[컵]	23	2	-	3	28
	+4.클라스	3	2	4	2	11
	5.교실	1	1	2	2	6
	6.그룹	-	-	-	2	2
	기타	-	2	1	1	4
	무답	5	-	-	-	5
63	+1.스테레오	42	26	27	23	118
	+2.카세트, 전축	1	1	-	-	2
	기타	1	-	-	1	2
	무답	2	-	-	1	3
64	+1.튀김	8	16	15	20	59
	2.오뎅	13	6	3	3	25
	?3.덴뿌라, 덴쁘라	5	4	6	1	16
	기타	1	-	1	-	2
	무답	19	1	2	1	23
65	+1.핀	22	18	21	18	79
	?2.삔	6	1	-	4	11
	3.핑크	1	1	-	1	3
	기타	3	2	3	1	9
	무답	14	5	3	1	23
66	+1.우유	9	13	13	17	52
	+2.밀크	15	6	11	8	40
	기타	1	2	3	-	6
	무답	21	6	-	-	27

67	+1.아메리카	37	14	19	14	84
	+2.미국	9	13	8	11	41
68	+1.클럽	2	15	15	19	51
	2.글러브	13	2	1	1	17
	3.크라브, 쿠라브	1	-	3	-	4
	4.동아리, 서클	-	1	2	1	4
	+5.그룹, 단체	-	1	2	1	4
	기타	1	2	1	-	4
	무답	29	6	3	3	41
69	+1.스토브	28	15	22	20	85
	+2.난로	1	9	5	5	20
	기타	1	1	-	-	2
	무답	16	2	-	-	18
70	+1.템포	25	15	16	15	71
	+2.박자	-	3	2	3	8
	3.템프	-	-	4	2	6
	+4.빠르기	-	3	-	1	4
	5.텐포	-	1	1	1	3
	6.텐뽀, 템뽀	-	-	2	1	3
	7.전보	-	1	1	-	2
	기타	1	1	1	2	5
	무답	20	3	-	-	23
71	+1.핑크	20	16	23	17	76
	+2.분홍(색)	1	9	2	6	18
	기타	3	-	1	1	5
	무답	22	2	1	1	26
72	+1.무드	3	6	16	14	39
	+2.분위기, 기분	-	5	4	9	18
	3.무도	5	6	4	-	15
	4.누드	3	-	-	-	3
	5.유도	2	-	-	-	2
	기타	1	2	1	-	4
	무답	32	8	2	2	44
73	+1.아라비아	46	26	25	23	120
	+2.아랍	-	-	1	2	3
	기타	-	1	1	-	2
74	+1.그래프	15	10	4	18	47
	2.글러브	1	2	5	4	12
	3.구라프[유럽], 구라파	-	2	3	-	5
	4.글라스, 컵	4	-	-	-	4
	5.구라후, 그라후	-	-	2	1	3
	6.그룹	1	1	-	-	2
	7.클럽	-	1	1	-	2
	기타	3	1	3	-	7
	무답	22	10	9	2	43

No	항목					계
75	+1.스톱	14	6	9	11	40
	+2.멈춤, 정지	2	6	5	8	21
	3.스탑	1	2	2	3	8
	4.스토브, 스토부, 난로	-	1	5	2	8
	5.스토프, 스톱프	-	4	-	-	4
	6.스토커	1	-	1	-	2
	기타	5	1	-	-	6
	무답	23	7	5	1	36
76	+1.문	14	25	24	24	87
	+2.도어	11	1	3	1	16
	무답	21	1	-	-	22
77	1.퍼스널	24	8	8	3	43
	2.개인(의)	7	3	2	10	22
	+3.지퍼	-	-	2	3	5
	4.화스나, 퍼스나	-	-	4	-	4
	5.(퍼스널)컴퓨터	-	2	-	1	3
	기타	1	1	1	1	4
	무답	14	13	10	7	44
78	+1.미터	5	14	13	5	37
	2.웨이터	3	1	-	5	9
	+3.메타, 메터, 메다, 매다	1	2	4	2	9
	4.미터[m]	1	1	3	3	8
	5.리터	1	-	1	-	2
	6.메카	-	-	-	2	2
	기타	1	-	2	3	6
	무답	34	9	4	5	52
79	+1.알카리	1	6	2	13	22
	2.아루카리, 아루가리, 아루까리, 아르까리	2	2	9	-	13
	3.알리바이, 알르바이	-	-	-	2	2
	기타	2	3	4	2	11
	무답	41	16	12	8	77
80	+1.그램	35	17	24	25	101
	기타	2	3	1	-	6
	무답	9	7	2	-	18
81	? 1.스트라이키	31	22	14	18	85
	2.스트라익, 스트라익, 스트라이킥	4	1	3	1	9
	3.스트라이킹	1	1	4	1	7
	+4.파업	-	1	1	3	5
	5.스토라이커, 스트라이커	2	-	-	1	3
	기타	1	2	3	-	6
	무답	7	-	2	1	10
82	+1.커피	42	27	26	25	120
	기타	-	-	1	-	1
	무답	4	-	-	-	4

No	항목					계
83	+1.팬	1	8	8	10	27
	2.빵	-	3	5	6	14
	3.펀	3	1	-	-	4
	4.재미(있는)	-	1	1	1	3
	5.혀	1	-	-	1	2
	6.반	-	2	-	-	2
	7.냄비	-	1	1	-	2
	8.전화	-	1	1	-	2
	기타	1	4	5	1	10
	무답	40	7	6	6	59
84	+1.미터	-	3	9	10	22
	2.메이토르, 메트로, 메토르	-	3	2	2	7
	+3.미터[m]	-	-	1	5	6
	4.메달	1	1	2	-	4
	5.미터기, 메터	-	-	2	-	2
	기타	-	1	5	3	9
	무답	45	19	6	5	75
85	+1.알코올, 알콜, 앨콜	6	10	18	21	55
	2.아르코오르	-	1	1	1	3
	기타	2	4	3	-	9
	무답	38	12	5	3	58
86	+1.클리닝	12	20	15	15	62
	+2.세탁	1	2	1	6	10
	3.녹색	7	1	1	-	9
	4.청소	1	1	2	1	5
	5.클리닉	-	1	1	-	2
	6.클린징	-	-	2	-	2
	7.세탁소	-	-	-	2	2
	기타	2	-	1	-	3
	무답	23	2	4	1	30
87	+1.스피커	45	26	26	25	122
	2.스피터	-	1	1	-	2
	무답	1	-	-	-	1
88	+1.화장실	30	23	25	25	103
	+2.토일렛	3	1	-	-	4
	3.토이레	-	-	2	-	2
	기타	1	-	-	-	1
	무답	12	3	-	-	15
89	+1.필름, 필림	18	20	22	24	84
	기타	-	2	1	-	3
	무답	28	5	4	1	38
90	+1.메뉴	45	26	27	24	122
	+2.차림표	-	1	-	1	2
	기타	1	-	-	-	1
91	+1.아르바이트	44	25	27	25	121
	+2.시간제 일	-	2	-	-	2
	무답	2	-	-	-	2

No.	항목					계
92	+1.크림	10	18	19	19	66
	2.그림	7	-	-	-	7
	3.그린	3	1	2	-	6
	4.클리닝, 크리닝	-	1	-	3	4
	기타	-	-	2	1	3
	무답	26	7	4	2	39
93	+1.스피치	26	15	21	19	81
	+2.연설, 말	7	9	5	6	27
	3.스피드, 속도	3	1	1	-	5
	기타	3	1	-	-	4
	무답	7	1	-	-	8
94	+1.톱	1	3	8	15	27
	2.토크	7	-	3	-	10
	+3.정상, 최고	-	1	-	5	6
	4.이야기, 말하다	3	1	1	-	5
	5.탑	-	-	3	2	5
	6.컵	-	-	4	-	4
	7.개	3	-	-	-	3
	8.토플	-	2	1	-	3
	9.토큰	2	-	-	-	2
	10.돗쁘	-	2	-	-	2
	기타	3	2	4	-	9
	무답	27	16	3	3	49
95	+1.붐	-	3	19	19	41
	2.브무	-	1	1	-	2
	+3.번성	-	-	-	2	2
	기타	-	2	1	-	3
	무답	46	21	6	4	77
96	+1.메모	38	24	27	24	113
	2.네모	3	-	-	-	3
	무답	5	3	-	1	9
97	+1.앨범	2	1	23	19	45
	2.아르방	1	19	-	-	20
	3.아르바므, 아루바무	-	3	1	-	4
	4.알리바이	1	2	-	-	3
	기타	2	2	2	-	6
	무답	40	-	1	6	47
98	+1.그린	23	8	15	12	58
	+2.녹색, 초록(색)	3	12	7	11	33
	3.그림	2	1	2	-	5
	기타	2	-	-	-	2
	무답	16	6	3	2	27
99	+1.스피드	37	24	25	21	107
	+2.속도, 속력	2	1	1	3	7
	3.스피토, 스피도	3	1	1	1	6
	기타	-	1	-	-	1
	무답	4	-	-	-	4

No.	항목					계
100	+1.토마토	46	26	26	25	123
	기타	-	-	1	-	1
	무답	-	1	-	-	1
101	+1.풀(장)	1	9	13	15	38
	+2.수영장	2	13	11	8	34
	기타	5	-	1	-	6
	무답	38	5	2	2	47
102	+1.멜로디	44	25	27	24	120
	기타	-	-	-	1	1
	무답	2	2	-	-	4
103	+1.알루미늄	-	3	4	17	24
	2.아루미, 아르미	1	3	8	2	14
	3.아루니	-	1	1	-	2
	기타	-	2	2	1	5
	무답	45	18	12	5	80
104	+1.크리스마스	46	26	27	27	124
	무답	-	1	-	-	1
105	+1.스푼	41	13	23	20	97
	+2.숟가락	1	8	1	4	14
	+3.수저	2	4	2	1	9
	기타	1	1	1	-	3
	무답	1	1	-	-	2
106	+1.드라이브	13	22	22	24	81
	2.드라이버	17	2	5	1	25
	3.도라이버	6	1	-	-	7
	4.드라이바	3	-	-	-	3
	5.도라이바	2	1	-	-	3
	기타	2	-	-	-	2
	무답	3	1	-	-	4
107	+1.후라이팬, 프라이팬	19	26	24	22	91
	기타	-	-	1	2	3
	무답	26	1	2	2	31
108	+1.멤버	5	15	26	22	68
	2.냄비	-	2	-	-	2
	+3.회원, 구성원	-	1	1	-	2
	4.벰버	-	1	-	1	2
	기타	1	-	-	1	2
	무답	40	8	-	1	49
109	+1.안테나	44	24	27	24	119
	무답	2	3	-	1	6
110	+1.그룹	9	20	26	25	80
	기타	4	1	-	-	5
	무답	33	6	1	-	40
111	+1.스페인	40	27	27	23	117
	기타	3	-	-	2	5
	무답	3	-	-	-	3

11 2	항목					
	+1.트럭	2	7	15	19	43
	2.도라쿠, 도라크	–	3	4	–	7
	3.도랑	–	2	–	–	2
	4.트렁크	–	–	2	–	2
	기타	1	3	1	1	6
	무답	43	12	5	5	65
11 3	+1.플러스	20	17	21	19	77
	+2.더하기	4	6	1	2	13
	3.글라스, 유리, 컵	6	1	2	–	9
	4.클래스	5	–	–	–	5
	5.반	–	–	2	2	4
	6.프랑스	2	1	–	–	3
	기타	4	–	–	–	4
	무답	5	2	1	2	10
11 4	+1.모터	37	20	24	24	105
	2.모토	3	–	–	–	3
	기타	1	1	–	–	2
	무답	5	6	3	1	15
11 5	+1.영국	24	20	16	18	78
	2.이기리스, 이키리스, 이그리스	3	2	2	1	8
	+3.잉글랜드	1	2	3	1	7
	4.이탈리아	1	–	1	1	3
	5.그리스	–	2	1	–	3
	6.비지니스	–	–	2	–	2
	7.미국	–	–	–	2	2
	기타	–	–	2	2	4
	무답	17	1	–	–	18
11 6	+1.케이크, 케일, 케익	16	24	26	23	89
	2.아이스크림	–	–	–	2	2
	기타	4	2	–	–	6
	무답	26	1	1	–	28
11 7	+1.스웨터, 스웨타	18	13	12	18	61
	+2.세타, 쉐타	4	9	12	6	31
	3.센터	4	–	–	–	4
	4.세탁	2	2	–	–	4
	5.세테, 세타, 쉐터, 세터	2	1	1	–	4
	6.센타	–	–	1	1	2
	기타	3	1	1	–	5
	무답	13	1	–	–	14
11 8	+1.드라마	42	26	27	25	120
	기타	1	1	–	–	2
	무답	3	–	–	–	3
11 9	+1.플라스틱, 프라스틱	27	13	20	25	85
	2.클래식, 클라식	4	1	–	–	5
	기타	–	1	1	–	2
	무답	15	12	6	–	33

12 0	항목					
	+1.모던	2	6	10	8	26
	+2.현대	–	3	1	9	13
	3.모템	–	–	–	7	7
	4.무당	3	3	–	–	6
	5.모당, 모단	1	1	4	–	6
	6.마담	2	–	–	–	2
	7.오뎅	–	–	2	–	2
	기타	3	–	–	–	3
	무답	35	14	10	1	60
12 1	+1.이탈리아	40	27	27	25	119
	기타	1	–	–	–	1
	무답	5	–	–	–	5
12 2	+1.게임	31	26	27	25	109
	2.개그	3	–	–	–	3
	기타	1	1	–	–	2
	무답	11	–	–	–	11
12 3	+1.바지	16	24	26	25	91
	2.드봉, 스봉	6	–	–	–	6
	기타	2	2	1	–	5
	무답	22	1	–	–	23
12 4	+1.드럼프	2	15	19	17	53
	2.트렁크	6	1	2	–	9
	+3.카드	–	2	–	3	5
	4.드럼	1	1	–	2	4
	5.드럼통	2	–	1	–	3
	6.도란스	1	–	2	–	3
	7.트럼펫	1	1	–	–	2
	기타	1	–	–	1	2
	무답	32	7	3	2	44
12 5	+1.플랫폼, 플랫홈	13	7	16	23	59
	2.프라토호므	–	1	1	–	2
	기타	1	2	3	1	7
	무답	32	17	7	1	57
12 6	+1.유머	15	20	19	24	78
	기타	1	1	2	–	4
	무답	30	6	6	1	43
12 7	+1.이미지	31	22	27	25	105
	2.이메일, 전자우편	7	2	–	–	9
	기타	1	3	–	–	4
	무답	7	–	–	–	7
12 8	+1.코스	40	23	27	24	114
	기타	1	2	–	–	3
	무답	5	2	–	1	8
12 9	+1.스마트	25	17	23	23	88
	2.스마일, 웃음	8	3	1	–	12
	+3.단정한	–	–	2	–	2
	4.똑똑한, 영리한	1	1	–	–	2
	기타	–	3	–	1	4
	무답	12	3	1	1	17

130	1.도루	11	10	12	6	39
	+2.달러	-	-	4	15	19
	3.도르, 토르	-	2	3	-	5
	4.도로	1	2	-	-	3
	기타	1	1	2	-	4
	무답	33	12	6	4	55
131	1.프랑	12	11	8	16	47
	2.프랑스	3	2	1	-	6
	3.그램	1	2	-	-	3
	+4.플랜	-	-	2	1	3
	+5.계획	-	-	-	2	2
	6.프링	-	-	-	2	2
	기타	1	1	4	3	8
	무답	29	11	12	1	53
132	+1.컵	8	18	22	24	72
	2.감기	3	-	-	-	3
	3.코프	-	1	1	-	2
	기타	5	1	-	1	7
	무답	30	7	4	-	41
133	+1.이라크	43	25	26	25	119
	2.이란	-	-	1	-	1
	무답	3	2	-	-	5
134	+1.코치	40	22	25	25	112
	기타	1	1	-	-	2
	무답	5	4	2	-	11
135	+1.슬라이드	34	24	22	25	105
	2.슬라이딩	-	-	3	-	3
	기타	-	2	1	-	3
	무답	12	1	1	-	14
136	+1.톤	7	4	9	21	41
	2.돈, 돔	5	4	-	-	9
	3.통	2	5	1	-	8
	4.소리	-	3	-	-	3
	5.전화	-	-	3	-	3
	6.턴	2	-	-	-	2
	7.잠자리	-	2	-	-	2
	기타	4	4	4	-	12
	무답	26	5	10	4	45
137	+1.프랑스	32	25	27	25	109
	기타	1	-	-	-	1
	무답	13	2	-	-	15
138	+1.잉크	33	26	25	23	107
	2.윙크	3	-	-	2	5
	기타	-	1	1	-	2
	무답	10	-	1	-	11
139	+1.코트	11	25	25	25	86
	2.코드	2	-	1	-	3
	+3.외투, 오바	-	2	-	-	2
	기타	2	-	-	-	2
	무답	31	-	1	-	32

140	+1.슬리퍼	38	25	25	25	113
	+2.실내화	3	2	1	-	6
	기타	-	-	1	-	1
	무답	5	-	-	-	5
141	+1.터널	1	-	7	16	24
	2.돈네루, 톤네루	-	1	2	-	3
	기타	-	2	1	1	4
	무답	45	24	17	8	94
142	+1.프린트	18	23	27	22	90
	2.프린터	7	3	-	3	13
	3.드림	4	-	-	-	4
	+4.인쇄	1	1	-	-	2
	기타	1	-	-	-	1
	무답	15	-	-	-	15
143	+1.라켓	42	26	26	22	116
	2.자켓	1	-	-	3	4
	기타	1	1	1	-	3
	무답	2	-	-	-	2

주1) +표는 바르게 이해한 것을 나타낸다.

2) ?표는 바르게 이해했다고 간주한 것을 나타낸다.

3) 학년별 인원수는 학년 전체에서 2명 이상이 응답한 것을 나타냈다.

4) '기타'는 학년 전체에서 1명이 응답한 것은 나타낸다.

5) ( )는 생략, [ ]는 앞 부분과 대체를 나타낸다.

특히 이 중에서 이해도가 100%인 것은, '1.アイスクリーム 67.アメリカ' 의 2개이다.

(B)이해도가 80% 미만~50% 이상(99~63/125명)인 것은 아래의 40개(28.0%)이다.

2.カラー 3.スーパー 4.テーブル 7.アイデア 9.スープ 10.テープレコーダー 14.コード 15.スカート 17.ビール 31.アジア 39.スター 46.デパート 54.ミスプリント 56.クラシック 62.クラス 64.テンプラ 65.ピン 66.ミルク 70.テンポ 71.ピンク 81.ストライキ 86.クリーニング 89.フィルム 92.クリーム 98.グリーン 101.プール 106.ドライブ 107.フライパン 108.メンバー 110.グループ 113.プラス 116.ケーキ 117.セーター 119.プラスチック 123.ズボン 126.ユーモア 129.スマート 132.コップ 139.コート 142.プリント

(C)이해도가 50% 미만~20% 이상(62~26/125명)인 것은 아래의 29개(20.3%)이다.

5.ハンドル 8.ガラス 13.アイロン 22.テキスト 32.キャベツ 35.ピストル 38.キリスト 44.キロ 50.クイズ 53.ビル 58.テント 59.ラッシュアワー 60.ミリ 68.クラブ 72.ムード 74.グラフ 75.ストップ 78.メーター 83.ファン 84.メートル 85.アルコール 94.トップ 95.ブーム 97.アルバム 112.トラック 120.モダン 124.トランプ 125.プラットホーム 136.トン

(D)이해도가 20% 미만(25/125명)인 것은 아래의 6개(4.2%)이다.

77.ファスナー 79.アルカリ 103.アルミ 130.ドル 131.プラン 141.トンネル

(E)그리고, 학습 유(2, 3, 4학년)무(1학년)에 의해서, 이해도의 차이가 크게 나는 것(1학년과 2+3+4학년의 이해도 차이가 50% 이상)은 아래의 23개(16.1%) 이다.

3.スーパー 4.テーブル 9.スープ 10.テープレコーダー 15.スカート 16.テーマ 17.ビール 38.キリスト 53.ビル 68.クラブ 72.ムード 95.ブーム 97.アルバム 101.プール 106.ドライブ 108.メンバー 110.グループ 116.ケーキ 123.ズボン 124.トランプ 132.コップ 139.コート 142.プリント

한편, 학년별 가장 이해도가 높은 것(100%)과 낮은 것(10% 미만)을 보면 다음과 같다. 이해도가 100%인 것은 1학년 10개(7.0%), 2학년 25개(17.5%), 3학년 41개(28.7%), 4학년 51개(35.7%)로, 그 내역은 아래와 같다.

<1학년>
1.アイスクリーム 19.アクセサリー 21.スキー 30.マヨネーズ 40.テニス 61.アマチュア 67.アメリカ 73.アラビア 100.トマト 104.クリスマス
<2학년>
1.アイスクリーム 4.テーブル 11.ピアノ 12.マスク 16.テーマ 19.アクセサリー 27.スケート 28.デザイン 30.マヨネーズ 34.テスト 41.ビタミン 43.アパート 51.スタイル 52.テレビ 61.アマチュア 63.ステレオ 67.アメリカ 82.コーヒー 90.メニュー 91.アルバイト 111.スペイン 115.ラジオ 121.イタリア 139.コート 140.スリッパ
<3학년>
1.アイスクリーム 3.スーパー 4.テーブル 6.マイナス 9.スープ 11.ピアノ 16.テーマ 19.アクセサリー 20.カレンダー 28.デザイン 29.ビスケット 30.マヨネーズ 33.スケジュール 34.テスト 40.テニス 41.ビタミン 43.アパート 45.スタート 51.スタイル 52.テレビ 55.アフリカ 61.アマチュア 63.ステレオ 67.アメリカ 69.ストーブ 76.ドア 90.メニュー 91.アルバイト 96.メモ 102.メロディー 104.クリスマス 108.メンバー 109.アンテナ 111.スペイン 118.ドラマ 121.イタリア 122.ゲーム 127.イメージ 128.コース 137.フランス 142.プリント
<4학년>
1.アイスクリーム 4.テーブル 9.スープ 11.ピアノ 16.テーマ 18.ナイフ 20.カレンダー 21.スキー 25.アクセント 26.ギター 27.スケート 28.デザイン 30.マヨネーズ 34.テスト 36.マンション 38.キリスト 40.テニス 43.アパート 48.ミス 51.スタイル 55.アフリカ 57.ステージ 61.アマチュア 66.ミルク 67.アメリカ 69.ストーブ 73.アラビア 76.ドア 80.グラム 82.コーヒー 87.スピーカー 88.トイレ 90.メニュー 91.アルバイト 93.スピーチ 100.トマト 104.クリスマス 105.スプーン 110.グループ 118.ドラマ 119.プラスチック 121.イタリア 122.ゲーム 123.ズボン 127.イメージ 133.イラク 134.コーチ 135.スライド 137.フランス 139.コート 140.スリッパ

그리고 이해도가 10% 미만인 것은, 1학년 23개(16.1%), 2학년 8개(5.6%), 3학년 2개(1.4%)로, 그 내역은 아래와 같다.

<1학년>
3.スーパー 5.ハンドル 8.ガラス 22.テキスト 35.ピストル 38.キリスト 53.ビル 58.テント 60.ミリ 68.クラブ 72.ムード 79.アルカリ 83.ファン 84.メートル 94.トップ 95.ブーム 97.アルバム 101.プール 103.アルミ 112.トラック 120.モダン 124.トランプ 141.トンネル
<2학년>
5.ハンドル 8.ガラス 22.テキスト 77.ファスナー 97.アルバム 130.ドル 131.プラン 141.トンネル
<3학년>
77.ファスナー 131.プラン

3.2 한국어의 외래어에 대한 일본어 모어화자의 이해도

<표3>은 '한국어 외래어에 대한 일본어 모어화자의 청취 내역'을 나타내고 있다. <표3>에서 보면, (A)한국어의 외래어가 일본어 모어화자에게 거의 이해되는 것(32/40명, 80% 이상)은 아래의 52개(36.4%)이다.

1.アイスクリーム 3.スーパー 4.テーブル 9.スープ 11.ピアノ 12.マスク 13.アイロン 15.スカート 16.テーマ 21.スキー 23.ピクニック 25.アクセント 26.ギター 27.スケート 30.マヨネーズ 31.アジア 34.テスト 35.ピストル 37.アナウンサー 39.スター 40.テニス 42.ミシン 45.スタート 49.マイク 52.テレビ 55.アフリカ 57.ステージ 61.アマチュア 63.ステレオ 64.テンプラ 66.ミルク 67.アメリカ 69.ストーブ 71.ピンク 73.アラビア 76.ドア 88.トイレ 91.アルバイト 93.スピーチ 99.スピード 101.プール 104.クリスマス 105.スプーン 109.アンテナ 115.ラジオ 118.ドラマ 121.イタリア 133.イラク 138.インク 139.コート 140.スリッパ 143.ラケット

특히 이 중에서 이해도가 100%인 것은, '1.アイスクリーム 11.ピアノ 12.マスク 13.アイロン 21.スキー 27.スケート 37.アナウンサー 64.テンプラ 69.ストーブ 73.アラビア'의 10개이다.

(B)이해도가 80% 미만~50% 이상(31~20/40명)인 것은 아래의 33개(23.1%)이다.

7.アイデア 10.テープレコーダー 14.コード 18.ナイフ 19.アクセサリー 24.マフラー 41.ビタミン 43.アパート 48.ミス 51.スタイル 53.ビル 54.ミスプリント 70.テンポ 72.ムード 75.ストップ 77.ファスナー 86.クリーニング 87.スピーカー 90.メニュー 96.メモ 100.トマト 102.メロディー 103.アルミ 106.ドライブ 108.メンバー 116.ケーキ 124.トランプ 126.ユーモア 127.イメージ 128.コース 134.コーチ 137.フランス 142.プリント

(C)이해도가 50% 미만~20% 이상(19~8/40명)인 것은 아래의 24개(16.8%)이다.

2.カラー 6.マイナス 20.カレンダー 22.テキスト 29.ビスケット 33.スケジュール 38.キリスト 44.キロ 58.テント 65.ピン 68.クラブ 82.コーヒー 92.クリーム 107.フライパン 111.スペイン 112.トラック 113.プラス 119.プラスチック 120.モダン 122.ゲーム 123.ズボン 129.スマート 135.スライド 136.トン

(D)이해도가 20% 미만(7/40명)인 것은 아래의 34개(23.8%)이다.

5.ハンドル 8.ガラス 17.ビール 28.デザイン 32.キャベツ 36.マンション 46.デパート 47.ビニール 50.クイズ 56.クラシック 59.ラッシュアワー 60.ミリ 62.クラス 74.グラフ 78.メーター 79.アルカリ 80.グラム 81.ストライキ 83.ファン 84.メートル 85.アルコール 89.フィルム 94.トップ 95.ブーム 97.アルバム 98.グリーン 110.グループ 114.モーター 117.セーター 125.プラットホーム 130.ドル 131.プラン 132.コップ 141.トンネル

특히 이 중에서 이해도가 0%인 것은, '8.ガラス 17.ビール 50.クイズ 56.クラシック 74.グラフ 80.グラム 81.ストライキ 83.ファン 84.メートル 85.アルコール 89.フィルム 97.アルバム 98.グリーン 117.セーター 125.プラットホーム 130.ドル 141.トンネル'의 17개이다.

<표3> 한국어 외래어에 대한 일본어 모어화자의 청취 내역

번호	청취 내역	인원수 40명
1	+1.アイスクリーム	40
2	1.コーラ	17
	+2.カラー	13
	3.コーラー	2
	4.コンロ	2
	5.コウロ	1
	6.コルロ	1
	7.カメラ	1
	8.カーラ	1
	무답	2
3	+1.スーパマーケット	34
	2.スパーマーケット	2
	3.チュパラケ	1
	4.スーパーマーケット	1
	5.スーパマケット	1
	무답	1
4	+1.テーブル	37
	2.テイブル	2
	3.つくえ	1
5	1.ヘンダー	5
	2.ケンドウ	2
	3.ヒンドウ	1
	4.ベンダー	1
	5.リンド	1
	+6.ハンドル	1
	7.ベンデル	1
	8.ペンダント	1
	9.ハンド	1
	10.へんだ	1
	무답	25
6	+1.マイナス	13
	2.マリノス	8
	3.マイノス	4
	4.マイリス	1
	5.マエノス	1
	6.マイ	1
	무답	12
7	+1.アイディア	24
	+2.アイデア	5
	3.ラジオ	3
	4.アデア	1
	5.アジオ	1
	6.アイリス	1
	7.アィディオ	1
	8.アイリオ	1
	무답	3
8	1.プラス	16
	2.クラス	12
	3.グラス	11
	4.ブランス	1
9	+1.スープ	38
	2.ズープー	1
	무답	1
10	+1.テープレコーダー	27
	2.テープリコーダー	11
	3.テープレコダー	1
	무답	1
11	+1.ピアノ	40
12	+1.マスク	40
13	+1.アイロン	40
14	+1.コード	29
	2.コーダ	1
	3.コードゥ	1
	4.コージ	1
	5.コートゥー	1
	무답	7
15	+1.スカート	33
	2.スコート	2
	3.コート	2
	4.スコップ	2
	5.スポース	1
16	+1.テーマ	39
	2.ケイバ	1
17	1.ビデオ	7
	2.ピーヨ	2
	3.ビリヤード	1

No.	항목	빈도
	4.ピオ	1
	5.ピヨ	1
	6.紅茶	1
	7.イイヨ	1
	8.ピアス	1
	9.ピリオ	1
	10.ひよこ	1
	11.ペア	1
	12.ピーオ	1
	無答	21
18	+1.ナイフ	24
	2.ライク	4
	3.ナイト	2
	4.ライフ	2
	5.バイク	2
	6.ダイク	1
	7.大工	1
	無答	4
19	+1.アクセサリー	31
	2.エクササリー	2
	3.エキササイズ	1
	4.エクササビ	1
	5.エクスサリー	1
	6.アクケサリ	1
	無答	3
20	+1.カレンダー	10
	2.ケリンドー	5
	3.けんどう	2
	4.ケリンダー	1
	5.ケニンドー	1
	6.ケリンドウ	1
	7.キリンダー	1
	8.ケリンダー	1
	無答	18
21	+1.スキー	40
22	1.テスト	15
	+2.テキスト	10
	3.テキストブック	9
	4.ゲツク	1
	5.デスク	1
	6.テスク	1
	無答	3
23	+1.ピクニック	39
	2.テクニック	1
24	+1.マフラー	28
	2.ポピュラー	2
	3.マクラ	1
	4.マブラ	1
	5.ロクロ	1
	6.モピュラ	1
	無答	6
25	+1.アクセント	37
	2.アクセントゥー	1
	無答	2
26	+1.ギター	39
	2.ゲタ	1
27	+1.スケート	40
28	1.リダイヤル	2
	+2.デザイン	1
	3.ティダイン	1
	4.ピザヤ	1
	5.ティダイ	1
	6.左	1
	7.キライ	1
	8.デダィ	1
	9.ティタイ	1
	10.いたい	1
	11.ソタイヤ	1
	無答	28
29	+1.ビスケット	10
	2.ウィスキー	9
	3.ウイスキー	6
	4.ピスキー	3
	5.リスキー	2
	6.マヨネズ	1
	7.ピスケー	1
	8.リスク	1
	無答	7
30	+1.マヨネーズ	33
	2.バイオリズム	2
	3.バイォレット	1
	4.マヨネース	1
	5.バイオリン	1
	無答	2
31	+1.アジア	36
	2.アシア	2
	無答	2

3 2	1.ケビジー	3
	2.ケビジ	2
	3.ケネディ	2
	+4.キャベツ	2
	5.ケビジィ	2
	6.スケジュール	1
	7.テレビジョン	1
	8.ゲーブル	1
	9.ケビジー	1
	10.ケナダ	1
	무답	24
3 3	+1.スケジュール	18
	2.スケーズ	2
	3.スケズン	1
	4.スーツケース	1
	5.スケート	1
	6.スケーズル	1
	7.スケーズン	1
	8.チズ	1
	무답	14
3 4	+1.テスト	34
	2.テストブック	1
	3.ケスト	1
	무답	4
3 5	+1.ピストル	35
	2.ヒストリ	1
	3.ヒストリー	3
	무답	1
3 6	+1.マンション	6
	2.ペンション	2
	3.デンシャ	2
	4.ベンショー	1
	5.便所	1
	6.ディション	1
	7.レーション	1
	8.テンション	1
	9.メージャ	1
	10.ベンジョン	1
	11.ペンチョン	1
	12.ベイション	1
	13.ネーション	1
	14.レイション	1
	무답	19

3 7	+1.アナウンサー	40
3 8	+1.キリスト	8
	2.クリスト	8
	3.プリスト	4
	4.クリスタル	2
	5.グリスト	2
	6.フリスピー	1
	7.プリスドー	1
	8.フリスビー	1
	9.プリースト	1
	10.クリストン	1
	무답	11
3 9	+1.スター	38
	2.スタート	1
	무답	1
4 0	+1.テニス	38
	2.ペニス	1
	무답	1
4 1	+1.ビタミン	26
	2.ターミン	2
	3.イタミ	2
	4.ターミル	1
	5.スターンー	1
	6.ソパーミー	1
	무답	7
4 2	+1.ミシン	34
	2.ミーシン	1
	3.ニシ	1
	4.ビーミー	1
	5.ビーミ	1
	무답	2
4 3	+1.アパート	25
	2.カーテン	1
	3.パート	1
	4.アカーリ	1
	5.アハート	1
	6.アタック	1
	7.ヤグルト	1
	무답	9
4 4	+1.キロ	10
	2.キュロット	10
	3.チュロ	2

	4.ケロツ	1
	5.キャロット	1
	6.キューロ	1
	7.キュロ	1
	8.キイロ	1
	9.キュウロウ	1
	無答	12
4 5	+1.スタート	37
	2.スパート	2
	無答	1
4 6	1.デパートメントストア	8
	+2.デパート	5
	3.デパートメントストアー	4
	4.デパトメントストア	1
	5.デパートマーケットストア	1
	6.デパートマケットストワー	1
	7.ディパートマンストア	1
	8.リパートマントストア	1
	9.デパトマックストア	1
	10.ストア	1
	11.ディパートメントストア	1
	12.ディパートマンストア	1
	無答	14
4 7	+1.ビニール	4
	2.ビニル	1
	3.ピリ	1
	4.ピーニ	1
	5.ミリン	1
	6.ピーニー	1
	7.ミニ	1
	8.ピニ	1
	9.ピニイ	1
	10.ピーマン	1
	無答	27
4 8	+1.ミス	20
	2.リス	5
	3.ピース	4
	4.ビーズ	1
	5.ビース	1
	6.ミーソー	1
	7.リスン	1
	8.マイク	1
	9.ビス	1
	無答	5

4 9	+1.マイク	34
	2.バイク	5
	無答	1
5 0	1.ピザ	11
	2.ピーチ	9
	3.チーズ	2
	4.ビーズ	2
	5.フィジー	2
	6.ピータン	1
	7.ピース	1
	8.ピージー	1
	9.ページ	1
	無答	10
5 1	+1.スタイル	27
	2.ステイ	2
	3.スタイヤ	1
	4.ダイエット	1
	5.スパイス	1
	6.スタイ	1
	無答	7
5 2	+1.テレビジョン	26
	+2.テレビ	13
	3.テレビション	1
5 3	+1.ビルディング	18
	+2.ビル	4
	3.フィリピン	1
	4.ビルディー	1
	5.ピーディー	1
	6.ピーチ	1
	7.フィリピン	1
	8.フィーリー	1
	無答	12
5 4	+1.ミスプリント	26
	2.ミスプリンター	2
	3.ミスプリンセス	1
	4.ディスプリント	1
	5.クリニトン	1
	6.プリンセス	1
	無答	8
5 5	+1.アフリカ	36
	2.プリント	1
	3.アップリチ	1
	無答	2

번호	응답	수		번호	응답	수
5 6	1.プレイシー	3			11.ミリィー	1
	2.プレシー	2			12.ミリメートル	1
	3.プレイシ	2			13.ミリンー	1
	4.フレィジー	1			무답	16
	5.プレーシー	1		6 1	+1.アマチュア	39
	6.プレッシャー	1			2.アマチア	1
	7.プレス	1		6 2	1.プレス	19
	8.クラシック	1			+2.クラス	4
	9.カレシ	1			3.プレイス	3
	10.プレシ	1			4.グラス	1
	11.プレイス	1			5.プレイフー	1
	12.プレジデント	1			6.ブレス	1
	무답	24			7.シティ	1
5 7	+1.ステージ	33			8.プレステ	1
	2.ステイジー	2			9.プラス	1
	3.ステイジ	1			무답	8
	무답	4		6 3	+1.ステレオ	38
5 8	+1.テント	19			2.ステレヲ	1
	2.テープ	6			무답	1
	3.ペット	4		6 4	+1.テンプラ	40
	4.ベット	1		6 5	+1.ピン	16
	5.テットゥ	1			2.ピーク	3
	6.エンター	1			3.ピッグ	2
	7.ペント	1			4.ビール	2
	8.テンプル	1			5.ピーリ	1
	무답	6			6.ピー	1
5 9	1.ロシア	17			7.ピック	1
	+2.ラッシュアワー	7			8.ピーン	1
	3.ロシアワー	3			9.ピーチ	1
	4.ロシアゴ	2			10.ピーマン	1
	5.ロシャワ	1			무답	11
	6.ロシアワン	1		6 6	+1.ミルク	33
	7.ロシアン	1			2.リュック	2
	무답	8			3.ビッグ	1
6 0	1.ミリン	10			4.ミンク	1
	+2.ミリ	3			5.ピークール	1
	3.リンリー	1			무답	2
	4.ビル	1		6 7	+1.アメリカ	39
	5.メリー	1			2.アミリカ	1
	6.ビリー	1		6 8	+1.クラブ	14
	7.ビリヤード	1			2.クロ	6
	8.ミリー	1			3.クロウ	3
	9.ビリ	1				
	10.ビリー	1				

	4.クロック	3
	5.クロッフ	2
	6.クラ	1
	7.マドロ	1
	8.からす	1
	9.ブラウド	1
	무답	8
69	+1.ストーブ	40
70	+1.テンポ	21
	2.テープ	4
	3.ケッコン	1
	4.テンプル	1
	5.寺	1
	6.ペーパー	1
	무답	11
71	+1.ピンク	34
	2.ティンク	1
	3.ヒンク	1
	4.ピック	1
	5.インク	1
	6.シンク	1
	무답	1
72	+1.ムード	22
	2.モード	4
	3.ボーダー	2
	4.マード	1
	5.ブートゥ	1
	6.ブーリ	1
	7.ブードゥー	1
	8.ボート	1
	무답	7
73	+1.アラビア	40
74	1.クレープ	25
	2.グレープ	4
	3.クレック	2
	4.グレープフルーツ	2
	5.グレイプ	1
	6.プレイボール	1
	무답	5
75	+1.ストップ	31
	2.ストーブ	3
	3.スター	3

	4.ストーン	1
	5.ストロー	1
	6.ストー	1
76	+1.ドア	33
	2.ドアー	5
	3.タワー	2
77	+1.ファスナー	22
	2.パスタ	5
	3.パス	1
	4.パスト	1
	5.パスポート	1
	6.カステラ	1
	7.ミート	1
	8.パスノウ	1
	무답	7
78	1.ミート	6
	2.ミント	5
	3.ミット	3
	4.ミト	3
	5.ニット	3
	6.ミカン	2
	7.ミトン	2
	+8.メーター	1
	9.バター	1
	10.ヴィトン	1
	11.ミタル	1
	12.リタ	1
	무답	11
79	1.アイカギ	13
	2.アイカリー	5
	+3.アルカリ	2
	무답	20
80	1.クレーン	22
	2.プレーン	11
	3.フレーム	1
	4.クレイン	1
	5.フレンド	1
	6.プレイン	1
	7.クレヨン	1
	8.クレープ	1
	무답	1
81	1.ストライク	37
	2.トライク	1
	3.ストライプ	1
	4.ストライクスト	1

82	1コピー	29
	+2.コーヒー	8
	3.コピ	1
	無答	2
83	1.ペン	35
	2.テン	2
	3.ケン	1
	無答	2
84	1.ミート	14
	2.ミト	4
	3.ミント	2
	4.ミタ	2
	5.ピーター	1
	6.ミット	1
	7.ビト	1
	8.バター	1
	9.ミン	1
	10.メートル	1
	無答	12
85	1.アルトール	10
	2.アンコール	3
	3.マイホーム	1
	4.アホール	1
	5.アイムコーラ	1
	6.アイフォール	1
	7.アイコー	1
	8.さむい	1
	9.アンフォール	1
	10.コーラ	1
	11.アイスコー	1
	12.アハコル	1
	13.コールド	1
	14.アコード	1
	無答	15
86	+1.クリーニング	23
	2.スリリング	3
	3.クリーニンダ	1
	4.スイミング	1
	5.クイニング	1
	6.チリ	1
	7.プリーディー	1
	8.プリーテン	1
	9.リスニング	1
	10.クリニンク	1
	無答	6
87	+1.スピーカー	30
	2.スピーカ	3
	3.ズピーカー	1
	4.スピード	1
	無答	5
88	+1.トイレ	34
	+2.トイレット	4
	無答	2
89	1.ペルー	3
	2.ピル	3
	3.テル	2
	4.ティル	1
	5.ピロ	1
	6.プルー	1
	7.テンル	1
	8.タイル	1
	9.ピンルン	1
	10.フィンランド	1
	11.ヒル	1
	12.ビール	1
	13.ペリー	1
	14.ピンル	1
	15.ビル	1
	16.ケンドウ	1
	無答	19
90	+1.メニュー	26
	2.レンニュー	1
	3.ビニール	1
	4.レニュウ	1
	5.ネニュー	1
	無答	10
91	+1.アルバイト	37
	2.アイライク	1
	3.アンライク	1
	無答	1
92	+1.クリーム	18
	2.クリープ	5
	3.プリン	4
	4.クリーン	3
	5.クリー	2
	6.クリ	1
	7.プリ	1
	8.クリップ	1
	9.ツリー	1
	10.プリーフ	1
	無答	3

9 3	+1.スピーチ	39
	無答	1
9 4	1.トーク	22
	+2.トップ	6
	3.トーン	2
	4.トーフ	2
	5.トオ	1
	6.トン	1
	7.ドップ	1
	8.トール	1
	9.トック	1
	10.トウ	1
	無答	2
9 5	1.ブン	9
	+2.ブーム	7
	3.ムーン	3
	4.プール	2
	5.フン	2
	6.プン	2
	7.フーン	1
	8.ブーン	1
	9.プーン	1
	10.スプーン	1
	11.フーム	1
	12.プルン	1
	13.フード	1
	無答	8
9 6	+1.メモ	30
	2.レモン	7
	3.メゴ	1
	無答	2
9 7	1.エイガ	7
	2.エイバー	6
	3.エイバ	4
	4.エバ	2
	5.エルボ	2
	6.エイボン	1
	7.エイゴ	1
	8.えいが	1
	9.エニバル	1
	10.エルバン	1
	無答	14
9 8	1.クリーン	15
	2.クリーム	8

	3.プリン	7
	4.プリント	2
	5.フロリン	1
	6.フーリン	1
	7.クリーン	1
	8.グリン	1
	9.クリン	1
	無答	3
9 9	+1.スピード	32
	2.スティーブ	2
	3.スティーブン	1
	4.スティーヌ	1
	5.スピードウ	1
	無答	3
1 0 0	+1.トマト	28
	2.マット	4
	3.マント	2
	4.スマート	1
	5.マト	1
	6.マトン	1
	7.マァートー	1
	無答	2
1 0 1	+1.プール	35
	2.クール	2
	3.フード	1
	無答	2
1 0 2	+1.メロディー	31
	2.メロディ	7
	3.メロデー	1
	無答	1
1 0 3	+1.アルミニウム	27
	2.アイルミュー	1
	3.アルミニュウム	1
	4.アイミニュー	1
	5.アルミニュ	1
	6.アルメリア	1
	7.アイロメニュー	1
	無答	7
1 0 4	+1.クリスマス	38
	無答	2
1 0 5	+1.スプーン	38
	2.スプン	1
	無答	1

106	+1.ドライブ	27
	2.プライド	9
	3.クライブ	1
	4.プライブ	1
	무답	2
107	+1.フライパン	9
	2.プライペン	4
	3.プライベート	3
	4.ドライピン	1
	5.フライペン	1
	6.レイペン	1
	7.プライテ	1
	8.プライブート	1
	9.フライテン	1
	10.プライテン	1
	11.クライペン	1
	12.ライトペン	1
	13.トライテン	1
	무답	14
108	+1.メンバー	24
	2.レインボー	5
	3.メンボー	3
	4.メンボ	2
	5.メンマ	1
	6.テンパ	1
	7.レンボン	1
	무답	3
109	+1.アンテナ	38
	2.アテナ	1
	무답	1
110	1.クルー	16
	+2.グループ	3
	3.プルーン	3
	4.クルーン	3
	5.グルー	2
	6.クルーム	1
	7.フルーツ	1
	8.クル	1
	9.プルー	1
	10.クルマ	1
	11.クルーズ	1
	12.クール	1
	무답	6

111	+1.スペイン	12
	2.ステイ	9
	3.スペード	7
	4.スティ	1
	5.スペリー	1
	6.スペイ	1
	7.スペイド	1
	8.スケート	1
	9.スペルド	1
	무답	6
112	+1.トラック	11
	2.トラ	3
	3.トラップ	2
	4.クロック	2
	5.クラブ	2
	6.ドロー	2
	7.トロップ	1
	8.プラン	1
	9.フランス	1
	10.トロ	1
	11.ドラム	1
	12.トライ	1
	13.クローク	1
	14.ドロップ	1
	15.グローブ	1
	무답	9
113	1.クラス	12
	2.クロス	11
	+3.プラス	10
	4.クロン	1
	5.グラス	1
	무답	5
114	1.ボタン	17
	2.ボート	9
	+3.モーター	4
	4.ボトル	2
	5.バター	2
	6.ウォーター	1
	7.クロス	1
	8.モター	1
	9.モタ	1
	무답	2
115	+1.ラジオ	34
	2.ラディオ	2
	무답	4

1 1 6	+1.ケーキ	30
	2.ケイク	3
	3.ケイワウー	1
	4.ケイコ	1
	5.ケイキ	1
	無答	4
1 1 7	1.セーター	20
	2.スウェット	3
	3.スエート	1
	4.スエトロ	1
	5.スプレントアウト	1
	6.セター	1
	7.スウェト	1
	8.スウェンター	1
	9.スウェート	1
	10.スエット	1
	11.スレッド	1
	12.スレーター	1
	13スウェータ	1
	無答	6
1 1 8	+1.ドラマ	32
	2.グラマー	7
	3.グラーマ	1
1 1 9	+1.プラスチック	19
	2.プラスティック	5
	3.プラスティク	4
	4.プラスケィック	2
	5.プラスティ	1
	6.クラスティー	1
	無答	8
1 2 0	+1.モダン	11
	2.ボーダー	5
	3.モード	3
	4.モーダ	2
	5.ボタン	2
	6.ホーダー	1
	7.モダ	1
	8.ポーラ	1
	9.モーター	1
	10.オーダー	1
	11.オーナー	1
	12.モーダー	1
	無答	12

1 2 1	+1.イタリア	39
	無答	1
1 2 2	+1.ゲーム	17
	2.ゲイ	5
	3.ケイ	4
	4.ゲート	1
	5.ケリー	1
	6.ケイン	1
	7.ケイビ	1
	8.ケート	1
	9.ゲイブ	1
	無答	8
1 2 3	+1.ズボン	19
	2.スボン	12
	3.ジュゴン	2
	4.トゥロー	1
	5.ズオン	1
	6.トゥボーン	1
	7.トローム	1
	無答	3
1 2 4	+1.トランプ	28
	2.トランク	5
	無答	7
1 2 5	1.テレフォン	6
	2.クレヨン	2
	3.プレクト	2
	4.プランクトン	2
	5.プラクト	1
	6.フロント	1
	7.プレコ	1
	8.パレッドプレクト	1
	9.プレボン	1
	10.プレクオン	1
	11.レニコン	1
	12.テレホォン	1
	13.グレート	1
	14.プレイホン	1
	15.プレイコン	1
	16.プレイフォン	1
	無答	16
1 2 6	+1.ユーモア	27
	2.ユーマ	4
	3.ローマ	1

	4.ユウモア	1
	5.ローア	1
	無답	6
1 2 7	+1.イメージ	22
	2.イミジ	3
	3.イミジー	2
	4.イミディー	1
	5.イミジン	1
	6.イミージー	1
	7.イリージ	1
	8.イミージ	1
	9.イミージイー	1
	10.イミジィ	1
	無답	6
1 2 8	+1.コース	26
	2.コス	4
	3.クッス	2
	4.コスト	1
	5.コスン	1
	無답	6
1 2 9	+1.スマート	19
	2.スナック	6
	3.スマップ	5
	4.マートゥー	1
	5.スマプ	1
	6.スマック	1
	7.スマット	1
	8.スマーク	1
	無답	5
1 3 0	1.タイラ	5
	2.タイル	4
	3.タイランド	3
	4.タイ	3
	5.パイロット	2
	6.ダンロ	2
	7.タルロ	1
	8.タイヤ	1
	9.タロウ	1
	10.ダイラ	1
	11.ナラ	1
	12.ダイローグ	1
	13.タイロー	1
	14.パウロ	1
	15.タラ	1

	16.タイロ	1
	17.タイアド	1
	無답	10
1 3 1	1.プレーン	12
	2.プレイン	4
	3.クレーン	3
	4.プレー	2
	5.プレン	2
	6.フレンド	2
	+7.プラン	1
	8.フレーン	1
	9.フレード	1
	10.レーン	1
	11.プレイ	1
	12.ブレッド	1
	無답	9
1 3 2	1.カー	8
	2.カップ	8
	3.カーブ	7
	+4.コップ	6
	5.クルマ	1
	6.カ	1
	7.コープ	1
	8.カート	1
	9.ルーフ	1
	無답	6
1 3 3	+1.イラク	38
	無답	2
1 3 4	+1.コーチ	27
	2.ポーチ	4
	3.コウチ	2
	4.コーヒー	1
	5.プッチ	1
	無답	5
1 3 5	+1.スライド	18
	2.スライダー	11
	3.プライド	6
	4.スタイダー	1
	5.トライド	1
	無답	3
1 3 6	1.トーン	14
	+2.トン	14
	3.ターン	2

	4.トップ	1
	5.トル	1
	6.ポット	1
	무답	7
137	+1.フランス	27
	2.プラス	2
	3.トランクス	1
	4.クラス	1
	5.タンス	1
	6.プランソー	1
	7.トランス	1
	8.プランス	1
	9.プライス	1
	무답	4
138	+1.インク	35
	2.インコ	1
	3.イーク	1
	4.アンド	1
	무답	2
139	+1.コート	37
	무답	3
140	+1.スリッパ	34
	2.スニーカー	1
	3.スイトウ	1
	무답	4

141	1.ターナル	7
	2.タナ	3
	3.ターナイ	3
	4.ターナー	2
	5.トーナル	1
	6.ターミナル	1
	7.パーマ	1
	8.ターナ	1
	9.ユターナル	1
	10.パーマン	1
	11.スリッパ	1
	12.パーナイ	1
	13.カラー	1
	14.ターザィン	1
	15.コーナー	1
	16.チューナー	1
	무답	13
142	+1.プリント	28
	2.プリンス	5
	3.ドリンク	1
	4.クリントン	1
	5.プリンター	1
	6.フリーク	1
	무답	3
143	+1.ラケット	36
	2.ラッケット	1
	무답	3

주) +표는 바르게 이해한 것을 나타낸다.

3.3 일본어의 외래어에 대한 한국어 모어화자의 이해도와 한국어의 외래어에 대한 일본어 모어화자의 이해도의 비교

(A)일본어의 외래어에 대한 한국어 모어화자의 이해도와 한국어의 외래어에 대한 일본어 모어화자의 이해도에서 서로 듣기에 문제가 없는 것(이해도가 80% 이상)은 아래의 39개(27.3%)이다.

> 1.アイスクリーム 11. ピアノ 12.マスク 16.テーマ 21.スキー 23.ピクニック 25.アクセント
> 26.ギター 27.スケート 30.マヨネーズ 34.テスト 37.アナウンサー 40.テニス 42.ミシン 45.
> スタート 49.マイク 52.テレビ 55.アフリカ 57.ステージ 61.アマチュア 63.ステレオ 67.ア
> メリカ 69.ストーブ 73.アラビア 76.ドア 88.トイレ 91.アルバイト 93.スピーチ 99.スピー
> ド 104.クリスマス 105.スプーン 109.アンテナ 115.ラジオ 118.ドラマ 121.イタリア 133.イ
> ラク 138.インク 140.スリッパ 143.ラケット

특히 이 중에서 이해도가 100%인 것은 '1.アイスクリーム'의 1개이다.

(B)이와 반대로, 이해도에서 서로 듣기에 문제가 있는 것(이해도가 20% 이하)은 아래의 4개(2.8%)이다.

> 79.アルカリ 130.ドル 131.プラン 141.トンネル

4. 맺는 말(일본어교육에의 응용)

본고에서는, 일본어의 외래어에 대한 한국어 모어화자의 이해도와 그에 대응하는 한국어의 외래어에 대한 일본어 모어화자의 이해도를 조사함으로써, 일본어를 매개로 한 언어 전달(말하는 이와 듣는 이의 관계)상에서 외래어 사용의 문제점을 살펴보았다.

본 언어 전달상의 효과를 고려한 외래어 연구의 결과는, 다음과 같은 분야에서 그 응용이 가능할 것이다.

(1)언어 전달 효과를 고려한 외래어의 난이도(이해도)는, 언어 전달 능력을 중시하는 수업에서, 외래어 사용의 오용에 대한 객관적인 정정·평가의 기준을, (한국인) 일본어 교사에게 제공하여, 효과적인 외래어 지도에 도움이 될 것이다.('3.2')

(2)교재 작성에 있어서, 외래어 어휘 도입 순서에 대한 객관적인 자료(이해도를 기준으로 한 난이도)를 제공한다. 특히, 한·일 양국의 화자에게 의미

전달에 문제가 없는 어휘(외래어)는, 일본어 학습 초기 단계에 도입하면 학습 동기를 유발하는 데 크게 도움이 될 것이다.('3.3')

(3)테스트 작성에 있어서, 객관적인 난이도를 고려한 문제를 만들 수 있다.('3.1' '3.2' '3.3')

(4)한국인 일본어 학습자에 대한 조사에서는, 외래어 습득 과정 및 정도를 알 수 있어서, 지도 방법 개발에 도움을 줄 것이다.('3.1')

또한, 본고의 결과는 한국인 일본어 교사에게 중요한 시사를 주고 있다. 즉 일본어 외래어 사용에서, 듣기에서는 '3.1 (D)' '3.1 (C)' '3.1 (B)' '3.1 (A)'의 순서로, 말하기에서는 '3.2 (D)' '3.2 (C)' '3.2 (B)' '3.2 (A)'의 순서로 엄하게 평가하고, 지도상에 주의를 요하는 것이다. 특히 '3.3 (A)'는 가장 관대하게, '3.3 (B)'는 가장 엄하게 평가하는 것이다. 그리고 학년을 고려한 지도에서는, 기초 어휘 중에서 반 이상이 학습이 없어도 이해가 가능하며, 학습 유무에 의해서 이해도 차이가 크게 나는 '3.1 (D)'를 중점적으로 지도하는 것이다.

끝으로, (제2)언어 습득의 보편성을 추구하는 이론적 연구보다는, 위와 같이 여러 데이터를 축적해서, 곧바로 언어 교육 현장에서 응용이 가능한 실천적 연구는, 교수·학습자에게는 더욱 필요하고 도움될 것이다.

【참고문헌】

1. 문교부(1987), 『편수자료Ⅱ-1, 외래어 표기 용례(일반 외래어)』
2. 国立国語研究所(1982), 『日本語教育基本語彙七種比較対照表』日本語教育指導参考書9
3. 国立国語研究所(1984), 『日本語教育のための基本語彙調査』
4. 国際交流基金(1994), 『日本語能力試験出題基準』, 凡人社
5. 趙南星(1992), 「韓国人日本語学習者による外来語表記の誤り-日本語話者による評価を中心として-」, 『日本語教育』78号, 178-190
6. 吉沢典南·石綿敏雄(1979), 『外来語語源』, 角川書店

일본어의 외래어에 대한 한국어 모어화자의 이해도와 한국어의 외래어에 대한 일본어 모어화자의 이해도(Ⅱ)

1. 들어가는 말

일본어의 외래어에 대응하는 우리말의 외래어를, 우리말에서 쓰이는 발음 그대로 일본어를 사용한 대화에서 의미가 전달되는지, 그리고 이와 반대로 우리말의 외래어에 대응하는 일본어의 외래어를 들었을 때 의미가 이해되는지, 이에 대한 실제적인 조사 연구는 그다지 이루어지고 있지 않다. 본연구에서는 조(1999)에 이어, 한·일 외래어에 대한 이해도, 즉 일본어의 외래어에 대한 한국어 모어화자의 이해도와 그에 대응하는 한국어의 외래어에 대한 일본어 모어화자의 이해도를 조사하려고 한다. 구체적으로 어떤 외래어가 양 화자 서로에게 이해상 문제가 없는지. 그리고 어떤 외래어가 의미전달에 장애를 주고, 그 장애는 어느 정도이며, 어떤 내용으로 잘못 이해되는가 등이다. 이는 구두의 언어 전달을 중시하는 교수·학습에, 나아가 외래어 어휘의 난이도(이해도)를 고려한 교재 작성 등에 도움이 되리라 생각된다. 특히 초기 가타카나 문자 학습에서 외래어를 이용할 때 유용할 것이다.

2. 조사 방법

2.1 조사 참여자

한국어 모어화자는 한국 T대학교 학생 125명이고[1], 일본어 모어화자는 일본 K고등학교 2·3학년 학생 156명이다.

2.2 조사 재료

조사의 외래어는 일본어의 (기초)어휘 중에서, 한·일 양국어의 외래어가 서로 대응하는 약 280개의 어휘[2] 중에서, 조(1999)에서 무작위로 선정한 143개를 제외한 137개이다. 그리고 조사 테이프 작성은, 한국어 외래어는 한국인 30세 정도의 여성, 일본어 외래어는 일본인 30세 정도의 여성을 대상으로 녹음했다. 녹음 내역은 아래의 어휘 순서(같은 어두의 음이 연속되지 않도록 무작위)로 한 개의 어휘를 2회 연속으로 녹음했으며, 그 길이는 약 30분 정도이다. 한편 조사 대상의 137개의 외래어는 아래와 같다. [아래의 어휘에서 '[한]→한국어, [일]→일본어'를 나타내고, ( )는 어원 표시로 '(네)→네덜란드어, (독)→독일어, (프)→프랑스어, (포)→포르투갈어, (러)→러시아어, 표시가 없는 것→영어' 등을 나타낸다.]

2.3 조사 순서

조사는 청취 테스트 방법으로, 각각의 외래어를 2회 연속으로 듣고 그 외래어의 의미를 쓰도록 했으며, 발음 그대로 옮겨 쓰지 않도록 했다.

2.4 분석 방법

일본어의 외래어에 대한 한국어 모어화자의 이해도 조사에서, 올바른 '로마자'와 '가나' 표기의 청취 유형은, 올바른 이해(<표3>의 +표, ?표)에 포함되

어 <표3>의 청취 유형에는 나타나 있지 않다. 일본어의 외래어에 해당하는 한국어의 어휘(응답)가 올바른 표기가 아닌 것은 잘못 이해한 것으로 간주했다. 이는 실제 잘못된 외래어 표기가 해당 외래어의 의미를 이해한다고 생각되는 것도 있으나, 그 판단이 애매하기 때문이다. 그러나 의미를 이해했다고 생각되는 것 중에서 다수의 응답자[125명의 1/4(31명) 이상]가 응답한 것은 바른 이해로 간주했다(<표3>의 문3, 28, 37, 49, 50, 53, 54, 66, 73, 83, 97, 104, 115, 121, 126에서 ?표의 것). 그리고 일본어의 외래어에 해당하는 우리말이 유사 어휘인 경우[예를 들면, '(34)ソース'에서 '소스' 이외 '양념']는 올바른 이해로 간주했다.

한국어	일본어	어원
(1)스포츠	スポーツ	sports
(2)유럽	ヨーロッパ	[한]Europe, [일]Europa(포)
(3)인텔리	インテリ	[한]intelligentsia, [일]intelligentsija(러)
(4)브레이크	ブレーキ	brake
(5)인도	インド	India
(6)섹스	セックス	sex
(7)나일론	ナイロン	nylon
(8)프레젠트	プレゼント	present
(9)인토네이션	イントネーション	intonation
(10)시멘트	セメント	cement
(11)뉘앙스	ニュアンス	nuance(프)
(12)프로	プロ	pro
(13)런치	ランチ	lunch
(14)인도네시아	インドネシア	Indonesia
(15)코피	コピー	copy
(16)제로	ゼロ	[한]zero, [일]zéro(프)
(17)뉴스	ニュース	news
(18)프로그램	プログラム	program
(19)리듬	リズム	rhythm
(20)인플레이션	インフレーション	inflation
(21)고무	ゴム	[한]gomme(프), [일]gom(네)
(22)센터	センター	center

(23)넥타이	ネクタイ	necktie
(24)페이지	ページ	page
(25)리터	リットル	[한]liter, [일]litre(프)
(26)비자	ビザ	visa
(27)골프	ゴルフ	golf
(28)센티미터	センチ	[한]centimeter, [일]centimètre(프)
(29)노이로제	ノイローゼ	Neurose(독)
(30)베드	ベッド	bed
(31)레인코트	レインコート	raincoat 《レーンコート》
(32)위스키	ウイスキー	whisky
(33)콩쿠루	コンクール	concours(프)
(34)소스	ソース	sauce
(35)노트	ノート	note
(36)베테랑	ベテラン	[한]vétéran(프), [일]veteran
(37)레크리에이션	レクリエーション	recreation
(38)울	ウール	wool
(39)콘크리트	コンクリート	concrete
(40)다스	ダース	dozen
(41)노크	ノック	knock
(42)헬리콥터	ヘリコプター	helicopter
(43)레코드	レコード	record
(44)웨이트리스	ウエートレス	waitress
(45)콘센트	コンセント	[한]concentric plug, [일]concent
(46)벨	ベル	bell
(47)레스토랑	レストラン	restaurant(프)
(48)에스컬레이터	エスカレーター	escalator
(49)서클	サークル	circle
(50)타입	タイプ	type
(51)파티	パーティー	party
(52)벨트	ベルト	belt
(53)리포트	レポート	report
(54)에티켓	エチケット	étiquette(프)
(55)서비스	サービス	service
(56)타이프라이터	タイプライター	typewriter
(57)바이올린	バイオリン	violin
(58)펜	ペン	pen

(59)레몬	レモン	lemon
(60)사이렌	サイレン	siren
(61)타이어	タイヤ	tire
(62)하이킹	ハイキング	hiking
(63)페인트	ペンキ	[한]paint, [일]pek, (네)<ペイント paint>
(64)렌즈	レンズ	lens
(65)엘리베이터	エレベーター	elevator
(66)사인	サイン	sign
(67)다이얼	ダイヤル	dial
(68)파이프	パイプ	pipe
(69)뻰찌	ペンチ	pinchers
(70)와이셔츠	ワイシャツ	white shirt(s)
(71)엔진	エンジン	engine
(72)샐러드	サラダ	salad
(73)타월	タオル	towel
(74)바께쓰	バケツ	bucket
(75)보이	ボーイ	boy
(76)와트	ワット	watt
(77)오토바이	オートバイ	autobicycle(일)
(78)샐러리 맨	サラリーマン	salary man
(79)택시	タクシー	taxi
(80)버스	バス	bus
(81)포크	フォーク	fork
(82)원피스 드레스	ワンピース	[한]one-piece dress, [일]one piece
(83)오버코트	オーバー	overcoat
(84)샌드위치	サンドイッチ	sandwich
(85)패스포트	パスポート	passport
(86)보트	ボート	boat
(87)사커	サッカー	soccer
(88)네덜란드	オランダ	Holland
(89)시즌	シーズン	season
(90)댐	ダム	dam
(91)버터	バター	butter
(92)보너스	ボーナス	bonus
(93)메달	メダル	medal
(94)올림픽	オリンピック	Olympic

(95)시트	シーツ	sheet
(96)댄스	ダンス	dance
(97)배지	バッジ	badge
(98)홈	ホーム	home
(99)오르간	オルガン	[한]organ, [일]orgão(포)
(100)저널리스트	ジャーナリスト	journalist
(101)치즈	チーズ	cheese
(102)배트	バット	bat
(103)볼	ボール	ball
(104)커튼	カーテン	curtain
(105)셔츠	シャツ	shirt(s)
(106)팀	チーム	team
(107)바나나	バナナ	banana
(108)볼펜	ボールペン	ball point pen
(109)카드	カード	card
(110)잼	ジャム	jam
(111)찬스	チャンス	chance
(112)햄	ハム	ham
(113)포켓	ポケット	pocket
(114)가스	ガス	[한]gas, [일]gas(네)
(115)주스	ジュース	juice
(116)튤립	チューリップ	tulip
(117)밸런스	バランス	balance
(118)포스터	ポスター	poster
(119)가솔린	ガソリン	gasoline
(120)쇼크	ショック	shock
(121)초크	チョーク	chalk
(122)빵	パン	pão(포)
(123)버튼	ボタン	[한]button, [일]botão(포)
(124)커버	カバー	cover
(125)시리즈	シリーズ	series
(126)초콜릿	チョコレート	chocolate
(127)행커치프	ハンカチ	handkerchief
(128)호텔	ホテル	hotel
(129)카메라	カメラ	camera
(130)스위치	スイッチ	switch

(131)데이트	デート	date
(132)팬츠	パンツ	pants
(133)마크	マーク	mark
(134)카메라맨	カメラマン	cameramen
(135)슈트	スーツ	suit
(136)테이프	テープ	tape
(137)핸드백	ハンドバッグ	handbag

　또한, 한국어의 외래어에 대한 일본어 모어화자의 이해도 조사에서, 청취 유형에서 약간의 표기 차이가 나는 것은 원칙적으로 바르게 이해하지 못한 것으로 간주했다. 이는 실제 해당 외래어의 의미를 안다고 생각되나, 그 판단이 애매하며, 지시 사항으로서 외래어의 음을 적지 말고 그 의미를 적도록 지시했기 때문이다. 그러나 올바른 표기는 아니지만, 의미를 이해했다고 생각되는 것 중에서 다수의 응답자[156명의 1/4(39명) 이상]가 응답한 것은 바른 이해로 간주했다(<표5>의 문2, 4, 18, 23, 32, 37, 44, 81, 83, 84, 113, 137에서 ?표의 것). 한편, 본고의 외래어 예는, 특히 한국어의 외래어에 대한 일본어 모어화자의 이해도 조사 결과의 기술에서는 한국어의 외래어로 나타내야 하는데, 한국인 일본어 교수·학습자를 위해 모든 예는 편의상 일본어의 외래어로 나타낸다.

3. 조사 결과 및 고찰

3.1 일본어의 외래어에 대한 한국어 모어화자의 이해도

3.1.1 일본어 학습력에 따른 이해도

　<표1>은 일본어의 외래어에 대한 한국어 모어화자의 이해도, 즉 '일본어 학습력에 따른 이해도'를 나타내고 있다. <표1>에서 보면, 일본어 학습력이 없는 1학년의 경우 54.6%로, 일본어의 외래어 학습이 없어도 어느 정도 이

해할 수 있는 것을 나타낸다. 그리고 학년이 올라감에 따라 이해도가 높아지는 것을 알 수 있으나, 그 차이는 작다.

〈표1〉 일본어 학습력에 따른 이해도

일본어 학습력(학년)	1학년	2학년	3학년	4학년
이해도(%)	54.6	70.8	76.2	81.3

주) 이해도는 〈표3〉의 +표, ?표의 것.

〈표2〉는 '일본어 학습력의 유무에 따른 이해도의 분포'를 나타내고 있다. 〈표2〉에서 보면, 일본어 학습력의 유무에 관계없이 이해도가 높은 범위에 따라 그 분포가 많아지는 것을 알 수 있다. 특히 학습력이 있는 경우, 이해도가 높은 범위(80% 이상)에서는 많은 분포를 보이고 있으나, 낮은 범위(20% 미만)에서는 적은 분포를 보이고 있다.

〈표2〉 일본어 학습력의 유무에 따른 이해도의 분포

일본어 학습력	이해도				[137개(%)]
	80% 이상	80%~50%	50%~20%	20% 미만	
무(1학년) : 46명	41(29.9)	38(27.7)	33(24.1)	23(16.8)	
유(2, 3, 4학년) : 79명	85(62.0)	29(21.2)	14(10.2)	7 (5.1)	

주) 이해도는 〈표3〉의 +표, ?표의 것.

3.1.2 한국어 모어화자의 이해도 분포 내역

(1) 80% 이상 이해되는 것

〈표3〉은 '일본어의 외래어에 대한 한국어 모어화자의 청취 내역'을 나타내고 있다. 〈표3〉에서 보면, 일본어의 외래어가 한국어 모어화자에게 상당히 이해되는 것(80%)은, 일본어 학습력이 없는 경우(1학년)가 41개(29.9%)이고, 있는 경우(2, 3, 4학년)가 85개(62.5%)이다. 그리고 일본어 학습력의 유무에 관계없이, 상당히 이해되는 것은 40개(29.2%)이다. 이를 정리하면 아래와 같다.

〈표3〉 일본어의 외래어에 대한 한국어 모어화자의 청취 내역

번호		청취 유형	1학년 46명	2학년 27명	3학년 27명	4학년 25명	합계 125명
1	+	1.스포츠	43	26	27	2	98
	+	2.운동	2	1	-	23	26
		무답	1	-	-	-	1
2	+	1.유럽	10	22	25	25	82
		2.유럽파, 유로파	3	2	2	-	7
		기타	2	-	-	-	2
		무답	31	3	-	-	34
3		1.인테리어	22	15	10	12	59
	?	2.인테리	17	7	12	7	43
	+	3.인텔리	5	3	3	6	17
		4.인테리아	1	2	-	-	3
		5.이태리, 이테리	1	-	1	-	2
		기타	-	-	1	-	1
4	+	1.브레이크	22	17	24	25	88
		기타	3	-	1	-	4
		무답	21	10	2	-	33
5	+	1.인도	44	27	27	25	123
		무답	2	-	-	-	2
6	+	1.섹스	14	6	16	11	47
	+	2.성	2	6	4	1	13
		3.6(six)	2	-	-	9	11
		4.섹시	-	2	1	-	3
		5.성교	-	-	-	2	2
		기타	2	-	2	1	5
		무답	26	13	4	1	44
7	+	1.나일론	37	26	27	23	113
		2.나일롱	7	1	-	1	9
		기타	1	-	-	1	2
		무답	1	-	-	-	1
8	+	1.선물	14	23	21	25	83
		2.프리젠트	4	2	3	-	9
	+	3.프레젠트	9	-	-	-	9
		4.친구	-	2	3	-	5
		5.프레즌트	2	-	-	-	2
		기타	2	-	-	-	2
		무답	15	-	-	-	15
9		1.인터네이션	5	5	7	6	23
	+	2.인토네이션	-	-	10	4	14
	+	3.억양	-	3	3	6	12
		4.인도네시아	9	1	-	-	10
		5.인터네션	3	3	1	3	10
		6.인터넷	4	2	-	-	6
		7.인터내셔널	3	1	-	-	4
		8.국제적(인)	-	4	-	-	4
		9.인테내션	1	-	2	-	3
		10.악센트	-	-	1	2	3
		11.인테네션	-	-	-	2	2
		12.인터낸션	1	1	-	-	2
		13.인터내셔널	1	1	-	-	2
		14.인터내이션	1	1	-	-	2
		기타	4	2	3	1	10
		무답	14	3	-	1	18
10	+	1.시멘트	27	18	18	24	87
		2.세면대	9	3	2	-	14
		3.세면	5	1	1	-	7
		4.세면트, 세멘토	2	-	2	-	4
		5.세면기	-	2	1	-	3
		6.세면 도구	-	1	1	-	2
		기타	1	-	-	-	1
		무답	2	2	2	1	7
11	+	1.뉘앙스	26	25	25	22	98
		2.뉴앙스	5	-	-	2	7
		3.리앙스, 니앙스	3	-	1	1	5
		4.늬앙스	2	-	-	-	2
		5.유람선	2	-	-	-	2
		기타	1	1	-	-	2
		무답	7	1	1	-	9
12	+	1.프로	30	21	23	25	99
		2.부록	4	-	-	-	4
		3.트럭	3	-	-	-	3
		4.블럭	1	-	1	-	2
		기타	1	1	-	-	2
		무답	7	5	3	-	15
13	+	1.점심	7	8	5	14	34
	+	2.런치	19	3	11	5	38
		3.란치	-	1	3	1	5
		4.렌치, 랜취	1	-	1	1	3
	+	5.점심 식사	2	-	-	-	2
		6.벤치	-	2	-	-	2
		7.란치	-	1	1	-	2
		기타	2	4	1	1	8
		무답	15	8	5	3	31
14	+	1.인도네시아	46	27	27	25	125
15	+	1.복사	2	19	13	11	45
		2.카피	1	2	10	10	23
		3.커피	12	1	2	1	16
	+	4.코피	7	3	1	2	13
		5.고삐	-	-	-	2	2
		무답	22	2	1	1	26
16	+	1.제로	27	8	16	14	65
	+	2.○	16	18	9	10	53
	+	3.영	3	1	2	1	7
17	+	1.뉴스	46	27	27	25	125

No.		단어					계
18	+	1.프로그램	45	27	25	25	122
		기타	1	-	2	-	3
19	+	1.리듬	-	3	1	11	15
		2.리즘	-	1	3	-	4
		3.레쥬메	-	3	-	-	3
		4.디즈니	-	-	-	2	2
		5.비젼	-	-	2	-	2
		6.리즌	-	-	2	-	2
		7.정리	-	-	2	-	2
		8.비중	-	-	1	1	2
		기타	5	4	4	2	15
		무답	41	16	12	9	78
20	+	1.인플레이션	11	12	14	17	54
	+	2.인플레	7	3	2	5	17
		3.인프레	1	2	3	-	6
		4.인플레이	1	4	2	-	7
		5.인플렛, 인플레션, 인프레이션	1	-	1	1	3
		기타	-	3	3	1	7
		무답	25	3	2	1	31
21	+	1.고무	26	22	19	23	90
		2.껌	7	-	-	-	7
		3.지우개	-	1	3	-	4
		기타	-	-	1	-	1
		무답	13	4	4	2	23
22	+	1.센터	29	17	18	16	80
		2.센타	4	5	7	5	21
	+	3.중앙	1	3	1	2	7
	+	4.중심	-	1	-	1	2
		기타	4	1	-	-	5
		무답	8	-	1	1	10
23	+	1.넥타이	34	27	26	25	112
		기타	1	-	-	-	1
		무답	11	-	1	-	12
24	+	1.페이지	19	23	26	24	92
		2.뺏지	9	-	-	-	9
	+	3.쪽	-	4	-	1	5
		4.베이지	2	-	-	-	2
		기타	7	-	-	-	7
		무답	9	-	1	-	10
25	+	1.리터	-	5	10	10	25
		2.빅토리	3	3	1	2	9
		3.승리	1	2	3	1	7
		4.리더	-	2	3	-	5
		5.빅토르	-	2	1	1	4
		6.빅토리아	1	2	-	-	3
		7.빅토루	-	-	2	-	2
		8.리틀	-	-	-	2	2
		기타	3	1	5	3	12
		무답	38	10	2	6	56
26	+	1.비자	39	27	24	24	114
		2.피자	6	-	3	-	9
		무답	1	-	-	1	2
27	+	1.골프	27	24	26	25	102
		기타	3	-	-	-	3
		무답	16	3	1	-	20
28	+	1.센티(미터)	13	18	11	15	57
	?	2.센치(미터)	12	9	16	9	46
		기타	1	-	-	-	1
		무답	20	-	-	1	21
29	+	1.노이로제	43	20	26	23	112
		2.로이로제	-	2	-	2	4
		3.노히로제	1	-	1	-	2
		4.노이로오제	-	2	-	-	2
		5.강박 관념	-	2	-	-	2
		기타	-	1	-	-	1
		무답	2	-	-	-	2
30	+	1.침대	1	11	17	21	50
		2.(야구) 방망이	5	1	1	3	10
		3.도시락	5	2	1	-	8
		4.배트	3	1	2	-	6
		5.데이트	-	3	1	-	4
		6.벨트, 허리띠	2	1	-	-	3
		7.렌트	-	-	2	-	2
		기타	2	3	2	1	8
		무답	28	5	1	-	34
31	+	1.레인코트	12	6	16	10	44
	+	2.비옷	6	15	3	3	27
	+	3.우의	1	3	4	9	17
		4.무지개	1	-	2	-	3
		5.메인코트	1	-	-	1	2
		기타	1	-	-	-	1
		무답	24	3	2	2	31
32	+	1.위스키	45	26	27	25	123
		기타	-	1	-	-	1
		무답	1	-	-	-	1
33	?	1.콩쿨	18	9	13	17	57
		2.콩클	4	5	6	6	21
		3.콩쿠르	5	6	4	1	16
		4.콩크르	3	2	-	-	5
		5.콘크리트	1	1	-	-	2
		6.대회	-	2	-	-	2
		7.콩클 대회	-	2	1	-	3
	+	8.콩쿠루	-	-	-	-	-
		기타	1	-	2	-	3
		무답	14	-	1	1	16
34	+	1.소스	45	23	26	25	119
	?	2.양념	-	4	-	-	4
		무답	1	-	1	-	2
35	+	1.노트	43	23	25	24	115
	+	2.공책	-	4	2	1	7
		무답	3	-	-	-	3

번호		항목					
3 6	+	1.베테랑	41	22	26	23	112
	+	2.능숙자, 숙련자	-	2	-	1	3
		3.배테랑, 베트랑	1	-	1	-	2
		기타	-	1	-	-	1
		무답	4	2	-	1	7
3 7	?	1.레크레이션	28	25	19	20	92
	+	2.레크리에이션	10	1	6	5	22
		3.데크레이션	4	-	-	-	4
		기타	-	1	-	-	1
		무답	4	-	2	-	6
3 8	+	1.울	3	10	5	11	29
		2.우르	-	1	4	-	5
		3.수영장	-	1	1	3	5
		4.풀장	1	1	1	1	4
		5.나무	2	-	-	1	3
		6.우루	-	3	-	-	3
		7.물	-	1	2	-	3
		8.풀	-	1	1	-	2
		기타	1	1	-	1	3
		무답	39	8	13	8	68
3 9	+	1.콘크리트	32	14	20	19	85
		2.콩크리트	8	10	7	4	29
		3.시멘트	-	1	-	1	2
		기타	1	2	-	1	4
		무답	5	-	-	-	5
4 0	+	1.다스	20	11	19	8	58
		2.가수	1	1	2	4	8
		3.타스	-	-	-	2	2
		기타	-	3	3	1	7
		무답	25	12	3	10	50
4 1	+	1.노크	30	20	22	24	96
		2.노끈	2	-	-	-	2
		3.락(음악)	-	2	-	-	2
		기타	1	1	1	1	4
		무답	13	4	4	-	21
4 2	+	1.헬리콥터	22	23	17	22	84
		2.헬리곱터	6	-	-	-	6
		3.헬리콥타	1	1	2	2	6
		4.헬기	-	-	3	-	3
		5.헬리콥다	-	-	1	1	2
		6.헬리콥트, 헬리곱더	1	-	1	-	2
		기타	-	-	2	-	2
		무답	16	3	1	-	20
4 3	+	1.레코드	27	21	24	20	92
		2.레코더	7	3	3	3	16
		3.레코트	4	-	-	-	4
		4.레코오데[다]	-	1	-	1	2
		기타	1	2	-	-	3
		무답	7	-	-	1	8
4 4	+	1.웨이트리스	2	-	5	4	11
		2.웨이트레스	-	1	1	6	8
		3.훼이터	2	-	-	2	4
		4.웨트리스	-	-	2	-	2
		5.드레스	-	-	1	1	2
		6.웨이터리스	-	-	1	1	2
		7.웨이츄[추]레스	1	-	-	1	2
		8.웨이트리(스)트	1	-	-	1	2
		9.웨딩드레스	1	-	-	1	2
		10.웨이터리[레]스	-	-	1	1	2
		기타	-	4	2	1	7
		무답	39	22	14	6	81
4 5	+	1.콘센트	37	22	22	22	103
		2.콘서트	4	3	2	3	12
		기타	-	-	2	-	2
		무답	5	2	1	-	8
4 6	+	1.벨	12	18	22	23	75
		기타	-	4	-	-	4
		무답	34	5	5	2	46
4 7	+	1.레스토랑	46	26	27	25	124
		기타	-	1	-	-	1
4 8	+	1.에스컬레이터	25	16	18	19	78
		2.에스칼레이터	7	6	3	5	21
		3.에스카레이터	9	5	5	1	20
		4.에스콜[켈][퀼]레이터	2	-	1	-	3
		기타	2	-	-	-	2
		무답	1	-	-	-	1
4 9	?	1.써클	1	9	14	15	39
	+	2.서클	8	6	10	7	31
		3.축구	-	2	-	-	2
	+	4.동아리	-	2	-	-	2
		기타	4	3	2	1	10
		무답	33	5	1	2	41
5 0	?	1.타이프	10	14	11	12	47
	+	2.타입	1	1	11	10	23
		3.타이핑	-	5	-	-	5
		4.타자	-	2	1	-	3
		5.타자기	-	2	-	-	2
		6.타임	-	-	-	2	2
		7.테이프	2	-	-	-	2
		기타	5	-	2	1	8
		무답	28	3	2	-	33
5 1	+	1.파티	25	26	27	25	103
		2.커피	5	-	-	-	5
		3.복사	2	-	-	-	2
		기타	2	1	-	-	3
		무답	12	-	-	-	12

5	+	1.벨트	4	4	16	18	42
2		2.베르피(옷감)	-	4	-	-	4
		3.베르트	-	-	3	-	3
		4.베루토	-	2	-	-	2
	+	5.허리띠	-	1	-	1	2
		기타	1	3	1	1	6
		무답	41	13	7	5	66
5	?	1.레포트	30	23	26	23	102
3	+	2.리포트	2	2	1	2	7
		기타	1	-	-	-	1
		무답	13	2	-	-	15
5	?	1.에디켓	26	25	24	22	97
4	+	2.예절	-	1	-	2	3
		3.매너	-	1	-	1	2
	+	4.에티켓	-	-	-	-	-
		기타	2	-	3	-	5
		무답	18	-	-	-	18
5	+	1.서비스	34	24	27	25	110
5		2.써비스	1	3	-	-	4
		무답	11	-	-	-	11
5	+	1.타이프라이터	12	11	11	19	53
6		2.타이프라이타	-	3	3	1	7
	+	3.타자기	1	2	1	1	5
		4.타이프라이트	1	-	2	-	3
		5.라이터	-	1	1	-	2
		6.카피라이터	-	-	2	-	2
	+	7.타이프	-	-	-	2	2
		기타	2	3	1	-	6
		무답	30	7	6	2	45
5	+	1.바이올린	33	20	26	24	103
7		2.다이어리, 일기장	-	2	1	-	3
		3.바이오리듬	1	1	-	-	2
		기타	2	1	-	-	3
		무답	10	3	-	1	14
5	+	1.펜	29	22	20	24	95
8		2.팬	3	1	2	-	6
		3.팽	-	-	3	-	3
		4.볼펜	-	1	1	-	2
		기타	3	-	-	-	3
		무답	11	3	1	1	16
5	+	1.레몬	34	26	26	23	109
9		2.메모	1	-	1	2	4
		기타	3	-	-	-	3
		무답	8	1	-	-	9
6	+	1.사이렌	26	17	19	10	72
0	+	2.싸이렌	15	9	8	14	46
		3.사일렌, 싸일렌	3	-	-	-	3
		무답	2	1	-	1	4

6		1.다이아몬드	22	15	12	10	59
1		2.다이아[에]	8	6	10	1	25
	+	3.타이어	3	1	1	12	17
		4.타이거	-	1	1	-	2
		5.타이어야	-	1	1	-	2
		기타	5	2	-	1	8
		무답	8	1	2	1	12
6	+	1.하이킹	4	60	26	25	115
2	?	2.소풍	-	2	1	-	3
		기타	-	1	-	-	1
		무답	6	-	-	-	6
6	+	1.페인트	17	20	18	22	77
3		2.펭귄	4	-	2	-	6
		기타	1	1	4	1	7
		무답	24	6	3	2	35
6	+	1.렌즈	46	27	26	24	123
4		무답	-	-	1	1	2
6	+	1.엘리베이터	28	10	11	13	62
5		2.엘레베이터	4	11	-	6	21
		3.엘레베타	1	1	10	1	13
		4.에레베이터	4	3	2	2	11
		5.엘레베이트	3	-	1	1	5
		6.엘리베이타	-	2	1	-	3
		7.에르베이터	1	-	-	1	2
		8.에레[러] 베이트	1	-	-	1	2
		9.엘레베타, 엘리비터	-	-	2	-	2
		10.엘리베이트	1	-	-	-	1
		무답	3	-	-	-	3
6	+	1.사인	22	10	10	15	57
6	?	2.싸인	17	10	12	9	48
	+	3.서명	-	3	-	-	3
		기타	-	3	1	-	4
		무답	7	1	4	1	13
6	+	1.다이얼	14	15	17	21	67
7		2.다이어리	5	5	-	1	11
		3.다이알	3	1	4	1	9
		4.다이아	2	-	1	1	4
		5.다이아몬드	2	1	-	-	3
		기타	3	-	4	1	8
		무답	17	5	1	-	23
6	+	1.파이프	22	19	17	13	71
8		2.자전거	9	-	2	3	14
		3.오토바이	-	1	3	3	7
		4.타입, 타이프	-	1	-	2	3
		5.바이크	2	-	1	-	3
		6.테잎, 테이프	1	1	-	1	3
		기타	1	2	2	-	5
		무답	11	3	2	3	19

69		1.펜치	5	6	8	7	26
		2.벤치	2	5	1	5	13
		3.뻰지	3	1	1	4	9
		4.팬치	1	-	5	1	7
		5.뻰치	2	2	-	1	5
		6.벤츠	-	2	2	-	4
		7.벤취	-	1	1	2	4
		8.(긴)의자	-	2	1	1	4
		9.뻰치	-	-	-	3	3
		10.팬지, 팬찌	1	2	-	-	3
		11.반지	-	1	2	-	3
		12.김치	2	-	-	-	2
		13.바지	-	2	-	-	2
		14.펜티	-	1	1	-	2
	+	15.뻬찌	-	-	-	-	-
		기타	2	-	2	-	4
		무답	28	2	3	1	34
70	+	1.와이셔츠	41	26	21	25	113
		2.Y셔츠	3	-	2	-	5
		기타	-	1	2	-	3
		무답	2	-	2	-	4
71	+	1.엔진	35	20	25	24	104
		2.엔지(N.G.)	6	5	1	1	13
		무답	5	2	1	-	8
72	+	1.사라다	22	16	14	6	58
	+	2.샐러드	16	10	10	19	55
		3.셀러드	1	1	2	-	4
		기타	-	-	1	-	1
		무답	7	-	-	-	7
73	?	1.타올	35	14	24	23	96
	+	2.수건	-	10	1	2	13
	+	3.타월	4	-	1	-	5
		4.타올	1	-	1	-	2
		무답	6	3	-	-	9
74	+	1.양동이	17	18	15	11	61
		2.바케스	10	1	1	-	12
		3.바께스	5	-	-	1	6
	+	4.바께쓰	3	-	-	2	5
		5.바게스	2	-	1	-	3
		6.박스	2	-	-	-	2
		7.바켓	1	-	1	-	2
		8.바구니	-	2	-	-	2
		9.바케쯔	-	-	2	-	2
		10.바켓스	-	-	-	2	2
		11.빠게스, 바게쓰	-	-	-	2	2
		12.박게스	-	-	1	1	2
		13.바겟스	-	-	1	1	2
		기타	1	3	1	3	8
		무답	5	3	4	2	14

75	+	1.보이	11	5	14	8	38
	+	2.소년	-	3	5	3	11
		3.볼링	2	1	-	-	3
		4.오이	1	-	-	2	3
		5.나사	-	2	1	-	3
		6.보오이	-	1	1	-	3
		7.남자	-	-	2	-	2
		기타	1	3	-	-	4
		무답	31	12	4	12	59
76	+	1.와트	1	2	2	10	15
		2.왓또	-	-	5	-	5
		3.왓도, 와토, 왓토	-	1	2	-	3
		4.워터(물)	-	2	-	1	3
		5.왓트	-	-	-	3	3
		6.모터	-	2	-	-	2
		7.what	-	-	1	1	2
		8.울	-	-	-	2	2
		9.오토	-	1	1	-	2
		기타	1	-	3	1	5
		무답	44	19	13	7	83
77	+	1.오토바이	40	27	27	25	119
		기타	1	-	-	-	1
		무답	5	-	-	-	5
78	+	1.샐러리 맨	2	24	25	22	73
		2.회사원	-	2	-	2	4
		기타	4	1	-	-	5
		무답	40	-	2	1	43
79	+	1.택시	46	27	27	25	125
80	+	1.버스	40	27	26	24	117
		2.박스	5	-	1	-	6
		무답	1	-	-	1	2
81	+	1.포크	36	25	19	19	99
		2.호크	1	-	7	1	9
		3.호프	2	-	-	1	3
		4.희망	-	-	1	2	3
		기타	4	-	-	1	5
		무답	3	2	-	1	6
82	+	1.원피스	31	25	26	25	107
		무답	15	2	1	-	18
83	?	1.오바	12	14	11	8	45
	+	2.오버	11	2	12	4	29
	+	3.코트	4	2	2	1	9
	+	4.오버코트	4	1	-	4	9
		5.잠바, 점퍼	3	1	1	3	8
	+	6.외투	-	3	-	3	6
		7.겉옷	1	3	-	-	4
		8.윗도리, 윗옷	-	1	-	1	2
		기타	3	-	1	1	5
		무답	8	-	-	-	8

왼쪽 표

번호		항목					계
8 4	+	1.샌드위치	18	24	26	24	92
		기타	1	-	-	-	1
		무답	27	3	1	1	32
8 5	+	1.여권	4	16	10	12	42
	+	2.패스포트	8	9	6	5	28
		3.패스보드	5	-	2	-	7
		4.지갑	-	-	1	5	6
		5.승차권	3	-	-	-	3
		6.패스푸드	2	-	-	-	2
		기타	1	2	2	1	6
		무답	23	-	6	2	31
8 6	+	1.보트	16	19	17	21	73
		2.배	1	3	1	2	7
		3.모터	5	-	-	-	5
		4.노트	2	-	-	-	2
		5.포토	1	1	-	-	2
		6.보또	-	-	2	-	2
		기타	1	1	2	1	5
		무답	20	3	5	1	29
8 7	+	1.축구	21	21	25	25	92
	+	2.사커	1	-	1	-	2
		기타	2	1	1	-	4
		무답	22	5	-	-	27
8 8	+	1.네덜란드	-	-	14	13	27
		2.오란다	3	5	4	3	15
		3.오렌지	2	3	1	-	6
		4.우란다	1	1	-	-	2
		5.덴마크	-	-	-	2	2
		6.올랜드	-	-	-	2	2
		기타	1	-	2	2	5
		무답	39	18	6	3	66
8 9	+	1.시즌	21	14	24	18	77
	+	2.계절	6	8	2	7	23
		3.치즈	14	-	-	-	14
		4.씨즌	1	3	1	-	5
		기타	-	2	-	-	2
		무답	4	-	-	-	4
9 0	+	1.댐	-	3	12	14	29
		2.다무	-	2	2	-	4
		3.당근	2	-	-	-	2
		4.다므	-	-	2	-	2
		기타	1	-	2	2	5
		무답	43	22	9	9	83
9 1	+	1.버터	13	16	18	13	60
		2.방망이	16	-	1	4	21
		3.배트	6	1	-	2	9
		4.버튼	-	-	1	3	4
		5.뺏다, 빠더, 바터	2	-	1	1	4
		6.바따	-	1	1	-	2

오른쪽 표

번호		항목					계
		기타	3	1	-	-	4
		무답	6	8	5	2	21
9 2	+	1.보너스	26	26	27	25	104
		2.도너츠	10	-	-	-	10
		3.보나스	1	1	-	-	2
		4.도넛(츠), 도너스	1	-	-	-	1
		기타	3	-	-	-	3
		무답	5	-	-	-	5
9 3	+	1.메달	37	19	25	25	106
		2.매달	-	2	-	-	2
		기타	2	1	1	-	4
		무답	7	5	1	-	13
9 4	+	1.올림픽	44	26	27	25	122
		무답	2	1	-	-	3
9 5	+	1.시트	-	-	7	7	14
		2.치즈	2	-	3	4	9
		3.시즌	1	2	-	-	3
		4.시즈	-	1	1	1	3
		5.시리즈	2	-	-	-	2
		6.시이즈	-	1	1	-	2
		7.씨즈	-	1	1	-	2
		8.신발	-	2	-	-	2
		9.스위치	-	1	1	-	2
		10.시이쯔	-	-	1	1	2
		11.씨트	-	-	-	2	2
		12.양복	-	-	-	2	2
		기타	-	2	2	1	5
		무답	41	17	10	7	75
9 6	+	1.댄스	29	7	15	13	64
	+	2.춤	3	9	6	6	24
		3.단스	1	4	1	3	9
		4.옷장	-	1	2	1	4
		5.서랍	2	-	-	-	2
		6.장롱, 농	-	-	-	2	2
		기타	-	3	1	-	4
		무답	11	3	2	-	16
9 7	?	1.뺏지	16	2	6	14	38
		2.버찌	2	1	1	2	6
		3.뱃지	1	1	1	3	6
		4.빼찌	-	2	-	-	2
		5.박쥐	-	2	-	-	2
		6.바찌	-	1	1	-	2
	+	7.배지	-	1	1	-	2
		8.틀림	-	-	2	-	2
		9.×	-	-	2	-	2
		10.빼치	-	-	-	2	2
		기타	1	5	3	2	11
		무답	26	12	10	2	50

번호		단어					계
98	+	1.홈	2	6	18	15	41
	+	2.집	1	3	3	9	16
		3.고무	2	2	-	-	4
		4.폼	-	3	-	1	4
		5.컵	-	2	-	-	2
		기타	-	2	1	-	3
		무답	41	9	5	-	55
99	+	1.오르간	38	14	19	20	91
		2.오르겐	6	7	6	3	22
		3.올겐	-	2	1	2	5
		기타	-	1	-	-	1
		무답	2	3	1	-	6
100	+	1.저널리스트	25	18	16	13	72
		2.져널리스트	1	5	7	4	17
		3.제널리스트	1	-	1	1	3
		무답	19	4	3	7	33
101	+	1.치즈	36	27	24	25	112
		기타	1	-	1	-	2
		무답	9	-	2	-	11
102	+	1.배트	3	-	5	5	13
	+	2.방망이	-	1	-	5	6
		3.버터	3	1	1	-	5
		4.파트	-	-	3	-	3
		5.애완견	-	-	-	3	3
		6.파트타임	-	2	-	-	2
		7.밧도	-	2	-	-	2
		8.but	-	1	-	1	2
	+	9.야구 방망이	-	-	2	-	2
		10.밧토	-	-	1	1	2
		11.베트, 벳트	-	-	-	2	2
		기타	1	1	4	1	7
		무답	39	19	11	7	76
103	+	1.볼	15	17	22	13	67
	+	2.공	-	8	-	10	18
		3.골	2	-	5	-	7
		4.볼륨	-	-	-	2	2
		기타	2	-	-	-	2
		무답	27	2	-	-	29
104	?	1.커텐	25	22	19	15	81
	+	2.커튼	3	3	3	4	13
		3.카텐	3	2	3	4	12
		기타	1	-	-	1	2
		무답	14	1	2	1	17
105	+	1.셔츠	39	26	26	23	114
		2.샤츠, 샷츠	-	1	1	2	4
		무답	7	-	-	-	7
106	+	1.팀	3	23	18	24	68
		2.팁	1	-	1	-	2
		기타	3	2	3	-	8
		무답	39	2	5	1	47

번호		단어					계
107	+	1.바나나	43	27	27	25	122
		무답	3	-	-	-	3
108	+	1.볼펜	42	26	26	25	119
		기타	-	1	1	-	2
		무답	4	-	-	-	4
109	+	1.카드	30	26	27	23	106
		기타	3	1	-	2	6
		무답	13	-	-	-	13
110	+	1.잼	1	4	11	15	31
		2.장르	6	-	-	-	6
		3.쩸	1	-	1	4	6
		4.자무	-	-	2	1	3
		5.쟈무	-	1	1	-	2
		기타	1	1	2	-	4
		무답	37	21	10	5	73
111	+	1.찬스	33	15	20	17	85
	+	2.기회	1	10	2	7	20
		3.챤스	2	-	2	-	4
		4.챈스	2	-	1	-	3
		기타	2	2	-	-	4
		무답	6	-	2	1	9
112	+	1.햄	-	5	14	19	38
		2.함	-	1	1	2	4
		3.하무	-	1	2	-	3
		4.농장	2	-	-	-	2
		기타	2	1	2	1	6
		무답	42	19	8	3	72
113	+	1.주머니	15	17	16	21	69
	+	2.포켓	20	10	10	3	43
		3.포켓볼	6	-	-	-	6
		4.포켓트	-	-	1	1	2
		기타	2	-	-	-	2
		무답	3	-	-	-	3
114	+	1.가스	44	27	27	24	122
		무답	2	-	-	1	3
115	?	1.쥬스	44	26	27	24	121
	+	2.주스	1	1	-	1	3
		무답	1	-	-	-	1
116	+	1.튤립	5	8	9	9	31
		2.튜울립	1	3	4	10	18
		3.튜율립	1	-	7	5	13
		4.츄리닝	2	2	-	-	4
		5.츄리	1	2	-	-	3
		6.출입구	-	3	-	-	3
		7.트릭	2	-	-	-	2
		8.나무	2	-	-	-	2
		9.츄리브	-	1	1	-	2
		10.튜(우)립	-	1	-	1	2
		기타	-	1	1	-	2
		무답	32	6	5	-	43

1 1 7	+	1.밸런스	20	1	9	11	41
	+	2.균형	4	11	3	10	28
		3.발란스	12	2	5	3	22
		4.바란스	4	1	5	1	11
		5.밸랜스	1	9	-	-	10
		6.조화	-	1	2	-	3
		7.발런스	-	1	2	-	3
		8.발[벨]렌스	2	-	-	-	2
		9.바렌[런]스	-	1	1	-	2
		무답	3	-	-	-	3
1 1 8	+	1.포스터	38	24	25	23	110
		2.포스트, 포스타	-	3	-	1	4
		기타	1	-	2	-	3
		무답	7	-	-	1	8
1 1 9	+	1.가솔린	45	25	25	25	120
	+	2.휘발유	-	1	-	-	1
		기타	-	1	1	-	2
		무답	1	-	1	-	2
1 2 0	+	1.쇼크	37	13	18	13	81
	+	2.충격	2	11	3	10	26
		3.숏, 짧다	-	-	2	1	3
		기타	1	-	1	1	3
		무답	6	3	3	-	12
1 2 1	+	1.분필	7	8	13	8	36
	?	2.쵸크	16	6	4	6	32
		3.농담	5	8	3	5	21
	+	4.초크	5	-	2	1	8
		5.조크	4	2	1	2	9
		6.쵸크	5	1	-	2	8
		7.초오크, 축크	1	-	1	-	2
		기타	-	1	2	-	3
		무답	3	1	1	1	6
1 2 2	+	1.빵	19	5	7	18	49
		2.팜	-	3	2	1	6
		3.판	1	2	1	-	4
		4.팬	-	-	1	4	5
		5.손바닥	1	1	-	-	2
		6.농장	-	-	2	-	2
		기타	1	-	4	1	6
		무답	24	16	10	1	51
1 2 3	+	1.단추	-	9	15	14	38
	+	2.버튼	1	4	2	9	16
		3.보턴	-	-	4	1	5
		4.모던	3	-	-	-	3
		5.버턴	-	-	1	1	2
		기타	2	1	1	-	4
		무답	40	13	4	-	57

1 2 4	+	1.커버	23	10	18	17	68
		2.카바	8	5	3	3	19
		3.가방	3	2	1	1	7
	+	4.덮개	-	4	1	3	8
	?	5.겉표지, 뚜껑	1	1	1	-	3
		기타	1	2	1	-	4
		무답	10	3	2	1	16
1 2 5	+	1.시리즈	38	23	24	23	108
		2.씨리즈	3	-	1	1	5
		무답	5	4	2	1	12
1 2 6	?	1.쵸코[콜]렛	21	8	11	7	47
	?	2.쵸코[콜]렛	11	14	8	11	44
		3.쵸콜릿	2	2	-	4	8
	+	4.초콜릿	2	1	3	2	8
		5.초컬릿	2	1	-	-	3
		6.초코릿, 초콜릿	1	-	2	-	3
		7.쵸코렡, 초콜렡	-	1	2	-	3
		8.쵸코[콜]렛트, 쵸코레트	1	-	1	1	3
		9.초크렛	1	-	-	-	1
		무답	5	-	-	-	5
1 2 7	+	1.손수건	16	16	21	22	75
		2.한 개피	2	1	-	-	3
		3.한 갑	1	1	-	-	2
	+	4.행커치프	-	-	-	-	-
		기타	-	1	1	-	2
		무답	27	8	5	3	43
1 2 8	+	1.호텔	33	26	27	25	111
		기타	2	-	-	-	2
		무답	11	1	-	﹁	12
1 2 9	+	1.카메라	44	24	25	25	118
	+	2.사진기	1	3	2	-	6
		무답	1	-	-	-	1
1 3 0	+	1.스위치	42	27	26	25	120
		무답	4	-	1	-	5
1 3 1	+	1.데이트	14	23	16	23	76
		2.도시락	3	-	-	-	3
		3.테이트	-	-	3	-	3
		4.벨트	2	-	-	-	2
		5.레트	-	-	2	-	2
		6.침대	-	-	2	-	2
		기타	2	1	-	1	4
		무답	25	3	4	1	33
1 3 2	+	1.팬츠	12	2	3	4	21
		2.바지	2	2	4	8	16
		3.팬티	5	2	4	2	13

	4.펀치	2	1	3	3	9
	5.판츠	-	-	4	-	4
	6.반바지	-	-	1	3	4
	7.빵	-	2	-	-	2
	기타	-	3	1	2	6
	무답	25	15	7	3	50
133	+ 1.마크	40	25	26	22	113
	2.마이크	3	1	-	1	5
	+ 3.표시	-	1	1	-	2
	기타	-	-	-	1	1
	무답	3	-	-	1	4
134	+ 1.카메라맨	43	24	26	25	118
	+ 2.사진(기)사	-	3	1	-	4
	기타	1	-	-	-	1
	무답	2	-	-	-	2
135	+ 1.양복	1	3	9	6	19
	2.정장	-	2	1	7	10
	3.슈즈	7	1	-	-	8
	4.신발	2	-	4	-	6
	+ 5.슈트	1	2	1	-	4
	6.수트	-	1	1	-	2

	7.스위치	-	1	1	-	2
	8.옷	-	1	-	1	2
	기타	-	2	3	4	9
	무답	35	14	7	7	63
136	+ 1.테이프	25	22	24	23	94
	2.테잎	5	3	2	2	12
	3.탱크	3	1	-	-	4
	기타	2	-	-	-	2
	무답	11	1	1	-	13
137	+ 1.핸드백	2	21	23	22	68
	2.햄버거	-	-	3	2	5
	기타	1	1	-	-	2
	무답	43	5	1	1	50

주1) +표는 바르게 이해한 것을 나타낸다.
2) ?표는 바르게 이해했다고 간주한 것을 나타낸다.
3) 청취 유형은 학년 전체에서 2명 이상이 응답한 것이다.
4) '기타'는 학년 전체에서 1명이 응답한 것이다.
5) ( )는 생략이 가능한 것이며, [ ]는 앞부분과 대체할 수 있는 것을 나타낸다.

일본어 학습력	80% 이상 이해되는 예	
무 (1학년)	(1)スポーツ (5)インド (7)ナイロン (14)インドネシア (16)ゼロ (17)	(99)オルガン
유 (2, 3, 4학년)	ニュース (18)プログラム (26)ビザ (29)ノイローゼ (32)ウイスキー (34)ソース (35)ノート (36)ベテラン (37)レクリエーション (45)コンセント (47)レストラン (60)サイレン (62)ハイキング (64)レンズ (66)サイン (70)ワイシャツ (72)サラダ (73)タオル (77)オートバイ (79)タクシー (80)バス (93)メダル (94)オリンピック (105)シャツ (107)バナナ (108)ボールペン (114)ガス (115)ジュース (118)ポスター (119)ガソリン (120)ショック (129)カメラ (130)スイッチ (133)マーク (134)カメラマン	(2)ヨーロッパ (4)ブレーキ (8)プレゼント (11)ニュアンス (12)プロ (21)ゴム (23)ネクタイ (24)ページ (27)ゴルフ (28)センチ (31)レインコート (41)ノック (43)レコード (46)ベル (49)サークル (51)パーティー (53)レポート (54)エチケット (55)サービス (57)バイオリン (58)ペン (59)レモン (71)エンジン (78)サラリーマン (81)フォーク (82)ワンピース (83)オーバー (84)サンドイッチ (85)パスポート (87)サッカー (89)シーズン (91)バター (92)ボーナス (101)チーズ (103)ボール (104)カーテン (106)チーム (109)カード (111)チャンス (113)ポケット (125)シリーズ (126)チョコレート (128)ホテル (136)テープ (137)ハンドバッグ

(2) 80% 미만~50% 이상 이해되는 것

<표3>에서 보면, 일본어의 외래어가 한국어 모어화자에게 이해되는 것

(80% 미만~50% 이상)은, 일본어 학습력이 없는 경우(1학년)가 38개(27.7%)이고, 있는 경우(2, 3, 4학년)가 29개(21.2%)이다. 그리고 일본어 학습력의 유무에 관계없이, 이해되는 것은 9개(6.6%)이다. 이를 정리하면 아래와 같다.

일본어 학습력	80% 미만~50% 이상 이해되는 예	
무 (1학년)	(13)ランチ (22)センター (39)コンクリート (48)エスカレーター (96)ダンス (100)ジャーナリスト (117)バランス (121)チョーク (124)カバー	(8)プレゼント (10)セメント (11)ニュアンス (12)プロ (21)ゴム (23)ネクタイ (27)ゴルフ (28)センチ (41)ノック (43)レコード (51)パーティー (53)レポート (54)エチケット (55)サービス (57)バイオリン (58)ペン (59)レモン (65)エレベーター (71)エンジン (81)フォーク (82)ワンピース (83)オーバー (92)ボーナス (101)チーズ (104)カーテン (109)カード (111)チャンス (113)ポケット (126)チョコレート (128)ホテル (136)テープ
유 (2, 3, 4학년)		(6)セックス (10)セメント (15)コピー (20)インフレーション (30)ベッド (33)コンクール (42)ヘリコプター (50)タイプ (52)ベルト (56)タイプライター (63)ペンキ (67)ダイヤル (68)パイプ (74)バケツ (86)ボート (91)バター (98)ホーム (99)オルガン (112)ハム (123)ボタン (127)ハンカチ (131)デート

(3) 50% 미만~20% 이상 이해되는 것

<표3>에서 보면, 일본어의 외래어가 한국어 모어화자에게 이해 안 되는 것(50% 미만~20% 이상)은, 일본어 학습력이 없는 경우(1학년)가 33개(24.1%)이고, 있는 경우(2, 3, 4학년)가 14개(10.2%)이다. 그리고 일본어 학습력의 유무에 관계없이, 이해 안 되는 것은 4개(2.9%)이다. 이를 정리하면 아래와 같다.

일본어 학습력	50% 미만~20% 이상 이해되는 예	
무 (1학년)	(3)インテリ (75)ボーイ (97)バッジ (122)パン	(2)ヨーロッパ (4)ブレーキ (6)セックス (15)コピー (20)インフレーション (24)ページ (31)レインコート (33)コンクール (40)ダース (42)ヘリコプター (46)ベル (49)サークル (50)タイプ (56)タイプライター (63)ペンキ (67)ダイヤル (68)パイプ (74)バケツ (84)サンドイッチ (85)パスポート (86)ボート (87)サッカー (89)シーズン (91)バター (103)ボール (125)シリーズ (127)ハンカチ (131)デート (132)パンツ
유 (2, 3, 4학년)		(9)イントネーション (25)リットル (38)ウール (65)エレベーター (88)オランダ (90)ダム (102)バット (110)ジャム (116)チューリップ (135)スーツ

(4) 20% 미만 이해되는 것

<표3>에서 보면, 일본어의 외래어가 한국어 모어화자에게 상당히 이해 안 되는 것(20% 미만)은, 일본어 학습력이 없는 경우(1학년)가 23개(16.8%)이고, 있는 경우(2, 3, 4학년)가 7개(5.1%)이다. 그리고 일본어 학습력의 유무에 관계없이, 상당히 이해 안 되는 것은 6개(4.4%)이다. 이를 정리하면 아래와 같다.

일본어 학습력	20% 미만 이해되는 예	
무 (1학년)	(19)リズム (44)ウエートレス (61)タイヤ (69)ペンチ (76)ワット (95)シーツ	(9)イントネーション (25)リットル (30)ベッド (38)ウール (52)ベルト (78)サラリーマン (88)オランダ (90)ダム (98)ホーム (102)バット (106)チーム (110)ジャム (112)ハム (116)チューリップ (123)ボタン (135)スーツ (137)ハンドバッグ
유 (2, 3, 4학년)		(132)パンツ

(5) 완전히 이해되는 것과 전혀 이해가 안 되는 것

<표3>에서 일본어의 외래어가 한국어 모어화자에게 완전히 이해되는 것(100%)을 일본어 학습력에 따라 보면, 1학년 6개(4.4%), 2학년 23개(16.8%), 3학년 28개(20.4%), 4학년 41개(29.9%)이며, (14)インドネシア (16)ゼロ (17)ニュース (79)タクシー (4개 : 2.9%)는 일본어 학습력의 유무에 관계없이 전 학년에 나타나고 있다. 또한 학습력이 있는 경우(2, 3, 4학년)에는 (1)スポーツ (5)インド (24)ページ (35)ノート (77)オートバイ (107)バナナ (129)カメラ (134)カメラマン (8개 : 5.8%)가 공통적으로 나타나고 있다. 그리고 전혀 이해가 안 되는 것(0%)은 1학년 8개(5.8%), 2학년 4개(2.9%), 3학년 1개(0.7%), 4학년 1개(0.7%)이며, (69)ペンチ(1개 : 0.7%)는 일본어 학습력의 유무에 관계없이 전 학년에 나타나고 있다. 이를 정리하면 아래와 같다.

이해도	일본어 학습력		완전히 이해되는 예와 전혀 이해가 안 되는 예		
100%	무	1학년	(14)インドネシア (16)ゼロ (17)ニュース (79)タクシー	(47)レストラン (64)レンズ	
	유	2학년		(1)スポーツ (5)インド (24)ページ (35)ノート (77)オートバイ (107)バナナ (129)カメラ (134)カメラマン	(23)ネクタイ (26)ピザ (28)センチ (34)ソース (64)レンズ (80)バス (101)チーズ (113)ポケット (114)ガス (115)ジュース (130)スイッチ
		3학년			(7)ナイロン (18)プログラム (28)センチ (32)ウイスキー (47)レストラン (51)パーティー (53)レポート (55)サービス (62)ハイキング (92)ボーナス (94)オリンピック (109)カード (114)ガス (115)ジュース (128)ホテル (133)マーク
		4학년			(2)ヨーロッパ (4)ブレーキ (8)プレゼント (12)プロ (18)プログラム (23)ネクタイ (27)ゴルフ (32)ウイスキー (34)ソース (37)レクリエーション (47)レストラン (51)パーティー (53)レポート (55)サービス (62)ハイキング (70)ワイシャツ (72)サラダ (73)タオル (82)ワンピース (87)サッカー (89)シーズン (92)ボーナス (93)メダル (94)オリンピック (101)チーズ (108)ボールペン (119)ガソリン (128)ホテル (130)スイッチ
0%	무	1학년	(69)ペンチ	(9)イントネーション (19)リズム (25)リットル (88)オランダ (90)ダム (95)シーツ (112)ハム	
	유	2학년		(44)ウエートレス (88)オランダ (95)シーツ	
		3학년		－	
		4학년		－	

　한편, 어떤 내용으로 잘못 이해되었는가의 내역을, 일본어 학습력의 유무에 상관없이 0%의 것만 대표적으로 살펴보면(<표3>) 아래와 같다.

(정답 → 학년에 상관 없이 대표적으로 잘못 이해된 유형)
(9)イントネーション(인토네이션 → 인터네이션, 인도네시아, 인터네션) (19)リズム(리듬 → 리즘, 레쥬메) (25)リットル(리터 → 빅토리, 승리, 리더) (44)ウエートレス(웨이트리스 → 웨이트레스, 웨이터) (69)ペンチ(뺀찌 → 펜치, 벤치) (88)オランダ(네덜란드 → 오란다, 오렌지) (90)ダム(댐 → 다무) (95)シーツ(시트 → 치즈) (112)ハム(햄 → 함, 하프)

3.1.3 일본어 학습력의 유무에 따른 이해도의 차이

<표3>에서 보면, 일본어 학습력의 유(2, 3, 4학년)무(1학년)에 따라서, 이해도의 차이(유>무)가 큰 것, 즉 50% 이상은 17개(12.4.%)이고, 50% 미만~30% 이상은 28개(20.4%)이다. 이를 정리하면 아래와 같다.

이해도의 차이	일본어 학습력의 유(2, 3, 4학년)무(1학년)에 따라 이해도 차이가 큰 예(유>무)
50% 이상 (17개)	(2)ヨーロッパ (24)ページ (30)ベッド (46)ベル (49)サークル (50)タイプ (78)サラリーマン (84)サンドイッチ (85)パスポート (89)シーズン (98)ホーム (103)ボール (106)チーム (112)ハム (123)ボタン (125)シリーズ (137)ハンドバッグ
50% 미만~ 30% 이상 (28개)	(4)ブレーキ (8)プレゼント (9)イントネーション (11)ニュアンス (15)コピー (25)リットル (27)ゴルフ (28)センチ (31)レインコート (38)ウール (42)ヘリコプター (51)パーティー (52)ベルト (54)エチケット (56)タイプライター (63)ペンキ (67)ダイヤル (86)ボート (87)サッカー (88)オランダ (90)ダム (91)バター (92)ボーナス (109)カード (110)ジャム (127)ハンカチ (131)デート (136)テープ

한편, 일본어 학습력이 있는 경우가 없는 경우보다 전체적으로 이해도가 높다(<표1>). 그러나 (13)ランチ (18)プログラム (29)ノイローゼ (39)コンクリート (47)レストラン (64)レンズ (65)エレベーター (99)オルガン (121)チョーク (122)パン (132)パンツ(12개:8.8%)는 그와 반대이나, (65)エレベーター (99)オルガン (132)パンツ 이외의 것은 아주 작은 차이(5% 이하)밖에 보이지 않는다.

3.2 한국어의 외래어에 대한 일본어 모어화자의 이해도

3.2.1 일본어 모어화자의 이해도 분포

<표4>는 '일본어 모어화자의 이해도 분포'를 나타내고 있다. <표4>에서
보면, 이해 안 되는 것보다는 이해되는 것이 많고(50%를 기준), 상당히 이해
되는 것(80% 이상)이 많지만, 상당히 이해가 안 되는 것(20% 미만)도 적지
않은 것을 알 수 있다.

〈표4〉 일본어 모어화자의 이해도 분포

이해도			[137개(%)]
80% 이상	80%~50%	50%~20%	20% 미만
57개(41.6)	30개(21.9)	12개(8.8)	38개(27.7)

주) 이해도는 <표5>의 +표, ?표의 것.

3.2.2 일본어 모어화자의 이해도 분포 내역

(1) 80% 이상 이해되는 것

<표5>는 '한국어의 외래어에 대한 일본어 모어화자의 청취 내역'을 나타
내고 있다. <표5>에서 보면, 한국어의 외래어가 일본어 모어화자에게 상당
히 이해되는 것[80%(125/156명) 이상]은 아래의 57개(41.6%)이다.

80% 이상 이해되는 예(57개)
(4)ブレーキ (5)インド (7)ナイロン (8)プレゼント (9)イントネーション (12)プロ (14)インドネシア (15)コピー (17)ニュース (18)プログラム (21)ゴム (22)センター (24)ページ (29)ノイローゼ (32)ウイスキー (33)コンクール (34)ソース (36)ベテラン (39)コンクリート (41)ノック (42)ヘリコプター (43)レコード (45)コンセント (47)レストラン (48)エスカレーター (50)タイプ (55)サービス (56)タイプライター (57)バイオリン (58)ペン (59)レモン (60)サイレン (64)レンズ (65)エレベーター (66)サイン (68)パイプ (69)ペンチ (70)ワイシャツ (71)エンジン (77)オートバイ (82)ワンピース (89)シーズン (94)オリンピック (99)オルガン (100)ジャーナリスト (105)シャツ (111)チャンス (113)ポケット (114)ガス (115)ジュース (118)ポスター (119)ガソリン (120)ショック (126)チョコレート (128)ホテル (129)カメラ (136)テープ

(2) 80% 미만~50% 이상 이해되는 것

<표5>에서 보면, 한국어의 외래어가 일본어 모어화자에게 이해되는 것 [80%(125/156명) 미만~50%(78/156명) 이상]은 아래의 30개(21.9%)이다.

80% 미만~50% 이상 이해되는 예(30개)
(1)スポーツ (2)ヨーロッパ (3)インテリ (13)ランチ (23)ネクタイ (31)レインコート (37)レクリエーション (44)ウエートレス (51)パーティー (54)エチケット (62)ハイキング (63)ペンキ (81)フォーク (83)オーバー (84)サンドイッチ (87)サッカー (92)ボーナス (93)メダル (101)チーズ (103)ボール (106)チーム (107)バナナ (108)ボールペン (116)チューリップ (121)チョーク (124)カバー (125)シリーズ (130)スイッチ (134)カメラマン (137)ハンドバッグ

(3) 50% 미만~20% 이상 이해되는 것

<표5>에서 보면, 한국어의 외래어가 일본어 모어화자에게 이해 안 되는 것[50%(78/156명) 미만~20%(31/156명) 이상]은 아래의 12개(8.8%)이다.

50% 미만~20% 이상 이해되는 예(12개)
(6)セックス (11)ニュアンス (27)ゴルフ (35)ノート (52)ベルト (74)バケツ (76)ワット (79)タクシー (85)パスポート (104)カーテン (109)カード (132)パンツ

(4) 20% 미만 이해되는 것

<표5>에서 보면, 한국어의 외래어가 일본어 모어화자에게 상당히 이해 안 되는 것[20%(31/156명) 미만]은 아래의 38개(27.7%)이다.

20% 미만 이해되는 예(38개)
(10)セメント (16)ゼロ (19)リズム (20)インフレーション (25)リットル (26)ピザ (28)センチ (30)ベッド (38)ウール (40)ダース (46)ベル (49)サークル (53)レポート (61)タイヤ (67)ダイヤル (72)サラダ (73)タオル (75)ボーイ (78)サラリーマン (80)バス (86)ボート (88)オランダ (90)ダム (91)バター (95)シーツ (96)ダンス (97)バッジ (98)ホーム (102)バット (110)ジャム (112)ハム (117)バランス (122)パン (123)ボタン (127)ハンカチ (131)デート (133)マーク (135)スーツ

〈표5〉 한국어의 외래어에 대한 일본어 모어화자의 청취 내역

번호		청취 유형	인원수(156명)
1	+	1.スポーツ	111
		기타	19
		무답	26
2	?	1.ユーロ	81
	+	2.ヨーロッパ	30
		기타	11
		무답	34
3	+	1.インテリ	101
		2.インテリア	27
		기타	17
		무답	11
4	?	1.ブレイク	125
	+	2.ブレーキ	2
		기타	11
		무답	18
5	+	1.インド	156
6	+	1.セックス	70
		2.セクシー	26
		기타	17
		무답	43
7	+	1.ナイロン	132
		2.ナイロ	7
		기타	7
		무답	10
8	+	1.プレゼント	142
		2.プレゼントゥ	7
		기타	6
		무답	1
9	+	1.イントネーション	149
		2.インドネシア	5
		무답	2
10		1.シメント	17
	+	2.セメント	13
		3.シメントゥ	5
		기타	32
		무답	89
11	+	1.ニュアンス	52
		2.ニアンス	17
		3.リンス	8
		4.リャンス	6
		기타	28
		무답	45
12	+	1.プロ	154
		무답	2
13	+	1.ランチ	113
		2.ロッジ	9
		3.ロンチ(ー)	9
		기타	10
		무답	15
14	+	1.インドネシア	155
		무답	1
15	+	1.コピー	147
		기타	8
		무답	1
16		1.チェロ	151
	+	2.ゼロ	–
		기타	4
		무답	1
17	+	1.ニュース	151
		기타	4
		무답	1
18	?	1.プログレム	103
	+	2.プログラム	39
		기타	5
		무답	9
19		1.リドゥン	29
	+	2.リズム	19
		3.リドン	7
		기타	28
		무답	73
20		1.インプレーション	53
		2.インプレッション	20
		3.インプレイション	18
	+	4.インフレーション	8
		기타	18
		무답	39
21	+	1.ゴム	137
		2.コム	13
		무답	6
22	+	1.センター	136
		2.せんと	7
		3.せんとう	6
		기타	2
		무답	5

No.			
2 3	?	1.ネタイ	59
	+	2.ネクタイ	20
		3.ねったい	12
		기타	7
		무답	58
2 4	+	1.ページ	132
		2.ペイジ	8
		기타	6
		무답	10
2 5		1.リタ	29
		2.ギター	14
		3.レター	10
	+	4.リットル	9
		5.リト	9
		기타	15
		무답	70
2 6		1.ピザ	147
	+	2.ビザ	–
		기타	7
		무답	2
2 7	+	1.ゴルフ	39
		2.コルク	20
		3.ゴルプ	16
		4.コップ	13
		5.コルプ	10
		기타	19
		무답	39
2 8	+	1.センチメートル	28
		2.センチメーター	26
		3.センチメンタル	11
		4..センティミタ(ー)	10
		5.センティニタ(ー)	5
		6.センチミタ(ー)	5
	+	7.センチ	1
		기타	12
		무답	58
2 9	+	1.ノイローゼ	132
		2.ノイロゼ	12
		기타	9
		무답	3
3 0		1.ペルー	23
		2.ペドゥ	16
		3.ペーター	5
		4.ペット	5
	+	5.ベッド	–
		기타	29
		무답	78

No.			
3 1	+	1.レインコート	115
		2.レインコトゥ	10
		기타	8
		무답	23
3 2	?	1.ウィスキ	105
	+	2.ウイスキー	31
		3.ミズギ, 水着	8
		4.リスキー	5
		기타	1
		무답	6
3 3	+	1.コンクール	154
		기타	1
		무답	1
3 4	+	1.ソース	150
		기타	4
		무답	2
3 5	+	1.ノート	64
		2.ノット	20
		3.ノットゥ	13
		기타	11
		무답	48
3 6	+	1.ベテラン	129
		2.ペテラン	16
		기타	2
		무답	9
3 7	+	1.レクリエーション	55
	?	2.レクレーション	53
		3.レクリェーション	23
		4.レクリエイション	19
		기타	3
		무답	3
3 8		1.ウル	40
	+	2.ウール	25
		3.オイル	9
		기타	16
		무답	66
3 9	+	1.コンクリート	126
		2.コンクリトゥ	9
		기타	7
		무답	14
4 0		1.タス	55
		2.パス	20
	+	3.ダース	–
		기타	23
		무답	58

4 1	+	1.ノック	129
		2.ロック	7
		기타	17
		무답	3
4 2	+	1.ヘリコプター	150
		기타	4
		무답	2
4 3	+	1.レコード	126
		기타	14
		무답	16
4 4	?	1.ウェイトレス	105
		2.ウェートレス	4
	+	3.ウエートレス	-
		기타	18
		무답	29
4 5	+	1.コンセント	133
		2.コンセントゥ	5
		기타	5
		무답	13
4 6		1.ペン	106
		2.ペルー	13
		3.ペル	5
	+	4.ベル	2
		기타	12
		무답	18
4 7	+	1.レストラン	155
		무답	1
4 8	+	1.エスカレーター	140
		2.エスカレイタ(ー)	8
		기타	8
4 9		1.サッカー	121
		2.ソックス	5
		3.ソックリ	5
	+	4.サークル	-
		기타	8
		무답	17
5 0		1.タイ	130
	+	2.タイプ	18
		기타	3
		무답	5
5 1	+	1.パーティー	104
		2.パーティ	14
		3.タッチ	10
		기타	18
		무답	10

5 2	+	1.ベルト	35
		2.ベルトゥ	8
		3.ベルト	6
		4.ペット	5
		5.ペーター	5
		기타	27
		무답	70
5 3		1.リポート	60
	+	2.レポート	27
		3.リポトゥ	8
		4.リポーター	7
		기타	8
		무답	46
5 4	+	1.エチケット	112
		2.エティケ	5
		기타	14
		무답	25
5 5	+	1.サービス	150
		기타	3
		무답	3
5 6	+	1.タイプライター	148
		2.タイプライタ	5
		기타	2
		무답	1
5 7	+	1.バイオリン	147
		기타	2
		무답	7
5 8	+	1.ペン	148
		기타	2
		무답	6
5 9	+	1.レモン	153
		무답	3
6 0	+	1.サイレン	129
		2.サイレント	21
		기타	4
		무답	2
6 1		1.タイヨウ	66
		2.太陽	19
		3.タイヨー	15
	+	4.タイヤ	8
		5.タイヨ	6
		기타	7
		무답	35

6 2		1.ハイキング	123
		2.ハイキン	23
		3.背筋	7
		無答	3
6 3	+	1.ペイント	124
		2.ペインター	6
	+	3.ペンキ	−
		기타	7
		無答	19
6 4	+	1.レンズ	149
		2.レンジ	5
		기타	1
		無答	1
6 5	+	1.エレベーター	140
		2.エレベイター	7
		3.エレベイタ	6
		기타	1
		無答	2
6 6	+	1.サイン	149
		기타	2
		無答	5
6 7		1.タイヤ	58
		2.タイオン	13
		3.タイヨウ	12
		4.タイヤード	12
		5.タイワン	6
	+	6.ダイヤル	−
		기타	19
		無答	36
6 8	+	1.パイプ	137
		2.タイプ	15
		기타	3
		無答	1
6 9	+	1.ペンチ	145
		2.ベンチ	5
		기타	6
7 0	+	1.ワイシャツ	139
	+	2.Yシャツ	17
7 1	+	1.エンジン	150
		기타	4
		無答	2
7 2		1.セロリ	18
		2.セルロイド	10
	+	3.サラダ	7
		4.セラドゥ(ー)	5
		기타	36
		無答	80

7 3		1.タワー	150
	+	2.タオル	1
		기타	5
7 4	+	1.バケツ	51
		2.パケス	18
		3.パーケース	5
		기타	16
		無答	66
7 5		1.ポイ	32
	+	2.ボーイ	20
		3.ボイ	17
		4.ボイル	8
		기타	9
		無答	70
7 6	+	1.ワット	54
		2.バット	13
		3.ワタ	8
		4.ワットゥ	8
		5.ワトゥ	5
		기타	19
		無答	49
7 7	+	1.オートバイ	147
		2.オトバイ	6
		기타	2
		無答	1
7 8		1.セロリメント	19
		2.セロリメン	17
		3.セロリ	14
		4.セロリマン	10
	+	5.サラリーマン	6
		기타	9
		無答	81
7 9	+	1.タクシー	44
		2.ティッシュ	18
		3.テキン	13
		4.ティシュ	8
		5.テッシ	5
		기타	10
		無答	58
8 0		1.ポスト	28
		2.ボス	26
		3.パス	22
	+	4.バス	11
		5.ポッス	10
		6.ポス	6
		기타	16
		無答	37

8 1	?	1.ポーク	55
	+	2.フォーク	30
		3.ボク	11
		4.ポク	11
		5.ポック	6
		6.ホック	6
		기타	11
		무답	26
8 2	+	1.ワンピース	148
		기타	4
		무답	4
8 3	?	1.オーバーコートー	97
	+	2.オーバーコート	-
		기타	18
		무답	41
8 4	?	1.サンドウィッチ	64
	+	2.サンドイッチ	47
		기타	24
		무답	21
8 5	+	1.パスポート	66
		2.パスポトゥ	16
		기타	20
		무답	54
8 6		1.ポット	65
		2.ポトゥ	8
	+	3.ボート	6
		4.フォト	5
		5.ポート	5
		기타	14
		무답	53
8 7	+	1.サッカー	118
		2.サークル	12
		기타	20
		무답	6
8 8		1.レドランド	9
		2.ネーデルランド	8
		3.ネバーランド	5
	+	4.オランダ	-
		기타	39
		무답	95
8 9	+	1.シーズン	144
		기타	9
		무답	3

9 0		1.テン	27
		2.デン	23
	+	3.ダム	7
		기타	21
		무답	78
9 1		1.ポット	50
	+	2.バター	20
		3.フォト	10
		4.ポト	9
		5.パター	9
		6.ボート	7
		7.ポート	7
		기타	17
		무답	27
9 2	+	1.ボーナス	91
		2.ボノス	7
		기타	17
		무답	41
9 3	+	1.メダル	103
		2.メダイ	24
		기타	1
		무답	28
9 4	+	1.オリンピック	148
		기타	6
		무답	2
9 5		1.シート	30
	+	2.シーツ	25
		3.シティ	14
		4.シット	10
		5.シティー	8
		6.シチュー	5
		7.シトゥ	5
		8.シットゥ(ー)	5
		기타	15
		무답	39
9 6	+	1.ダンス	28
		2.レース	12
		3.デンス	11
		4.デス	11
		5.テニス	8
		기타	21
		무답	65
9 7		1.ベンチ	87
		2.ベチ	8

		左	
		3.ベッチ	8
		4.バッチ	6
	+	5.バッジ	-
		기타	13
		무답	34
9 8		1.ホン	89
		2.本	25
		3.ホーン	8
	+	4.ホーム	7
		5.ホルン	7
		기타	6
		무답	14
9 9	+	1.オルガン	154
		기타	1
		무답	1
1 0 0	+	1.ジャーナリスト	137
		기타	12
		무답	7
1 0 1	+	1.チーズ	94
		2.チズ	37
		3.地図	18
		기타	4
		무답	3
1 0 2		1.ベット	37
		2.ベッド	22
		3.バター	18
		4.ペット	18
	+	5.バット	2
		기타	30
		무답	29
1 0 3	+	1.ボール	101
		2.ボイル	11
		3.ボル	7
		4.ボルト	6
		기타	6
		무답	25
1 0 4		1.コットン	89
	+	2.カーテン	38
		3.コート	7
		기타	8
		무답	14
1 0 5	+	1.シャツ	142
		2.ショーツ	6
		기타	4
		무답	4

		右	
1 0 6	+	1.チーム	104
		2.ティン	6
		기타	13
		무답	33
1 0 7	+	1.バナナ	112
		2.パナナ	19
		3.パナマ	16
		기타	3
		무답	6
1 0 8	+	1.ボールペン	89
		2.ブルペン	18
		기타	30
		무답	19
1 0 9	+	1.カード	75
		2.カドゥ	15
		3.カド	9
		4.カグ	6
		기타	16
		무답	35
1 1 0		1.ゼン	37
	+	2.ジャム	17
		3.ゼム	5
		기타	20
		무답	77
1 1 1	+	1.チャンス	147
		기타	7
		무답	2
1 1 2		1.ヘン	66
		2.ペン	17
	+	3.ハム	12
		4.変	6
		기타	9
		무답	46
1 1 3	+	1.ポケット	74
	?	2.ポッケ	54
		3.ホッケー	11
		기타	8
		무답	9
1 1 4	+	1.ガス	155
		무답	1
1 1 5	+	1.ジュース	154
		기타	1
		무답	1

No.	+/-	항목	수
1 1 6	+	1.チューリップ	111
		2.ジュエリー	8
		기타	24
		무답	13
1 1 7		1.テラス	23
		2.ペロンス	16
		3.ペランス	10
	+	4.バランス	5
		기타	31
		무답	71
1 1 8	+	1.ポスター	142
		2.ポスト	7
		기타	6
		무답	1
1 1 9	+	1.ガソリン	153
		기타	1
		무답	2
1 2 0	+	1.ショック	141
		2.ショク	6
		기타	4
		무답	5
1 2 1	+	1.チョーク	123
		기타	18
		무답	15
1 2 2		1.バン	95
	+	2.パン	20
		3.バンク	11
		4.バーン	5
		기타	8
		무답	17
1 2 3		1.ポット	15
	+	2.ボタン	9
		3.ボットン	9
		4.ボトム	6
		5.ポットゥン	5
		기타	30
		무답	82
1 2 4	+	1.カバー	114
		2.コボ	14
		3.カバ	8
		기타	9
		무답	11
1 2 5	+	1.シリーズ	111
		기타	25
		무답	20

No.	+/-	항목	수
1 2 6	+	1.チョコレート	137
		2.チョコリ	6
		3.チョゴリ	5
		기타	4
		무답	4
1 2 7		1.ヘンコチップ	11
		2.ポテトチップ	10
	+	3.ハンカチーフ	6
	+	4.ハンカチ	3
		기타	24
		무답	102
1 2 8	+	1.ホテル	147
		기타	6
		무답	3
1 2 9	+	1.カメラ	156
1 3 0	+	1.スイッチ	120
		2.スウィッチ	29
		기타	6
		무답	1
1 3 1	+	1.デート	26
		2.ペイント	12
		3.テイト	8
		4.テイトゥ	6
		5.ティトゥ	5
		기타	20
		무답	79
1 3 2	+	1.パンツ	35
		2.ベンツ	33
		3.ペンチ	20
		4.ペンツ	12
		기타	21
		무답	35
1 3 3		1.マク	30
		2.マック	30
		3.マクラ	17
	+	4.マーク	16
		5.マーカー	6
		기타	14
		무답	43
1 3 4	+	1.カメラマン	117
		2.カメラメン	17
		3.カメラメント	5
		기타	3
		무답	14

1		1.シュート	49
3		2.ショット	33
5		3.シャッター	8
		4.シュト	6
		5.シュット	5
	+	6.スーツ	-
		기타	22
		무답	33
1	+	1.テープ	148
3		2.テイプ	7
6		무답	1

1	?	1.ハンドバック	86
3	+	2.ハンドバッグ	19
7		기타	25
		무답	26

주1) +표는 바르게 이해한 것을 나타낸다.
2) ?표는 바르게 이해했다고 간주한 것을 나타낸다.
3) 청취 유형은 전체(156명)에서 2명 이상이 응답한 것이다.
4) '기타'는 전체(156명)에서 1명이 응답한 것이다.

(5) 완전히 이해되는 것과 전혀 이해가 안 되는 것

<표5>에서 한국어의 외래어가 일본어 모어화자에게 완전히 이해되는 것 (100%)은 3개(2.2%)이고, 전혀 이해가 안 되는 것(0%)은 8개(5.8%)이다. 그 내역은 아래와 같다.

이해도	완전히 이해되는 예(3개)와 전혀 이해가 안 되는 예(8개)
100%	(5)インド (70)ワイシャツ (129)カメラ
0%	(16)ゼロ (26)ビザ (30)ベッド (40)ダース (49)サークル (67)ダイヤル (88)オランダ (135)スーツ

한편, 어떤 내용으로 잘못 이해되었는가의 내역을, 0%의 것만 대표적으로 살펴보면(<표5>) 아래와 같다.

정답 (대표적으로 잘못 이해된 유형)
(16)ゼロ(→ チェロ) (26)ビザ(→ ピザ) (30)ベッド(→ ペルー、ペドゥ) (40)ダース(→ タス、パス) (49)サークル(サッカー) (67)ダイヤル(→ タイヤ、タイオン) (88)オランダ(→ レドランド、ネーデルランド) (135)スーツ(→ シュート、ショット)

3.3 한·일 외래어에 대한 이해도의 비교

3.3.1 양 화자에게 상당히 이해되는 것과 이해 안 되는 것

<표6>은 '양 화자에게 상당히 이해되는 것과 이해 안 되는 것'을 나타내고 있다. <표6>에서 보면, 일본어의 외래어에 대한 한국어 모어화자의 이해도와

한국어의 외래어에 대한 일본어 모어화자의 이해도에서 서로 듣기에 문제가 없는 것, 즉 상당히 이해되는 것(80% 이상)은 (Ⅰ)한국어 모어화자(일본어 학습력 무)와 일본어 모어화자가 25개(18.2%), (Ⅱ)한국어 모어화자(일본어 학습력 유)와 일본어 모어화자가 43개(31.4%)이다. 그리고 (Ⅰ), (Ⅱ)에서 공통적으로 나타나고 있는 것은 24개(17.5%)이다. 한편 서로 듣기에 문제가 있는, 즉 상당히 이해 안 되는 것(20% 미만)은 (Ⅰ)한국어 모어화자(일본어 학습력 무)와 일본어 모어화자가 16개(11.7%), (Ⅱ)한국어 모어화자(일본어 학습력 유)와 일본어 모어화자가 3개(2.2%)이다. 그리고 (19)リズム, (61)タイヤ (95)シーツ [3개 (2.2%)]는 (Ⅰ), (Ⅱ)에서 공통적으로 나타나고 있다. 이들 내역은 아래와 같다.

〈표6〉 양 화자에게 상당히 이해되는 것과 이해 안 되는 것

모어화자	양 화자에게 80% 이상 이해되는 예		양 화자에게 20% 미만 이해되는 예	
	(Ⅰ)한국어 모어화자(일본어 학습력 무)와 일본어 모어화자 (Ⅱ)한국어 모어화자(일본어 학습력 유)와 일본어 모어화자			
(Ⅰ)	(5)インド (7)ナイロン (14)インドネシア (17)ニュース (18)プログラム (29)ノイローゼ (32)ウイスキー (34)ソース (36)ベテラン (45)コンセント	(99)オルガン	(19)リズム (61)タイヤ (95)シーツ	(25)リットル (30)ベッド (38)ウール (49)サークル (78)サラリーマン (88)オランダ (90)ダム (98)ホーム (102)バット (110)ジャム (112)ハム (123)ボタン (135)スーツ
(Ⅱ)	(47)レストラン (60)サイレン (64)レンズ (66)サイン (70)ワイシャツ (77)オートバイ (94)オリンピック (105)シャツ (114)ガス (115)ジュース (118)ポスター (119)ガソリン (120)ショック (129)カメラ	(4)ブレーキ (8)プレゼント (12)プロ (21)ゴム (24)ページ (41)ノック (43)レコード (55)サービス (57)バイオリン (58)ペン (59)レモン (71)エンジン (82)ワンピース (89)シーズン (111)チャンス (113)ポケット (126)チョコレート (128)ホテル (136)テープ		-

3.3.2 양 화자의 이해도 차이가 큰 것

<표7>은 '양 화자의 이해도 차이가 큰 것'을 나타내고 있다. <표7>에서 보면, 양 화자의 이해도 차이가 큰 것(50% 이상)은, (A)(한국어 모어화자>일본어 모어화자)에서, 즉 ⓐ>ⓒ[한국어 모어화자(일본어 학습력 무)>일본어 모어화자]는 10개(7.3%)이고, ⓑ>ⓒ[한국어 모어화자(일본어 학습력 유)<일본어 모어화자]는 27개(19.7%)이다. 그리고 (10)セメント (16)ゼロ (35)ノート (72)サラダ (79)タクシー (80)バス (96)ダス (133)マーク (8개 : 5.8%)는 한국어 모어화자의 일본어 학습력의 유무에 관계없이 일본어 모어화자보다 상대적으로 이해도가 높아 그 차이가 큰 것이다. (B)(한국어 모어화자<일본어 모어화자)에서, 즉 ⓐ<ⓒ[한국어 모어화자(일본어 학습력 무)<일본어 모어화자]는 11개(8.0%)이고, ⓑ<ⓒ[한국어 모어화자(일본어 학습력 유)<일본어 모어화자]는 3개(2.2%)이다. 그리고 (9)イントネーション (44)ウエートレス (2개 : 1.5%)는 한국어 모어화자의 일본어 학습력의 유무에 관계없이, 일본어 모어화자보다 상대적으로 이해도가 낮아 그 차이가 큰 것이다. 그 내역은 아래와 같다.

〈표7〉 양 화자의 이해도 차이가 큰 것

양 화자의 이해도가 50% 이상 차이가 나는 예			
ⓐ한국어 모어화자(일본어 학습력 무), ⓑ한국어 모어화자(일본어 학습력 유), ⓒ일본어 모어화자			
(A)	ⓐ>ⓒ	(10)セメント (16)ゼロ (35)ノート (72)サラダ (79)タクシー (80)バス (96)ダス (133)マーク	(53)レポート (73)タオル
	ⓑ>ⓒ		(11)ニュアンス (20)インフレーション (26)ビザ (27)ゴルフ (28)センチ (30)ベッド (46)ベル (49)サークル (53)レポート (67)ダイヤル (78)サラリーマン (86)ボート (91)バター (98)ホーム (104)カーテン (117)バランス (123)ボタン (127)ハンカチ (131)デート
(B)	ⓐ<ⓒ	(9)イントネーション (44)ウエートレス	(2)ヨーロッパ (15)コピー (33)コンクール (50)タイプ (56)タイプライター (89)シーズン (106)チーム (116)チューリップ (137)ハンドバッグ
	ⓑ<ⓒ		(69)ペンチ

4. 맺는 말(일본어교육에의 응용)

본고에서는 일본어의 외래어에 대한 한국어 모어화자의 이해도와 그에 대응하는 한국어의 외래어에 대한 일본어 모어화자의 이해도를 조사함으로써, 일본어를 매개로 한 언어 전달(말하는 이와 듣는 이의 관계)상에서 외래어 사용의 문제점을 살펴보았다.

본 언어 전달상의 효과를 고려한 외래어 이해도 연구의 결과는, 다음과 같은 분야에서 그 응용이 가능할 것이다.

(1)언어 전달 효과를 고려한 외래어의 난이도(이해도)는 구두의 언어 전달 능력을 중시하는 수업에서, 외래어 사용(우리말에서 쓰는 발음 그대로 사용했을 경우)의 오용에 대한 객관적인 정정·평가의 기준을, (한국인) 일본어 교사에게 제공하여 효과적인 일본어의 외래어 지도에 도움이 될 것이다. 즉 말하기에서 '3.2.2 (4)' '3.2.2 (3)' '3.2.2 (2)' '3.2.2 (1)'의 순서로 엄하게 평가하고, 지도상에 주의를 요하는 것이다.

(2)교재 작성에 있어서, 외래어 어휘의 도입 순서에 대한 객관적인 자료 (이해도를 기준으로 한 난이도)를 제공한다. 즉 듣기에서는 '3.1.2 (4)' '3.1.2 (3)' '3.1.2 (2)' '3.1.2 (1)'의 순서로, 말하기에서는 '3.2.2 (4)' '3.2.2 (3)' '3.2.2 (2)' '3.2.2 (1)'의 순서로 난이도가 높다. 특히, 외래어의 학습이 없어도 양 화자 서로에게 이해상 문제가 없는 외래어 24개('3.3.1'의 <표6>)는, 일본어 학습 초기 단계에 도입하면 학습 동기를 유발하는데 크게 도움이 될 것이다. 그리고 양 화자 서로에게 이해상 문제가 많은 외래어는 3개('3.3.1'의 <표6>)로 교수·학습에 특히 주의를 요한다.

(3)테스트 작성에 있어서, 객관적 난이도를 고려한 문제를 만들 수 있다 ('3.1.2' '3.2.2' '3.3').

(4)한국인 일본어 학습자에 대한 조사에서는 외래어 습득 과정 및 정도를 알 수 있어서, 지도 방법 개발에 도움을 줄 것이다('3.1.2'의 <표3>). 특히, 일본어의 외래어에 대해서 한국어 모어화자의 이해도가 낮은 것이 어떤 내용

으로 잘못 이해되었는가의 내역['3.1.2 (5)']은 지도 방법 개선에 크게 도움이 되리라 생각된다. 또한 우리말의 외래어가 어떻게 이해되는가를 알 수 있는 '3.2.2'의 <표5>, 특히 '3.2.2 (5)'는 외래어의 지도 방법 개선에 크게 도움이 될 것이다.

끝으로, 금후 연구 과제로 일본어 학습력이 있는 학습자를 대상으로 문맥 속에서의 외래어 이해도 조사가 예상된다. 그리고 이해도 차이에 대한 원인 분석이 요구된다.

【주】

1) '제9장'의 '2.1 조사 참여자'를 참조.
2) '제9장'의 '2.2 조사 재료'를 참조.

【참고문헌】

1. 문교부(1987),『편수자료Ⅱ-1, 외래어 표기 용례(일반 외래어)』
2. 조남성(1999),「일본어의 외래어에 대한 한국어 모어화자의 이해도와 한국어의 외래어에 대한 일본어 모어화자의 이해도」,『日本語學硏究』第1輯, 韓國日本語學會, 229-245
3. 国立国語研究所(1982),『日本語教育基本語彙七種比較対照表』日本語教育指導参考書9
4. 国立国語研究所(1984),『日本語教育のための基本語彙調査』
5. 国際交流基金(1994),『日本語能力試験出題基準』, 凡人社
6. 吉沢典南・石綿敏雄(1979),『外来語語源』, 角川書店

제11장
한국인 일본어 학습자의 외래어 표기 오용에 대한
일본어 모어화자의 평가

1. 들어가는 말

한국인 일본어 학습자에게 외래어 표기는 교수·학습에서 상당히 어려운 항목의 하나이다.[1] 외래어 표기 오용의 인정과 정정은 비교적 다루기 쉬운 문제이지만, 평가에 관해서는 일정한 객관적인 기준이 없기 때문에, 한국인 일본어 교사에게는 적지 않은 어려움이 있다.

본고에서는 한국인 일본어 학습자의 외래어 표기 오용에 대한 일본어 모어화자의 평가에 대해서 기술하고자 한다. 우선 ①평가 대상의 오용을 조사해서, 어떤 오용인가를 기술한다(조사Ⅰ). 다음으로 ②일본어 모어화자가 이해도와 용인도를 기준으로, 오용을 어떻게 인정하고, 평가하는가를 조사한다(조사Ⅱ).[2]

오용을 정확히 기술함으로써 오용을 예방할 수 있다. 그리고 일본어 모어화자의 평가를 조사하는 것으로 실제 외래어 사용에 있어서, 어떠한 오용에 보다 중요도(gravity)[3]가 있는지를 결정하는 객관적인 기준을 얻을 수 있다. 이는 전달 중시 수업에서의 오용 정정, 평가에 도움이 되어, 한국인 일본어 학습자의 외래어 표기의 효과적인 지도에 도움이 될 것이다.

2. 조사 방법

2.1 조사 I : 한국인 일본어 학습자의 외래어 표기 오용

2.1.1 조사 참여자

한국인 일본어 학습자는 D여자대학교(한국, 서울)의 일어일문학과 49명(2, 3학년 각각 26, 23명)이다. 일본어 학습 시간(실제 연 28주로, 주당 약 8시간)은 2, 3학년 각각 약 352, 576시간이다. 고등학교에서의 일본어 학습 경험은 거의 없다.

2.1.2 조사 재료

①기본 어휘 2,000개 중의 50개[4]와 ②한국의 고등학교에서 제2외국어 교과서로 사용되고 있는 8종류의 일본어 교과서(上·下) 중에서 4종류 이상에 나와 있는 것으로, ①과 겹치지 않는 14개[5]이다. 이 64개(명사)는 외래어의 기본 어휘라고 생각되기 때문에, 모두 학습한 것으로 간주한다. 질문지에서 64개의 외래어는 한국어의 외래어로 번역된 것이 제시되었다[6](<표2>).

2.1.3 조사 순서

질문지에는 64개를 무작위로 나열했다. 조사는 1991년 9월에 실시했다. 전원 교실에서 기입하도록 했고 시간엔 제한이 없었다. 그리고 한국어의 외래어를 일본어 외래어로 바꾸어 가타카나로 기입하도록 했다.[7]

2.1.4 분석 방법

가타카나라고 인정하기 어려운 자형이 다소 있었지만, 대부분은 원래 글자를 알 수 있었기 때문에, 그것을 포함한 회답은 정·오답의 대상으로 처리했다. 도중에 쓰다가 만 것은 무답으로 처리했다. 그리고 <표1>('학습자 수준별 정·오답률')에서는 오답과 무답을 구별해 고찰했으나, <표2>에서의 오답률에 의한 난이도 순위는, 오답과 무답을 합쳐서 구했다. 이는 시간 제한이 없었던 조사이기 때문에, 무답을 모르기(어렵기) 때문에 대답할 수 없었던 것으로 생각했기 때문이다.

2.2 조사Ⅱ : 한국인 일본어 학습자의 외래어 표기 오용에 대한 일본어 모어화자의 평가

2.2.1 조사 참여자

일본어 모어화자는 72명으로, 성별, 연령, 직업, 학력은 다양하다[8]. 한국어 학습 경험은 거의 없다.

2.2.2 조사 재료

조사Ⅰ에서 각각의 오용 중에서 가장 빈도수가[2, 3학년(49명)을 합해서] 높은 것, 1개를 대상으로 했다[9]. 그 오용은 틀린 사람이 1명도 없는 것(1개)과, 오용의 종류에서 단지 1명의 것(7개)[10]을 제외한 56개이다(<표3>).

2.2.3 조사 순서

질문지에는 56개를 무작위로 나열했다. 조사는 1991년 10~11월에 실시했다. 그리고 각 개인에게 의뢰해서 직접 또는 우편으로 받았다. 회수율은 97%(72/74명)이다. 조사에서는 다음과 같이 지시했다.

① 1から56までの誤りを一通り読んだ上で、
② 正しい形を全部(　)の中に書いてください。そして、各々の誤りの理解と容認の度合いに関して、自分の考えを1~5の中の一つに○印を付けて示してください。
③ 誤りだということはわかるが、正しい形が全く類推できない場合は(　)の中に×印を付けてください(この場合は、理解と容認の度合いに関する判定は必要ありません)。

그리고 일본어 모어화자가 어떻게 인정하고[11] 평가했는지 알 수 있도록 바른 형태를 쓰도록 했다. 5단계 척도에서 척도치 1은 매우 사소한, 5는 상당히 중대한 오용을 나타낸다. 2, 3, 4는 각각 중요도의 중간 정도를 나타낸다.

2.2.4 분석 방법

5단계 척도에서 각각 척도치 1은 1점, 2는 2점 ……5는 5점으로 해서 이해도와 용인도의 평균득점을 얻었다. 평균득점(최고득점 5점, 최저득점 1점)이 높을수록 판정이 엄한 것을 나타낸다. 즉, 보다 중요도가 있는 것을 나타낸다. <표3>에서의 정답은 평가 대상으로, 학습자가 의도했다고 생각되는 것, 즉 바른 형태(<표2>에서의 정답)와 일치한 것이다. 이는 그 오용에 한한 일본어 모어화자의 이해도와 용인도를 조사하기 위해서이다.

3. 조사 결과 및 고찰

3.1 조사 I 에 대해서

3.1.1 학습자 수준별 정·오답률

<표1>은 '학습자 수준별 정·오답률'을 나타내고 있다. <표1>에서 보면, 정답률은 학습 수준이 높은 3학년이 높다. 그러나 오답률도 3학년이 높다. 무답은 모르기(어렵기) 때문에 대답할 수 없었던 것처럼 보이고, 학습 수준이 낮은 2학년이 높다. 2, 3학년 모두 기본적인 외래어 표기 정답률이 50% 이하인 것은 외래어 표기 교수·학습의 어려움을 잘 나타내고 있는 것이다.

	2학년(26명)	3학년(23명)
정답(%)	41.6	49.2
오답	26.7	34.0
무답	31.7	16.8

3.1.2 오용(오답)의 상황

<표2>는 '오용의 종류와 난이도 순위'를 나타내고 있다. 이하는 각각의 오용 중에서 가장 빈도가 높은 것에 대해서, 관찰 가능한 표층적 특성을 기술함과 동시에 <표2>에 대해서 설명하고자 한다.

문1, 35, 45는 한국어 표기가 크게 영향을 미치고 있다고 생각된다. 문1은 촉음, 요음, 장음이 탈락되고 있다. 난이도 순위는 1위로, 학습자에게 가장 어려운 외래어이다.

문2, 23, 44는 한국어에서의 발음이 가나 표기에 크게 영향을 준 것 같다.

문3은 촉음 뒤가 무성자음으로 되어 있다.

문4, 6, 9, 12, 14, 15, 19, 27, 31, 32, 41, 43, 46은 박(拍) 감각의 인식 부족으로 장음이 탈락되고 있다.

문5, 22는 한국어를 그대로 일본어 가타카나 표기로 고친 것이다. 문5는 오용 종류의 개수가 21로 가장 많다.

문7은 ボ가 バ로, タ가 ト로 모음이 바뀌었다.

문8은 어중의 ダ가 무성파열음으로 되어 있다.

문10, 21, 49, 55, 58에는 특이한 오용의 경향이 보이지 않는다.

문11, 18, 42는 일본어의 エ단 장음이 エ+イ로 되어 있다.

문13, 25, 26, 34, 38, 50, 51, 54, 56, 64에는 장음이 삽입되어 있다. 이 중에서 특히 문34, 51은 본래 일본어에는 없는 박 연속이 되는 부분에 장음이 삽입되고 있다.

문16은 영어식 zero[zi(ː)rou]의 발음에서, ゼ가 ジ로 되어 있다.

문17은 촉음이 삽입되어 있다. 난이도 순위는 그다지 높지 않지만, 오용 종류의 개수는 19로 문2와 함께 2위를 나타내고 있다.

문20, 24, 30, 33, 36, 37, 39는 탁음이 청음으로 되어 있다.

문28은 ク가 촉음이 되어 있다.

문29는 촉음이 탈락하고 있다.

문40은 장음의 위치에 촉음을 사용하고 있다.

문47은 ト가 탈락하고 있다.

문52는 청음이 탁음으로 되어 있다.

문48, 53, 57, 59, 60, 61, 62, 63은 오용 종류의 개수가 조사 참여자 전체에서 1명이 틀린 것뿐이다. 이들 모두 오용 종류의 개수도 적고 난이도 순위도 낮다.

그리고 특히 문5, 2, 17, 1, 4, 21, 34, 3, 24는 이 순서로 오용 종류의 개수(모두 11개 이상)가 많다. 난이도 순위는 상대적으로, 문1~4는 높고 문17, 21, 34는 낮은 편이다. 문12는 그 반대이다. 2, 3학년 오답률을 비교하면, 특히 문14, 15, 21, 25, 32, 35, 47, 53은 2학년이 다소 높다. 문41은 그 반대이다.

〈표2〉 오용의 종류와 난이도의 순위

번호	한국어 (64문제 어휘) 일본어의 외래어 (정답)	오용의 종류 및 개수			난이도의 순위 오답률(%)		
		종류 <개>	2학년 26명	3학년 23명	2학년	3학년	전체 (2+3 학년)
1	러시 아워 ラッシュアワー	정답	–	–	1 (100)	1 (100)	1 (100)
		ラシアーワ	–	2			
		ラシア	2	–			
		기타	3	11			
		무답 〈16〉	21	10			
2	버터 バター	정답	1	–	2 (96.2)	1 (100)	2 (98.0)
		パーダ	3	2			
		バタ	–	3			
		パダ	2	–			
		パータ	–	2			
		기타	8	7			
		무답 〈19〉	12	9			

3	베드	정답	1	3	2	5	3
	ベッド	ベット	7	5	(96.2)	(87.0)	(91.8)
		ベート	2	3			
		ベード	2	2			
		ベド	3	–			
		기타	–	7			
		무답 <11>	11	3			
4	슈퍼마켓	정답	3	2	6	3	4
	スーパー	スーパ			(88.5)	(91.3)	(89.8)
	(マーケット)	（マーケット）	–	7			
		（マケット）	1	–			
		スパ	–	3			
		（マケット）	2	–			
		기타	3	7			
		무답 <14>	17	4			
5	미터	정답	3	2	6	3	4
	メートル	ミタ	3	2	(88.5)	(91.3)	(89.8)
		メータ	–	3			
		ミター	–	2			
		기타	9	9			
		무답 <21>	11	5			
6	사커(축구)	정답	1	4	2	6	4
	サッカー	サッカ	7	3	(96.2)	(82.6)	(89.8)
		サーカ	4	4			
		サカ	–	2			
		サーカー	2	–			
		기타	2	4			
		무답 <10>	10	6			
7	버튼	정답	3	4	6	6	7
	ボタン	バトン	4	3	(88.5)	(82.6)	(85.7)
		ボトン	1	3			
		기타	2	5			
		무답 <9>	16	8			
8	메달	정답	2	6	5	10	8
	メダル	メタル	2	3	(92.3)	(73.9)	(83.7)
		기타	5	2			
		무답 <8>	17	12			
9	스토브	정답	5	4	11	6	9
	ストーブ	ストブ	4	11	(80.8)	(82.6)	(81.6)
		기타	2	3			
		무답 <6>	15	5			
10	와이셔츠(와이샤쓰)	정답	3	6	6	10	9
	ワイシャツ	ワイシス	–	2	(88.5)	(73.9)	(81.6)
		기타	4	3			
		무답 <8>	19	12			

11	테이프	정답	6	4	15	6	11
	テープ	テイプ	6	10	(76.9)	(82.6)	(79.6)
		기타	1	4			
		무답 <6>	13	5			
12	택시	정답	5	7	11	13	12
	タクシー	タクシ	16	15	(80.8)	(69.6)	(75.5)
		기타	2	–			
		무답 <3>	3	1			
13	셔츠(샤쓰)	정답	5	8	11	17	13
	シャツ	シャーツ	–	3	(80.8)	(65.2)	(73.5)
		シャッツ	2	1			
		기타	5	3			
		무답 <10>	14	8			
14	로마字	정답	4	9	10	20	13
	ローマ(字)	ロマ	6	7	(84.6)	(60.9)	(73.5)
		기타	2	2			
		무답 <5>	14	5			
15	뉴스	정답	5	9	11	20	15
	ニュース	ニュス	1	5	(80.8)	(60.9)	(71.4)
		ニース	3	3			
		기타	4	3			
		무답 <9>	13	3			
16	제로	정답	8	7	20	13	16
	ゼロ	ジーロ	1	2	(69.2)	(69.6)	(69.1)
		기타	3	6			
		무답 <10>	14	8			
17	손수건	정답	10	6	29	10	17
	ハンカチ	ハンカッチ	–	2	(61.5)	(73.9)	(67.3)
		기타	8	10			
		무답 <19>	8	5			
18	테이블	정답	9	7	26	13	17
	テーブル	テイブル	2	3	(65.4)	(69.6)	(67.3)
		テブル	1	2			
		기타	5	3			
		무답 <10>	9	8			
19	스커트	정답	8	8	20	17	17
	スカート	スカト	12	9	(69.2)	(65.2)	(67.3)
		スカッと	3	4			
		기타	1	1			
		무답 <4>	2	1			
20	고무	정답	8	8	20	17	17
	ゴム	コム	6	3	(69.2)	(65.2)	(67.3)
		コーム	2	5			
		ゴーム	–	3			
		기타	–	–			
		무답 <3>	10	4			

					15	26	17
21	프레젠트(선물)	정답	6	10	15	26	17
	プレゼント	プルゼント	-	2	(76.9)	(56.5)	(67.3)
		기타	8	4			
		무답 <13>	12	7			
22	센티(미터)	정답	8	9	20	20	22
	センチ	センティ	1	3	(69.2)	(60.9)	(65.3)
		기타	4	3			
		무답 <8>	13	8			
23	올림픽	정답	7	10	18	26	22
	オリンピック	オリムピック	2	-	(73.1)	(56.5)	(65.3)
		기타	2	5			
		무답 <8>	15	8			
24	그램	정답	9	9	26	20	24
	グラム	クラム	6	5	(65.4)	(60.9)	(63.2)
		기타	5	5			
		무답 <11>	6	4			
25	밀리	정답	6	12	15	36	24
	ミリ	ミーリ	3	3	(76.9)	(47.8)	(63.2)
		기타	1	2			
		무답 <4>	16	6			
26	벨	정답	10	9	29	20	26
	ベル	ベール	10	9	(61.5)	(60.9)	(61.2)
		기타	2	-			
		무답 <3>	4	5			
27	볼	정답	10	9	29	20	26
	ボール	ボル	6	6	(61.5)	(60.9)	(61.2)
		기타	1	2			
		무답 <4>	9	6			
28	악센트	정답	9	10	26	26	26
	アクセント	アッセント	4	3	(65.4)	(56.5)	(61.2)
		기타	4	5			
		무답 <10>	9	5			
29	컵	정답	8	11	20	32	26
	コップ	コプ	3	2	(69.2)	(52.2)	(61.2)
		コープ	3	-			
		ゴップ	-	2			
		カップ	-	2			
		기타	3	3			
		무답 <10>	9	3			
30	글라스	정답 グラス	9	8	33	26	30
	グラス	ガラス	2	2	(57.7)	(56.5)	(57.1)
	ガラス	クラス	8	4			
		기타	2	6			
		무답 <9>	5	3			

31	비어(맥주)	정답	10	11	29 (61.5)	32 (52.2)	30 (57.1)
	ビール	ビル	5	4			
		ビア	4	2			
		ビーア	-	3			
		기타	4	3			
		무답 <10>	3	-			
32	스포츠	정답	8	13	20 (69.2)	42 (43.5)	30 (57.1)
	スポーツ	スポツ	13	3			
		スポッツ	1	2			
		スホツ	-	2			
		기타	1	1			
		무답 <5>	3	2			
33	가스	정답	12	10	40 (53.8)	26 (56.5)	33 (55.1)
	ガス	カス	3	7			
		ガース	3	4			
		カース	3	-			
		기타	-	-			
		무답 <3>	5	2			
34	포켓	정답	11	11	33 (57.7)	32 (52.2)	33 (56.1)
	ポケット	ポケーート	-	2			
		기타	5	6			
		무답 <12>	10	4			
35	나이프	정답	7	15	18 (73.1)	46 (34.8)	33 (55.1)
	ナイフ	ナイプ	6	4			
		기타	3	1			
		무답 <5>	10	3			
36	고무(지우개)	정답	13	10	44 (50.0)	26 (56.5)	36 (53.1)
	(消し)ゴム	コーム	4	3			
		コム	5	2			
		ゴーム	-	3			
		기타	-	-			
		무답 <3>	4	5			
37	디파트(백화점)	정답	11	12	33 (57.7)	36 (47.8)	36 (53.1)
	デパート	テパート	7	3			
		テーパト	-	3			
		デパト	2	-			
		テパト	2	-			
		기타	-	4			
		무답 <8>	4	1			
38	킬로	정답	11	12	33 (57.7)	36 (47.8)	36 (53.1)
	キロ	キーロ	8	4			
		キロー	-	2			
		기타	2	1			
		무답 <5>	5	4			

39	도어(문) ドア	정답	11	12	33 (57.7)	36 (47.8)	36 (53.1)
		トア	2	5			
		ドーア	3	2			
		기타	2	2			
		무답 <6>	8	2			
40	코트(양복의 겉옷) コート	정답	11	12	33 (57.7)	36 (47.8)	36 (53.1)
		コット	-	3			
		기타	1	2			
		무답 <4>	14	6			
41	볼펜 ボールペン	정답	17	7	51 (34.6)	13 (69.6)	41 (51.0)
		ボルペン	7	12			
		기타	1	4			
		무답 <6>	1	-			
42	페이지 ページ	정답	12	12	40 (53.8)	36 (47.8)	41 (51.0)
		ベイジ	4	2			
		기타	1	3			
		무답 <5>	9	6			
43	아파트 アパート	정답	13	13	44 (50.0)	42 (43.5)	43 (46.9)
		アパト	9	6			
		アーパト	-	3			
		기타	1	1			
		무답 <4>	3	-			
44	즈봉(양복바지) ズボン	정답	12	14	40 (53.8)	44 (39.1)	43 (46.9)
		スボン	7	4			
		기타	2	4			
		무답 <7>	5	1			
45	클래스(학급) クラス	정답	12	14	40 (53.8)	44 (39.1)	43 (46.9)
		クレス	2	-			
		기타	3	2			
		무답 <6>	9	7			
46	커피 コーヒー	정답	16	10	47 (38.5)	32 (52.2)	43 (46.9)
		コーヒ	7	7			
		ゴーヒー	-	2			
		기타	1	3			
		무답 <6>	2	1			
47	토일렛(화장실) トイレ (トイレット)	정답	11	18	33 (57.7)	51 (21.7)	47 (40.8)
		トイレッ	2	-			
		기타	3	3			
		무답 <7>	10	2			
48	밀크 ミルク	정답	14	16	46 (46.2)	48 (30.4)	48 (38.8)
		종류의 개수	-	4			
		무답 <4>	12	3			
49	성냥 マッチ	정답	19	12	52 (30.8)	46 (34.8)	49 (36.7)
		マッツ	1	1			
		기타	3	5			
		무답 <9>	3	5			

50	버스	정답	18	16	52	48	50
	バス	バース	5	5	(30.8)	(30.4)	(32.7)
		기타	1	1			
		무답 <3>	2	1			
51	잉크	정답 インク	14	18	47	51	51
	インク・インキ	インキ	2	-	(38.5)	(21.7)	(30.6)
		インーク	2	1			
		ンーク	2	-			
		기타	3	2			
		무답 <7>	3	2			
52	넥타이	정답	16	18	47	51	51
	ネクタイ	ネクダイ	1	3	(38.5)	(21.7)	(30.6)
		기타	1	1			
		무답 <3>	8	1			
53	테니스	정답	16	19	47	56	53
	テニス	종류의 개수	3	1	(38.5)	(17.4)	(28.6)
		무답 <4>	7	3			
54	텔레비전	정답	21	17	58	50	54
	テレビ	テレビー	-	2	(19.2)	(26.1)	(22.4)
		기타	1	4			
		무답 <4>	4	-			
55	펜	정답	20	18	55	51	54
	ペン	ピン	1	1	(23.1)	(21.7)	(22.4)
		기타	2	1			
		무답 <4>	3	3			
56	호텔	정답	20	18	55	51	54
	ホテル	ホテール	2	4	(23.1)	(21.7)	(22.4)
		기타	2	-			
		무답 <3>	2	1			
57	바나나	정답	18	20	52	57	54
	バナナ	종류의 개수	-	-	(30.8)	(13.0)	(22.4)
		무답 <0>	8	3			
58	라디오	정답	21	20	58	57	58
	ラジオ	ラシオ	1	1	(19.2)	(13.0)	(16.3)
		기타	-	2			
		무답 <3>	4	-			
59	아메리카	정답	21	20	58	57	58
	アメリカ	종류의 개수	1	3	(19.2)	(13.0)	(16.3)
		무답 <4>	4	-			
60	담배	정답	22	20	62	57	60
	タバコ	종류의 개수	-	1	(15.4)	(13.0)	(14.3)
		무답 <1>	4	2			
61	노트	정답	20	22	55	62	60
	ノート	종류의 개수	1	-	(23.1)	(4.3)	(14.3)
		무답 <1>	5	1			

62	피아노 ピアノ	정답	22	21	62 (15.4)	61 (8.7)	62 (12.2)
		종류의 개수	1	2			
		무답 <3>	3	-			
63	빵 パン	정답	21	22	58 (19.2)	62 (4.3)	62 (12.2)
		종류의 개수	1	-			
		무답 <1>	4	1			
64	카메라 カメラ	정답	23	22	64 (11.5)	62 (4.3)	64 (8.2)
		カメラー	1	1			
		기타	1	-			
		무답 <2>	1	-			

주1) 오용의 종류는 49명 중에서 2명 이상인 것만을 나타냈다. 그리고 1명인 것은 '종류의 개수'로 표시했다.
  2) '기타'는 오용의 종류가 전부 다르기 때문에 그대로 종류의 개수가 된다. 따라서 각각의 오용 종류의 개수는 표에 제시한 종류의 개수와 '기타'의 개수를 합한 것(< >의 숫자)이 된다.
  3) 문47에서 トイレット라고 표기한 사람은 1명도 없다.

3.2 조사Ⅱ에 대해서

3.2.1 오용의 인정

<표3>은 '오용의 인정'을 나타내고 있지만, 이는 오용을 판정하는 것이 아니다. 단지, 학습자의 오용에 대해서, 일본어 모어화자가 학습자가 의도한 것을, 어느 정도 추측해 고쳤는지(유추할 수 있었는지)를 나타내는 것이다. <표3>에서 보면, 어느 것도 기본적인 오용이지만, 비인정률이 0.0~98.6% 까지 폭넓게 나타나고 있다. 오용 인정의 중요성을 잘 나타내고 있는 것이다. 특히 문4, 5, 6, 7, 8, 11, 15, 21은 다양한 형태로 인정되기 때문에, 학습자의 의도가 오해되기 쉽다고 할 수 있다. 인정이 어려웠던 문1~3, 9, 10(문2, 10은 어휘가 일본어와 비슷한 것이 있음)과 함께, 보다 엄격한 평가가 일본어 교사에게 요구된다.

〈표3〉 오용의 인정

번호	문제 어휘 (오용)	순위 (비인정률%)	정정 형태(인원수/72명)　　(+ : 정답)	X	무답
1	ミタ	1(98.6)	+メートル(1), メーター(10), メータ(2), ミット(1)	58	-
2	ピン	1(98.6)	+ペン(1), ビン(38), ピン(12)	21	-
3	バトン	3(97.2)	+ボタン(1), バトン(10), バット(1), コットン(1)	58	1

4	パーダ	4(94.4)	⁺バター(4), パンダ(17), パウダー(6), バーター(2), パター(1), ハダ(1), パーテ(1)	40	-
5	ジーロ	5(93.1)	⁺ゼロ(5), ジョーロ(6), シロ(4), ジョウロ(3), ジョロ(1), ジョウロ(1), ジロー(1), キイロ(1)	50	-
6	クレス	6(79.2)	⁺クラス(15), グラス(3), クルス(2), クロス(2), プレス(1), カーレース(1), ポット(1), ドレス(1)	46	-
7	コット	7(77.8)	⁺コート(16), コットン(8), カット(4), コット(2), コットー(1), カッと(1), コト(琴)(1), コップ(1)	38	-
8	センティ	8(76.4)	⁺センチ(17), センセイ(10), 先生(2), センター(3), センテ(1), センチャ(1), センティー(1)	37	-
9	キーロ	9(69.4)	⁺キロ(22), キイロ(24), きいろ(3), 黄色(2), キーロ(1)	20	-
10	ペット	10(52.8)	⁺ベッド(34), ペット(23), ベット(7)	8	-
11	ベール	11(43.1)	⁺ベル(41), ベール(6), ビール(2) ベェール(1), ボール(1), ベルト(1)	20	-
12	マッツ	12(30.6)	⁺マッチ(50), マツ(2), マット(2), マック(1)	17	-
13	ビル	12(30.6)	⁺ビール(50), ビル(11), ピル(2), ビイル(1)	8	-
14	ミーリ	14(29.2)	⁺ミリ(51), ミイリ(1), ミール(1)	19	-
15	クラム	15(27.8)	⁺グラム(52), クラブ(4), クラス(2), コラム(1), プラム(1), スクラム(1)	11	-
16	アッセント	16(25.0)	⁺アクセント(53)	18	1
17	カス	17(22.2)	⁺ガス(56), カシ(1), カズ(1)	14	-
18	コム	17(22.2)	⁺ゴム(56), コーム(3), ミメ(1)	12	-
19	メタル	19(20.8)	⁺メダル(57), メタル(3), メートル(2)	10	-
20	クラス	20(19.4)	⁺グラス(58), クラス(4), 級(1)	9	-
21	ラシアーワ	20(19.4)	⁺ラッシュアワー(58), ラシュアワ(1), ラッシアワー(2), ラシュアワー(1), ラッュアワー(1), ロシア(1)	8	-
22	ワイシス	22(16.7)	⁺ワイシャツ(60), ワイシャス(1)	11	-
23	ペイジ	22(16.7)	⁺ページ(59), ペイジ(3)	9	1
24	ボル	24 (9.7)	⁺ボール(65), ホル(1)	6	-
25	トア	24 (9.7)	⁺ドア(65), ドアー(3)	4	-
26	シャーツ	26 (6.9)	⁺シャツ(67), シャッツ(3), シーツ(2)	-	-
27	オリムピク	26 (6.9)	⁺オリンピック(67), オリムピック(4), オリムピク(1)	-	-
28	テイブル	28 (5.6)	⁺テーブル(68), テイブル(2)	2	-
29	テイプ	28 (5.6)	⁺テープ(68), テイプ(1), ティープ(1), タイプ(1)	1	-
30	ハンカッチ	30 (4.2)	⁺ハンカチ(69), ハンカーチ(1), ハンカチーフ(1), ハンカカチ(1)	-	-

31	ロマ(字)	31 (2.8)	$^+$ローマ(70)	2	–
32	コプ	31 (2.8)	$^+$コップ(70), コブ(1)	1	–
33	バース	31 (2.8)	$^+$バス(70), バース(1)	1	–
34	ニュス	31 (2.8)	$^+$ニュース(70), ユュース(1), ニス(1)	–	–
35	(消し)コーム	35 (1.3)	$^+$ゴム(71)	1	–
36	スカト	35 (1.3)	$^+$スカート(71)	1	–
37	トイレッ	35 (1.3)	$^+$トイレ(49), ＊トイレット(21)	1	1
38	ポケット	35 (1.3)	$^+$ポケット(71)	1	–
39	ナイプ	35 (1.3)	$^+$ナイフ(71)	1	–
40	スボン	35 (1.3)	$^+$ズボン(71), スボン(1)	–	–
41	ボルペン	35 (1.3)	$^+$ボールペン(71), ボルペン(1)	–	–
42	テレビー	35 (1.3)	$^+$テレビ(71), テレビー(1)	–	–
43	ラシオ	35 (1.3)	$^+$ラジオ(71), ラヂオ(1)	–	–
44	プルゼント	35 (1.3)	$^+$プレゼント(71), プレゼン(1)	–	–
45	サッカ	35 (1.3)	$^+$サッカー(71), サーカー(1)	–	–
46	アパト	46 (0.0)	$^+$アパート(72)	–	–
47	インーク	46 (0.0)	$^+$インク(72)	–	–
48	カメラー	46 (0.0)	$^+$カメラ(72)	–	–
49	テーパト	46 (0.0)	$^+$デパート(72)	–	–
50	スポツ	46 (0.0)	$^+$スポーツ(72)	–	–
51	コーヒ	46 (0.0)	$^+$コーヒー(72)	–	–
52	ネクダイ	46 (0.0)	$^+$ネクタイ(72)	–	–
53	タクシ	46 (0.0)	$^+$タクシー(72)	–	–
54	ホテール	46 (0.0)	$^+$ホテル(72)	–	–
55	スーパ	46 (0.0)	$^+$スーパー(72)	–	–
56	ストブ	46 (0.0)	$^+$ストーブ(72)	–	–

주) X표는 학습자가 의도한 것, 즉 바른 형태를 전혀 유추할 수 없었던 것을 나타낸다.

3.2.2 오용의 중요도

3.2.2.1 오용의 중요도에 대한 태도

<표4>는 '오용의 중요도에 대한 태도'를 나타내고 있다. <표4>에서 보면, 이해도와 용인도에서 각각 1명만이 1개의 척도치를 이용하여, 오용은 모두

동등(equality)하다는 태도를 보이고 있다. 그러나 90% 이상의 일본어 모어
화자는 5단계 척도 중에서 3단계 이상을 이용하고 있어서. 모든 오용은 동등
하지 않고, 각기 다른 중요도를 갖고 있다는 것을 잘 나타내고 있다.

〈표4〉 오용의 중요도에 대한 태도

척도치(사용수/5)	1	2	3	4	5
이해도(인원수/72명) (%)	1(1.4)	5(6.9)	12(16.7)	24(33.3)	30(41.7)
용인도	1(1.4)	6(8.3)	10(13.9)	19(26.4)	36(50.0)

3.2.2.2 오용의 중요도를 판정할 때의 기준별 평균득점

외래어 표기 오용을 평가하기 위한 객관적인 기준을 얻기 위해서, 이해도
와 용인도의 관점에서 오용의 중요도를 판정하도록 했다. <표5>('오용의 중
요도를 판정할 때의 기준별 평균득점')에서 보면, 이해도보다 용인도가 더 엄한
것을 나타내고 있다(1% 수준에서 유의차가 있다).

〈표5〉 오용의 중요도를 판정할 때의 기준별 평균득점

평가 기준	이해도	용인도
평균득점(표준편차)	2.21(.629)	2.59(.669)

주) 평균득점은 문제 어휘 56개의 오용에서 얻은 것이다.

일본어 모어화자에게는 표기상의 판정이기 때문에, 대강의 의미를 알 수
있지만, 올바른 표기로서는 인정하기 어려운 점이 있었을 것이다.

3.2.2.3 오용의 중요도(평균득점)의 범위와 분석

평균득점 범위는 <표7>('오용별 중요도')에서 보면, 이해도와 용인도는
각각 4.00~1.33, 4.00~1.63(최고득점 5.00, 최저득점 1.00)으로, 이해도가 조
금 넓은 범위에서 나타나고 있다. 문43을 제외한 모든 평균득점은 이해도보
다 용인도가 높다. 즉, 일본어 모어화자는 이해도보다 용인도에서 보다 엄하

게 평가하고 있다. 특히 문11, 9, 24, 23, 51, 10, 19, 33은, 이 순서대로 차가 크다. 그리고 평균득점 분포는 <표6>['오용의 중요도(평균득점)의 분포']에서 알 수 있듯이, 이해도와 용인도는 각각 2.50 미만~2.00, 3.00~2.50 이상을 중심으로 분포하고 있다.

〈표6〉 오용의 중요도(평균득점)의 분포

평균득점	4.00~ 3.50 이상	3.50~ 3.00	3.00~ 2.50	2.50~ 2.00	2.00~ 1.50	1.50 미만 ~1.00
이해도(%)	2 (3.6)	3 (5.4)	13(23.2)	16(28.6)	14(25.0)	8(14.3)
용인도	4 (7.1)	11(19.6)	17(30.4)	14(25.0)	10(17.9)	-

주) 표의 수치는 문제 어휘의 56개의 오용에서 얻은 것이다.

〈표7〉 오용별 중요도

번호	문제 어휘(오용) → 정답	이해도			용인도			전체		
		평균득점	순위	인원수 72명	평균득점	순위	인원수 72명	평균득점	순위	인원수 144명
1	ピン → ペン	4.00	1	1	4.00	1	1	4.00	1	2
2	バーダ → バター	3.50	2	4	4.00	1	4	3.75	2	8
3	バトン → ボタン	3.00	4	1	4.00	1	1	3.50	3	2
4	ミタ → メートル	3.00	4	1	4.00	1	1	3.50	3	2
5	カス → ガス	3.15	3	69	3.35	9	69	3.25	5	138
6	ワイシス → ワイシャツ	2.98	6	59	3.46	5	59	3.22	6	118
7	クラス → グラス	2.98	6	57	3.32	11	57	3.15	7	114
8	クレス → クラス	2.87	8	15	3.40	8	15	3.13	8	30
9	ビル → ビール	2.69	12	49	3.44	6	48	3.06	9	97
10	アッセント → アクセント	2.72	10	53	3.33	10	52	3.02	10	105
11	ベール → ベル	2.63	13	41	3.41	7	41	3.02	10	82
12	コット → コート	2.73	9	15	3.13	12	15	2.93	12	30
13	(消し)コーム → ゴム	2.69	11	70	3.06	13	71	2.87	13	141
14	ラシアーワ → ラッシュアワー	2.62	15	58	3.04	14	57	2.83	14	115
15	センティ → センチ	2.63	13	16	2.82	24	17	2.73	15	33
16	マッツ → マッチ	2.52	18	48	2.94	16	49	2.73	15	97
17	ボル → ボール	2.54	17	65	2.92	18	64	2.73	15	129

18	バース → バス	2.49	19	69	2.94	16	69	2.72	18	138
19	ナイプ → ナイフ	2.41	20	69	3.01	15	69	2.71	19	138
20	クラム → グラム	2.55	16	49	2.84	23	51	2.70	20	100
21	コム → ゴム	2.33	23	54	2.91	19	54	2.62	21	100
22	コプ → コップ	2.36	22	70	2.86	22	70	2.61	22	140
23	キーロ → キロ	2.23	25	22	2.91	19	22	2.57	23	44
24	トア → ドア	2.14	28	63	2.89	21	64	2.52	24	127
25	ジーロ → ゼロ	2.40	21	5	2.60	29	5	2.50	25	10
26	メタル → メダル	2.29	24	56	2.68	26	57	2.49	26	113
27	ミーリ → ミリ	2.14	28	51	2.71	25	51	2.42	27	102
28	スボン → ズボン	2.21	26	70	2.62	28	69	2.42	27	139
29	ラシオ → ラジオ	2.17	27	69	2.57	31	68	2.37	29	137
30	ニュス → ニュース	2.07	32	68	2.66	27	68	2.37	29	136
31	プルゼント → プレゼント	2.09	30	68	2.49	33	67	2.29	31	135
32	ロマ(字) → ローマ	2.03	33	69	2.54	32	69	2.28	32	130
33	オリムピク → オリンピック	1.98	35	65	2.58	30	65	2.28	32	130
34	インーク → インク	2.08	31	70	2.35	36	71	2.22	34	142
35	スカト → スカート	2.00	34	70	2.38	34	69	2.19	35	139
36	スポツ → スポーツ	1.97	36	71	2.34	37	71	2.15	36	142
37	ネクダイ → ネクタイ	1.88	38	72	2.36	36	72	2.12	37	144
38	ポケーット → ポケット	1.86	40	70	2.32	38	69	2.09	38	139
39	アパト → アパート	1.80	41	71	2.24	39	71	2.02	39	142
40	サッカ → サッカー	1.88	38	69	2.14	42	69	2.01	40	138
41	ストブ → ストーブ	1.79	42	70	2.24	39	68	2.01	40	138
42	ハンカッチ → ハンカチ	1.68	43	69	2.22	41	69	1.95	42	138
43	スーパ → スーパー	1.96	37	71	1.90	49	69	1.93	43	140
44	テパート → デパート	1.66	45	70	2.11	43	72	1.98	44	142
45	シャーツ → シャツ	1.68	43	63	2.08	44	62	1.88	45	125
46	トイレッ → トイレ(ット) トイレ トイレット	1.56 1.43 1.86	46	70 49 21	2.04 1.96 2.24	45	70 49 21	1.80 1.69 2.05	46	140 98 42
47	ボルペン → ボールペン	1.56	46	70	2.04	45	69	1.80	46	139
48	テイプ → テープ	1.54	48	67	1.87	50	67	1.70	48	134
49	テレビー → テレビ	1.48	49	69	1.91	47	68	1.69	49	137
50	テイブル → テーブル	1.48	49	67	1.74	53	66	1.61	50	133

51	ベット → ベッド	1.29	56	34	1.91	47	33	1.60	51	67
52	カメラー → カメラ	1.38	52	69	1.81	51	69	1.59	52	138
53	ペイジ → ページ	1.34	53	58	1.75	52	57	1.55	53	115
54	ホテール → ホテル	1.41	51	71	1.67	55	70	1.54	54	141
55	コーヒ → コーヒー	1.31	55	72	1.68	54	72	1.49	55	144
56	タクシ → タクシー	1.33	54	69	1.63	56	68	1.48	56	137

주) 이해도, 용인도, 전체의 평균득점을 구할 때의 인원수는 <표2>에서 알 수 있듯이 정답만을 대상으로 한 것으로 다양하다.

3.2.2.4 오용 범주별 중요도

오용 범주는 어떤 관점에서 나누느냐에 따라서 바뀔 것이다. 여기서는 표기상 틀린 부분의 개수와 내용을 중심으로 분류했다. 우선 1개만 틀린 오용 중에서, 모음, (반)탁음, 발음, 장음, 촉음, 요음, 자음 중에서 1개만 포함된 것(그 하위 분류는 틀린 위치에 따라서 어두, 어중, 어미로 나누었다)과, 앞의 7요인 중에서 2개와 3개 이상이 포함된 것[12]으로 해서, 9개로 나누었다(본고에서는 요음, 자음의 예가 없기 때문에 7요인만을 생각했다)(<표8>). 이렇게 나눈 이유는, 일본어 모어화자가 학습자의 외래어 표기 오용을 평가(중요도를 판정)할 때, 언어적 오용 원인 및 그 외의 학습 환경 등은 고려하지 않고 표층적인 것만으로 판정하기 때문이다. 게다가 교수·학습의 편의도 고려했다.

<표8>은 '오용 범주별 중요도'를 나타내고 있다. <표8>의 주요 내용은 다음과 같다. ①틀린 부분이 3개 이상>2개>1개의 순으로, 그리고 ②1개 중에서, 내용에서는 모음, 탁음, 발음, 장음, 촉음 순으로, 위치에서는 ③장음에서는 어중>어미, ④탁음에서는 어두>어중>어미, ⑤촉음에서는 어중>어미, ⑥모음에서는 어두>어중의 순으로 중요도가 높다. 어두>어중>어미 순으로 보다 중요도가 있는(이해를 방해하고 있고, 바른 표기로 인정하기 어려운) 것을 알 수 있다.

〈표8〉 오용 범주별 중요도

범주		오용(숫자는 〈표7〉에서의 번호)	평균득점		
			이해도	용인도	전체
틀린 곳이 1개					
母語	어두	1	4.00	4.00	4.00
	어중	8, 10, 16, 31	2.55	3.04	2.79
		합계	2.84	3.23	3.03
(半)濁音	어두	탈락 : 5, 7, 20, 21, 24, 28, 44	2.43	2.86	2.65
	어중	삽입 : 37	1.88	2.36	2.12
		탈락 : 26, 29	2.23	2.63	2.43
		합계	2.11	2.54	2.33
	어말	삽입 : 19	2.41	3.01	2.71
		탈락 : 27	1.29	1.91	1.60
		합계	1.85	2.46	2.16
		합계	2.26	2.71	2.49
撥音	어중	ン → ム : 33	1.98	2.58	2.28
長音	어중	삽입 : 11, 18, 23, 27, 34, 38, 45, 54	2.07	2.55	2.31
		탈락 : 9, 17, 30, 32, 35, 36, 39, 41, 47	2.05	2.53	2.29
		ー → イ : 48, 50, 53	1.45	1.79	1.62
		ー → ツ : 12	2.73	3.13	2.93
		합계	2.00	2.46	2.23
	어말	삽입 : 52, 49	1.43	1.86	1.64
		탈락 : 40, 43, 55, 56	1.62	1.84	1.73
		합계	1.56	1.85	1.70
		합계	1.90	2.32	2.11
促音	어중	삽입 : 42	1.68	2.22	1.95
		탈락 : 22	2.38	2.86	2.61
		합계	2.02	2.54	2.28
	어말	삽입 : 46	1.43	1.96	1.69
		합계	1.82	2.35	2.08
		합계	2.09	2.52	2.30
틀린 곳이 2개					
3, 6, 13, 15, 25, 46			2.59	3.03	2.81
틀린 곳이 3개 이상					
2, 4, 14			3.04	3.68	3.36

주) 문46은 トイレ와 トイレット를 정답으로 인정했기 때문에 나누어서 고찰했다.

4. 맺는 말

본고의 연구 결과는 한국인 일본어 교사에게 전달 중시의 교수에 중요한 시사를 포함하고 있다.[13] 그것은 외래어 오용 평가에서 일본어 모어화자의 언어적 직관의 기준을 이용할 수 있는 것이다. 즉 ①틀린 곳이 많은 순으로, 그리고 ②틀린 곳이 1개인 것 중에서, 내용에서는 모음, 탁음, 발음, 장음, 촉음 순으로, ③위치에서는 어두, 어중, 어미 순으로, 보다 엄하게 평가하는 것이다.

이것은 범주별 문제 어휘수도 다르고, 같은 범주 안에서도 중요도에 큰 차이가 있어서 절대적인 것이라고 말할 수는 없다. 그러나 이런 연구가 계속됨에 따라서 일본어 모어화자의 언어적 직관에서 일정한 기준을 얻게 되는 것은 아닌가 생각한다.

【주】

1) 조사 I 의 문제 어휘(<표2>에서 문17, 36, 49, 60 이외의 것은 모두)에서 알 수 있듯이, 일본어에서 외래어로 사용하는 것은 한국어에서도 외래어로 사용하는 것이 많다. 또한 한국어의 외래어 중에는 일본어의 외래어에서 들어온 것이 약간 있다(<표2>의 문10, 13, 20, 44, 58, 64 등). 그래서 한국인 일본어 학습자(전원 영어 학습력이 있음)는 외래어 표기에서 원어(주로 영어)와, 한국어와 일본어의 표기법 사이에서 적지 않은 혼동이 있으리라 생각한다.

2) 長友和彦(1990 : 24-29)의 오용 분석에 관한 문헌 목록에서 알 수 있듯이, 일본어교육에서 일본어 모어화자에 의한 오용의 중요도를 구하는 평가의 연구는 아직 없다(「誤用分析研究の現状と課題」『広島大学留学生センター紀要』1, 23-40).

3) 여기서 오용의 중요도란 올바른 형태가 이해(유추)할 수 없는 정도(이해도)와 일본어의 올바른 표기로 인정하기 어려운 정도(용인도)를 합쳐서 얻은 것이다.

4)『日本語教育のための基本語彙調査』(国立国語研究所, 1984)에서 선택한 것이다. <표2>의 주5)에서 열거한 이외의 것이다.

5) <표2>의 문1, 4, 6, 8, 9, 11, 21, 23, 27, 40, 45, 47, 57, 59이다.

6) 한국어의 외래어 표기는『外来語表記用例集』(國語研究所, 1988)에 준하였다. 여기에 없는 것은 외래어와 함께 그것에 해당하는 한국어를 ( ) 안에 표기했다. 그것은 한국어의 외래어로서 일반적이 아니라고 생각했기 때문이다.

7) 본 조사에서는 한국어(의 외래어)를 문제 어휘로 제시했지만, 그것에 해당하는 원어를 제시했다면, 다른 결과가 나왔을지도 모른다고 생각된다. 또한 어휘(한국어 또는 원어)의 영향을 배제하기 위해서는, 출제를 그림이나 수수께끼로 할 수도 있겠다.

8) 연령과 성별은 다음과 같다.

연령 (대)	10	20	30	40	50	60	70	합계
남·여(명)	1·2	13·9	10·8	3·4	4·8	9·0	1·0	41·31

직업은 회사원 27, 학생 14, 주부 7, 무직 5, 자영업 5, 대학 직원 4, 교원 4, 수영 지도원 2, 공무원 1, 연구원 1, 사서 1, 목사 1명이다. 그리고 학력은 대졸 44, 고졸 22, 중졸 4, 무답 2명이다(재학은 졸업으로 간주했다).

9) 본 조사에서는 어휘 레벨의 오용이었지만, 같은 오용이라도 문·문장 레벨에서는 인정과 이해도가 상당히 달라질 것이다. 그러나 문·문장 레벨의 경우는 문·문장의 양(길이)과 질[학습자의 의도를 파악할 수 있는 힌트(단서)가 되는 것]의 문제가 있겠다.

10) <표2>에서 각각 문57과 문48, 53, 59, 60, 61, 62, 63이다.

11) Lennon(1991 : 181-182)은 Hughes와 Lascaratou(1982)[주13)]의 연구 예를 들면서, 평가자가 모어화자라도 오용 인정이 일정하지 않다는 것을 지적하고 있다.("Error : Some Problems of Definition, Identification, and Distinction," *Applied Linguistics*, 12, 2, Jun., 180-196)

12) 이것을 좀더 세분하지 않은 이유는, 분류하려고 하면 1개 틀린 것이 범주의 바탕이 되는데, 그 경우 너무나도 많은 범주가 생겨서 그것이 교수에 도움이 되지 않기 때문이다.

13) 오용 평가는 평가자의 요인, 즉 모어화자인지 아닌지, 교사인지 아닌지에 의해 달라질 것이다. 일련의 English Language Teaching Journal의 연구 [James, Carl(1977), "Judgments of Error Gravities," *ELTJ*, 31, 2, Jan., 116-124. Hughes, Arthur and Chryssoula Lascaratou(1982), "Competing Criteria for Error Gravity," *ELTJ*, 36, 3, Apr., 175-182. Sheorey, Ravi(1986), "Error Perceptions Native-Speaking and Non-Native-Speaking Teachers of ESL," *ELTJ*, 40, 4, Oct., 306-312]에 의하면 비모어화자보다 모어화자가, 교사보다 비교사가 관대하게 판정하는 경향이 있다. 비모어화자 교사(한국인 일본어 교사)는 전달 중시의 수업에서, 실제 학습자의 커뮤니케이션 상대인 모어화자 비교사(일본어 모어화자)의 판정과 같이 보다 관대하게 평가하는 것이 요구된다.

제12장

작문에 나타나는 가나·한자·외래어의 표기 오용

이 장에서는 한국인 일본어 학습자가 작문에서 틀린 가나·한자·외래어의 표기 오용에 대하여 기술한다. 이는 趙·佐々木(2002)의 『한국인이 잘 틀리는 일본어』에서 발췌한 오용을 수정·가필한 것이다.

이하 오용 사례에서, 밑줄 친 부분은 오용(誤用)을 나타내고, (→)의 부분은 정용(正用)을 나타낸다. 그리고 [ ]는 학년과 학기를 나타내는 것으로, 예를 들면 [2-1]은 2학년 1학기이다.

1. 가나 표기의 오용

1.1 청음·탁음(清音·濁音)의 오용

1.1.1 청음을 탁음으로 잘못 사용한 예 [탁음(誤)→청음(正)]

(1) 父はうちの近くの会社で働いて<u>で</u>社長です。(→て) [2-1]

(2) 姉は24歳<u>ので</u>結婚してい<u>で</u>シンタンジンに住んでいます。(→で) (→て) [2-1]

(3) お酒を<u>すごし飲ん</u>で、タバコを吸わないので元気です。(→すこし飲みますが) [2-1]

(4) 兄は結婚してうち<u>へ出で</u>住湯洞<u>で</u>住んでいます。(→を出て) (→に) [2-1]

(5)**かんごく**にはソウルや大田やプサンなどがあります。（→かんこく）[2-1]

(6)**じがつ**にはさくらおまつりがあり、<u>大田人の食水</u>になっているダムがあります。（→四月）（→さくらのおまつり／桜祭り）（→大田の人の飲み水）[2-1]

(7)それからみずを**できとう**にいれて、<u>でんぷん</u>をいれます。（→てきとう）（→小麦粉）[2-1]

(8)私は日本語を勉強するのが**すぎ**ですので、後で、日本語にかんけい<u>に</u>ある仕事をしたいです。（→好き）（→が）[2-1]

(9)**まだ**きかいが<u>ある</u>と日本へ<u>行く</u>見たいです。（→また）（→あれば）（→行って）[2-1]

(10)沃川<u>には</u>、<u>甘く</u>でおいしいぶどうで有名な所です。（→は）（→甘くて）[2-1]

(11)あねと私は時々**げんか**するがじつはなかがいいです。（→けんか）[2-1]

(12)時たま、子供**だち**が訪ねてくれる<u>とき</u>一番楽しいです。（→たち）（→ときが）[2-1]

(13)わた<u>し</u>**だち**にいいおとうさんです。（→たち）[2-1]

(14)私**だち**は毎月、山へいきます。（→たち）[2-1]

(15)海岸だから**ぎょぎょら**がさかんでさかなも多く<u>でるし</u>近くの**どころ**にゆめいな万里浦かいすいよくじょうがある。（→漁業）（→取れるし）（→ところ）（→有名な）[2-1]

(16)きびしい世の中でさいげつが**だった**あとでもおもいでに<u>のこられる</u>ことをつくりたい。（→たった）（→残る）[2-1]

(17)なぜならひるのうちには事務室で**はたらいで夕**には学校に行くからです。（→はたらいて夕方）[2-1]

(18)**きんむじ**は木が<u>おおく</u>できれいです。（→勤務地）（→多くて）[2-1]

(19)家族はつまとこどもが**ぶたり**です。（→ふたり）[2-1]

(20)今学校せいかつは<u>難しいとかに余るで</u>**熱心にし**で必ず卒業してみせる。（→難しいので私には大変ですが熱心にして）[2-1]

(21)私が<u>うまねたところで住んでいる</u>大田をしょうかいします。（→生まれたところで住んでいるところである）[2-1]

(22)そして国で<u>多い</u>おかねを使用して水を清める<u>ために</u>**努め**でいます。（→多くの）（→ように努めて）[2-1]

(23)これは私だけでは**なくで**若い主婦はたいていこのようです。（→なくて）
　　　[2-2]

(24)私が**はじめで**行ったのは結婚して新婚生活がはじまる時でした。
　　　（→はじめて）[2-2]

(25)外は暗いし、大部分の**人だち**は**寝っ**ていました。（→人たちは寝て）[2-2]

(26)実は中学校**までに**は学校を**対表**して白日場に**出だ**こともあります。
　　　（→までは）（→代表）（→出た）[2-2]

(27)**と別命**はおおよそ**がわいいだんご**でつくるから呼ぶとき呼ぶ人も呼ばれる
　　　人もきもちがよさそうです。（→それと別名）（→かわいいたんご）[2-2]

(28)英語がぜんぜんできなかったので、一言もする**ごと**ができませんでした。
　　　（→こと）[2-2]

(29)**まだ**機会があったら、手紙で日本人の友達**を**付き合いたいです。
　　　（→また）（→と）[2-2]

(30)やりたいことはほ**が**にもっとたくさんありますが今は学生だから勉強しよ
　　　うと思っています。（→か）[2-2]

(31)他の**どころ**へ行くことがありません。（→ところ）[2-2]

(32)**初めて**は小さい山だと**してやすく**、山に**のぼ**うと思っていました**から**、実
　　　際に山にのぼると思ったより**たいべん**でした。
　　　（→はじめは）（→思って簡単に）（→登れる）（→が）（→たいへん）[2-2]

(33)そして父母に孝行するために**いっしょうげんめい**の勉強して、大人に**礼儀**
　　　正しいでした。（→いっしょうけんめい）（→礼儀正しかったです）[2-2]

(34)だから、家に遅れて**どうちゃく**しました。（→とうちゃく）[3-2]

(35)私は人生に**だいてい**満足しています。（→たいてい）[3-2]

(36)韓国では、食堂とかお酒や**に**べつの**人だち**よりもさきにお金を払おうとす
　　　る**人だち**が多いです。（→で）（→人たち）（→人たち）[3-2]

(37)私はしんぶんを見てこのごろの**学生だち**が**しんばい**になりました。
　　　（→学生たち）（→しんぱい）[3-2]

(38)**かてい**と社会でいまより少しずつ**かんしん**が高まれば**青少年だち**は悪く道
　　　に行くことが**減らされる**ことです。
　　　（→青少年たち）（→悪い）（→少なくなるでしょう／減少するでしょう）[3-2]

(39)**げれとも**私はたばこをすっては**いけないです**。(→けれども)　(→いません)
　　　[3-2]

(40)ところで私の**ともたち**はたばこをすっています。(→ともだち) [3-2]

(41)もっと**しんこくのごと**はこうこうせいたちは…。(→しんこくなこと) [3-2]

(42)結婚はやはり**ふだん**になります。(ふたん) [4-2]

(43)厚底靴はにほんでも流行**だからが**、私**だち**の国にはとても大流行でした。
　　　(しているから)(たち) [4-2]

(44)私が大学一～二年の**どきに**、流行しました。(とき) [4-2]

(45)子供**だち**が自分の部屋にいます。(たち) [4-2]

(46)通訳がいるか**どうが**事前に確認する必要があると思います。(→どうか)
　　　[4-2]

(47)信者**だち**は安楽死についてたいてい反対する立場です。(→たち) [4-2]

(48)韓国の人**だち**は**せいがく**などがせっかちである。(→たち)(→せいかく) [4-2]

1.1.2 탁음을 청음으로 잘못 사용한 예 [청음(誤)→탁음(正)]

(1)お酒とすき**てすし**、**はなと**とてもすきます。
　　　(→が好きですし、話すこともとても好きです) [2-1]

(2)大田は**きれいて**人も親展です。(→きれいで)(→親切) [2-1]

(3)かんこくではチェジュド**もうして**しまがあって、**かいこく**からたくさんひと
　　　がりょこうにきます。(→という)(→がいこく) [2-1]

(4)私が**くんたい**に**入れて**時、5**かげつ**くらい**しょくちょうしゅんび**をする重大な任
　　　務を引き受け**てした**。(→軍隊に入った)(→朝食)(→ました) [2-1]

(5)おなじメニューが**つつけていれ**でもっとあたらしいものを**さかしました**。
　　　(→続いていたので)(→探しました) [2-1]

(6)**まつふた**の肉をゆびの**おおきさできる**ものとやさい5しゅるい。
　　　(→まずぶた)(→大きさに切った) [2-1]

(7)私が住ん**て**いるところはユソンです。(→で) [2-1]

(8)**さいこで**料理をします。(→最後に) [2-1]

(9)わたしはハンバット**たいがっこう**に生徒です。(→大学の) [2-1]

(10)土曜日はしごとがあるときは**ときとき**働きます。(→ときどき) [2-1]

(11)いまは特許庁で**しこと**をします。（→仕事）（→しています）[2-1]

(12)しかし**えいか**を**みることか**好です。（→映画を）（→が好き）[2-1]

(13)日曜日では ともだちと**えいか**をみたり、かいものをしたりします。（→映画）
　　[2-1]

(14)**朝に**はやくおきますのでごはんもたべ**ないて**とても眠いです。
　　（→×）（→ないで）[2-1]

(15)小学生のむすめは**このころ**とても**いたい**です。
　　（→このごろ）（→体の調子がわるい）[2-1]

(16)つまと**ことも**とぜんぶ**たいへんしています**。（→こども）（→たいへんです）[2-1]

(17)**やすい**説明をすれば、私の仕事は交通けいさつのような、そらを**かたつけ
　　る**のです。（→簡単に）（→片付ける）[2-1]

(18)**大ていすく**寝ます。（→たいていすぐ）[2-1]

(19)私の生活は忙しいです**けと**、樂しいです。（→けど）[2-1]

(20)わたしの兄弟はおとと**か**あります。（→弟がいます）[2-1]

(21)私もそうです**けと**。（→けど）[2-1]

(22)**はくぶつか**にさく花は**きれいてかれいします**。
　　（→博物館）（→きれいで華麗です）[2-1]

(23)6時まで事務室で**しこと**を**終わって**急き学校へ行きます。
　　（→仕事）（→終えて急いで）[2-1]

(24)**それて**、みかんがおおく生産されます。（→それで）[2-1]

(25)**外国人が**はじめる会ったらよく**ひょうけんを**出来ないですが、もっと親し
　　くなれば**しんせつだと**思います。
　　（→に初めに）（→表現）（→外国人は韓国人のことを親切だと感じます）[2-2]

(26)でも、上がっている赤くて大きい太陽を見て**すく**胸が熱くなってきました。
　　（→くる）（→すぐ）[2-2]

(27)友だちと**りゅうかく**を行くために今からアルバイトをしていました。
　　（→留学をする）[2-2]

(28)その**外えんけき**、旅行など思い出がとても多くあります。（→他、えんげき）
　　[2-2]

(29)あ、**それて**車は**とこで求めるかな**…。(→それで)(→どこで手にいれようかな)
　　[2-2]

(30)パンを食べながらいろいろな話を**しなから退屈しなかって**おもしろく行き
　　ました。(→しながら退屈しないで)[2-2]

(31)このごろの**世相はたとえは**アパートでよこに住んでいる人を**ほとんどわかる
　　と思います**。(→社会はたとえば)(→がほとんどわからないと思います)[2-2]

(32)なぜなら大学のともだちは**ただしいっしょにこはんをたべるし、お酒をのむ
　　し、あそぶためにと**もだちと思うからです。(→ただ)(→ごはんをたべたり、
　　お酒を飲んだり、遊ぶための)(→だと)[2-2]

(33)**それて**、バイトをするよ**ていです**。(→それで)[2-2]

(34)**しずかって**たのしい秋夕でした。(→静かで)[3-2]

(35)天気も**たんたん**寒くなって、あなたの健康はどう。(→だんだん)[3-2]

(36)人々はたばこが**からた**に悪い、…となりの人々にも被害を**あげる**と言った。
　　(→からだ)(→与える)[3-2]

(37)前のことである**のみならす**、今のことだと**言い**ことができます。
　　(→のみならず)(→言う)[3-2]

(38)もちろん、この問題は家庭**たけ**でなく学校、…。(→だけ)[3-2]

(39)ところで私の**どもたち**はたばこをすっています。(→ともだち)[3-2]

(40)…私のかんがえは**こはん**がいちばんいいと思います。(→ごはん)[3-2]

(41)私は**また**けっこんしないからわかりませんけど…。(→まだ)[3-2]

(42)ほんとうに**ひっくり**しました。(→びっくり)[3-2]

(43)この**ころ**社会が発達**としたがって**、10代の青少年たちのアルバイトがだん
　　だんふえていますが、…。(→このごろ社会の発展にしたがって)[4-2]

(44)だから国家は時代の**なかれ**によって、青少年たちに仕事ができる権利を**み
　　とめらなない**。(→ながれにしたがって)(→認めなければならない)[4-2]

(45)なぜかと言うと、お金を稼ぐためなら**とんなことでもする**姿勢になっている
　　悪徳の雇用主として、…。(→どんなことでもする)[4-2]

(46)私は**しことため**、30歳ぐらいに結婚したいです。(→しごとのため)[4-2]

1.1.3 청음과 탁음의 혼동 [청음(誤)→탁음(正)][탁음(誤)→청음(正)]

(1)ほかの伝統があります**げと把握をしてだめですからすみません。**

　（→けどよく分からないですから）[2-1]

1.2 장음·단음(長音·短音)의 오용

1.2.1 장음을 단음으로 잘못 사용한 예 [단음(誤)→장음(正)]

(1)私のかぞくはごにんで**りょしん**と**おねえさん**とあにがひとり**づつ**います。

　（→両親）（→姉）（→ずつ）[2-1]

(2)会社はカイストのなかの**れんきゅしょ**です。（→研究所）[2-1]

(3)<u>そのあいだ</u>各種、大会でなんども**ゆうしょ**したことがあります。

　（→これまで）（→優勝）[2-1]

(4)わたしの兄弟は**おとと**かあります。（→弟がいます）[2-1]

(5)**かわい**です。（→かわいいです）[2-1]

(6)おねえさんの**しょかい**であいました。（→しょうかい）[2-1]

(7)海岸だから<u>**ぎょぎょ**ら</u>がさかんでさかなも多く**でるし**近くのどころに**ゆめい
な**万里浦かいすいよくじょうがある。（→漁業）（→取れるし）（→ところ）（→
有名な）[2-1]

(8)ちちはいま**こむいん**で大田<u>しゃくしょう</u>につとめています。（→公務員）（→市
役所）[2-1]

(9)さいきんキムチは健康食品として**じゅような**いちにありますし、外国人<u>でも</u>
人気がたくさんあります。（→重要な）（→にも）[2-2]

1.2.2 단음을 장음으로 잘못 사용한 예 [장음(誤)→단음(正)]

(1)次に、フライパン<u>に</u>たまごを**炒ると**、やさいも**いっしょうに炒って**くださ
い。（→で）（→炒めたら）（→いっしょに炒めて）[2-1]

(2)それから一度**煮いて**から準備されている薬味を入れます。（→煮て）[2-1]

(3)ははは、**しゅうふ**でまいにちおいしいりょうりをつくって<u>いただきますし</u>私
のはなしをよくきいて<u>いただいています</u>。（→主婦）（→くれますし）（→くれ

ます) [2-1]

(4)お酒も**すきい**です。(→好き) [2-1]

(5)家族と**いっしょう**に祭りの食べ物を準備します。(→いっしょに) [2-2]

(6)**したしいな**友だち4名と**いっしょうに**いきました。(→親しい)(→いっしょに)
　　　[2-2]

(7)昔と今とは交通がとても**ちがおう**と思います。(→ちがう) [2-2]

(8)社員たちと**いっしょう**に、ひるごはんをおいしくたべたあと、お金を**はらっ**
　　てとき、ときどき、**計算たいではちいさい闘いが出ます**。
　　　(→いっしょ)(→はらう)(→食事代で小さな争いが起こります) [3-2]

(9)むかし、友達と**いっしょうに**お酒やに行って、(→いっしょに) [3-2]

1.3 촉음(促音)의 오용

1.3.1 촉음을 잘못 탈락시킨 예 [촉음 탈락(誤)→촉음 삽입(正)]

(1)今日の朝も食欲が**ないて**キムチポックンパブを**つくて**たべました。
　　　(→なくて)(→つくって) [2-1]

(2)家族は**おと**、むすこがいます。(→夫) [2-1]

(3)せんせいいまから日本語を**いしょけんめい**べんぎょう**しました**。
　　　(→一生懸命)(→します) [2-1]

(4)そしてうちにはやく**かえて**にほんごを**れっしん**にべんきょうしようとおもい
　　ますがきれいなははなよめと**たのしいじかんをすごしています**。
　　　(→帰って)(→熱心に)(→過ごしてしまっています) [2-1]

(5)学生たちと一緒に**行た**ことがあります。(→行った) [2-1]

(6)そして母にでんわを**かけでてつたて**くれました。
　　　(→かけて手伝ってもらいました) [2-1]

(7)仕事は8時半に**始まて**午後の5時半に終わります。(→始まって) [2-1]

(8)はじめにお米でソンピョンのバンズクを作ってから、それを家族みんなが囲
　　んで**すわて**作るんですが…。(→すわって) [2-2]

(9)いつも本家へ行くと祖父母**も会て親戚も**会います。(→にも会って親戚にも)
　　　[2-2]

(10)私が<u>している</u>日本人は今度の秋夕の連休に家で休んだり、またはケリョン
　　山へやまのぼりをするそうです。（→知っている）[2-2]

(11)授業が**終わて**から、友達と一緒に買い物にいった。（→終わって）[3-2]

(12)わたしいまもあなたがくれた手紙を**もて**いたよ。（→もっているよ）[3-2]

(13)友達たちが**あつまて**食事すると、<u>たがいお金をだそう</u>けんかをするすがたも<u>
　　だいたい見られます</u>。（→あつまって）（→たがいにお金をだそうとして）（→
　　が多く）[3-2]

1.3.2 촉음을 잘못 삽입한 예 [촉음 삽입(誤)→촉음 삭제(正)]

(1)そして姉はチョンジュに住んで**いって**、<u>妹中一人</u>はプサンに住んで**いって**、<u>
　　あまり</u>の家族はテジョンに住んでいます。（→いて、妹の中の一人）　（→い
　　て、残り）[2-1]

(2)先生、一度**きって**ください。（→きて）[2-1]

(3)ゆがいたにわとりに 1/4 ぐらい<u>でわけった</u>野菜を入れます。（→に分けた）
　　[2-1]

(4)<u>しっかり**きって**</u>ください。（→必ず来て）[2-1]

(5)日曜日から土曜日まで**全って**時間を会社と学校を為に生活しています。
　　（→全ての）（→の）[2-1]

(6)ゆっくり**なでったら**、しっぽをふりながらうれしがります。（→なでたら）
　　[2-2]

(7)アジアの国々の説話を見ればよく**似っている**<u>ことを分かられます</u>。
　　（→似ていることが分かります）[2-2]

(8)秋夕のあさ、早く**起きって**<u>家政礼拝</u>を行います。
　　（→起きて家庭礼拝／起きて家で礼拝）[2-2]

(9)祖先の恩恵と家族の間の愛を今一度**考えって**<u>みたらとうですか</u>。
　　（→考えてみたらどうですか）[2-2]

(10)私は日本に**いった**時（1993年）の夏、大阪はとても<u>熱かった</u>ので、<u>北海</u>に行
　　きたくて、姉と一緒に北海道へ行きました。（→いた）（→暑かった）（→北海
　　道）[2-2]

(11)朝早く**起きって**いそいでバスに乗って学校に着いたら、ふつう8時ぐらいで

した。(→起きて) [2-2]

(12)はなよめは婚礼服を**着って**はなむこをまちます。(→着て) [2-2]

(13)それで自分がいくら愛している男の人が**いっても放棄**するしかなかった。
　　(→いても諦める) [2-2]

(14)人がすんでいる家、**きっている**服などと、すんでいる環境の変化が一番大
　　きいです。(→きている) [2-2]

(15)私と一緒に**いった**95学番。(→いた) [3-2]

(16)愛人が駅まで出迎えに**来った**から、すぐロッテワールドに行った。
　　(→恋人)(→来た) [3-2]

(17)もう2歳になった女のあかちゃんも**いった**。(→いた) [3-2]

(18)日本ではコンパのときどのように**しって**いるかと気がかりだ。(→して)
　　[3-2]

(19)このごろは女性の喫煙者がますます**ふえって**いる。(→ふえて) [3-2]

(20)だから、もし、たばこが吸いたい人が**いったら**、外で吸わなければならな
　　い。(→いたら) [3-2]

(21)とくに、年齢層が低くなって男性より女性が**増えって**いる。(→増えて)
　　[3-2]

(22)私の妹が**見って**すいせんしてあげました。(→見て)(→くれました) [3-2]

(23)道は込んで**いって**、夜10時にすぎました。(→いて)(→を) [3-2]

(24)お金をたくさん**集めって**、貧乏の人に与えたいと思います。
　　(→集めて)(→な) [3-2]

(25)テレビによると、海外旅行が**ふえっていく**と言います。(→増えている)
　　[3-2]

(26)**しずかって**たのしい秋夕でした。(→静かで) [3-2]

(27)日本も韓国と**にって**いますね。(→似て) [4-2]

1.4 발음(撥音)의 오용

　발음의 오용은 발음(ん) 탈락만이 보인다.

(1)でも**さいき**は仕事と大学といつも**おおいそがしくて**なかなかやることができ
   ません。(→最近) (→大忙しで) [2-1]

(2)**はくぶつか**にさく花は**きれいてかれいします**。
   (→博物館) (→きれいで華麗です) [2-1]

(3)秋に**なる**どうろの**わきみち**に**ぎんな**がもみじするんです。
   (→なると) (→わき道のぎんなん) [2-1]

(4)そして**せぱい**がムズにいるのでスキー**す**に行くよていだ。(→先輩) (→をし)
   [2-2]

(5)私の家に**白ろい**菊花の**かび**やあかい菊花の**かび**や黄菊の**かび**が食卓とか棚の
   上に**おいています**。
   (→白い) (→かびん) (→かびん) (→かびん) (→置いてあります) [2-2]

(6)**夜ごは**でチキンを食べた。(→夜ごはん) [3-2]

(7)特に、女性は**あかちゃ**のためにたばこを吸ってはいけないと思う。
   (→あかちゃん) [3-2]

1.5 자음 교체의 오용

(1)2時間くらいにひとりで40人分を**すゅんび**しなければならないからじぶんでけ
   んきゅう**しでがいはつした**タンシゆくです。(→で) (→準備) (→して開発した
   タンスユク) [2-1]

(2)私のさくぶん**ちつりょくが**下手からここまで説明します。(→の実力が低い)
   [2-1]

(3)**ちゃんねん**ですね。(→残念) [2-1]

(4)会社はカイストのなかの**れんきゅしょ**です。(→研究所) [2-1]

(5)私が**うまねた**ところで住んでいる大田を**しょうかい**します。
   (→生まれたところで住んでいるところである) [2-1]

(6)今日本語が下手**ので**、こまっているが**れっしんに**勉強して日本語が上手にな
   りたいです。(→なので) (→熱心に) [2-1]

(7)今年5月10日になると、60周年の行事がそれぞれの工場で**行され**でいます。
   (→行われます) [2-1]

(8)もちろん、わたしも不親切な人だとか情のない人だと**思られる**場合を見まし

た。(→思われる) [2-2]

(9)また、コンピューターを**使る**ことができない場合、いじめの原因になること
もあります。(→使う) [3-2]

(10)**けっきょう**そのいしゃは法的処罰をうけました。(→結局) [4-2]

1.6 모음 교체의 오용

(1)職場は**うえ**の近くへいます。(→いえの近くにあります) [2-1]

(2)さいしょにソースを**つかります**。(→つくります) [2-1]

(8)食べ物は**なにか**もすきですが、いぬ**にき**とかスンデはぜんぜんたべないで
す。(→なにもかも)(→の肉) [2-1]

(9)おさな**すげて**、自分のちからだけではえさが**とら**なかったと思います。
(→過ぎて)(→とられ) [2-1]

(10)金曜日**まだ**同じ生活の反復ですから特別な**もの**はありません。(→まで)(→
こと) [2-1]

(11)日本の**よくはま**ダイヤは技術提携**された**会社です。(→横浜) (→している)
[2-1]

(13)9時**まで**出勤して、先に、**そおじ**をします。(→までに)(→そうじ) [2-1]

(14)一週間のストレスが全部**かいそう**するようなきもちです。(→解消される)
[2-1]

(15)おなかがすいて、なにを食べるかしんぱいしながらけっきょく、このちいき
の**とくせん品だった**さかなのさしみを食べることにしました。
(→特産品の/特産品である) [2-2]

(16)今回の冬休みもこの計画を守らずに、時間を空しく**すぎしては**いけないで
す。(→過ごしては) [2-2]

(17)適当に漬けて薬味醤をまぜ**あわします**。(→合わせます) [2-2]

(18)このごろ韓国の青少年たち**はせいおう**文化のけいこうをみられます。
(→にはせいよう)(→が) [3-2]

(19)**けれでも**、…。(→けれども) [3-2]

(20)ソウルの市内で雇用人の勞働力さくしゅは**しんかくな**問題だと思います。
(→深刻な) [4-2]

1.7 오쿠리가나(送り仮名) 표기의 오용

(1)今、6歳で私が中学生の時、<u>生れ</u>でした。(→生まれました)[2-1]

(2)でも、時間をよく使って記憶にのこる<u>冬休</u>で作るつもりです。

(→冬休みにする)[2-2]

(3)家族が<u>あつめ</u>ていろいろなむずかしいこととおもしろい<u>話し</u>をしました。

(→集まって)(→話)[2-2]

(4)私の家に<u>白ろい</u>菊花の<u>かび</u>やあかい菊花の<u>かび</u>や黄菊の<u>かび</u>が食卓とか棚の

<u>上</u>に<u>おいています</u>。(→白い)(→かびん)(→かびん)(→かびん)(→置いてあ

ります)[2-2]

(5)1920年<u>生</u>のおばあさんの<u>はなす</u>を<u>通じて</u>きく昔は荷十里をあるいて<u>いきまし</u>

<u>た</u>そうです。(→生まれ)(→話を通して)(→何)(→いった)[2-2]

(6)この前の寺より<u>少い</u>ですが、もっと静かだった。(→小さい)[2-2]

1.8 가나 자형(字形)의 오용

(1)私が<u>つくるてきる</u>料理が<u>いるいる</u>ありますが、このなかでつくりにくい料理

を説明します。(→つくれる/つくることができる)(→いろいろ)[2-1]

(2)でんわで<u>でんじゅ</u>料理は<u>タンシゆく</u>です。(→教えてもらった)　(→タンスユ

ク)[2-1]

(3)ちちはいま<u>こむいん</u>で大田<u>しゃくしょう</u>につとめています。

(→公務員)(→市役所)[2-1]

(4)私はその時<u>とてき</u>うれしかった。(→とても)[2-2]

(5)海岸だから<u>ぎょぎょら</u>がさかんでさかなも多く<u>でるし</u>近くの<u>どころ</u>に<u>ゆめい</u>

<u>な</u>万里浦かいすいよくじょうがある。(→漁業)(→取れるし)(→ところ)(→

有名な)[2-1]

(6)私はこのあいだ、私の<u>なつかいい</u>ともだちをたずねることもありました。

(→なつかしい)[3-2]

1.9 기타

(1)私のかぞくはごにんで<u>りょしん</u>と<u>おねえさん</u>とあにがひとり<u>づつ</u>います。
(→両親) (→姉) (→ずつ) [2-1]

(2)おとうさんおかあさん<u>あね(姉)</u>にんとおとうと<u>2にん</u>とわたしといもうとです。(→二人) [2-1]

(3)だけど、<u>しゆっきん</u>をやりので<u>でできないめ</u>をこすってベッドからおきます。
(→出勤するために開かない目) [2-1]

(4)また、<u>しゅっかん</u>です。(→習慣) [2-1]

(5)しかし、<u>朝寝</u>の場合には<u>何にも</u>食べなくて出勤するときがたびたびあります。(→朝寝坊した) (→何も) [2-1]

(6)<u>ゆよがなれば</u>すいえいもならいたいです。(→余裕があれば) [2-2]

(7)秋夕当日はまず祖先に祭祀を<u>行なわって</u>朝食をしてから墓参をしに行きます。(→行って) [2-2]

(8)昔の学生は学校や家で<u>おとなく</u>いうことを聞きました。(→おとなしく) [2-2]

(9)<u>よいよい学術察</u>の日でした。(→いよいよ学術祭) [2-2]

2. 한자 표기의 오용(Ⅰ)

2.1 한자의 자형(字形)이 유사한 것으로 잘못 사용된 예

(1)<u>今席</u>、大学の祭りの間、日本語の<u>学校</u>2年生はフルーツを竹にさして売りました。(→今度) (→学科) [2-1]

(2)とても<u>関単</u>ですが…。(→簡単) [2-1]

(3)特に済州道でき

れいな風景を<u>見なから</u>休んだ後にかえれば<u>幼想的</u>な韓国の旅行

<u>が</u>なりそうです。(→見ながら) (→幻想的) (→に) [2-1]

(4)客が訪問するとお茶を出したり<u>電活</u>をつないだり<u>使い</u>をしたりします。
(→電話) (→お使い) [2-1]

(5)私の高等学校は**知い歴史**では風景があざやかなところです。

　(→古い歴史があって) [2-1]

(6)週末には家族と**一諸**に大田近くの郊外に出て散歩をしながら楽しい時間

　を**くらします**。(→一緒) (→過ごします) [2-1]

(7)自分も知らず**見震い**がしてたまには自分も驚きます。(→身震い) [2-2]

(8)でも私は英語が**若手**ですから心配になります。(→苦手) [2-2]

(9)私の**毎**がカラオケを経営しています。(→母) [2-2]

(10)**よいよい学術察**の日でした。(→いよいよ学術祭) [2-2]

(11)特にいなかではとなりの町と**一諸**にあつまって**かりうち**しあいをしながら楽

　しくこの日を**くらしています**。(→一緒)(→かりうちの)(→過ごしています) [2-2]

(12)いろいろな**体**みの日の中で、わたしが二番目ですきな日があります。

　(→休) (→に) [2-2]

(13)しかし、私たちは週末には**ぜひ合い**ました。(→必ず会いました) [2-2]

(14)先生**おかげ**で私は日本**言**に自信が生じます。(→のおかげ) (→語) [2-2]

(15)家の掃除は**毎**が忙しいですから、**平素**にもしています。(→母) (→普段) [2-2]

(16)冬**体**みにはがくいん**費**も私がアルバイトをして払おうと**します**。

　(→休) (→のお金) (→思います) [2-2]

(17)父の墓場があるところ**で**行って父を**合い**ました。

　(→へ／に) (→に会いました) [2-2]

(18)1920年**生**のおばあさんの**はなすを通じて**きく昔は**荷**十里をあるいて**いきま**

　したそうです。(→生まれ) (→話を通して) (→何) (→いった) [2-2]

(19)ただ、家内で**動いて**子を産むのは任務だった。(→働いて) [2-2]

(20)まず、**察**りの準備をしなければなりませんでした。(→祭り) [3-2]

2.2 한자의 음(音)은 같으나 의미가 다른 것으로 잘못 사용한 예

(1)うえのむすめは**高教生**でしたのむすめは中学生です。(→高校生) [2-1]

(2)太平洞に、**市長**やデパートや図書館があります。(→市場) [2-1]

(3)かないもむかし、公務員だったんですが、いまは**全業**主婦です。(→専業)

　[2-1]

(4)まず、**新選**なフルーツが必要です。(→新鮮) [2-1]

(5)父がいないので母が子どもを教えるためにたくさん**社事**をしました。

　　(→育てる) (→仕事) [2-1]

(6)**出場**がありますから、<u>じゅうぎょうとしゅくだい</u>をきかなかったのでいま(4

　　月4日)書きます。(→出張) (→授業) [2-1]

(7)そして**学園**が<u>おわったなら</u>家へかえって学校に行く準備をします。

　　(→学院) (→終ったら) [2-1]

(8)まず洗面をしてから簡単な**化装**をします。(→洗顔) (→化粧) [2-1]

(9)日本の**英画**も<u>すきいです</u>。(→映畫) (→好きです) [2-1]

(10)まだ、日本には<u>行かない</u>ですが、**長来**にぜひ行きたいんです。

　　(→行ったことがない) (→将来) [2-1]

(11)一週間の<u>初日</u>な月曜日、私は朝、5時に起きてべんきょうの<u>準備して</u>6時30

　　分日本語の**学園**に行きます。

　　(→初日の／初日である) (→準備をして) (→学院) [2-1]

(12)秋夕のあさ、早く**起きって家政礼拝**を行います。

　　(→起きて家庭礼拝／起きて家で礼拝). [2-2]

(13)イウンジャさんとは、<u>高教</u>同窓でしたからチェジョンヒョン(私の彼し)とウ

　　ンジャさんとイミョンキさん(3月のこいびと→今はともだちですね)とウン

　　ジャさんのともだちといっしょに<u>ぜんぶ</u>5にんが行きました。(→高校の) (→

　　全部で) [2-2]

(14)夜7時**傾**、大田駅の近所で恋人に**合**って、食べ物を買いました。

　　(→頃) (→会) [2-2]

(15)出発の日、9時**傾西大田訳**で友だち**を合**いました。

　　(→頃西大田駅) (→に会いました) [2-2]

(16)私は友だちの中、おもしろい**別命**をもっていて人がおおいです。

　　(→別名をもっている) [2-2]

(17)実は中学校**までには**学校を**対表**して白日場に**出**だこともあります。

　　(→までは) (→代表) (→出た) [2-2]

(18)来年彼と一緒におなじ**校室**でべんきょうするつもりですね。(→教室) [2-2]

(19)<u>上</u>の計画**が**せんぶするために**努力**したいです。(→を) (→努力) [2-2]

(20)<u>自身</u>がないです。(→自信) [2-2]

(21)特に<u>前月</u>の日本語科10<u>週</u>年学術祭の時は、たぶん一生の間忘れられないほ
　　ど楽しかったと思っています。(→先月) (→周) [2-2]

(22)まず、日本語の<u>学園</u>で会話の勉強をしようと思います。(→学院) [2-2]

(23)<u>明文</u>の大学に子供を<u>入らせられる</u>ために多くの親は努力をします。
　　(→名門) (→入らせる) [2-2]

(24)まず、昔には、たいてい<u>家定</u>の経済難だけを乗り切るために社会活動をし
　　ますが、今はそうじゃないです。(→家庭) [2-2]

(25)母が<u>何日</u>まえから食べ物をたくさん準備をしておいていますから私にくわ
　　え姉さんたちもべつにする事がなかったので、<u>住</u>として皿あらいをしまし
　　た。(→何日も／何日か) (→主) [2-2]

(26)先週、土曜日は私の科の10<u>週</u>年記念学術祭がかいさいされ<u>たです</u>。
　　(→周) (→ました) [2-2]

(27)<u>受業</u>はつまらなかった。(授業) [3-2]

(28)大韓<u>港</u>空 (航) [3-2]

(29)たばこは<u>自信</u>の体にに<u>ひがい</u>を<u>あげました</u>。(→自身) (→与えます) [3-2]

(30)現代の社会を生きて<u>行く</u>とって、車、コンピューター、信用は<u>必修品</u>で
　　す。(→行く者に) (→必需品) [3-2]

(31)この言葉はお金を<u>仏</u>うときにお互いに<u>ふたんに感じられないよう</u>気配りを
　　する言葉です。(→払) (→を与えないように) [3-2]

(32)私は<u>愛国子</u>？ (→愛国者) [4-2]

(33)このような現状と共に<u>不作用</u>も増えています。(→副作用) [4-2]

(34)ですけど、われらの<u>社会生活</u>はいろいろな問題点と法的な制約があるのを
　　<u>不貞</u>できません。(→社会生活には) (→否定) [4-2]

(35)女性の<u>学力</u>が高くて、早い結婚をする人が<u>すくなって</u>しまうと思います。
　　(→学歴) (→すくなくなって) [4-2]

(36)事故は<u>自信</u>の問題だけじゃないです。(→自身) [4-2]

(37)自分<u>自信</u>。(→自身) [4-2]

(38)もっと<u>自身</u>感を持つ練習をしなければなりません。(→自信) [4-2]

(39)20代<u>中半</u>を眺めている私も性教育、とくに避妊について<u>教育をさせても</u>
　　<u>らった</u>ことがない。(→中盤にさしかかっている／中盤の)　　(→教育しても

らった／教育された）[4-2]

(40)<u>自身</u>感を持つことはいいことです。（→自信）[4-2]

(41)それで、10代のアルバイトについて<u>**不正的な**</u>方です。（→否定的な）[4-2]

2.3 기타

(1)太平洞は<u>**ひ々の人情**</u>に厚い所です。（→人々の人情が）[2-1]

(2)また<u>**毎日々**</u>たのしいきもちで<u>すみ</u>たいです。

　　（→毎日毎日）（→暮らし／生活し）[2-1]

(3)私は最近一日一日<u>**をか**</u>に余る。（→が力）[2-1]

(4)10人が<u>いろいろ</u>業務を分野別で<u>**各各**</u>分けてします。

　　（→各々）（→いろいろな）[2-1]

(5)でも<u>**元元**</u>こんな<u>文作に対する</u>きらいなんて全然なかったです。

　　（→元々）（→作文に対するいやな気持ち）[2-2]

(6)母は<u>**賢母良妻**</u>です。（→良妻賢母）[2-1]

(7)空気も違うので他の<u>**界世**</u><u>らしかった</u>。（→世界のようだった）[2-2]

3. 한자 표기의 오용(Ⅱ)

아래의 한자 자형의 오용은 학습자 300명의 800자 작문에서 얻은 것이다. 학습자는 일본어 전공자 대학교 3학년, 4학년, 대학원생 각각 100씩이다. 1명의 작문에서 같은 한자의 반복되는 오용은 1자만 나타내는 것을 원칙으로 했다. 아래의 예문은 학습자가 실제 작문한 것을 그대로 제시했기 때문에 오용이 포함되어 있다. 예문1~181은 대학교 3학년, 예문182~335는 대학교 4학년, 예문336~470은 대학원생의 문장이다. 그 문장의 [　] 안의 한자는 오용에 대한 정용을 나타낸다. 오용은 학습자가 쓴 한자를 원문대로 <자료>에 제시했다.

이하, 각 예문 번호 앞의 (形)은 형태, (音)은 음(한자음), (意)는 의미상의

잘못으로 틀린 것을 나타낸다. 번호 앞에 이런 표시가 없는 것은 형태상의
오용이다.

3.1 대학교 3학년 학습자의 한자(誤字) 사용 예문

1.礼儀が正しいし、[親]切だ…

2.少し敵[対]感を持っている…

3.[電]車の中でケータイ電話を使う…

4.文化とか経済を交[流]したらいい…

5.その女子高生の言葉が理[解]できます。

(意)6.勿論、これは韓国人全[員]のことではないし、ごく個人的意見ですから…

7.韓国と日本の関[係]も国民のイメージも…

8.サービスの精[神]や他人に対する配慮心が強い…

9.韓国人が相[対]的に荒っぽく見える…

10.11.日本の[漫][画]や文学作品の影響が…

12.国を代[表]1できることは飲食だ…

(形/音)13.急に「すし」は[少]食をして数奇をこらした物が…

14.その中で36年[間]日本が韓国を統治した事実が…

15.韓国人と日本人に多い[影]響を与えっている…

16.韓国と日本は位置的にも近くて、燐国とよく[呼]ばれていますが、…

17.国粋主義的な考えは愚かな考えだけではなくて[危]ない考えだと思う。

18.一部のお[偉]いさんだちによって、国民までイメージが悪くなった…

19.それが文[化]の違うかも知れませんけど。

20.日本の若い人は目上の人の前にタバコを吸うのが大丈[夫]だと思いますけど

21.韓国ではそんな行[動]はだめです。

22.もちろん、相手の文化の特[徴]を認めたうえで話せるものである。

(形/音)23.私は1981年京[畿]道の城南で生まれました。

24.いい成績で[卒]業して日本語の先生になりたいです。

25.自[分]が恥ずかしい。

(音)26.(音)27.その国の文化も教わって[理][解]をしなければならないのた。

28.飛行機から見下ろした日本の景色はとても韓国と[似]ているもので、…

29.私は今まであまり女の人に[会]わなかった。

(音)30.専[攻]は日本語だったので、女の子が料理多かった。

31.むかしから、おとなたちはすぐにわらえば[福]がくいった。

32.また、かえって気持が一[緒]に悪くなるだ。

33.夜、9時のニュースを見たら放送局では競[争]するように、…

34.肺[癌]になって苦しんでいる姿を皆テレビで見たからです。

(形/音)35.[認]めることは大変だったが。私は家族の愛が不足だったし…

36.洗って切っておいたせりと切り[刻]んだニンニクと…

37.以外の副[材]料をぜんぶ適当にいれて、塩加減して和える。

38.私は冬休みをソウルで過ごしてからお正月が[経]てから영동に行きました。

(音)39.40.[料][理]がとてもじょうずで花がだいすきです。

41.バイトしている[間]よく怪我をしました。

42.誕生日のお[祝]いはケーキとそうそくでおめでとうしてあげます。

(音)43.自信[満]々でした。

44.1ヶ月の給料をもらって家賃と定期[券]を買った…

45.ほかのことばと言うと実[践]の経験がなかったら何でも大変だと思います。

46.親[戚]のお祖母さんが高血圧で倒れて入院している病院に見舞いに行った。

47.あのお祖母さんが倒れたとの話を聞いたときは、本当に[驚]いた。

(形/音)48.3回も[脳]の手術をして、…

(形/音)49.あの子も[脳]の手術をしたらしい。

50.目は閉じたまま[寝]ているように動かなかった。

51.家で家[族]といっしょに…

52.私が乗った[船]が難破して無人島に行くときになれば、…

53.むしろ、地を[掘]ってその中に入るのうがいいと思う。

54.味が薄いと、[醤]油で味を調節したらいい。

55.新しい夢を見られる宝の[倉]でした。

56.80年代は光州抗[争]から出発して87年に民主化運動を元にした…、

57.80年代は[検]閲が和らぎましたが、この時は発展よりも成人向け映画が…

58.59.「[静]かな家族」ような作品は[製]作当初から緻密な企画で…

60.授業のあとに日本語と中国語[科]友達…

61.日本語[科]…

62.友達と接する機[会]を得ました。

63.64.学校に通う事も[楽]しくなり、表[情]も明るくなり、友達も多く…

65.今よりずっと[楽]しい明日を迎えることができると思います。

(音/意)66.(音/意)67.最近は注射とか、背＜？＞の[矯][正]など、色々な方法が提
示されています。

68.外向的な性格だから事務[室]でいるより人々の前で話すとのほうが…

69.技術が開[発]される時、生産するのがいいだと思う。

70.過去のわるい因[縁]で、正式的な開放を嫌がっている。

71.交流を通じて文化はもっと[発]展しなければいけない。

72.開放は文化[発]展させる。

73.開放の歩みを一[歩]ずつ後退している。

74.大田[駅]で7時まで待ちました。

75.76.久しぶりのする[汽]車[旅]行なので、子供のように…

77.夜にはラジオの公[開]放送もあったので夜の海も見に行って…

78.また[汽]車に乗って大田に帰ってきました。

79.キムチは地方について[漬]ける方法も違うし種類も多いのだ。

80.まず胡瓜を3等分して[断]面を"十"字にきる。

81.この友だちや家族はいつまでも私の[宝]物です。

82.彼女の歌の雰囲気はちょっと[演]歌みたいですけど大好きです。

83.実[力]はまだまだです。

84.聖書の[印]刷より…

85.雲泉洞に[印]刷した場所の興徳寺があります。

86.清州の興徳寺で[印]刷したことがほこらしいです。

87.最近は全国で一番[発]展の可能性がある都市と言われていて、…

88.私の日本語の[実]力を向上させたいと思う。

89.職場の仕事に[対]して一生懸命にやりたいと思う。

90.夜には学校に通うという言い[訳]で職場の仕事にいい加減にしたし、…

91.職員の間の集いも[参]席できなかったことが多かったが、…

92.宿題や試[験]準備など、忙しくて家族と過す時間がなくて、…

93.私の一日はとても忙しくて、精[神]もないほどだ。

94.試[験]の期間になったりすると、職場と家族にいい加減にしやすいになる。

95.樂しい冬休みを[送]るつもりだ。

96.韓国料理の[雜]菜を紹介します。

97.このごろ[平]素にもかんたんにたべる時も多いです。

98.軍[隊]にいる友人…

99.今、軍[隊]でねんしんに国防の務めを遂行しからしばしば会えない。

100.まず、新鮮な鶏とジャガイモとトウガラシを準[備]しておきます。

(音/意)101.モーニング娘を光ら[原]動力と言えるかもしれません。

102.散歩が気[軽]にできるだけで人々は幸せそうなのでいい…

103.帰省列車もほとんど[満]員です。

104.映画を見に行く人で[盛]んでいますから…

105.日本の相[撲]と似ていると思います。

(音/意)106.韓国の有[名]な俳優だちが出演したおもしろい映画でした。

107.実は日本語ぼ日本漫画を解[釈]するために始まることです。

108.109.その中で現[実]ではぜったいかなわれない夢が[実]現になることです。

(音/意)110.男の人と女の人が愛していく[過]程を見ると共感を得たりしました。

111.このように漫画を見た後には私の胸の中に大切な[余]韻が残ります。

112.113.夢は[実]現になりませんが今はただ漫画を見ることだけで[満]足していま
す。

114.コスプレーにも[関]心があります。

115.[若]い人もたくさんいるから日本の若い人の生活を見られました。

116.日本人の生活の習[慣]も習われました。

117.このドラマの役者達はみんな背が高いのが[特]徴だと思う。

118.[昼]食時起きって食事をしてもう海へでました。

119.短い旅行でしたが友[達]との友情も感じることができました。

120.上海空港で庖丁を[押]収させだと聞いた。

121.ほしいことを持つことができるからほんとうに[嬉]しい。

122.銀英ちゃんが好きな"彼氏彼女の事[情]"も持っているよ。

123.これから[熱]心に日本語を勉強しなければならないです。

124.2週間の東京の旅行は[楽]しかった。

125.韓国のキムチと日本のうとんで作ったキムチうとんが人[気]があります。

126.いろいろな[雑]種犬を養いました。

127.牧師の妻になることは牧師になることくらい[難]しい…

(音/意)128.大[型]マーケットでたべものとビールといろいろな…

129.どんよりした空はすぐ[晴]れあがった天気になりました。

130.私はこの友[達]が大好きです。

131.いろいろな経験を[積]んだいい事だったと思います。

132.バスでときどき小説を[読]みます。

(音)(形/音)133.134.サンドは朝鮮(チョウセン)時代にあった商人イムサンオクの
　　一生が[素][材]です。

135.うどん一[器]は暮しが貧しい3人家族、母と兄と弟の話しです。

136.3人は[数]十年が過ぎてまたうどん店に来ます。

137.大学に[入]学しておもしろくない生活をしていました。

138.どのところでも所[属]感がありません。

139.冬には終講[旅]行を行きます。

140.再び行った[旅]行…

141.わたしの未[来]の子供たちが広い眼目と深い所見を持って願う心です。

142.たから韓国の[若]者はいつも友達と一諸に遊ぶ時お酒を飲もうとします。

143.私だちは早くほかの[遊]びを探す事が重要です。

144.145.今までいろいろな[経][験]がありますけど、その中でいちばん…

146.私は[英]語を勉強するためにカナダへ行きました。

147.いろいろな国の人が友[達]になりました。

148.その[親]切な人々の中には韓国人も外国人もいました。

149.日本人の生活や思考方[式]を理解させてくれからです。

150.彼は新しい男を[会]いました。

151.次の日に[朝]には風邪が治るので旅行することが出来ます。

152.岩井俊二監督の[作]品で私はきょねん見ました。

153.一つは北海道に[住]んでいる…

154.日本語を上手にしたいどすが日本語が上手にならないので心[配]です。

155.[読]むこと聞くことは正確ではないけれど、…

156.157.158.日本語が上手な[方]から助言を[受]けたり日本語が上手になる[方]
　　法を…

159.160.おおく聞いて、おおく[読]んでおおく書くことしか[方]法がない…

161.はく[克]服できたらいいです。

162.気の会う友[達]…

(音/意)163.勉強をやって見ると[意]外とおもしろい。

164.この電話は[単]一に人たちの関心を引き付けた。

(形/音/意)165.電話の[形]態は…

166.お母さんが使おうと[買]ったのを…

(形/音)167.[昨]年12月31日から今年2月6日まで…

168.私が好きな友[達]がいます。

169.これは私の純[粋]な片思いだけです。

170.(音/意)171.(音/意)172.補充[隊]で三日間とまって、○○[師][団]の…

173.是非スチュワーデスに挑[戦]してみようと思っています。

174.私は冬がとても好きです。わけもなく[柔]らかいし幸いです。

175.[率]直にその日にはする仕事もありません。

176.音[楽]の新しい企てを作ったが彼らの人気が最高の時、…

(意)177.1年くらい使ってから交[替]する一方だ。

178.家[計]支出の20〜30%くらいもなるという点は短所だと思う。

179.そして移動通信[社]が消費者をからかうする行為はどうか。

180.料金[請]求書で申請もしない付加サービスがつく場合もある。

181.「[最]初の一ヶ月間無料だ」…

3.2 대학교 4학년 학습자의 한자(誤字) 사용 예문

(音/意)182.文化の色んな部分から[共]有しているんですよ。

(意)183..競争相[手]がないし、…

(意)184.一番競争相[手]になるかも知れません。

185.大[部]分の韓国人が日本としたら一番最初思い出すのは…

186.みんな同じ時代を生きている友[達]だとしたら…

(形/音)187.イメージを話している番[組]だった。

188.日本と韓国は昔から[深]い関係を持っているから多い話が出た。

189.主にその国の気候に[縁]ると思います。

(形/音/意)190.私の国がまだ弱[小]国ですが、…

(形/音)191.日本文化開[放]をする予定です。

192.毎日3時30分[頃]に始まります。

193.もしこの人[達]がいなかったら…

194.人たちが[住]む家は…

195.196.私は日本人は[猿]くて、表だけで親切だなどの[偏]見を持っていた。

(音)197.世界的な食べ物で開発するのも[重]要だと思う。

198.国[内]でも日本のアニメに接することができるところがあると知って、…

199.私たちを[苦]しめた黄砂もやっと上がった。

200.新しい目標を決ってそれを[成]し遂げるための人生の出発点になるのが…

(形/音/意)201.幾つの[授]業はインターネットによって行われている。

(音)202.初[心]者の心構えでいちいち勉強しています。

203.[未]来、日本人の前に立って韓国という美しい国を誇らしく説明する…

(音)204.一年後には笑うようになるのを期[待]しながら。

(形/音)205.今まで[周]辺の男の友達とか知り合いの人々が軍隊に行く…

(形/音/意)206.[小]学校二年生まで私一人でしたが、…

207.水[曜]日は学校へ行かない。

208.私と同じく日本語を[専]攻してる友達は火曜日だ。

209.私だった途中で投げ出す[場]合がほとんどだろう。

(音)210.新しい回りの変化に[適]応することだけで一日が過ぎとしまったし、…

(意)211.それで一ヶ月後、アルバイトを[始]めた。

212.外国で、全[然]知らない人たちと仕事をするのは思ったより難しかった。

213.最[初]はいつも国のことばかり懐かしかったのに…

214.六時[半]頃家で出てバス停留所で歩いていきます。

215.[学]校と家はちょっと遠い…

216.[学]校に七時二十分頃到着して英語の勉強をします。

217.友達が休[学]したり、留学行ったりしたから少し淋しいです。

218.小学生と中学生に英語と数[学]を教えます。

219.[学]生たちは幼かったときから塾で勉強教えてもらったり、…

220.[学]校だけ…

221.家に九時頃[帰]ります。

222.223.サイトを[検]索して友[達]とチャットをしている…

224.九時頃家に[帰]って普通十一時までチャットをします。

225.気持が[悪]かったこと…

226.音[楽]を聞いたりします…

(音/意)227.学[校]の先輩たちと…

228.私はもと[内]気な性格を持っている人であった。

229.人たちまで[新]しかったのであった。

230.公[衆]便所…

231.時間[通]りに来るだろう。

232.ローマの法を[従]う…

233.私はとても[期]待になりました。

234.235.観光の[案][内]所まで。

(形/音/意)236.[胃]の調子が著しく悪くて、…

(形/音)237.無[痛]で胃の内視鏡をする病院が永同にひとつある…

238.ただ大[学]に合格することが目的でした。

239.日本語は少しずつ勉強すればするほど興味が[湧]いてきました。

240.日本語を[専]攻している学…

241.教[授]として、時々は先輩として、…

242.得意な踊りとリズムを[真]似する…

243.簡[単]な挨拶だけで話を…

244.最[初]からしなかった…

245.日本[語]の勉強…

(形/音)246.とうふの料[理]などを食べてみた…

247.[飲]み物とアイスクリームを買って…

248.日本の伝統[料]理は…

249.春を[代]表するよもぎとか…

250.[神]戸という町がこんなにきれいになった背景には、…

251.人間は自然に[弱]いということをしみじみ感じました。

252.語学研[修]のために…

(形/音)253.家はおもちゃように[軽]くて弱く見えました。

(形/音)254.[昨]年の冬休みには日本の関西地域に行ったことがありますが。

255.大[阪]は産業都市ですから…

256.[経]済力の格差が…

(形/音/意)257.最[小]限の努力…

(形/音)258.操縦される人[形]だけですか。

259.自分の生に最善を[尽]しなさい。

260.友[達]もたくさんできた…

261.年間の恋愛のすてに結[婚]しました。

(形/音)262.日本語の学習[期]間は4年になるけれども、…

(形/音)263.外国語を日常生活の[中]でぜんぜんつかわないの事です。

264.阿蘇山には広い[平]野と大きい湖がありました.…

265.友[達]3人といっしょに…

(形/音)266.267.観光[案]内[状]でかくにんしょう。

268.[熊]本を旅行する…

269.あたらしい経[験]もしてみることができる。

270.この内[容]を参考してたのしく旅行をしなさい。

271.果物と野[菜]で作ります。

272.そこには本当に31種類以[上]の味があります。

273.でも人参の味は食べたことがないですが、[苦]いらしいです。

(音)274.マンガの内[容]もいろいろがあるので、…

(形/音)275.[映]画よりやすい値段ですから、…

276.家で[菓]子をたべながら見られます。

277.これを私も[問]題だと思っていますが…

278.私の[未]来を計画する…

279.日本語を一[緒]に勉強したいです。

280.その映画の主人公ジョンは[黒]人です。

281.彼の家[族]はジョンと彼の妻と息子です。

282.[病]院の応急室を…

283.友[達]の紹介で…

284.冬だからとても[寒]くて、…

285.おいしい[店]をさがして…

286.新村の人波を[逢]って行きました。

287.それで[初]日紹介テンが終わりました。

(音)288.わたしは特別な趣味や特[技]はありません。

289.わたしは音楽聞く時に[初]めては音楽全部の雰囲気に浸ります。

(形/音)290.わたしが[評]価するらしい…

(形/音)291.さとみちゃんは[昨]年に交換学生に来た友達です。

292.大学生活と未[来]について話そうと思います。

293.いろいろなアルバイトをして授業[料]と小遣いをもうけたりしました。

294.[試]験を準備しようと思っています。

(形/音)295.ドラマは[昨]年秋に放送された…

296.友[達]ど海外に行こうと思っています。

297.298.今日は日[曜]日なので私[達]は奈良へ行きました。

299.近鉄奈良行に[乗]り換えたら分かりやすいでした。

300.話だけきいた神社を[初]めて見ました。

301.私[達]は特異な物だけを見て写真をとりました。

(音)302.内[容]はごともものため、本人の趣味ためなど。

303.YHA00オクッンーでもジェニー[売]買する。

304.限定版は定[価]の最高3倍だ。

305.私は友[達]と初めて奈良へ行きました。

306.のざき駅で出[発]して、…

307.308.そして[平]素に仏[教]文化で興味を持っていますから、…

309.れんぎょうやつづじや[桜]をなどが…

310.春はすべて生命[体]に浩力素です。

(音)311.基準も相対的のために[適]当な人も…

(形/音)312.少食や水[泳]、果物ばかり食べり、運動など…

313.[野]菜や果物も好きだ。

314.しょうにんと客の紛[争]かいけつ、…

315.苦労した受[験]競争の故もあるでしょう。

316.新学期を迎える覚[悟]も新しいです。

317.飛行機に[乗]って5時間…

318.音[楽]を聞ながら今のように…

319.じぶんで運[転]しながら海を見に行く…

320.よい[経]験でした。

321.いろんな所を歩き回ることは[楽]しいでした。

322.友[達]も持つになりました。

323.入社後に[貿]易部門で不足な点を…

324.武者小路実○の『友[情]』を読んだ。

325.後で杉子と結[婚]するようになる。

326.一週日[間]の生活…

327.[内]容はちょっと宗教的であり、…

328.高校生まで[運]動をしましたが、…

329.自信がなかったから、[挑]戦することができませんでした。

330.前より所[属]感も多くになったり…

331.街ごとにさいてある[花]と…

332.私には若い日本人の友[達]がいる。

333.「未[来]の少年のコラン」…

334.夫といっしょに畑で野[菜]を作りながら、…

335.まず伝統[的]な遊び文化…

3.3 대학원 학습자의 한자(誤字) 사용 예문

336.私の友[達]にして…

337.七年間あいかわらずウンミを[愛]してくれた心が…

338.他人の[尊]い子供をよく…

339.偉人[伝]に出る偉人達は星、龍、天使など…

340.あなたはその反[対]なので…

341.一生懸命私を[練]磨しています。

342.英語の勉[強]。

343.[教]育熱を持った親のおかげである…

344.345.課外など沢山の[経][験]を積もうと努力しました。

346.10分間の[休]みの時間、…

347.もう[寮]に帰ったはずなのに、…

348.私も残った期間もっと[頑]張ります! さようなら!…

349.駅の近くで鳥取砂丘の観光宣伝の[看]板を見たことがあります。

350.何か感動が精一杯になって、体が[震]えました。

351.彼らに強制的に[喫]煙を進めていた訳でもない。

352.すべては個人の選[択]であり、…

353.近[頃]非常に寒くなりました。

354.里江子さんは大[丈]夫ですか。

355.最近携帯電話を利用する人が[増]えている。

356.とても役に立ったことが実[際]あった。

(音)357.[未]来の不安を持っていた…

(音/意)358.4年生に再[受]講しながら…

359.[丈]夫になったのを感した。

(形/音)360.韓国の留学生と相[談]したら、何の問題もなく…

361.日本人の友[達]も付き合って、…

362.この苦痛は幸[福]な苦痛のことであろう。

(形/音)363.364.母親の子[供]についた愛情は何ことと[比]べられない…

365.桜も[芝]生もそのままである。

(音)366.新しい活力と自[信]感、…

367.初めては[漠]然たる不安と負担…

368.熱心に授業[準]備でいそがしい。

369.私は[花]が好きだ…

370.しらんぷりをしながら外を[眺]める人もいます。

371.家族や友[達]や…

372.自分の仕事に最善を[尽]して生きる熱情を感じた。

373.春を待ち遠しく思っていた生命[体]！…

374.[満]たされない欲と愚かさによって…

375.もっと純[粋]な心になれると思う。

376.人[間]ならだれでもすることになるものです。

377.春は四季[節]の中で私がいちばん好きな季節だ。

378.こんなにのどかな春に[内]ばかりにいられないことだ。

379.[発]音とイントネーションの問題点…

380.381. [教]師としての経[歴]は二十四年目だ。

382.いたずらをしたり[雑]談をしたりして…

383.偉い学[者]になりたいのだ。

384.[産]学一致でしょう。

385.友[達]なりたい…

386.家内は私の[本]音を聞きたがったのだ。

387.振り返える[暇]もない。

388.389.[親]切な[看]護婦が多い…

390.固定観念が私の中に[住]みついていたので…

391.おいしい地方料[理]をほおばりながら毎日元気に歩きまわった。

392.人[間]である自分の力や能力で…

393.日本に[語]学研修のために行っていた…

394.ちょうど[太]陽が沈もうとする…

395.きつい[都]会の中では味わえないのではないか。

396.たまには、[都]会をはなれて、…

397.ゆっくりと完[璧]に準備して…

398.とてもおもしろい経[験]でした。

399.実[際]にゆかたを着て見て、とてもきれいで感動しました。

(形/音/意)400.別々の体[系]をもっている文字…

401.人とはの関[係]とか…

402.でも私[達]が出来ることは祈りしかありませんね。

403.四つの法則の内[容]において…

404.昔の日本国の庶民生活を[描]いたもので、…

405.国[際]社会での韓国のヨセプとしてそだてたい。

(音/意)406.博士[課]程に進んでもっと勉強をしよう…

407.408.[精][神]的に考えるし、また心的に感じながら…

409.[精]出して生きて行く…

410.2年6カ月ぐらい[勤]めたことがある…

411.家族や友[達]とゆったり過ごしています。

412.葉書の年賀[状]が…

(音)413.日本は各の地[域]ごとに特色のある公園がたくさんあるのに、…

(音)414.その[過]程が生きる'と言う物ではなかろうか。

(音)415.一番よく行く地[域]は別府がある九州です。

(音)416.その理[由]は温泉もあるし韓国から近いところにあるからです。

417.[歴]史観光で博物館を行くこともあります。

418.日本人の衣食住、[歴]史、…

419.季節に[咲]く花より…

420.夏と春と[秋]は冬に比べて…

421.友[達]、友人、親友、「友」という字の力。私は…

422.「友[達]」という言葉を聞くたびにいつも心が暖かくなる。

423.友[達]が私にはいる。

424.その友[達]の話がしたい。

425.[初]めは、仕事が少しむずかしいと思いましたが、…

426.もっと[激]しい視線があつまっている。

427.準決[勝]まで進み、…

428.最[初]にはだまれて競技を見ましたが、…

429.韓国の日本の競[技]以外は…

430.私を[初]めとして同僚もびっくりしたと話しました。

431.来週の月曜日には米国の競[技]があります。

432.大きく[応]援をするつもりです。

(形/音/意)433.民族教師としては想[像]のつかない…

434.[選]手の名前を挙げてみることができません。

435.[伝]統と先端技術の調和がとれています。

436.私は私の[通]うことになっている…

437.自分の[未]来のため一生懸命に頑張っている…

(音/意)438.たとえ外国語が勉強するの[科]目としても…

439.夢を[失]って生きている自分がかなしそうに感じられる。

440.夢は人に人生を生きるための力を[与]えていると思った。

(形/音/意)441.夢は大きいか[小]さいかが重要ではない。

442.お寺と紅葉狩りにいって[来]て…

443.444.445.加創を[過]ぎて自動車で八[造]嶺を[乗]り越える時、…

446.何年前に[道]路練習をするとき…

447.古寺の側に新たな法[堂]を建てたりして、…

(形/音/意)448.家父長制の[形]に変わっている…

449.結[婚]の変化も核家族化の要因である。

(音)450.自分の目[標]に向けて…

(音)451.[余]裕を持って休む…

(音)452.[余]裕を持つことができるように…

(音)453.「健康な[肉]体に健全な精神」という…

(形/音)454.ある国[際]交流奬学財団の主催で開かれた…

(音/意)455.翻訳の仕事等の[過]程を経て、大学院生の今日にまで至った。

456.[物]理的距離が遠い…

457.対人[関]係の設定に…

458.[特]に身体が不自由な…

459.心の障害がむしろ[深]刻である。

460.日本文化を韓国に[広]く知らせようと…

(音/意)461.日本語の関聯学[科]が参加する…

(形/音)462.見[逃]さないように知合いの何人にもしらせた。

463.御言[葉]を読みたい気持がいっぱいだったが、…

464.老人性の病気や孤[独]などを…

465.普段の心[掛]けからではないだろうか。

466.誰かの[間]違いでいっぱい怒っている…

(音/意)467.(音/意)468映画[鑑][賞]が私の趣味になってきた。

(音/意)469.(音/意)470.「映画[鑑][賞]」という趣味は…

【대학교 3학년】

新	對	電	統	触	人	系	神	對	漫
(1)	(2)	(3)	(4)	(5)	(6)	(7)	(8)	(9)	(10)
畫	差	小	問	影	乎	危	達	花	未
(11)	(12)	(13)	(14)	(15)	(16)	(17)	(18)	(19)	(20)
重	街	檔	車	分	利	害	以	合	功
(21)	(22)	(23)	(24)	(25)	(26)	(27)	(28)	(29)	(30)
福	者	爭	密	忍	女	村	経	理	料
(31)	(32)	(33)	(34)	(35)	(36)	(37)	(38)	(39)	(40)
問	悦	慢	查	線	感	警	悩	悩	寝
(41)	(42)	(43)	(44)	(45)	(46)	(47)	(48)	(49)	(50)
旅	般	据	將	倉	爭	檢	靜	制	料
(51)	(52)	(53)	(54)	(55)	(56)	(57)	(58)	(59)	(60)
料	會	樂	情	樂	校	訂	至	發	綠
(61)	(62)	(63)	(64)	(65)	(66)	(67)	(68)	(69)	(70)
發	發	走	駅	淺	旅	閉	淺	清	斷
(71)	(72)	(73)	(74)	(75)	(76)	(77)	(78)	(79)	(80)
玉	演	方	印	印	印	發	實	對	驛
(81)	(82)	(83)	(84)	(85)	(86)	(87)	(88)	(89)	(90)
參	驗	神	驗	误	雜	平	隊	隊	備
(91)	(92)	(93)	(94)	(95)	(96)	(97)	(98)	(99)	(100)

元	転	満	盛	撲	明	釋	實	實	課
(101)	(102)	(103)	(104)	(105)	(106)	(107)	(108)	(109)	(110)
餘	實	満	関	若	慣	持	居	達	坤
(111)	(112)	(113)	(114)	(115)	(116)	(117)	(118)	(119)	(120)
嬉	情	熱	樂	氣	雜	難	刑	晴	達
(121)	(122)	(123)	(124)	(125)	(126)	(127)	(128)	(129)	(130)
精	話	小	才	器	数	人	屬	旅	旅
(131)	(132)	(133)	(134)	(135)	(136)	(137)	(138)	(139)	(140)
來	芒	遊	經	驗	英	達	新	或	合
(141)	(142)	(143)	(144)	(145)	(146)	(147)	(148)	(149)	(150)
南	作	住	西	誌	ち	愛	ち	話	ち
(151)	(152)	(153)	(154)	(155)	(156)	(157)	(158)	(159)	(160)
克	達	以	單	型	賣	作	達	粹	隊
(161)	(162)	(163)	(164)	(165)	(166)	(167)	(168)	(169)	(170)
可	端	戰	乗	幸	樂	送	話	社	請
(171)	(172)	(173)	(174)	(175)	(176)	(177)	(178)	(179)	(180)
最	【대학교 4학년】				公	代	対	陪	達	祖
(181)					(182)	(183)	(184)	(185)	(186)	(187)
探	綿	少	方	頃	達	住	猿	偏	中
(188)	(189)	(190)	(191)	(192)	(193)	(194)	(195)	(196)	(197)

内	吉	感	爰	身	未	対	迴	少	晤
(198)	(199)	(200)	(201)	(202)	(203)	(204)	(205)	(206)	(207)
慱	揚	的	初	然	初	牛	学	学	学
(208)	(209)	(210)	(211)	(212)	(213)	(214)	(215)	(216)	(217)
学	学	学	慢	檢	達	慢	惡	樂	敎
(218)	(219)	(220)	(221)	(222)	(223)	(224)	(225)	(226)	(227)
凶	新	象	道	從	其	内	案	謂	通
(228)	(229)	(230)	(231)	(232)	(233)	(234)	(235)	(236)	(237)
学	通	専	撑	眞	單	初	言	里	食
(238)	(239)	(240)	(241)	(242)	(243)	(244)	(245)	(246)	(247)
科	大	神	編	修	經	作	仮	涇	少
(248)	(249)	(250)	(251)	(252)	(253)	(254)	(255)	(256)	(257)
利	反	達	姑	其	仲	平	達	安	狀
(258)	(259)	(260)	(261)	(262)	(263)	(264)	(265)	(266)	(267)
態	駿	谷	菜	止	苦	用	英	革	聞
(268)	(269)	(270)	(271)	(272)	(273)	(274)	(275)	(276)	(277)
末	緒	黑	族	原	達	寅	店	縫	初
(278)	(279)	(280)	(281)	(282)	(283)	(284)	(285)	(286)	(287)
記	初	平	作	來	科	式	作	達	晤
(288)	(289)	(290)	(291)	(292)	(293)	(294)	(295)	(296)	(297)

達	來	初	達	用	売	西	達	發	平
(298)	(299)	(300)	(301)	(302)	(303)	(304)	(305)	(306)	(307)
敎	檢	體	的	永	野	爭	驗	悟	來
(308)	(309)	(310)	(311)	(312)	(313)	(314)	(315)	(316)	(317)
樂	轉	經	樂	達	留	靑	恍	門	兩
(318)	(319)	(320)	(321)	(322)	(323)	(324)	(325)	(326)	(327)
連	排	屬	花	達	來	莩	凡	【대학원】	
(328)	(329)	(330)	(331)	(332)	(333)	(334)	(335)		
達	宴	牢	傳	對	練	强	敎	經	驗
(336)	(337)	(338)	(339)	(340)	(341)	(342)	(343)	(344)	(345)
体	寮	冠	乾	震	実	沢	頃	才	增
(346)	(347)	(348)	(349)	(350)	(351)	(352)	(353)	(354)	(355)
陵	味	修	犬	浚	逹	福	共	北	芝
(356)	(357)	(358)	(359)	(360)	(361)	(362)	(363)	(364)	(365)
身	漢	導	花	逃	達	尽	休	滿	粹
(366)	(367)	(368)	(369)	(370)	(371)	(372)	(373)	(374)	(375)
問	節	內	發	敎	歷	雜	者	產	達
(376)	(377)	(378)	(379)	(380)	(381)	(382)	(383)	(384)	(385)
木	假	新	看	任	野	門	言	犬	者
(386)	(387)	(388)	(389)	(390)	(391)	(392)	(393)	(394)	(395)

者 (396)	壁 (397)	驗 (398)	祭 (399)	係 (400)	伐 (401)	連 (402)	用 (403)	措 (404)	察 (405)
過 (406)	精 (407)	神 (408)	精 (409)	勤 (410)	達 (411)	狀 (412)	役 (413)	科 (414)	役 (415)
有 (416)	歷 (417)	歷 (418)	唉 (419)	移 (420)	達 (421)	達 (422)	達 (423)	連 (424)	初 (425)
濘 (426)	騰 (427)	初 (428)	鼓 (429)	初 (430)	枝 (431)	應 (432)	象 (433)	漢 (434)	伝 (435)
通 (436)	末 (437)	課 (438)	矢 (439)	写 (440)	少 (441)	來 (442)	過 (443)	造 (444)	乘 (445)
道 (446)	党 (447)	型 (448)	姬 (449)	表 (450)	与 (451)	与 (452)	育 (453)	祭 (454)	課 (455)
物 (456)	間 (457)	持 (458)	沈 (459)	拡 (460)	課 (461)	兆 (462)	変 (463)	獨 (464)	制 (465)
問 (466)	感 (467)	想 (468)	感 (469)	想 (470)					

4. 외래어 표기의 오용

4.1 장음·단음(長音·短音)의 오용

4.1.1 장음을 단음으로 잘못 사용한 예 [단음(誤)→장음(正)]

(1) 私の**サクル**はほうしの活動をします。(→サークルは奉仕活動)<circle> [2-1]

(2) **クリム**を少し入れたら終ります。(→クリーム) <cream> [2-1]

(3)会社は韓国**エネルギ**研究員です。

(→エネルギー研究所) <독어 Energie> [2-1]

(4)**アパト**の管理事務所で<u>はたらきます</u>。

(→アパート) (→働いています) <<u>apart</u>ment house> [2-1]

(5)まず、大きな**ステンボル**にたまごとさとうを<u>入れる泡機</u>でかきまわします。

(→ステンレスのボウル) (→入れて泡だて器) <stainless> <bowl> [2-1]

(6)**サーカ**ややきゅうやボーリングなと。(→サッカー) <soccer> [2-1]

(7)すきなものは<u>ウトン</u>や**ラメン**です。

(→うどん) (→ラーメン) <중국어 lamiàn (拉麺)> [2-1]

(8)<u>やすみとき</u>にはいつも<u>まんがほんよむが</u>ともだちと**ビリアト**をしていました。(→休む時) →マンガを) (→か) (→ビリヤード) <billiards> [2-1]

(9)<u>今すぐ</u>**ワルドコップ**を開催する。

(→もうすぐワールドカップが開催される) <World Cup> [2-2]

(10)**デザイナ**で新入社員です。(→デザイナー) <designer> [2-1]

(11)ヨンピョンは**スーキ**場で有名な所です。(→スキー) <ski> [2-2]

(12)4時30分ぐらいに起きて**タクシ**に乗ってテジョンの駅に着いたんです。

(→タクシー) <taxi> [2-2]

(13)あたたかい**マフラ**を私が<u>手作って</u>プレゼントをするのです。

(→マフラー) (→手作りして) <muffler> [2-2]

(14)また、**インタネット**からおもしろいところを見たり、日本のNHKで作ったビデオを見たりします。(→インターネット) <Internet> [2-2]

(15)私の場合は<u>ラメン</u>やごはんを食べる時ぜひひつような**飲食**です。

(→ラーメン) (→×) (→食べ物) [2-2]

(16)冬休みは試験が終わったら、<u>初めますが</u>**レポト**があるから<u>終る</u>ことはないです。(→始まりますがレポート) (→勉強が終る) <또는 리포트, report>
[2-2]

(17)これから本も読んで、**インタネット**で必要な情報を検索する<u>予定します</u>
<u>が</u>、それでも先生のアドバイスが何よりも必要です。(→インターネット)
(→ですが) [2-2]

(18)自分の仕事を<u>もった</u>なければ、人生が**ブール**しそうですから、仕事をぜひ

したいです。（→持た）（→ブルーになりそう）<blue> [3-2]

(19)数日の後で、入隊する**ボイフラント**といっしょに一日を過ごすことにした。（→数日後に）（→ボーイフレンド）<boyfriend> [3-2]

(20)おごりをしたときにもしょくじをともだちがおごりをしたら、私は**コーヒ**とかから**ーオケ**などをおごりした。（→おごった）（→おごったら）（→コーヒーとかカラオケ）<ネ덜란드어 koffie>, <일본어(空:から)+orchestra> [3-2]

(21)友だちといっしょに**デパト**でいくて買い物をするつもりです。

　　（→デパートに行って）<department store> [3-2]

(22)日本とか**ヨロッーパ**人にとっては非合理的かもしれません。

　　（→ヨーロッパ）<ネ덜란드어 Europa> [3-2]

(23)コンピューターとか**イントネット**とか…。（→インターネット）[4-2]

(24)このごろは低い靴と**ヒル**を好きだろうと思います。（ヒールが）<heel> [4-2]

(25)私の住んでいるところは**アバト**です。（→アパート）[4-2]

(26)小さい人は大きな**コンプレクス**を**カバ**できることだからです。

　　（コンプレックス）（カバー）<cover> [4-2]

(27)**イントネット**（→インターネット）[4-2]

(28)私の住んでいるところは**アバト**です。（→アパート）[4-2]

4.1.2 단음을 장음으로 잘못 사용한 예 [장음(誤)→단음(正)]

(1)ソウルは人や車や高い**ビール**が多いです。

　　（→ビル）<ビルディング building> [2-1]

(2)**韓国には一**ちばん高いビルは63**ビール**です。（→韓国で一番）（→ビル）[2-1]

(3)次にいろいろな野菜を**フライーフェン**にいれて**いたみます**。

　　（→フライパン）（→いためます）<fry-pan> [2-1]

(4)そして朝に**バース**に乗ってテチョンへ行きました。（→バス）<bus> [2-1]

(5)私は**ピイザ**も大好きです。（→ピザ）<Pisa> [2-1]

(6)すきなたべものは**キムチチケ**です。（→キムチチゲ）<김치 찌개> [2-1]

(7)これは電子部品で**テルービ**に使用します。

　　（→テレビ）<テレビジョン television> [2-1]

(8)**ベランダー**にはいろいろな花がさいてきれいです。（→ベランダ）<veranda>

[2-1]

(9)<u>ソウール</u>と近います。（→ソウルと近いです）＜서울＞ [2-1]

(10)また、水原の有名な食べ物は<u>カルービ</u>です。（→カルビ）＜갈비＞ [2-1]

(11)外国人が韓国で<u>案外</u>に思うのは<u>バース</u>とか地下鉄で老人に<u>席を譲歩するものだ</u>。（→意外に思うのはバス）（席を譲ることだ）[2-2]

(12)ときどき<u>バース</u>に乗ったことがありましたが、ほとんど歩いて行き来しました。（→バス）[2-2]

(13)ターミナルで<u>バース</u>に乗る。（→バス）[2-2]

(14)<u>ボテルー</u>まで追って行ってもう一回顔をみようと<u>ダクシを取って</u>行きました。（→ホテル）（→タクシーを拾って）＜hotel＞ [2-2]

(15)練習も<u>する兼ねる</u>音楽も録音しようと<u>カラオケー</u>に行きました。
　　（→も兼ねて）（→カラオケ）[2-2]

(16)部屋のなかで<u>「クリューク」一度に</u>、<u>世界人</u>と話をする。
　　（→「クリック」一つで、世界中の人）＜click＞ [3-2]

(17)私の<u>ズボーン</u>を人がいました。（→ズボン）＜프랑스어 jupon＞ [4-2]

(18)<u>バース</u>にのりました。（→バス）[4-2]

4.2 기타

(1)徳明洞はワールド<u>コップ</u>の競技場があります。（→カップ）＜cup＞ [2-1]

(2)そして、ローズバードというコーヒー<u>シャプ</u>でコーヒーものみました。
　　（→ショップ）＜shop＞ [2-1]

(3)小麦粉3<u>コプ</u>（→カップ）[2-1]

(4)最後に、<u>ペンケーキ</u>を<u>程よい見によい分かって</u>食べます。
　　（→パンケーキ）（→きれいに切って／見た目良く切って）＜pancake＞ [2-1]

(5)私の趣味は百貨店<u>ソヲピン</u>です。
　　（→でショッピングすることです）＜shopping＞ [2-1]

(6)公園には<u>ベトミント</u>場と<u>バスケト</u>場、<u>韓国伝統的な</u>ぶらんこ2台など、いろいろな運動<u>機具</u>があって、だれでも自分が好きな運動をすることがてきます。（→バドミントン）（→バスケット）（→韓国の）（→器具）＜badminton＞＜basket＞ [2-1]

(7)夜遅くなってホテルに戻って、**コップラーメン**とパンを食べた。

(→カップラーメン) [2-2]

(8)たぶん中学校の一年生の時からバスケットボールの**ファになったです**。

(→ファンになりました) <fan> [2-2]

(9)**権威的**だけでなく重苦しい韓国の**パッス**界をファンとともに変化させています。(→権威的な) (→ポップス) <pops> [2-2]

(10)**ハルバイト**をしたら勉強もねっしんにすると思います。(→アルバイト)

<독일어 Arbeit> [2-2]

(11)もちろん私がした**ステップ**も大切ですがえんげきをすれば経験も積んで日本語も上手になることができるのでそのように考えました。(→スタッフ／裏方) <staff> [2-2]

(12)**ダイネト**もおおきく効果があったと言います。(→ダイエット) (→聞きます)

<diet> [2-2]

제13장
가나·한자·외래어에 관한 일본어교육 논문

이 장에서는 가나·한자·외래어에 관한 일본어교육 논문을 소개한다. 이들은 한국의 학술지에 발표된 논문과 한국의 대학원에서 발표한 학위 논문이다. 그 논문 편수는 다음과 같다.

	학술지 논문	대학원 학위 논문
가나(편)	13	14
한자	39	57
외래어	18	47

이하, 분야별 발표 연도에 따라서 제시한다.

1. 학술지 논문

1.1 가나

恩塚千代(2008),「韓国語母語話者へのカタカナ指導に関する一考察：在韓日本語教師の指導実態と意識調査から」,『日語日文學研究』제64집 1권 -일본어학·일본어 교육학, 韓國日語日文學會, pp.139-157

趙南星(2007), 「한국인 일본어 학습자와 일본어 모어화자가 쓴 가타카나 자형의 비교 분석」, 『日本學研究』 第21輯, 檀國大學校 日本研究所, pp.331-356

권현주(2006), 「일본어 가나(カナ)표기의 변화 양상에 관한 考察 :겨울연가(冬の ソナタ)에 나타난 한국어 종성음소를 중심으로」, 『일본어문학』 제28집, 한국일본어문학회, pp.3-23

泉文明(2006), 『韓国語母語話者の日本語表記の誤用-音声に起因していると考 えられるものを中心に-』, 『일어교육』 37집, 한국일본어교육학회, pp.67-84

趙南星(2005), 「한국인 일본어 학습자와 일본어 모어화자가 쓴 히라가나 자형의 비교 분석」, 『동북아 문화연구』 제9집, 동북아시아 문화학회, pp.81-104

金辰成(2003), 「「ひらがな」の拙筆度について」, 『일본어문학』 제17집, 한국일본어문학회, pp.23-45

李楨淑(2003), 「일본어 표기 오용에 관한 일고찰 : 간판·식단표의 표기를 중심으로」, 『日語日文學』 제20집, 대한일어일문학회, pp.37-49

허인순·한옥련(2003), 「일본어 가나 교육의 실태 : 전북지역의 고등학교를 중심으로」, 『교육논총』 제23집, 전북대학교교육대학원, pp.105-126

閔光準·趙南德(2002), 「일본어 가나의 한글 표기법의 문제점과 개선 방안」, 『日本語學研究』 제5집, 한국일본어학회, pp.53-64

裵錫柱(2002), 「일본어 편수자료 국어의 가나 문자 표기 연구Ⅱ : 제3장 표기 세칙을 중심으로」, 『國際言語文學』 제5호, 國際言語文學會, pp.67-87

裵錫柱(2001), 「일본어 편수자료 국어의 가나 문자 표기 연구」, 『國際言語文學』 제4호, 國際言語文學會, pp.51-67

趙南星(1998), 「가타카나 誤字形에 대한 평가」, 『大田産業大學校 論文集』 第15卷 B編, 大田産業大學校, pp.59-76

趙南星(1994), 「平仮名書きの誤りに対する母語話者と非母語話者の評価」, 『大田産業大學校論文集』 第11卷, 第2輯, A篇, pp.531-542

1.2 한자

高淳治(2008), 「일본어 학습에 있어서의 한·일한자어 고찰」, 『人文學研究』 제12집, 관동대학교 인문과학연구소, pp.69-105

안병곤·최용혁(2006), 「韓·中·日 生活基礎漢字 字形 規範化에 관한 研究 -

한국인 대학생 대상 한자 자형 선호도 조사 결과를 바탕으로-」,『일어교육』 38집, 한국일본어교육학회, pp.191-216

吳美善(2006),「한자환경과 일본어교육의 한자학습」,『日本學硏究』제18집, 檀國 大學校 日本硏究所, pp.157-175

趙南星(2006),「일본어 학습자의 자유 작문에 나타난 한자에 대하여」,『외국어교 육연구』제20권 2호, 한국외국어대학교 외국어교육연구소, pp.147-162

佐藤揚子(2006),「サイバー大学日本語学習者の作文での漢字使用分析」,『日本 文化研究』제19집, 동아시아일본학회, pp.349-365

박균철(2005),「한일 한자에 대하여 : 國字를 중심으로」,『일본어문학』제24집, 한 국일본어문학회, pp.17-31

李知洙(2005),「韓日兩國의 漢字教育에 있어서의 漢字使用 : 한자사용의 감소경 향과 그 문제점에 대하여」,『日本語文學』제31집, 日本語文學會, pp.249-268

趙大夏(2005),「日本語 漢字學習 方法과 指導에 관한 硏究」,『日本語文學』제29 집, 日本語文學會, pp.185-204

탁성숙(2005),「한국인일본어학습자의 외래어표기에 관한 고찰」,『日本硏究』제26 호, 韓國外國語大學校 日本硏究所, pp.201-220

김경호(2004),「일본어에 나타나는 외래어 이중가나표기의 문제점」,『일본어문학』 제23집, 한국일본어문학회, pp.3-21

노경진(2004),「日本語 教科書 漢字 分析 및 必須教育漢字 選定 : 第7次 教育課 程『日本語 I』을 中心으로」,『日本學論集』제18집, 日本學研究會, pp.74-88

徐潤純(2004),「歌謡曲の曲目におけるカタカナ表記の変遷 : 1960年から2000年 までの10年ごとの5時代を通して」,『日本研究』제19집, 中央大學校日本研究 所, pp.269-288

吳美善(2004),「漢字環境의 實態와 學習・教育 : 韓國人 日本語學習者를 중심 으로」,『日本研究』제21호, 韓國外國語大學校 外國學綜合研究센터 日本研 究所, pp.475-494

蔡京希(2004),「韓國人 日本語 學習者를 대상으로 한 漢字 教材의 一試案」,『日 本語學研究』제10집, 한국일본어학회, pp.229-242

崔鎔赫(2004),「韓・中・日 常用漢字의 字種 및 字体 比較 研究」,『日本教育』 30輯, 韓国日本語教育学会, pp.201-224

高淳治(2003), 「日本語 學習에 있어서의 漢字語에 관한 考察」, 『人文學研究』제
6집, 관동대학교 인문과학연구소, pp.147-177

石井奈保美(2003), 「漢字学習ストラテジーと日本語漢字学力: 中級の学習者を
中心に」, 『日本語學研究』제8집, 한국일본어학회, pp.131-149

蔡京希(2003), 「日本語漢字教育の一考察: 字体を中心に」, 『培花論叢』제22집,
培花女子大學, pp.5-17

李德培(2002), 「일본 小學校 教育漢子와 新聞漢子 비교분석」, 『日本學報』제53
집, 한국일본학회 pp.159-170

張銀英(2002), 「我が国の教育用漢字の習得が日本語の学習者に与える影響: 第
6次高等学校の日本語Ⅰ・Ⅱ教科書を中心に」, 『日本學論集』제16집, 日本學
研究會, pp.107-126

眞島知秀(2002), 「日本語 漢字 表記의 諸問題와 그 對策에 대하여: 작문에 나타
난 한자 자형 분석을 중심으로」, 『日本語學研究』 제6집, 한국일본어학회,
pp.71-83

權奇洙(2001), 「한국어 한자어에 대응하는 일본어 한자어에 관한 고찰 二」, 『白楊
人文論集』 6, 신라대학교 인문과학연구소, pp.145-199

柳嬉承(2001), 「日本語教育에 관한 小考: 한자교육을 중심으로」, 『日本研究』 16,
中央大學校 日本研究所, pp.79-94

윤석남(2001), 「日本語의 漢字語 接辭 人(ニン)・人(ジン)・者(シャ)의 研究」,
『인문논총』 5, 건양대학교 인문과학연구소, pp.135-147

趙南星(2000), 「漢字 誤字體의 評價」, 『日本語文學』第8輯, 韓國日本語文學會,
pp.281-294

우찬삼(1998), 「일본어교육에 있어서 한자교육 지도방법 연구」, 『論文集』 28, 韓南
大學校, pp.87-108

채경희(1988), 「한 일 양국 한자음의 대비연구 -일본어 교육을 위하여-」, 『일어
일문학연구』 13, 한국일어일문학회, pp.279-292

韓中瑄(1996), 「日本語 教科書의 漢字・表記의 檢討: 高校日本語教科書(Ⅰ)를
중심으로」, 『日本學報』 37, 한국일본학회, pp.65-83

藤田幸雄(1995), 「日本語と韓国語の類似点の比較: 日本語漢字教育の方法と関
心」, 『인문과학』 제1집, 광주대학교 인문과학연구소, pp.211-223

尹玄重(1995),「日本語の漢字読みの辞典に現われた問題点の考察 2：例外の読みを中心に」,『논문집』14, 경북전문대학, pp.81-105

李相益(1995),「日本語 常用 漢字의 實態 考察：字數와 字音을 中心으로」,『論文集』14, 聖心外國語專門大學, pp.45-81

鄭禮實(1995),「韓国人の日本語学習者のための漢字教育における問題点と注意すべき点について ： 韓国の「基礎漢字」と「常用漢字」と比較対照を通じて」,『論文集』19, 漢拏專門大學, pp.207-225

尹玄重(1994),「日本語の漢字読みの問題点の考察：助数詞を中心に」,『논문집』13, 경북전문대학, pp.31-60

徐晟福・金省希(1993),「現代日本語における漢字の役割：その音訓と動きを中心にして」,『論文集』14, 釜山女子專門大學, pp.119-131

李妙熙(1993),「韓国人の日本語学習者における漢字教育について：初級日本語教科書を資料として」,『論文集』42, 忠南大學校人文科學研究所, pp.75-92

趙南星(1993),「한국인 일본어학습자의 한자읽기 오답의 평가」,『日本學報』30, 한국일본학회 pp.325-361

尹玄重(1991),「日本語の漢字読み辞典に現われた問題点の考察1：連濁と半濁を中心に」,『논문집』10, 경북전문대학, pp.49-85

金永佑(1988),「日本語教育における漢字指導の問題 ： 韓国の学生を対象にして」,『論文集』26, 釜山女子大學, pp.43-69

정봉택(1978),「일본어에 있어서 한자표기에 관한 고찰」,『외국문화연구』1, 조선대학교 외국문화연구소, pp.67-83

1.3 외래어

梁敏鎬(2008),「外来語の使用実態に関する社会言語学的な研究：2006年宮城県気仙沼市調査を中心に」,『일본어문학』제37집, 한국일본어문학회, pp.113-133

金淑子(2005),「가타가나어 지도 면에서 본 고등학교 교과서『日本語Ⅱ』」,『日本學報』제65집 1권, 한국일본학회, pp.13-23

水口里香(2005),「日本語学習者による外来語表記の習得研究」,『同日語文研究』제20집, 동일어문학회, pp.117-128

梁敏鎬(2005),「『日本語観国際センサス』から見た外行語の認知度」,『日本語學

研究』제14집, 한국일본어학회, pp.135-151

李京珪・徐珍榮(2005), 「일본어 가타카나 표기에 관한 일고찰」, 『日本文化學報』 제26집, 韓國日本文化學會, pp.141-153

李美淑(2005), 「세계화에 따른 동북아지역의 외래어 수용양상과 문화적 가치관의 차이에 관한 연구 1 : 日本의 新語 2001년~2004년」, 『日本語學研究』 제13집, 한국일본어학회, pp.95-112

趙南星(2005), 「한국인 일본어 학습자와 일본어 모어화자가 쓴 히라가나 자형의 비교 분석」, 『동북아문화연구』 제9집, 동북아시아문화학회, pp.81-104

黃光吉(2005), 「외래어에서 나타나는 촉음에 대한 연구」, 『東洋學』 37輯, 동양학 연구소, pp.1-18

木内明實(2004), 「日本語と韓国語の外来語使用実態研究」, 『日本語文學』 제25 집, 日本語文學會, pp.19-42

恩塚千代(2004), 「カタカナ語の表記指導に関する一試案」, 『日本語學研究』 제9 집, 한국일본어학회, pp.103-115

朴才煥・氷室祐子(2003), 「韓・日外来語比較研究」, 『日語日文學研究』 44輯, 語 學・敎育篇, 韓國日語日文學會. pp.107-128

徐潤純(2003), 「日本語表記におけるカタカナ語の役割と機能」, 『日本研究』 제 18집, 中央大學校 日本研究所, pp.451-480

李美禮(2002), 「第2言語習得における外来語の役割」, 『韓日語文論集』 제6집, 韓 日日語日文學會, pp.87-99

李美禮(2002), 「日本語における外来語の誤用分析 : 中間言語習得の視点から」, 『日本語文學』 제18집, 日本語文學會, pp.121-136

趙南星(2002), 「한・일 외래어에 대한 비모어화자의 이해도」, 『日本學報』 제50집, 한국일본학회, pp.143-160

李惠榮(1999), 「가타카나어 敎育上의 諸問題 : 교육어휘와 문화・일상어와의 차 이를 중심으로」, 『日本學報』 43, 한국일본학회, pp.183-196

趙南星(1999), 「일본어의 외래어에 대한 한국어 모어화자의 이해도와 한국어의 외 래어에 대한 일본어 모어 화자의 이해도」, 『日本語學研究』 第1輯, 韓國日本 語學會, pp.229-245

정혜경(1998), 일본어속 외래어의 효과적인 학습과 교육을 위한 기초적 연구, 『일

어일문학연구』33, 한국일어일문학회, pp.213-239

2. 대학원 학위 논문

2.1 가나

박수진(2007), E-learning을 활용한 히라가나·가타카나 지도법 제고 : 학습 사이
트 분석을 중심으로, 명지대학교 교육대학원 석사학위논문, 81p.

森本建弘(2006), 읽기 쉬운 문자의 크기 및 한 행별 문자수에 관한 기초적 연구
: 초급 일본어 학습자의 교재 작성을 위하여, 고려대학교 교육대학원 석사학위
논문, 67p.

김향미(2005), 일본어 교육 사이트를 통한 히라가나의 e-Learning 방향 연구, 충남
대학교 교육대학원 석사학위논문, 55p.

朴秀恩(2005), 한국인 중학생의 일본어 히라가나 읽기/쓰기 능력 평가, 건국대학
교 교육대학원 석사학위논문, 59p.

한옥련(2005), 일본어 가나 교육의 실태분석 : 전북지역 고등학교를 중심으로, 전
북대학교 교육대학원 석사학위논문, 58p.

한천희(2005), 고등학교 일본어 교과서에서의 가타카나 교육에 대한 연구, 고려대
학교 교육대학원 석사학위논문, 97p.

金榮斗(2004), 空海의 思想과 假名文字 敎育에 關한 硏究, 부산외국어대학교, 교
육대학원 석사학위논문, 60p.

박남영(2003), 전자우편을 활용한 가나학습 방법에 관한 연구 : 히라가나를 중심으
로, 고려대학교 교육대학원 석사학위논문, 71p.

윤혜진(2003), 韓國人學習者의 日本語「送り仮名」指導方案에 관한 硏究, 동국
대학교 교육대학원 석사학위논문, 74p.

김선희(2002), 일본어 가나 교육에 관한 고찰, 건국대학교 교육대학원 석사학위논
문, 118p.

서현숙(2002), 일본어 가나의 한글표기법에 관한 일 고찰, 부경대학교 교육대학원
석사학위논문, 85p.

황정민(2002), 韓國語 固有名詞의 가타카나 表記에 대한 硏究, 고려대학교 교육

대학원 석사학위논문, 106p.

김생배(2001), 日本語 敎授・學習을 위한 CAI타이틀 製作 및 敎育的 效果에 관한 研究 : 가나(仮名)文字指導를 中心으로, 경상대학교 교육대학원 석사학위논문, 116p.

김수민(2001), 제3차 교육과정 고등학교 일본어 교과서의 문자 표기 및 어휘 조사연구 : 제6차 교육과정 고등학교 일본어 교과서를 중심으로, 전북대학교 교육대학원 석사학위논문, 81p.

2.2 한자

권근(2008), 제7차 고등학교 『일본어 I 』 교과서 한자 읽기에 관한 분석, 계명대학교 교육대학원 석사학위논문, 60p.

金率怡(2008), 韓國人 日本語 學習者의 段階別 漢字 選定, 東國大學校 교육대학원 석사학위논문, 91p.

나양선(2008), 고등학교 일본어 교과서 사용한자 분석 : 제7차 교육과정 일본어 I 을 중심으로, 목포대학교 교육대학원 석사학위논문, 53p.

柳沢絵美(2008), 日本語内における韓国漢字使用に対する意識調査 : 韓国人日本語学習者と日本語教師を対象に, 釜山外國語大學校 대학원 석사학위논문, 71p.

崔惠貞(2008), 日本語 漢字의 效率的인 指導方案에 관한 考察, 京畿大学校 교육대학원 석사학위논문, 46p.

김현정(2007), 고등학교 일본어 교과서의 한자 (음독・훈독) 교육에 대한 고찰 : 제7차 일본어 교과서 「일본어 I・II」를 중심으로, 전북대학교 교육대학원 석사학위논문, 66p.

김혜정(2007), 일본어 능력시험(3, 4급)에 나오는 한자와 고등학교 일본어교과서 한자와의 비교・분석, 계명대학교 교육대학원 석사학위논문, 57p.

崔鎔赫(2007), 韓・中・日 生活基礎漢字의 字形 規範化를 위한 研究, 경상대학교 대학원 박사학위논문, 365p.

한혜진(2007), 일본어 한자교육의 효율적 학습방안에 관하여 : 제7차 교육과정 고등학교 일본어 교과서 I, II 중심으로, 단국대학교 교육대학원 석사학위논문, 60p.

김미경(2006), 한국인 초급 일본어 학습자의 바람직한 한자교육을 위한 방안연구, 명지대학교 교육대학원 석사학위논문, 80p.

김미옥(2006), 한국인 학습자의 일본어 한자 읽기 오용에 관한 연구 : 음독한자를 중심으로, 경희대학교 교육대학원 석사학위논문, 53p.

김상미(2006), 일본어 한자교육의 효과적 지도방법연구 : 일본 초등학교 국어교과 서를 중심으로, 한남대학교 교육대학원 석사학위논문, 65p.

김혜진(2006), 韓国人 日本語 学習者의 日本語 漢字읽기 教育에 관한 研究 : 子 音의 音読漢字 읽기를 中心으로, 신라대학교 교육대학원 석사학위논문, 53p.

文秀貞(2006), 한·중·일 삼국의 상용한자 비교연구 : 중복양상과 자형비교를 중 심으로, 서울대학교 대학원 석사학위논문, 139p.

閔庚善(2006), 일본 상용한자의 동음한자에 대한 연구 및 지도법, 한남대학교 교육 대학원 석사학위논문, 62p.

박리나(2006), 고등학교 일본어 I 의 한자에 관한 조사 연구, 동아대학교 교육대학 원 석사학위논문, 81p.

卞美渶(2006), 일본어학습을 위한 韓·日漢字語 比較研究, 관동대학교 교육대학 원 석사학위논문, 68p.

손선아(2006), 일본어 교과서의 한자 학습에 관한 고찰 : 일본어 교과서 및 교재와 의 비교·분석을 중심으로, 부산대학교 교육대학원 석사학위논문, 86p.

柳賢淑(2006), 고등학교 일본어교과서 한자 연구 : 제7차 교육과정 일본어교과서 I·II를 중심으로, 중앙대학교 교육대학원 석사학위논문, 60p.

曹錦慈(2006), 高等學校 日本語 教科書의 漢字語 分析 : 第7次 教育課程 日本 語 I 을 中心으로, 경희대학교 교육대학원 석사학위논문, 57p.

최한옥(2006), 일본 신문한자 분석을 통한 효율적인 고등학교 일본한자 교육방안 연구, 전남대학교 교육대학원 석사학위논문, 78p.

장현진(2005), 高校 日本語 學習者에 對한 效率的인 漢字指導 方案에 關한 一考 察 : 日本語教科書(I)에 提示된 日本語漢字讀法을 中心으로, 한국외국어대 학교 교육대학원 석사학위논문, 81p.

鄭允璟(2005), 高等學校 日本語 教科書 訓讀漢字 使用實態 分析 : 第7次 教育 課程 日本語 I 을 對象으로, 단국대학교 교육대학원 석사학위논문, 62p.

姜渡玉(2004), 韓·日 漢字音의 形成에 關한 研究, 조선대학교 교육대학원 석사학위논문, 55p.

권진홍(2004), 제7차 교육과정 고등학교 일본어 교과서 한자 고찰 : 표기용 한자 733자를 대상으로, 건국대학교 교육대학원 석사학위논문, 73p.

김경섭(2004), 제7차 교육과정 고등학교 일본어 교과서 사용한자 실태조사 연구, 순천대학교 교육대학원 석사학위논문, 108p.

김재순(2004), 한국의 고등학교 일본어 학습자의 한자인지도 조사 : 대전 광역시를 중심으로, 한남대학교 교육대학원 석사학위논문, 69p.

김혜경(2004), 韓日 兩國 漢語의 意味 用法에 대한 對照 硏究 : 新聞 社說에 나타나는 漢語를 中心으로, 단국대학교 교육대학원 석사학위논문, 73p.

魯暻眞(2004), 日本語 敎科書 漢字 分析 및 必須敎育漢字 選定 : 第7次 敎育課程 『日本語 I』을 中心으로, 경희대학교 교육대학원 석사학위논문, 100p.

신선화(2004), 韓・日 漢子 字體의 差異에 관한 硏究, 동국대학교 교육대학원 석사학위논문, 74p.

윤미선(2004), 한국인 일본어학습자의 한자교육 고찰 : 7차교육과정 4종교과서를 자료로 하여, 충남대학교 교육대학원 석사학위논문, 59p.

이상수(2004), 일본어의 한자어에 관한 연구 : 한국어와 일치하는 한자의 결합 예를 중심으로, 한남대학교 교육대학원 석사학위논문, 68p.

이소연(2004), 일본어 한자교육에 관한 고찰 : 제7차 고등학교 교과서 일본어 I・Ⅱ를 중심으로, 한국외국어대학교 교육대학원 석사학위논문, 64p.

金鎭世(2003), 高等學校 日本語 敎科書의 漢子 表記에 대한 考察, 인천대학교 교육대학원 석사학위논문, 55p.

박정희(2003), 일본 상용한자의 독법에 관한 연구 : 제7차 교육과정 고등학교 일본어 교과서를 중심으로, 한남대학교 교육대학원 석사학위논문, 77p.

兪文姬(2003), 常用漢字의 同音漢字에 대한 硏究 , 한남대학교 교육대학원 석사학위논문, 65p.

이은(2003), 한국 대학생의 일본어 한자 필순 오용에 관한 연구, 고려대학교 교육대학원 석사학위논문, 61p.

이은희(2003), 고등학교 일본어 교과서의 한자고찰 : 제7차 교육과정 일본어교과서 I 을 중심으로, 경희대학교 교육대학원 석사학위논문, 79p.

張金禮(2003), 日本語 表記用 漢字에 대한 硏究 : 高等學校 日本語 漢字를 중심

으로, 한남대학교 교육대학원 석사학위논문, 106p.

鄭恩守(2003), 高等學校 日本語 敎科書의 漢字에 관한 硏究 : 7次 敎育課程의 4種을 中心으로, 경기대학교 교육대학원 석사학위논문, 55p.

曺善子(2003), 韓・日 同形二字漢語의 比較硏究 : 意味 比較를 中心으로, 동국대학교 교육대학원 석사학위논문, 72p.

陳善日(2003), 韓・日 漢字音의 比較硏究 : 日本 常用漢字音 對應規則化를 中心으로, 동국대학교 교육대학원 석사학위논문, 250p.

최윤경(2003), 한・일 한자어의 비교 연구 : '동형이의어'를 중심으로, 조선대학교 교육대학원 석사학위논문, 98p.

權善玉(2002), 韓・中・日 常用漢字 比較 硏究 : 字數・字意를 중심으로, 경희대학교 대학원 석사학위논문, 148p.

金藝羅(2002), 한국인 학습자의 일본어 한자・한어학습의 저해요인 분석 : 쓰기 영역을 중심으로, 계명대학교 교육대학원 석사학위논문, 89p.

金太漢(2002), 漢字文化圈內의 敎育用漢字에 대한 比較硏究, 충남대학교 교육대학원 석사학위논문, p.132

李允子(2002), 韓・中・日 敎育用 常用漢字 比較硏究, 숙명여자대학교 교육대학원 석사학위논문, 166p.

鄭恩守(2002), 高等學校 日本語 敎科書의 漢字에 관한 硏究 : 7次 敎育課程의 4種을 中心으로, 경기대학교 교육대학원 석사학위논문, 55p.

라영윤(2001), 일본어 한자교육을 위한 새로운 방안 : 현행 교과서와 일본어 능력시험과의 대조, 부경대학교 교육대학원 석사학위논문, 83p.

요코야마 토쿠로(2001), 한・일 한자어휘의 비교연구 : 일본어계 한자어휘를 중심으로, 강원대학교 대학원 석사학위논문, 78p.

柳炫禎(2001), 高等學校 日本語 敎科書의 漢語 硏究, 단국대학교 교육대학원 석사학위논문, 47p.

原美惠子(2001), 韓国人日本語学習者のための漢子指導方案 : 初等学校, 中学校, 高校での実態調査をもとに, 경상대학교 교육대학원 석사학위논문, 87p.

朴貞子(1998), 日本語의 漢字에 對한 音, 訓 硏究, 관동대학교 교육대학원 석사학위논문, 64p.

盧忠煥(1997), 일본한자의 연구 : 그 효율적인 학습을 위한 시론, 경기대학교 교육대학원 석사학위논문, 81p.

趙泰龍(1992), 日本語의 漢字에 대한 音訓硏究 : 常用 漢字를 중심으로, 건국대
학교 교육대학원 석사학위논문, 68p.

李訓九(1990), 日本語에서 漢字 읽기의 問題點에 關한 硏究 : 常用漢字를 中心
으로, 원광대학교 교육대학원 석사학위논문, 42p.

朴文圭(1990), 日本語 敎育의 問題點과 解決方案 : 漢字와 發音中心으로, 계명
대학교 교육대학원 석사학위논문, 57p.

2.3 외래어

김나연(2008), 한국인 일본어 학습자의 외래어 표기에 관한 오류 분석, 동의대학교
대학원 석사학위논문, 75p.

박신영(2008), 일본어 외래어에 관한 연구 : 일본식 외래어를 중심으로, 경희대학
교 교육대학원 석사학위논문, 66p.

신옥순(2007), 한·일 외래어 사용 실태에 관한 연구 : TV드라마<겨울연가>대본
과 번역본<冬のソナタ> 대조분석을 중심으로, 세종대학교 대학원 석사학위논
문, 115p.

김보정(2006), 일본어 장모음에 관한 고찰 : 한국인 초급 일본어 학습자의 오용례
를 중심으로, 세명대학교 교육대학원 석사학위논문, 53p.

김진경(2006), 고등학교 일본어 교과서의 가타카나어에 대한 고찰 : 제7차 교육과
정 일본어 Ⅰ 교과서를 중심으로, 한남대학교 교육대학원 석사학위논문, 69p.

文慶淑(2006), 일본의 주요 신문에 나타난 외래어의 변화 : 朝日, 每日, 読売新聞
을 중심으로, 단국대학교 교육대학원 석사학위논문, 63p.

白惠畯(2006), 韓·日 外來語의 表記體系에 대한 音韻論的 比較考察 : 英語 借
用語를 中心으로, 동국대학교 대학원 석사학위논문, 95p.

三浦昌代(2006), 韓国人日本語学習者における外来語表記の誤用分析, 순천대
학교 대학원 석사학위논문, 102p.

서보경(2006), 7차 교육과정 일본어 교과서의 カタカナ語분석 : 표기 테스트를 통
한 학습지도를 중심으로, 중앙대학교 교육대학원 석사학위논문, 81p.

서정미(2006), 한국인 일본어 학습자의 외래어 인지도에 관한 연구, 상명대학교 교
육대학원 석사학위논문, 97p.

呂俊基(2006), 한일양국의 외래어 사용에 관한 연구 : 양국 신문을 중심으로, 경상
　　대학교 교육대학원 석사학위논문, 84p.

이상연(2006), 한·일 양국의 외래어 비교 분석 : 조선일보 한국어판·일본어판을
　　중심으로, 경희대학교 대학원 석사학위논문, 121p.

최문정(2006), 일본어 외래어 표기의 분석 및 지도법 : 제7차 고등학교 일본어 교과
　　서를 중심으로, 부경대학교 교육대학원 석사학위논문, 82p.

許文僖(2006), 日本語 外來語에 관한 考察 : 第3次～第7次 高等學校 日本語教
　　科書分析, 경희대학교 교육대학원 석사학위논문, 60p.

黃美珍(2006), 現代日本の外来語アクセントに関する一考察, 한국외국어대학교
　　교육대학원 석사학위논문, 83p.

明喜慶(2005), 韓日 外來語 使用實態에 關한 對照考察 : 兩國의 現代小說 作品
　　을 中心으로, 한국외국어대학교 교육대학원 석사학위논문, 76p.

박종희(2005), 第7次 高等學校 日本語 教科書에 使用된 가타카나語의 分析, 경
　　희대학교 교육대학원 석사학위논문, 93p.

서진영(2005), 일본 잡지 속에 나타나는 가타카나 표기에 관한 고찰 : 잡지『non·
　　no』를 중심으로, 동의대학교 대학원 석사학위논문, 50p.

안일주(2005), 제7차 교육과정 고등학교 일본어 교과서의 가타카나어에 관한 연구,
　　상명대학교 교육대학원 석사학위논문, 114p.

유현미(2005), 고등학교 일본어 교과서의 カタカナ語 분석 : 제6·7차 교육과정을
　　중심으로, 목포대학교 교육대학원 석사학위논문, 105p.

張州延(2005), 한국인 일본어 학습자의 외래어 지도 방안 연구, 중앙대학교 교육대
　　학원 석사학위논문, 89p.

정혜경(2005), 한·일 양국어의 외래어에 대한 일고찰 : 1990년대 이후의 신조어를
　　중심으로, 한국외국어대학교 교육대학원 석사학위논문, 123p.

郭敏惠(2004), 高等學校 日本語教科書를 中心으로 한 カタカナ語 分析 : 제6차.
　　7차 교육과정을 중심으로, 경희대학교 교육대학원 석사학위논문, 94p.

金珉景(2004), 日本語 外來語表記 指導方案에 대한 考察 : 第7次 教育課程을 中
　　心으로, 동국대학교 교육대학원 석사학위논문, 127p.

김세란(2004), 高等學校 日本語 教育을 위한 カタカナ語의 考察 : 第 7次 高等學
　　校日本語 教科書 Ⅰ·Ⅱ를 중심으로, 경기대학교 교육대학원 석사학위논문,

73p.

李殷周(2004), 일본어의 외래어 가타카나 표기에 관한 고찰 : 대학생의 가타카나 외래어 오용을 중심으로, 단국대학교 교육대학원 석사학위논문, 65p.

조연희(2004), 한·일 외래어 비교·대조 고찰, 대전대학교 교육대학원 석사학위 논문

조현진(2004), 고등학교 일본어 I 교과서의 외래어 어휘에 관한 연구, 건양대학교 교육대학원 석사학위논문, 64p.

土井美穗(2004), 한국인 일본어학습자의 외래어표기 오용분석 : 장음을 중심으로, 고려대학교 대학원 석사학위논문, 143p.

河允炅(2004), 韓·日 兩國의 外來語 使用實態에 관한 研究, 단국대학교 교육대학원 석사학위논문, 75p.

한수진(2004), 제7차 교육과정 고등학교 일본어 교과서의 カタカナ語에 대한 고찰 : 제7차 교육과정 일본어 I 교과서를 중심으로, 한국외국어대학교 교육대학원 석사학위논문, 69p.

黃照淵(2004), 한·일 외래어 비교 연구 : 일본식 외래어를 중심으로, 한남대학교 교육대학원 석사학위논문, 62p.

金鍾德(2003), 韓·日 外來語에 관한 考察 : 雜誌의 廣告를 중심으로, 경희대학교 교육대학원 석사학위논문, 71p.

朴秀連(2003), 일본 신문을 통한 분야별 외래어 사용에 관한 연구, 동아대학교 대학원 석사학위논문, 87p.

李美禮(2003), 韓国人の日本語学習者における外来語の分析 : 中間言語の視点から, 부산외국어대학교 대학원 박사학위논문, 152p.

차화연(2003), 現代日本語 外來語 表記에 關한 研究 :「ゆれ」현상을 중심으로, 신라대학교 교육대학원 석사학위논문, 57p.

최정희(2003), 일본어 외래어 표기 연구 : 복수 표기 어휘를 중심으로, 전남대학교 대학원 석사학위논문, 80p.

氷室祐子(2002), 日·韓外來語 比較研究 : Newsweek誌(1998-2000)の用例を中心に, 경기대학교 대학원 석사학위논문, 101p.

김미선(2001), 日本製外来語の略語に関する研究, 상명대학교 대학원 석사학위논문, 63p.

朴道鎭(2001), 日本語의 カタカナ語에 대하여 : 現行 高等學校 日本語 教科書를 대상으로, 인하대학교 교육대학원 석사학위논문, 93p.

鄭晶化(2001), 韓·日 雜誌 廣告 속의 外來語 쓰임 硏究, 상명대학교 교육대학원 석사학위논문, 70p.

이성진(2000), 일본어 외래어 표기에 관한 연구, 동아대학교 교육대학원 석사학위 논문, 68p.

文敬順(2000), 日本語 外來語의 短縮語形에 관한 硏究, 동아대학교 대학원 석사 학위논문, 65p.

이경일(1999), 일본어의 외래어표기에 관한 고찰, 한국외국어대학교 교육대학원 석사학위논문, 56p.

鄭克實(1998), 韓国人日本語学習者の外来語表記の誤用に関する調査研究 : 大 学生を対象として, 고려대학교 교육대학원 석사학위논문, 141p.

찾아보기

▌이 책의 내용에 대하여

이 책의 내용은 대부분 여러 학술지에 게재된 논문을 수정·번역한 것으로, 전체의 장을 생각하여 반드시 발표의 순서에 따르고 있지 않다. 논문이 게재된 학술지 및 발행 연도(제1장~제11장), 그리고 내용의 출처(제12장~제13장) 등은 아래와 같다.

제1장 : 趙南星(1994), 「平仮名書きの誤りに対する母語話者と非母語話者の評価」, 『大田産業大學校論文集』, 第11卷, 第2輯, A篇, pp.531-542

제2장 : 趙南星(1998), 「가타카나 誤字形에 대한 평가」, 『大田産業大學校 論文集』第15卷 B編, 大田産業大學校, pp.59-76

제3장 : 趙南星(2005), 「한국인 일본어 학습자와 일본어 모어화자가 쓴 히라가나 자형의 비교 분석」, 『동북아 문화연구』 제9집, 동북아시아 문화학회, pp.81-104

제4장 : 趙南星(2007), 「한국인 일본어 학습자와 일본어 모어화자가 쓴 가타카나 자형의 비교 분석」, 『日本學研究』 第21輯, 檀國大學校 日本研究所, pp.331-356

제5장 : 趙南星(2000), 「漢字 誤字體의 評價」, 『日本語文學』 第8輯, 韓國日本語文學會, pp.281-294

제6장 : 趙南星(1993), 「한국인 일본어학습자의 한자읽기 오답의 평가」, 『日本學報』 第30輯, 韓國日本學會, pp.325-361

제7장 : 趙南星(1993), 「韓国人日本語学習者による漢字書きの誤りの分析と評価」, 『日本語教育』 80号, 日本語教育学会, pp.28-48

제8장 : 趙南星(2006), 「일본어 학습자의 자유 작문에 나타난 한자에 대하여」, 『외국어교육연구』 제20권 2호, 한국외국어대학교 외국어교육연구소, pp.147-162

제9장 : 趙南星(1999), 「일본어의 외래어에 대한 한국어 모어화자의 이해도와 한국어의 외래어에 대한 일본어 모어 화자의 이해도」, 『日本語學研究』 第1輯, 韓國日本語學會, pp.229-245

제10장 : 趙南星(2002), 「한·일 외래어에 대한 비모어화자의 이해도」, 『日本學報』 第50輯, 韓國日本學會, pp.141-160

제11장 : 趙南星(1992), 「韓国人日本語学習者による外来語表記の誤り―日本語話者による評価を中心として―」, 『日本語教育』 76号, 日本語教育学会, pp.178-190

제12장 : ['1.가나 표기의 오용', '2.한자 표기의 오용(Ⅰ)', '4. 외래어 표기의 오용']은 『한국인이 잘 틀리는 일본어(韓国人日本語学習者の作文上での誤用例集)』(趙南星·佐々木瑞貴 : 2002)에서의 오용을 모아서 수정·가필한 것이고, ['3.한자 표기의 오용(Ⅱ)']은 새롭게 작성했다.

제13장 : 가나·한자·외래어에 관한 일본어교육 논문은 주로 국회도서관(전자도서관), 국립중앙도서관(자료 찾기 - 소장자료 검색), 한국교육학술정보원(전국 대학 소장자료) 등에서 찾았다.

조남성(趙南星)

국제대학 일어일문학과 졸업
쓰쿠바(筑波)대학 지역연구연구과 졸업 (국제학석사)
쓰쿠바(筑波)대학 문예·언어연구과 박사과정 수료
도호쿠(東北)대학 (문학박사)
현재 : 한밭대학교 일본어과 교수

【최근 주요 저서】
일본어의 오용 분석, 보고사(2006)
일본어 교재의 오용 분석, 보고사(2008)
일본어의 오용 평가, 보고사(2008)

가나·한자·외래어와 일본어교육

2009년 3월 6일 초판 1쇄 펴냄

지은이 조남성
펴낸이 김흥국
펴낸곳 도서출판 보고사

책임편집 이경민
표지디자인 정성윤

등록 1990년 12월 13일 제6-0429호
주소 서울특별시 성북구 보문동7가 11번지 2층
전화 922-5120~1(편집), 922-2246(영업)
팩스 922-6990
메일 kanapub3@chol.com
http://www.bogosabooks.co.kr

ISBN 978-89-8433-729-9 93730
ⓒ조남성, 2009